Goldstadt-Reiseführer
Nordwestspanien
Der Jakobsweg

Werner und Susanne
Schwanfelder

W0350696

Die Kathedrale von Santiago de Compostela

Dudelsackspieler

Lieber Goldstadt-Leser, der Autor und wir im Verlag sind stets bemüht, Ihnen über Nordwestspanien die aktuellsten Informationen zu vermitteln. Sollte dennoch die eine oder andere Angabe überholt sein, bitten wir um Verständnis und sind für Informationen und Berichtigungen dankbar.

Fotos: Werner und Susanne Schwanfelder,
Adolf Pfau S. 52 oben, 56, 58, 241 Mitte und unten, 309, 326
Karten: © Reise- und Verkehrsverlag, München · Stuttgart
Skizzen und Pläne: Goldstadtverlag GmbH

© 1997 Goldstadtverlag GmbH, Finkensteinstr. 6, D-75179 Pforzheim
Nachdruck, Fotokopie, Aufzeichnung und Verarbeitung mittels elektronischer Systeme, auch auszugsweise, ohne schriftliche Genehmigung des Verlages nicht gestattet.
Herstellung: Goldstadtdruck GmbH, Pforzheim
Vertrieb: GeoCenter Verlagsvertrieb GmbH, München

Goldstadt-Reiseführer Band 18

Nordwestspanien
Der Jakobsweg

von Aragón bis Galizien
Land zwischen Romanik und Gotik
Ausgewählte Reiserouten
zu beeindruckenden Kirchen
und Profanbauten

Werner und Susanne
Schwanfelder

348 Farbfotos
65 Fotos schwarzweiß
4 Übersichtskarten
11 Routenkarten
26 Stadtplanausschnitte
4 Grundrißzeichnungen

Goldstadtverlag

Der Inhalt

Die Kathedrale von Santiago de Compostela ist die wichtigste Kirche der Region

Auf dem Platz vor der Kathedrale beginnt eine Fahrt mit dem Heißluftballon

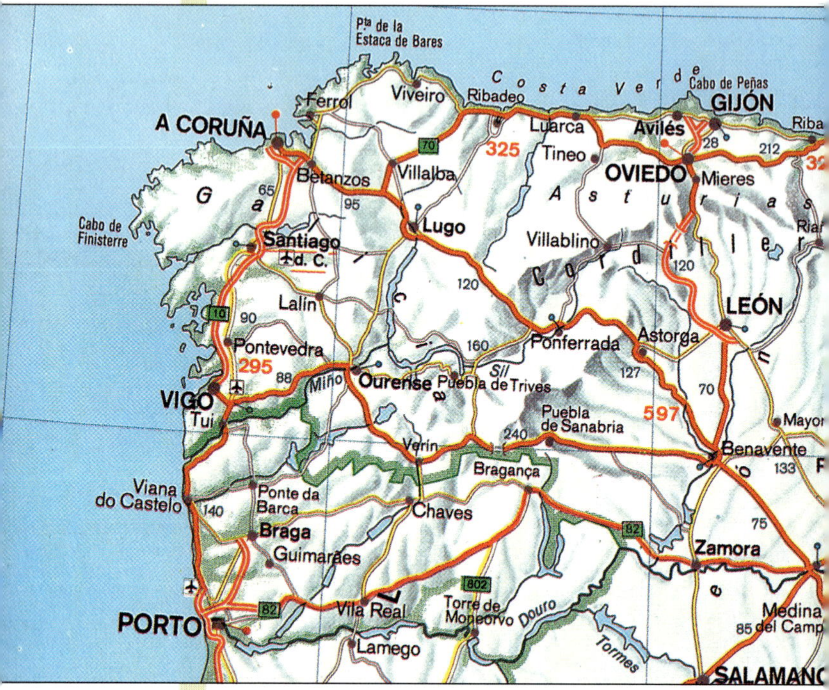

Reiserouten

Der Pilgerweg mit Abstechern

Routen an der Nordwestküste

Entlang der Nordküste mit Abstechern ins Landesinnere

Stadtbeschreibungen

Eine der schönsten Städte unterwegs ist ohne Zweifel León

Reiseinformationen

Die weite Hochebene von Kastillien beeindruckt den Reisenden

Der Pilgerweg fasziniert auch die „modernen" Pilger, ob sie die Strecke erwandern oder mit dem Auto fahren

Die Faszination des Pilgerwegs

ließ uns niemals los, auch wenn wir ihn schon einige Male erlebt haben – bei brütender Hitze und in strömendem Regen. Über ein Jahrtausend sind Menschen diesen Weg gezogen, haben aufgebaut oder zerstört. Menschliche Ehrfurcht vor dem Schöpfer drückte sich aus in den Bauten der Kathedralen und gleichermaßen in den kleinen Steinkreuzen, die am Wegrand stehen. Alles auf diesem Weg, Mensch, Kreatur und Natur, scheint auf das große Ziel Santiago de Compostela ausgerichtet zu sein.

Aber die großen Kunstwerke verstellen nicht den Blick auf die landschaftlichen Schönheiten dieser Region. Sie ist mit einer betörenden Vielfalt gesegnet, dazu noch mit einer herrlichen Küste, steil abfallend, Buchten, spielerisch mit Felsen übersät und weiten Sandstränden.

In den Städten geht es lebhaft und geschäftig zu, aber sie sind nicht so groß, daß sie zur Qual werden. Fast alle haben noch ein Stück ihrer mittelalterlichen Vergangenheit bewahrt, das sich zu entdecken lohnt.

Bauliche Kunstwerke findet man überall am Weg - nicht nur in den Städten, wie hier in Pamplona . . .

...sondern auch auf dem Land, wie die Burg von Javier

Geschichte Spaniens

Vorgeschichte

Man geht davon aus, daß Spanien bereits in der Altsteinzeit, also 500 000 Jahre vor unserer Zeit, besiedelt war.

In der mittleren Altsteinzeit, um **200 000 v.Chr.,** kann man eine erste Wanderungsbewegung von Nord nach Süd feststellen: Der Neandertaler überquert die Pyrenäen und erreicht Spanien.

Um **40 000 v.Chr.,** also gegen Ende der letzten Eiszeit, betritt der homo sapiens die iberische Halbinsel.

Nach der Kupferzeit **(3000 v.Chr.)** durchlaufen Spanien mehrere Kolonisierungswellen.

In der Bronzezeit **(2000-1000 v.Chr.)** hat Spanien aufgrund seiner reichen Vorkommen an Zinn und Kupfer große Bedeutung.

Phönizier

Ab **1100 v.Chr.** treten phönizische Händler auf. Erste Handelsstädte werden angelegt; doch beschränken sich die Aktivitäten der Phönizier auf die Südküste Spaniens (Cádiz, Malaga, Tartessos). Die Phönizier führen die Töpferscheibe ein und bringen die ersten Ölbaum-Schößlinge mit.

Ab **900 v.Chr.** dringen die Kelten auf die iberische Halbinsel vor. Sie siedeln sich im Norden und Westen an. Im Süden und Osten breiten sich die Iberer aus, deren Herkunft ungewiß ist. Die beiden Völker verschmelzen zu den Kelt-Iberern.

Bereits im **1. Jahrtausend vor Christus** kann man die Existenz der Basken nachweisen. Ihre Herkunft ist jedoch ebenfalls ungewiß. Nach der Legende sollen sie aus dem sagenhaften Tartessos, dem Reich Tarsis, stammen.

Griechen

Seit **700 v.Chr.** beeinflussen die Griechen die spanische Südküste. Sie gründen Handelsstädte und legen Hafenanlagen an.

Karthager

Seit **600 v.Chr.** übernehmen die Karthager die Handelsniederlassungen der Phönizier. Nach dem ersten Punischen Krieg erweitern sie ihre Kolonie im südspanischen Küstenraum. Sie gründen unter Hasdrubal 227 v.Chr. die Hafenstadt *Cartagena* (Carthago Nova) als wichtigsten Stützpunkt. Im Verlauf des zweiten Punischen Krieges werden sie aus Spanien vertrieben.

Römer

Ab **218 v.Chr.** dringen römische Truppen auf der iberischen Halbinsel vor. **206** gewinnen sie die Entscheidungsschlacht bei Ilipa. Die Römer teilen ihre spanischen Besitzungen in zwei Verwaltungsbezirke oder Provinzen ein: der Nordosten als Hispania Citerior, der Südwesten als Hispania Ulterior (ab 197). Trotz mehrerer Aufstände des Lusitanier, Iberer, Kantabrier und Asturier setzen sich die Römer durch und beeinflussen das Land durch ihre Sprache und Kultur. Durch die Ansiedlung von Veteranen entstehen weitere Orte. Die Stadt León zum Beispiel ist ursprünglich das befestigte Lager der VII. römischen Legion.

Fast 200 Jahre lang herrscht in Spanien Frieden. Die Städte entwickeln sich zu prosperierenden Zentren, die Produktivität im Agrar- und Industriebereich nimmt rasch zu, der Fernhandel wird ausgebaut. Eine starke Mittelschicht kann sich etablieren.

Die Römer herrschen und schaffen Frieden

Im 2. nachchristlichen Jahrhundert beginnt die römische Macht zu zerfallen: Maurische Stämme bedrohen Spanien im Süden, fränkische und alemannische Gruppen suchen den Norden heim. Aus dem Osten wird die Pest eingeschleppt.

Westgoten

Ab **409** überfluten *Alanen, Sueben* und *Vandalen* die Halbinsel. Die Vandalen ziehen nach Nordafrika, Alanen und Sueben werden ab **414** von den Westgoten verdrängt. Unter Theoderich I. wird das Tolosanische Westgotenreich (418-507) gegründet. Mit den Römern sind die Westgoten durch einen Föderationsvertrag verbunden. Erst König Eurich löst **474** den Vertrag auf und erweitert das Reich bis zu seiner größten Ausdehnung.

Unter den Angriffen der Franken zerfällt das Tolosanische Westgotenreich (**507** Schlacht von *Vouillé*). Es beschränkt sich danach auf die Iberische Halbinsel.

Die Westgotenzeit erweist sich als sehr unruhige Epoche. Die einzelnen west- und ostgotischen Adelsgeschlechter machen sich gegenseitig die Herrschaft streitig und müssen sich zudem noch der Franken erwehren. Dies führt zu einem kulturellen Verfall. Die spätrömischen Stadteinheiten entvölkern sich, im Agrarbereich entstehen Frühformen des Feudalismus.

Die Westgotenzeit ist eine sehr unruhige Epoche

Die Westgoten übernehmen den christlichen Glauben. König *Leowigild* (568-586) versucht zwar, zuerst das arianische Bekenntnis durchzusetzen, doch er stößt auf entschiedenen Widerstand. Sein Sohn *Rekkard I.* tritt zum katholischen Glauben über und schafft damit zumindest die religiöse Einheit des Volkes.

710 wird Roderich zum Westgotenkönig gewählt. Wieder brechen zwischen den einflußreichen und mächtigen Familienclans erbitterte Kämpfe aus. Die oppositionellen Adelsfamilien rufen die islamischen Krieger aus Nordafrika ins Land. Roderich stirbt **711** in der Schlacht am Guadalete.

Die Wegkreuze, die man überall an den Straßen sieht, sind ein Teil der Geschichte des Landes

Araber

Nach der Schlacht am Guadalete fallen den Arabern unter dem Feldherrn *Tarik* große Landstriche fast kampflos zu. Die Iberische Halbinsel wird als „al-Andalus" in den Herrschaftsbereich des Kalifen von Damaskus eingegliedert.

Emir *Abd ar-Rahman I.* (756-788) errichtet ein eigenständiges Emirat mit dem Zentrum Córdoba. Unter den Statthaltern des Emirs brechen Streitereien und Kämpfe aus. Sie veranlassen Karl den Großen 788 zu seinem (erfolglosen) Feldzug nach Spanien (Zaragoza). Unter der Regierung des Emirs *Abd ar-Rahman II.* (822- 852) kehrt Ruhe ein, das Reich konsolidiert sich.

Das Emirat von Córdoba bleibt noch bestehen, nachdem das Omajjadenreich (das Emirat von Damaskus) von den Abbasiden ausgerottet worden ist. Das Omajjadenreich auf der Iberischen Halbinsel hat fast 300 Jahre Bestand. In dieser Zeit erlebt das Land eine neue kulturelle Blüte.

Die arabischen Dynastien

Omajjaden

Abd ar-Rahmam I. 756-788
Hischam I. 788-796
al-Hakam I. 796-822
Abd ar-Rahman II. 822-912(?)
Abd ar-Rahman III. 912-961
Abd ar-Rahman IV. 961-976
Hischam II. 976-1013
Hischam III. 1013(?)-1031

Almoraviden

Abd al-Mumin ben Ali 1130-1163
Abu Jakub Jusuf 1163-1184

Die Häuser von Molinaseca haben sich seit der Jahrhundertwende nicht verändert

Unter dem Kalifen *Hischam III.* (1013(?)/1027-1031) wird die Monarchie durch interne Auseinandersetzungen so stark geschwächt, daß sie zerbricht. Ab **1080** erobern die Almoraviden, eine religiös motivierte berberische Reformbewegung, die Reste des Omajjadenreiches. Bis **1225** müssen sie jedoch fast die gesamte Iberische Halbinsel räumen. Lediglich das Gebiet um Granada verbleibt bis **1492** unter ihrer Herrschaft.

Reconquista

Relativ kurze Zeit nach der islamischen Invasion formiert sich im Norden Spaniens eine Widerstandsbewegung, die Reconquista. Kernland sind neben Asturien und dem späteren Königreich von Kastilien und León die Königreiche von Navarra (um Pamplona) und Aragón (in den mittleren Pyrenäen).

Auch am Rabanal del Camino findet man noch uralte Gebäude

Reconquista, Versuch einer Würdigung

Wenn sich eine heikle Situation geklärt hat, pflegen die Spanier zu sagen: „No hay moros en la costa – Es gibt keine Mauren mehr an der Küste". Dieser Ausspruch deutet an, wie wichtig die Reconquista für die Spanier war, wie tief das Trauma der maurischen Besetzung bis heute sitzt. Mit der Reconquista bildete sich der heutige Einheitsstaat heraus, wenngleich zwischen den Machtzentren Kastilien und Katalonien bis heute eine politische und kulturelle Rivalität besteht. Bis in Francos Zeiten wurde die Reconquista als glorreicher Feldzug für das katholische Spanien verherrlicht. Und der nationale Schutzheilige, der Heilige Jakob, trägt den durchaus tiefsinnigen Beinamen Matamoros, Maurenschlächter. Dabei kann man die Reconquista nicht unbedingt als „glorreich" für das Land bezeichnen. Mit der Reconquista ging eindeutig ein kultureller und gesellschaftlicher Niedergang einher. Die Reconquista konnte der blühenden maurischen Kultur nichts Ebenbürtiges entgegensetzen. Viele Spanier wollen das bis in die heutigen Tage hinein nicht wahrhaben. Dennoch gebrauchen sie in ihrer Umgangssprache so manches maurisch geprägte Wort: Das spanische Wort „ojala" bedeutet nichts anderes als „So Allah will".

Die Reconquista ist die Geburt des heutigen Spaniens

Asturien, León und Kastilien

Die Reconquista ging vom asturischen Fürstenhaus aus

Die Reconquista geht zunächst einmal von dem asturischen Fürstenhaus aus, das sich als Nachfolger der westgotischen Herrscher versteht. 722 erringen die asturischen Bergbewohner unter der Führung von Pelayo im Tal von Covadonga einen eindrucksvollen Sieg über die Mauren. Man bezeichnet dieses Ereignis als die Geburt des spanischen Reiches und Covadonga als die Wiege der Nation.

Um **750** werden die Moslems aus Galizien vertrieben, das von da an zum Kernland der Reconquista zählt. Bald vereinigen sich die Reiche von Asturien und León. Später profiliert sich als wichtigste Persönlichkeit des Widerstands *König Alfons II.*, auch genannt der „Keusche", (791-842), der Oviedo zu seiner Hauptstadt ausbaut und das Verteidigungssystem organisiert. Einen großen moralischen Aufschwung erlebt die Reconquista durch die Kunde vom Jakobsgrab. Die Ritter setzen alles daran, die Pilgerwege nach Santiago abzusichern.

Kastilien leitet seinen Namen von den vielen Burgen (castillos) der Umgebung ab

König Alfons III. (866-909) verlegt die Hauptstadt von Oviedo nach León. Er befestigt als Verteidigungslinie den Duero-Fluß. Die schnelle Eroberung des Gebietes führt zu einer vorläufigen Teilung des Reiches. Zwischen den Reichen León und Navarra bildet sich die Grafschaft Kastilien. Hauptstadt wird Burgos. König Ferdinand I. (1035-1065) gilt als erster König des eigenständigen Königreichs von Kastilien. Im Rahmen einer Erbschaft wird er schließlich auch noch in Personalunion König von Asturien-León.

Die Herrscher-Dynastien von Asturien und León und von Kastilien

Asturien und León	**Kastilien**
Pelayo 718-737	
Favila 737-739	
Alfons I. (d. Katholische) 739-757	
Fruela I. (d. Grausame) 757-768	
Aurelio 768-774	
Silo 774-783	
Mauregato 783-789	
Bermudo I. 789-791	
Alfons II. (d. Keusche) 791-842	
Ramiro I. 842-850	
Ordono I. 850-866	
Alfons III. 866-909	
Fruela II. 924-925	
Alfons IV. 925-930	
Ramiro II. 930-950	Fernan Gonzales 931-970
Ordoño III. 950-955	
Sancho I. (d. Große) 955-957, 960-967	
Ordoño IV. 959-960	
Ramiro III. 967-984	García Fernandez 970-995
	Sancho García I. 995-1017
Bermudo II. 982-999	García 1017-1028
Alfons V. (d. Edle) 999-1027	
Bermudo III. 1027-1037	
Ferdinand I. 1037-1065	Ferdinand I. 1035-1065

Sancho II. (d. Starke) 1065-1072
Alfons VI. 1072-1109
Urraca 1109-1126
Alfons VII. 1126-1157

Ferdinand II. 1157-1188	Sancho III. 1157-1158
	Alfons VIII. 1158-1214
Alfons IX. 1188-1230	Heinrich I. 1214-1217
Ferdinand III. 1230-1252 (d. Heilige)	Ferdinand III. 1217-1252

Ab 1252 gibt es für Kastilien, Asturien und León ein gemeinsames Königshaus.

Alfons X. (d. Weise) 1252-1284
Sancho IV. 1284-1295
Ferdinand IV. 1295-1312
Alfons XI. 1312-1350
Peter (d. Grausame) 1350-1369
Heinrich II. 1369-1379
Johann I. 1379-1390
Heinrich III. 1390-1406
Johann II. 1407-1454
Heinrich IV. 1454-1474
Isabella (d. Katholische) 1474-1504

Unter König *Alfons VI.* (1072-1109) wird die Verteidigungslinie an den Tejo-Fluß vorgeschoben. Ist in den ersten Jahren die Reconquista noch von einer gewissen Toleranz gegen die Andersgläubigen geprägt, nimmt die Bewegung immer mehr Kreuzzugcharakter an.

Durch den Tod König *Alfons VII.* (1126-1157) fallen die beiden Königreiche Asturien-León und Kastilien wieder auseinander. *Ferdinand II.* wird König von León, *Sancho III.* König von Kastilien. König *Ferdinand III.* (1217-1252) vereinigt ab 1230 wieder die beiden Königreiche. Er stößt weit nach Süden vor und erobert die letzten moslemischen Einzelreiche mit Ausnahme des Gebietes um Granada.

Auch das Königreich Navarra nahm an der Reconquista teil

Navarra, Aragón

Aus dem Reich von Pamplona entsteht das Königreich Navarra, das sich ebenfalls der Reconquista verschreibt. Dennoch treten bald auch offene Konflikte mit Kastilien auf, die nicht selten zu Kampfhandlungen führen. Unter König Sancho VII. „dem Starken" (1194-1234) wird die heutige Grenze von Navarra erreicht.

Seit 1035 gibt es das unabhängige Königreich Aragón. Gründer ist *Ramiro,* Sohn von Sancho (dem Großen) von Navarra.

Sancho Ramirez (1063-1094) und sein Sohn *Peter I.* (1094-1104) erobern die moslemischen Reiche nördlich des Ebro.

Die Pilger gaben den Königen den Grund, das Land zurückzuerobern

König *Alfons I.*, auch genannt „der Kämpfer", (1104-1134) nimmt 1118 die sich in moslemischem Besitz befindliche Stadt Zaragoza ein und ernennt sie zu seiner Hauptstadt.

<table>
<tr><th>Navarra</th><th>Aragón</th></tr>
<tr><td colspan="2">Sancho Garcés I. 905-925
García Sanchez I. 925-970
Sancho Garcés II. 970-994
García Sanchez II. 994-1000
Sancho Garcés III. (d. Große) 1000-1035</td></tr>
<tr><td>García Sanchez III. 1035-1054</td><td>Ramiro I. 1035-1063</td></tr>
<tr><td>Sancho IV. 1054-1076</td><td>Sancho Ramírez V. 1063-1094</td></tr>
<tr><td colspan="2">Peter I. 1094-1104
Alfons I. (d. Kämpfer) 1104-1134</td></tr>
<tr><td>García Ramírez IV. 1134-1150</td><td>Ramiro II. 1134-1137</td></tr>
<tr><td>Sancho VI. (d. Weise) 1150-1194</td><td>Raimund Berenguer 1137-1162</td></tr>
<tr><td></td><td>Alfons II. 1162-1196</td></tr>
<tr><td>Sancho VII. (d. Starke) 1195-1234</td><td>Peter II. 1196-1213</td></tr>
<tr><td>Theobald I. 1234-1253</td><td>Jakob I. (d. Eroberer) 1213-1276</td></tr>
<tr><td>Theobald II. 1253-1270</td><td></td></tr>
<tr><td>Philipp IV. (von Frankreich)</td><td>Pedro III. 1276-1285
1285-1349</td></tr>
<tr><td></td><td>Alfons III. 1285-1291</td></tr>
<tr><td>Johanna I. 1314-1316</td><td>Jakob II. 1291-1327</td></tr>
<tr><td>Johanna II. 1328-1349</td><td>Alfons IV. 1327-1336</td></tr>
<tr><td>Karl II. 1349-1387</td><td>Peter IV. 1336-1387 (d. Zeremoniöse)</td></tr>
<tr><td>Karl III. 1387-1425</td><td>Johann I. 1387-1396</td></tr>
<tr><td></td><td>Martin I. 1396-1410</td></tr>
<tr><td></td><td>Ferdinand I. 1412-1416</td></tr>
<tr><td></td><td>Alfons V. 1416-1458 (d. Großmütige)</td></tr>
<tr><td>Blanca 1425-1479</td><td>Johann II. 1458-1479</td></tr>
<tr><td></td><td>Ferdinand II. 1479-1516 (d. Katholische)</td></tr>
</table>

Die Herrscher-Dynastien von Navarra und Aragón

Das „Dornröschenschloß“ von Astorga

Kastilien

Die Reconquista kann etwa **1250** als abgeschlossen betrachtet werden. Für die einzelnen auf der Iberischen Halbinsel etablierten Königreiche geht es nach **1250** um eine Festigung ihrer Herrschaft. Besonders erfolgreich agierten, auch in der Außenpolitik, die Könige von Kastilien.

Alfons X., auch genannt „der Weise", (1252-1284) läßt sich zum deutschen König wählen und übernimmt damit das Erbe der Staufer. Er muß sich jedoch mit zahlreichen Widerständen seitens der deutschen Fürsten auseinandersetzen.

Von größerer Wirkung ist, daß er zahlreiche wissenschaftliche und juristische aber auch literarische Werke verfassen läßt und das Kastilische sich zur wichtigsten spanischen Sprache entwickelt.

König *Sanchez IV.* (1284-1295) schließt mit Frankreich ein Bündnis, das über ein Jahrhundert bestehen bleibt. Er sichert sich damit die hegemoniale Vormachtstellung in Spanien. *Peter I.*, der Grausame, (1350-1369) wird in einen Dauerkonflikt mit seinem Halbbruder Heinrich verstrickt, der unzufriedene Adelige um sich versammelt und die Unterstützung Frankreichs hat. Er besiegt den König und läßt sich selbst als *Heinrich II.* (1369-1379) zum König ausrufen. Ihm gelingt mit der Hilfe Frankreichs ein Sieg gegen die englische Flotte bei *La Rochelle*. Wichtiger noch ist, daß er sich gegen die englischen Verbündeten Portugal, Navarra und Aragón nachhaltig durchsetzen kann.

Bereits sein Sohn *Johann I.* (1379-1390) verliert jedoch die starke Position. Er erleidet gegen Portugal und England eine vernichtende Niederlage bei *Aljubarrota* **(1385).**

Danach beginnen längere Auseinandersetzungen zwischen schwacher Krone und erstarkenden Adelsfamilien. Erst mit der Heirat **(1469)** von *Isabella von Kastilien* und *Ferdinand von Aragón* ändert sich die Situation. **1476** schlägt Ferdinand den portugiesischen König Alfons V. in der Schlacht bei Toro.

Die Vereinigung der Kronen von Kastilien und Aragón ist das wichtigste Ereignis der mittelalterlichen Geschichte Spaniens

Die Vereinigung der Kronen von Kastilien und Aragón ist das wichtigste Ereignis der mittelalterlichen Geschichte Spaniens. Kastilien wird kulturelles und politisches Zentrum des Landes. Schließlich können die „katholischen" Könige auch noch die territoriale Einheit des Landes herstellen. Von **1481** bis **1492** wütet der Kampf um das letzte islamische Königreich auf spanischem Boden, Granada, bis die Mohammedaner endlich besiegt werden können.

Im Vertrag von Tordesillas teilen sich die beiden Weltmächte, Spanien und Portugal, die Welt auf.

Im Jahr 1492 beginnt ein neuer Geschichtsabschnitt. Man spricht nun von der Epoche der Kolonialisierung. Am 10. Oktober **1492** entdeckt Kolumbus Amerika. Größter Konkurrent der Spanier ist das portugiesische Königreich. **1494** einigt man sich im Vertrag von Tordesillas auf die Teilung der zukünftigen Entdeckungen. Ein neues Zeitalter beginnt. Geistliche, einfache Soldaten, Adelige, Matrosen, alle zieht es in die Neue Welt, um sie für sich und ihren König zu erobern. Und sie schaffen in der Tat Beeindruckendes: 1519-1521 erobert *Hernán Cortés* das Aztekenreich in Mexiko, 1522 glückt die erste Weltumsegelung, 1522 unterwirft Francisco Pizarro das Inkareich, 1536 gründet *Pedro de Mendoza* Buenos Aires, 1542 entdecken die Spanier den Mississippi und die Philippinen.

Ab **1478** wird in Spanien die Inquisition eingeführt (in Aragón ab 1486). Sie ist zunächst gegen die Juden gerichtet und aus wirtschaftlichem Neid und religiösem Fanatismus geboren.

Eigentlich sollte die Inquisition die Reinheit des Glaubens bewahren, in Wirklichkeit war sie ein brutales Machtinstrument

Anfänglich können sich die Juden taufen lassen und entgehen somit als Neuchristen der Verfolgung. Aber auch die Neuchristen können bald wieder große wirtschaftliche Erfolge aufweisen, so daß bald erneut Judenprogrome, nunmehr auch gegen Neuchristen, stattfinden. Die systematische Vertreibung der Juden beginnt ab **1492** (Vertreibungsedikt vom 31.3.). Der Exodus der Juden führt zu einer starken Reduzierung der städtischen Mittelschicht und einem wirtschaftlichen Niedergang. Ab **1502** richtet sich die Inquisition auch gegen die bedeutende islamische Minderheit, die das ländliche Proletariat bildet. Zunächst fordert man die Taufe. (Die getauften Moslems nennt man Moriscos.) Im Laufe der Zeit erweist sich aber selbst das Sakrament als unzureichender Schutz vor der Verfolgung. Die Inquisition dauert bis ins 18. Jahrhundert.

Außenpolitisch bauen die katholischen Könige ihren Hegemonialanspruch systematisch aus: ab 1515 wird das Königreich Navarra von Kastilien verwaltet. Nach innen konsolidiert sich das Reich: Die kastilischen Ritterorden müssen sich der Krone unterordnen und kämpfen nun für Spanien in aller Welt. Die Ständeversammlung wird durch die Einsetzung von königlichen Corrigedores in ihren Rechten beschnitten, die administrative Macht der königlichen Zentralverwaltung übertragen. Die Kirche stellt man unter die Hoheit des Staates.

Die Habsburger

Nach dem Tod *Ferdinands* des Katholischen fällt die Krone an dessen regierungsunfähige Tochter *Johanna* und deren Sohn *Karl* (1516-1556). Karl erhält von der Cortes die Erlaubnis, für seine Mutter das Regierungsamt zu übernehmen. Formal wird er jedoch erst 1555 mit dem Tod *Johannas* spanischer König. Gegen die Konkurrenz des französischen Königs *Franz I.* wird Karl als *Karl V.* zum deutschen Kaiser gewählt **(1519).** Mit ihm beginnt die Dynastie der Habsburger. Als Kaiser über Deutschland und König von Spanien steht er König *Franz I.* von Frankreich verständlicherweise nicht freundschaftlich gegenüber. Dies führt **1521-1525** zum ersten Krieg mit Frankreich. In der Entscheidungsschlacht bei *Pavia* **(24.2.1525)** wird König *Franz* vernichtend geschlagen. **1526-1529** findet der zweite Krieg gegen Frankreich

Kaiser Karl ist deutscher Kaiser und spanischer König gleichzeitig

statt, der wiederum mit einer Niederlage für *Franz I.* endet. 1530 tagt der Reichstag zu Augsburg. Der Kaiser hat in Deutschland zu regieren. Die Protestanten legen die Confessio Augustana vor, ein Kompromiß mit dem Kaiser ist nicht möglich. Es beginnt die gewaltsame Glaubensauseinandersetzung. Der Augsburger Religionsfrieden am **25. September 1555** führt zur Abdankung *Kaiser Karls*. Er verzichtet zugunsten seines Sohnes *Philipp*.

Kaiser Karl ist damit der letzte Spanier auf dem Kaiserthron. Die Personalunion des deutschen Kaisers und gleichzeitig des spanischen Königs hat Spanien sicherlich aufgewertet, aber gleichzeitig auch in Konflikte gestürzt, die Spanien ansonsten nur bedingt tangiert hätten. Mit dem Übergang der spanischen Krone auf *Philipp II.* ändert sich alles. Man besinnt sich der Iberischen Halbinsel und der kolonialen Besitztümer. Der Aufbau in Übersee wird noch dadurch forciert, daß aufgrund einer Erbfolge *Philipp II.* auch als Philipp I. König von Portugal wird **(1580).**

Durch die verlagerten politischen Akzente tritt Spanien in einen Konflikt mit England ein. Die Konfrontation mit England spitzt sich immer weiter zu, bis sich *Philipp* schließlich

***Astorga:* Der Glockengiebel im Gegenlicht versinnbildlicht eindrucksvoll die Ruhe und Gelassenheit des Geschehens auf dem Pilgerweg**

zu einer Invasion Englands entschließt. Im **Juli 1588** wird die bisher unbesiegbare spanische Armada im Kanal von der englischen Flotte besiegt.

Mit dem beginnenden 17. Jahrhundert verliert Spanien seine Großmachtstellung, einesteils wegen der Gegnerschaft Englands, die auch immer intensiver in den Kolonien ausgetragen wird, andererseits aber auch wegen der Auswirkungen des Dreißigjährigen Krieges (**1618** bis **1648**), der an Spanien nicht spurlos vorbeigeht. König *Philipp IV.* (1621-1665) muß gegen die Holländer empfindliche Niederlagen hinnehmen. In diesem Zusammenhang sind auch die niederländischen Eroberungen in den Kolonien zu sehen.

Mit dem Tod König *Karls II.*, dem letzten Habsburger auf dem Thron, beginnen **1700** die spanischen Erbfolgekriege **(1700-1714).** Erbberechtigt sind der Sohn des Königs Karl, Erzherzog Karl, und der Enkel *Ludwigs XIV.*, Prinz *Philipp von Anjou*, den König *Karl II.* testamentarisch zum Thronerben bestimmt hat. Der Krieg endet mit dem Frieden von Utrecht

1713: Philipp V. bleibt spanischer König und behält alle Kolonien. Die italienischen Besitzungen gehen an Österreich.

Die Herrscherdynastien von Habsburg

Habsburg

Karl I. 1516-1556
(deutscher Kaiser Karl V.)
Philipp II. 1556-1598
(gleichzeitig König von Portugal ab 1580)
Philipp III. 1598-1621
Philipp IV. 1621-1665
Karl II. 1665-1700

Ausbruch der spanischen Erbfolgekriege.

Die Bourbonen

Mit *Philipp V.* beginnt das Königshaus der spanischen Bourbonen. Der aufgeklärte Absolutismus setzt neue politische Akzente. Besonders König *Karl III.* (1759-1788) führt wichtige Reformen in der Verwaltung durch und fördert die Wirtschaftspolitik.

Die Dynastie der Bourbonen ist heute noch im Besitz der spanischen Krone (König *Juan Carlos*).

Die Herrscherdynastien von Bourbonen und Karlisten

Bourbonen	Karlisten
Philipp V. 1714-1746	
Ferdinand VI. 1746-1759	
Karl III. 1759-1788	
Karl IV. 1788-1814	
Ferdinand VII. 1814-1833	Karl V. 1814-1855
Isabella II. 1833-1868	
	Karl VI. 1855-1861
	Juan III. 1861-1868
Alfons XII. 1875-1885	Karl VII. 1868-1909
Alfons XIII. 1902-1931	Karl VIII. 1909-1931
	Don Alfonso-Carlos I. 1931-1936
Juan Carlos 1969-	

Mit Napoleon beginnt eine neue Zeit

Napoleonische Zeit

Zu Beginn des 19. Jahrhunderts ist Spanien von unversöhnlichen Gegensätzen geprägt. Konservativismus (Monarchie, Kirche und Großgrundbesitzer) steht in krassem Gegensatz zu dem erwachenden bürgerlichen Liberalismus. Eine bürgerliche Reform kann und wird nicht erfolgen. Durch Verstädterung und Industrialisierung kommt es hingegen zu einem Konflikt zwischen Unternehmertum und Arbeiterschaft. Die Reformbewegung wird radikalisiert und übernimmt sozialistische bis anarchistische Ideen. **1808** bis **1814** finden die Unabhängigkeitskriege statt. Sie beginnen mit dem Einzug von *Joseph Bonaparte* in Madrid **(20.7.1808).** *Napoleon* muß über 300 000 Soldaten in Spanien stationieren, um seine Herrschaft allein in den Städten aufrechterhalten zu können, während das Hinterland von den Spaniern beherrscht bleibt. Die Engländer unterstützen Spanien und entsenden ein Heer unter dem späteren Herzog von *Wellington*. Die vereinigten Streitkräfte besiegen die Franzosen am **13.11.1813** bei Vitoria. Dieser Sieg trägt wesentlich zum Sturz Napoleons bei.

Die neuere Zeit

Die liberalen Kräfte können sich in Spanien nicht durchsetzen. Der wieder nach Spanien zurückgekehrte König *Ferdinand VII.* (1814-1833) löst die Cortes auf, hebt die liberale Verfassung auf, setzt wieder die Inquisition ein und herrscht als absolutistischer Monarch.

Nach dem Tod *Ferdinands VII.* brechen Thronstreitigkeiten zwischen der Regentin *Maria Christina*, die die Ansprüche für ihre minderjährige Tochter *Isabella* wahrnimmt, und dem Bruder Ferdinands, *Don Carlos*, aus. Man spricht von den sogenannten Karlistenkriegen. Der 1. Karlistenkrieg **(1833-1839)** endet mit einem Kompromiß; die Frage der Thronfolge wird nicht geklärt, Don Carlos geht ins Exil. Während der Regierungszeit *Isabellas II.* (1834-1868) lösen sich 34 Regierungen ab. Die Zeiten sind unruhig, an eine geordnete Entwicklung ist nicht zu denken.

Die Karlistenkriege gelten als Stellvertreterkriege zwischen Liberalen (Maria Christina) und Konservativen (Don Carlos)

1873 wird die Erste Republik ausgerufen, die jedoch keinen Bestand hat. Innerhalb von einem Jahr regieren vier Präsidenten. Von **1873** bis **1876** spricht man von den 2. Karlistenkriegen. Sie enden mit der Machtergreifung König *Alfons' XII.* (1875-1885). Er beendet die Karlistenkriege; mit ihm beginnt in Spanien die Restauration.

Unter König *Alfons XIII.* (1902-1931) lassen sich die innenpolitischen Schwierigkeiten nicht mehr kaschieren. Auch außereuropäische Eroberungen und Erfolge können die innere Krise nicht überspielen. Sie führt schließlich zum Putsch und zur Errichtung einer Diktatur (1923-1930). Ihr größter Erfolg ist die Beendigung des verlustreichen Marokkokrieges, in den Spanien seit 1902 verstrickt ist. Die Diktatur kann die verheerenden Auswirkungen der Weltwirtschaftskrise nicht meistern. 1931 finden Gemeindewahlen statt. In den Städten gewinnt die republikanische Partei. Nachdem die Republik ausgerufen ist, verläßt König *Alfons XIII.* Spanien.

Weder die erste noch die zweite Republik haben lange Bestand

Doch auch die Zweite Republik **(1931-1936)** hat nicht lange Bestand. Die Probleme sind zu vielfältig, als daß sie in einer jungen Demokratie gelöst werden könnten. Es kommt zu antiklerikalen Ausschreitungen, Kirchen und Klöster gehen in Flammen auf. Ein Agrarreformgesetz soll die

Verteilung des Grundbesitzes lösen. Dringend notwendige Reformen im Militär stoßen auf entschiedenen Widerstand. Die Auseinandersetzungen werden immer heftiger, sie münden in einen Bürgerkrieg **(1936-1939)**, der mit der Franco-Diktatur endet. Schon im Laufe des Bürgerkrieges hat eine enge deutsch-spanische Zusammenarbeit begonnen. Deutsche Truppen unter Hitler helfen *Franco* bei der Stabilisierung seiner Diktatur. Spanien wird zum militärischen Versuchsgebiet ausländischer Mächte. Nicht nur Deutsche, auch Italiener, Portugiesen, die UdSSR und verschiedene westliche Demokratien (letztere jedoch nicht offiziell) mischen sich mehr oder weniger aktiv ins Kampfgeschehen ein.

Am 1. Februar **1939** wird von den Faschisten Barcelona, der Sitz der

Die Studenten in Santiago paradieren noch in ihren alten Uniformen

republikanischen Regierung, eingenommen, am 28. März fällt Madrid in ihre Hände.

Franco versucht, eine eigenständige Richtung einzuhalten. Im Zweiten Weltkrieg schließt er sich nicht den Achsenmächten an; er entscheidet sich für eine Politik der Nichteinmischung. In wirtschaftlicher Hinsicht setzt er auf Autarkie. Beide Ansätze mißlingen. Außenpolitisch isoliert sich Spanien immer stärker. **1946** wird Spanien der Beitritt zu den Vereinten Nationen verwehrt. Im Land verarmt das Volk, der Lebensstandard sinkt merklich. Hunger und Not bestimmen den Lebensalltag. Eine Änderung ergibt sich erst in den 50er Jahren. Die außenpolitische Isolierung endet **1953** mit einem Stützpunktvertrag zwischen Spanien und den Vereinigten Staaten. **1955** wird Spanien Mit-

Der Heilige Jakobus ist allgegenwärtig

Am Kap von Finisterre steht einer der ältesten Leuchttürme Spaniens

glied der UNO. **1959** wird ein wirtschaftspolitischer Stabilisierungsplan verabschiedet, der die wirtschaftliche Öffnung nach außen ermöglicht. Er führt eine rigorose Pesetenabwertung durch, beschert die Devisenfreiheit und lädt ausländische Investoren ein. Damit beginnt die wirtschaftspolitische Liberalisierung. Staatliche Unternehmen werden zu einem Großteil reprivatisiert und Gründungen privater Bankinstitute erlaubt. Die Inflation wird wirksam bekämpft, so daß das Bruttosozialprodukt stolze Zuwachsraten aufweisen kann. Noch können nicht alle außenpolitischen Belastungen ausgeräumt werden: Sie resultieren im Wesentlichen aus der Gibraltarfrage und den Beziehungen zu Marokko. Seit **1954** fordert Spanien von England die Rückgabe Gibraltars. Die Engländer lehnen dies jedoch konsequent und hartnäckig ab. Seinerseits räumt Spanien in den 50er Jahren größtenteils seine Besitzungen in Marokko.

Schon relativ frühzeitig bemüht sich Spanien um Teilnahme an der europäischen Zusammenarbeit. **1957** wird es assoziiertes Mitglied der Organisation für europäische Zusammenarbeit, **1959** Vollmitglied. **1962** stellt Spanien den Antrag auf Assoziation an die EWG. Erst **1970** kommt es jedoch zu einer ersten Beseitigung von Zollschranken. **1977** stellt Spanien den Antrag auf Aufnahme in die EWG, am **12.6.1985** werden schließlich die Verträge zum Beitritt Spaniens unterschrieben.

Seit 1982 ist Spanien Mitglied der NATO

Seit **1982** (30.5.) ist Spanien Mitglied der NATO. Die innenpolitischen Spannungen, insbesondere der Regionalismus, werden zu einem Hauptproblem des Landes. Die Aktionen der baskischen Separatistenorganisation ETA werden seit **1964** immer radikaler. Sie sind als Gegenreaktionen auf den strengen und direkten Zentralismus des Francoregimes zu verstehen, der insbesondere die Basken trifft. Militärische Aktionen können den Terror nur bedingt einschränken. Der Tod Francos und die Proklamation *Juan Carlos I.* von Bourbon zum König von Spanien setzt einen Neubeginn **(1975).** Der König verspricht den Spaniern einen allmählichen Übergang zur Demokratie. **1977** wird ein neues Gewerkschaftsgesetz beschlossen, das das Recht zur freien gewerkschaftlichen Vereinigung beinhaltet; ebenfalls **1977** (15. Juni) finden die ersten freien Parlamentswahlen statt. **1978** (31. Oktober) wird von der Cortes die neue Verfassung angenommen. So beginnt die behutsame Demokratisierung. Sie wird jedoch von mehreren Versuchen von Staatsstreichen behindert. Der wichtigste (erfolglose) findet **1981** (23. Februar) statt. Das verfassungstreue Verhalten des Königs läßt jedoch die Machtübernahme scheitern.

Ab 1986 regierte die sozialistische PSOE unter Regierungschef und Ministerpräsident *Felipe González*. Auch die Parlamentswahlen am 6. Juni 1993 konnte die PSOE gewinnen, jedoch sehr knapp. Mit 159 von 350 Sitzen verfügte sie im Parlament nicht mehr über die absolute Mehrheit. Zweit-

Jede Wahl ist gleichzeitig eine Feier

stärkste Partei wurde mit 141 Sitzen die konservative Volkspartei PP.

Nach den langen Jahren an der Regierung verbrauchte sich die PSOE. Korruptionsaffären erschütterten sie; die Wähler wandten sich enttäuscht von ihr ab, denn ihre Versprechen konnten die Sozialisten nicht einlösen. So fand 1996 ähnlich wie 1982 eine Wahl zur Wende statt. Die Volkspartei PP unter ihrem Chef José Aznar gewann die Wahl. Zwar wurde sie nur mit 1,4 Prozentpunkten Vorsprung die stärkste Partei, doch reichte es zu einer Regierungsbildung mit der katalanischen Nationalpartei. Damit übernehmen die Traditionlisten wieder das Ruder. Sie wollen die Wirtschaft fördern, das Land auf EU-Kurs trimmen, die Maastricht-Kriterien will Spanien einhalten; das Staatsdefizit soll verringert und die Arbeitslosenquote verkleinert werden.

Das Rathaus ist bei der Wahl und an den Stierkampftagen festlich geschmückt: Tafalla

Die Muschel ist das Zeichen des Pilgers ...

Die Geschichte des Jakobsweges

Die Geschichte der Pilgerfahrt auf dem Jakobsweg beginnt mit einer Legende: Zur Zeit *Karls des Großen* und *Alfons' II.* lebte ein Einsiedler namens *Pelagius* in *Solibio* in der Nähe der vorgeschichtlichen Siedlung *Amaea*. Dieser hatte eines Tages eine Engelserscheinung, in der ihm offenbart wurde, daß der Leichnam des Heiligen Jakobus hier ruhe. Auch die Gläubigen der Gemeinde von *San Felix* in *Solibio* hatten eine übernatürliche Lichterscheinung. Sie benachrichtigten den Bischof von *Iria Flavia, Theodomir*, der sich selbst von dem übernatürlichen, hellen Schein überzeugte und mit den Gläubigen zu der vom Licht bezeichneten Stelle zog.

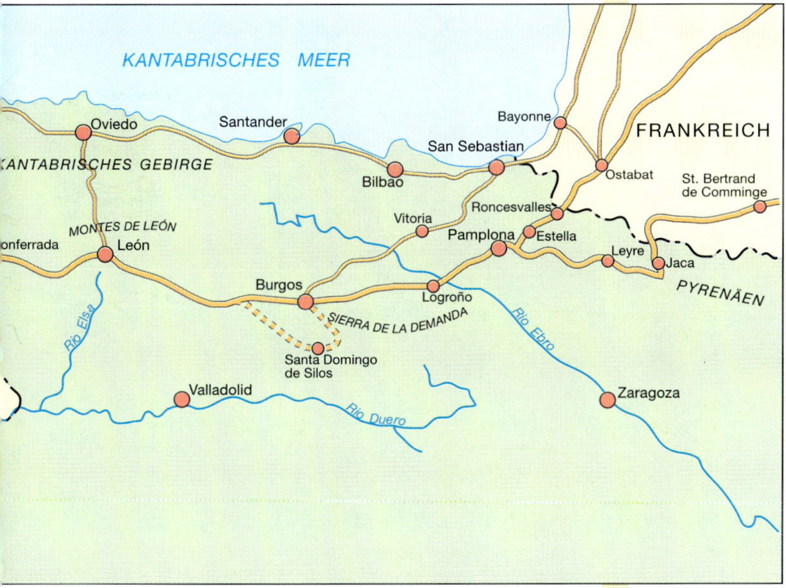

Dort entdeckten sie das mit Marmor verkleidete Grab des Apostels. König *Alfons II.* wurde sofort benachrichtigt; in aller Ehrfurcht ließ er drei Kirchen erbauen, eine zu Ehren des Apostels, eine zu Ehren des Heiligen Johannes des Täufers und eine dritte mit drei Altären, die er Christus, dem Erlöser, dem Heiligen Petrus und dem Heiligen Johannes widmete. Soweit die Legende. Damit befinden wir uns mitten in der Welt der Halbwahrheiten mittelalterlichen Glaubenslebens. So ist es bezeichnend, daß man den Apostel in einem Marmorgrab fand; es hätte nicht anders sein dürfen: In Berichten aus dem Heiligen Land hieß es, „die Grabstätte des Heiligen Jakobus befindet sich in Judäa, beziehungsweise in Cäserea, Palästina oder in Marmarcia“. Marmarcia bezeichnete

... daher markieren die Jakobsmuscheln auch den Verlauf des Pilgerweges

Schilder auf dem Pilgerweg

das Wüstengebiet zwischen dem Nildelta und der Großen Syrte. Aus dem griechischen Text übersetzte man jedoch fehlerhaft ins Lateinische, und die geographische Bezeichnung Marmarcia wurde umgewandelt in „Marmorgrabmal".

Als man bei Iria Flavia die Gebeine fand, kamen keinerlei Zweifel auf. Es mußte sich um den Heiligen handeln, denn er wurde gemäß Überlieferung in einem Marmorgrab gefunden. Wissenschaftlich nennt man diese Beweisführung Tautologie und vermeidet sie. Im Mittelalter war man nicht so kleinlich.

Heute geht man davon aus, daß das Marmorgrab zu einem römischen Friedhof gehörte. Bischof Theodomir hatte also lediglich das Skelett eines Römers gefunden, der in einem Marmorgrab beerdigt worden war.

Auch der Name Compostela wurde als Beweis angeführt. Man leitete ihn mit viel Akribie von campus stellae ab, was so viel wie „Feld der Sterne" heißt, und verwies dabei auf die Lichterscheinung. Aber in jüngerer Forschung geht man eher davon aus, daß der Name von compost oder compostum kommt, was nichts anderes als Friedhof heißt.

Das Grabmal des Heiligen Jakobus wurde im ersten Drittel des 9. Jahrhunderts entdeckt

Das genaue Datum des wohl „irrtümlichen" Fundes kann nur annähernd bestimmt werden. Manche nehmen das Jahr 818 an, sicher ist aber nur, daß das Grabmal im ersten Drittel des 9. Jahrhunderts entdeckt wurde. Die Historiker beschäftigten sich zunächst mit der Frage, wie der Apostel überhaupt nach Spanien kam. Wieder muß eine Legende zu Rate gezogen werden: Der Apostel verließ das Heilige Land, um im Westen Mission zu treiben. Dabei ging man von einer gewissen Arbeitsteilung aus: Paulus missionierte im Osten (Asien), Jakobus zog nach Westen. Mehrere Jahre hindurch hatte er in Spanien das Evangelium gepredigt und war schließlich nach Judäa zurückgekehrt. Dort erlitt er den Märtyrertod. Treue Jünger brachten seinen Leichnam in Jaffa auf ein Schiff und überführten ihn auf einer wundersamen Fahrt über das Meer nach Iria Flavia. In der Nähe, im heutigen Santiago, errichteten sie ihm ein Grab und bewachten die sterblichen Überreste des Apostels getreulich. Die beiden Jünger sind namentlich bekannt: Es handelte sich um Theodorus und Atanasius. Später setzte man sie neben dem Apostel bei.

Schilder auf dem Pilgerweg

Wie verhält es sich mit den historischen Tatsachen? In der ersten Hälfte des 7. Jahrhunderts gibt es keinen Nachweis darüber, daß sich der Heilige Jakobus tatsächlich in Spanien aufgehalten habe. Erst in einer lateinischen Übersetzung der Apostelkataloge taucht eine entsprechende Information auf: Der Heilige Jakobus habe in Spanien eine rege Predigt- und Missionstätigkeit entfaltet. Anschließend sei er nach Jerusalem zurückgekehrt und dort den Märtyrertod gestorben. Noch im 7. und 8. Jahrhundert gibt es viele Zeugnisse, in denen sich die Spanier gegen diese als falsch erachtete Berichterstattung wehrten.

Die Legende überdauerte die Zeit. Währenddessen veränderte sich das politische Umfeld grundlegend. Die islamischen Eroberer erschütterten mit ihrer islamischen Kultur und Religion die Grundwerte des christlichen Spaniens. Da wurde die Legende plötzlich wieder hervorgeholt. 776 brachte eine wichtige Person vom königlichen Hofe Asturiens (die nicht namentlich erwähnt wird) die fast vergessene Geschichte wieder ans Tageslicht; sie wurde nunmehr nicht mehr angezweifelt, sondern ganz wichtig genommen. Der konsequente Apell, der Heilige Jakobus werde Spanien nicht den Ungläubigen überlassen, richtete sich an alle Spanier und Christen und wurde als Aufforderung zur Tat, zur Rückeroberung verstanden.

Wenn man die Vorliebe des Mittelalters für Reliquien bedenkt, so kann es eigentlich gar nicht verwundern, daß man sich intensiv auf die Suche nach einem Marmorgrab machte. Tatsächlich fand man es und wertete es als Beweis der Jakobuslegende.

Heute ist rückblickend festzustellen, daß es sich bei dem Fund sicherlich nicht um einen bewußten Schwindel handelte, sondern um eine Folge von Irrtümern, die im guten Glauben begangen wurden. Eine Welt, in der Reliquien eine große Bedeutung hatten, in der religiöse Legenden nicht von der Wahrheit zu unterscheiden waren, schuf sich ihre eigenen Beweise.

Der Heilige Jakobus wurde zu einem kriegerischen Fanal für die Reconquista

Der Heilige Jakobus wurde nach der Entdeckung des Grabes zum kriegerischen Fanal für die Reconquista und so konnte man es erwarten, daß irgendwann - im Jahre 844 bei der Schlacht von *Clavijo* war es soweit - der Heilige in Gestalt eines Ritters erscheinen und den Christen gegen die Mauren beistehen würde. Von nun an galt er als der Schutzpatron der Christen im Kampf gegen die Muselmanen, als transzendentaler Führer der Reconquista.

Die Wallfahrtsbewegung begann schon bald nach der Entdeckung des Jakobusgrabes, wobei die Bedeutung

Pilger (unterwegs nach Santiago) zu Fuß, auf zwei Rädern oder motorisiert

zunächst nur auf die nächste Umgebung beschränkt war. Im Jahre 900 wurde der Bischofssitz von *Iria Flavia* nach Compostela verlegt. Die ersten ausländischen Pilger wallfahrteten ab dem **10. Jahrhundert** nach Santiago. Der erste französische Wallfahrer läßt sich im Jahr 951 nachweisen. Damit besaß der Wallfahrtsort Santiago de Compostela bereits überregionale Bedeutung. Die Pilgerreise galt anfangs als ein sehr großes Wagnis. Die Normannen verwüsteten immer wieder das Küstengebiet, und die Mauren unternahmen ständig Raubzüge in den „befreiten" Norden. Am 1. August 997 wurde sogar Compostela von den Mauren eingenommen und die Basilika zerstört. Nach der Jahrhundertwende nahmen die Gefahren auf den Pilgerwegen ab. 1002 starb der große, die Christen immer wieder in Schrecken versetzende Feldherr *Almansur*. Auch sein Sohn kam ein paar Jahre später ums Leben und die Reconquista war erfolgreich. Die Mauren wurden immer weiter nach Süden zurückgedrängt. Gleichzeitig entwickelte sich die Infrastruktur. Klöster öffneten ihre Pforten, um Pilger übernachten zu lassen. Es wurden Wege und Brücken gebaut und gesichert.

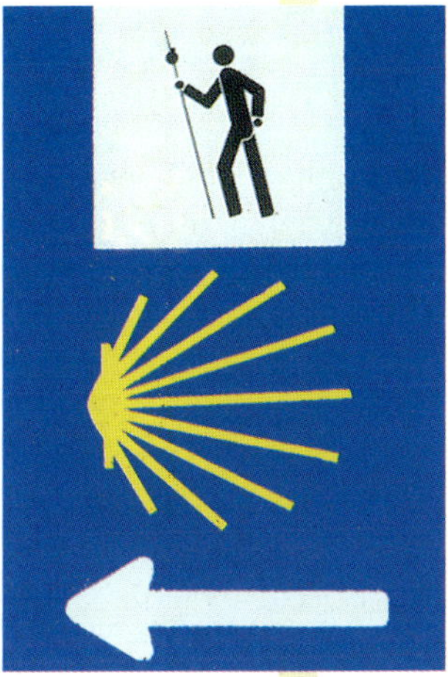

Moderne Schilder weisen den Weg nach Santiago

„No hay moros en la Costa" (Es gibt keine Mauren mehr an der Küste) sagt man heute noch, wenn sich eine heikle Situation geklärt hat

Im **11. Jahrhundert** entwickelte sich die Wallfahrt zu einem bedeutenden wirtschaftlichen Faktor. Ihren wirklichen Erfolg verdankte die Wallfahrtsbewegung aber der tiefen Frömmigkeit des Mittelalters. Ungeheuere geistliche Kräfte erwuchsen aus der Reform von Cluny: Die Wallfahrten galten als ein Zeichen der geistlichen Erneuerung. Nach Jerusalem und Rom stand Compostela an dritter Stelle in der Rangliste der Wallfahrtsorte. Diese neue Bedeutung führte zu einem Ausbau der Pilgerwege. Mönche sahen es als ihre fromme Pflicht an, Wege anzulegen, sie instandzuhalten und zu sichern. Der heiliggesprochene Mönch *Santo Domingo de la Calzada* ist nur ein Beispiel dafür. Immer mehr Klöster und Hospitäler wurden erbaut. Regionen warben um die Pilger, die natürlich auch schon damals, wie heute der Tourismus, ein wichtiger wirtschaftlicher Faktor waren. Es gibt mancherlei Schätzung über die Pilgerzahl. Geht

Wegweiser mit Humor

man von der niedrigsten Zahl von 200 000 Pilgern im Jahr aus (andere Schätzungen sprechen von 500 000 und mehr Pilgern), die mehrheitlich im März und April aufbrachen, dann kann man in dieser Zeit täglich 1000 Pilger annehmen.

Im **15. Jahrhundert** wandelte sich die Motivation der Pilger. Nachdem die Mauren vertrieben worden waren und damit keine direkte kriegerische Auseinandersetzung auf dem Pilgerweg stattfand, also der Kreuzzugsgedanke in der Hintergrund trat, machten sich Menschen auf den Weg, die die Welt ganz einfach entdecken, kennenlernen wollten. Viele Ritter nahmen an den Wallfahrten teil, weil sie sich schlichtweg langweilten. Weiterhin setzte sich die Tendenz durch, Pilgerfahrten als Buße für Straftaten zu verordnen. Gesetzesbrecher wurden zur Wallfahrt nach Santiago verurteilt: Das Konzil von Clermont 1150 bestimmte für Brandstifter als Strafe eine Wallfahrt nach Jerusalem oder Santiago de Compostela. Auch bei Mord stand häufig eine Wallfahrt zur Sühne aus. Damit war bereits der Keim des Niedergangs der Pilgerbewegung gesät. Das Verhalten der unfreiwilligen Pilger trug dazu bei. In der zweiten Hälfte des 15. Jahrhunderts verstärkten Protestantismus und Religionskriege diesen Trend und führten zu einem abrupten Niedergang der Pilgerbewegung. Insbesondere Galizien erlitt dadurch einen schweren wirtschaftlichen Rückschlag.

Viele Ritter nahmen an den Wallfahrten einfach teil, um neue Spannung in ihr gewohntes Leben zu bringen

Im **17. und 18. Jahrhundert** wurden wieder mehr Wallfahrten veranstaltet. Ins 19. Jahrhundert fällt die zweite Entdeckung der Reliquien: Die sterblichen Überreste des Heiligen Jakobus hatte man sorgfältig in der Krypta unter der Capella Mayor aufbewahrt. Die Krypta selbst wurde jedoch niemals betreten. Bauliche Renovierungen, wie zum Beispiel 1660 die Ausschmückung der Capella Mayor im Barockstil, veränderten den Eingang zur Krypta. Und mittlerweile geriet es völlig in Vergessenheit, daß dort die Gebeine des Apostels ruhten. Sie wurden auch nicht mehr erwähnt. Erst im 19. Jahrhundert beschloß Kardinal *Payá y Rico*, die Reliquien suchen zu lassen. Nach längerer Forschung fand man sie schließlich am 28. Januar 1879 in der Apsis hinter der Krypta.

Wegsteine

1884 erklärte der Papst *Leo XIII.* in einer Bulle die Reliquien für echt. Manches an dieser Neuentdeckung ist wundersam. Historiker sprechen davon, daß die neuentdeckten Reliquien mit den ursprünglichen nicht übereinstimmten. Auch die Echtheitserklärung des Papstes könnte wohl keiner Überprüfung standhalten. Wie immer es in Wirklichkeit war, die Neuentdeckung der Reliquien führte jedenfalls zu einer Renaissance der Pilgerbewegung.

In der säkularisierten Welt des **20. Jahrhunderts** hat der Pilgerweg eine andere Bedeutung. Viele Touristen wollen die Kunstschätze auf diesem Weg besichtigen und sind von der geschichtlichen Atmosphäre beeindruckt. Dieser Wandel zeigt sich auch in einer Erklärung der galizischen Bischöfe, die am 24. Juli 1984 beim Europarat beantragten, den Weg nach Santiago de Compostela als europäisches Kulturgut zu deklarieren. Nicht überwiegend religiöse Motive führen die Menschen von heute auf den Pilgerweg, sondern die Freude an Kunst, Kultur und Geschichte.

Man sollte die heutige Pilgerbewegung aber nicht unterschätzen. Im letzten Heiligen Jahr, 1993, besuchten etwa zehn Millionen Menschen Santiago de Compostela. Ein größerer Teil davon dürften auch Pilger gewesen sein.

Im Heiligen Jahr 1993 besuchten ungefähr zehn Millionen Menschen Santiago de Compostela

Religion und Aberglaube

Die Mehrheit der Spanier sind getaufte Katholiken, nämlich 95%. Statistiken weisen aus, daß auf 1000 Einwohner ein Priester kommt. Die gleichen Statistiken belegen aber auch, daß sich als praktizierende Katholiken weniger als 50% der Bevölkerung bezeichnen. Mag man das auch in anderen Ländern beobachten, so hat in Spanien der Säkularisierungsprozess aber erst in den 70er Jahren eingesetzt. Dabei nehmen die Spanier keine gegensätzliche Position ein, sondern Religion ist ihnen schlichtweg gleichgültig geworden. Religion und Kirche hat aber als Folklore immer noch eine große Bedeutung. So bewegen sich besonders in der Osterwoche große Prozessionen durch das Land. Viele Menschen nehmen daran teil. Die Leidensgeschichte Christi wird von vielen Laiendarstellern in Dörfern und Städten dargestellt; die Vorstellungen sind allesamt gut besucht.

Die praktizierte katholische Religionsausübung bewegt sich zwischen Glauben und Aberglauben. Spanien ist ein Land der Wunder; man kann gar nicht alle Wunderverehrungen aufzählen. Auch auf der Fahrt durch Nordwestspanien wird man an vielen Orten vorbeikommen, an denen sich Wunder ereignet haben. Bis heute sind Wunder noch nicht ausgestorben. Plötzlich schenkt eine Marienstatue Heilung, sprießt aus einer Quelle Lebenskraft.

Die Mischung von Aberglaube und Wunder findet man besonders intensiv in ländlichen Gebieten. So ist es in traditionell niederschlagsarmen Gebieten durchaus üblich, unter Glockengeläut die Statue des Ortsheiligen über die Felder zu tragen und in den Fluß zu werfen, um Regen zu erhalten. In der Stadt und auf dem Land hat fast jede Familie eine Marienstatue im Haus. Sie soll Unheil von Haus und Familie fernhalten.

Das lateinische Wort „peregrinus" bezeichnet ursprünglich den Fremden oder denjenigen, der sein Heil in der Fremde sucht. Abraham wurde als der erste „peregrinus" angesehen. Erst später verstand man darunter den religiös motivierten Pilger. Mit einigem Recht darf man den heutigen Pilgertouristen in die Schar der „peregrini" einbeziehen.

Symbol der Pilger war die *concha venera,* die Jakobsmuschel, die man an den Küsten Galiziens findet. Die meisten Pilger kauften sie auf dem Platz vor der Kathedrale in Santiago, wie der Pilgerführer berichtet. Die Händler, genannt *concheros,* hatten mit dem Erzbischof und sogar mit dem Papst eine Vereinbarung getroffen, daß die Muscheln nur in Santiago verkauft werden durften. Der Verkauf muß sehr einträglich gewesen sein, denn die Kirche versuchte diesen Handel den privaten Verkäufern verschiedentlich streitig zu machen. Man einigte sich schließlich darauf, daß die Kirche ein Viertel der Stände, die *concheros* drei Viertel kontrollierten. Auch heute noch kann man die Muscheln als Andenken in Santiago kaufen. Diese Muschel galt für die Pilger als Beweis, an der Pilgerfahrt teilgenommen zu haben. Viele Häuser wurden auch mit Jakobsmuscheln geschmückt, zum Zeichen dafür, daß der Hausinhaber die Pilgerfahrt auf sich genommen hatte. Von der Muschel erzählt man sich viele Wundergeschichten:

Statuen und Grabsteine sind die Zeichen der Lebenden und der Toten

Ein Prinz, der von seinem scheuenden Pferd ins Meer geworfen wurde, ist angeblich vom Heiligen Jakob gerettet worden. Als er dem Meer entstieg, war er über und über mit Muscheln bedeckt.

Bilder
am Pilgerweg

Die **Ausrüstung des Pilgers** bestand zunächst einmal aus festem, praktischem Schuhwerk und bequemen Kleidern, die beim Gehen nicht behinderten. Oft waren sie lederverstärkt, um Schutz gegen Dornen und Gestrüpp zu bieten. Ein Filzhut sollte vor Kälte und Regen schützen. Weiterhin führte er eine Pilgertasche, einen Wanderstab und die Pilgerflasche mit sich. Die Pilgertasche, ein kleiner Sack aus Tierhaut, wurde mit der Pilgermuschel geschmückt. Der Wanderstab diente als Stütze beim Gehen und zum Schutz vor Tier und Mensch. In der Pilgerflasche schließlich befand sich klares, köstliches Wasser, so daß der Pilger den Durst des Tages lindern konnte.

Der erste Pilgerführer war der Codex Calixtinus. Er beschrieb ausführlich den langen Pilgerweg in Etappen von den Pyrenäen bis Santiago

Bereits im 12. Jahrhundert gab es einen Pilgerführer, den **Codex Calixtinus.** In Spanien wird er auch *Códice Calixtino* genannt. Autor soll Papst *Calixt II.* (1119-1124) gewesen sein. Auch dies muß man wohl der Legende zurechnen. Der Codex Calixtinus war nicht nur ein „Reiseführer", sondern auch eine gekonnt verfaßte Werbeschrift für den Jakobsweg. Die Autorenschaft übertrug man auf den Papst, um eine größere Akzeptanz zu erreichen. Historiker schreiben den Codex Calixtinus dem Priester *Aimericus* aus Parthenay (im Poitou) zu. Für die Pilger der Frühzeit war er ein fast unentbehrlicher Ratgeber: Er unterteilte die Strecke in Tagesetappen, die wohl nicht für Wanderer gedacht waren, vielleicht für Berittene. Der Pilgerführer beschrieb den Weg, gab Informationen über Unterkünfte, Hospitäler und Klöster. Er beschrieb, wie die Flüsse zu überqueren waren, ob es Brücken gab oder Fährleute. Auch bei der täglichen Sorge der Trinkwasserbeschaffung half er mit Rat. Vor gefährlichen Gebieten, Räubern, falschen Priestern und Betrügern warnte er. Durch die Fülle der Informationen wurde der Pilgerführer zu einem wichtigen Begleiter für den mittelalterlichen Reisenden.

Staat und Politik

Juan Carlos I. ist König und damit Staatsoberhaupt von Spanien

Nach dem Tod von Staatschef *Francisco Franco* wurde König *Juan Carlos I.* Staatsoberhaupt von Spanien. Er gehört der Dynastie Bourbon-Anjou an; die Monarchie ist in diesem Hause erblich.

Das Parlament besteht aus zwei Kammern, dem Congresso und dem Senado

Spanien ist seit 1978 eine **konstitutionelle Monarchie** mit parlamentarischem Regierungssystem. Das spanische Parlament, die Cortes, besteht aus zwei Kammern, dem Congresso (Abgeordnetenhaus - 350 Mitglieder) und dem Senado (Senat - 248 Senatoren). Die Abgeordneten werden gewählt; ebenso 207 der 248 Senatoren, 41 ernennt der König, der auch den Ministerpräsidenten beruft.

Die **Provinzen** werden von einem Provinzrat (Diputación Provincial) und einem Gouverneur regiert.

Die autonomen Regionen und die Provinzen

Region/Provinz			Fläche in qkm	Bevölkerungs-zahl	Einwohner pro qkm
A		**Galizien**	9 434	2 811 000	96
		dazu gehören:			
	1	La Coruña	7 876	1 093 000	139
	2	Lugo	9 803	5 000	41
	3	Pontevedra	4 477	883 000	197
	4	Orense	7 278	430 000	59
B	5	**Asturien**	10 565	1 130 000	107
C		**Kastilien-León**	94 147	2 591 000	28
		dazu gehören:			
	6	León	15 468	524 000	34
	7	Zamora	10 559	228 000	22
	8	Salamanca*	12 336	364 000	30
	9	Palencia	8 035	188 000	23
	10	Valladolid	8 202	489 000	60
	11	Avila*	8 048	184 000	23
	12	Burgos	14 309	364 000	25
	13	Segovia*	6 949	149 000	21
	14	Soria	10 287	101 000	10
D	15	**Kantabrien**	5 289	513 000	97
E		**Baskenland**	7 261	142 000	433
		dazu gehören:			
	16	Vizcaya	2 217	1 189 000	536
	17	Guipúzcoa	1 997	1 695 000	849
	18	Alava	3 047	258 000	85
F	19	**Navarra**	10 421	509 000	49
G		**Aragonien**	47 669	1 197 000	25
		dazu gehören:			
	20	Huesca	15 613	215 000	14
	21	Zaragoza	17 252	829 000	48
	22	Teruel*	14 785	153 000	10
H	23	**La Rioja**	5 034	254 000	50

(*) Provinzen, die nicht Nordwestspanien zugeordnet werden.

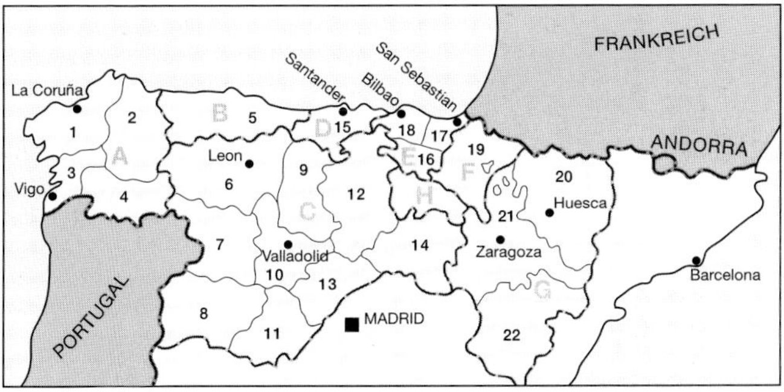

1977 nahmen an den ersten **freien Wahlen** seit 1936 insgesamt 194 Parteien teil. Es gewann die UCD, das Demokratische Zentrum (35 %), vor der PSOE, den Sozialisten (29 %), und der PCE, den Kommunisten (9 %). Bei der Wahl von 1982 veränderte sich die Parteienlandschaft wesentlich. Die Sozialisten gewannen 48 %, eine rechte Volkskoalition erhielt 26 %, die Kommunisten 4 %. Das Zentrum verlor vier Fünftel aller Wähler und löste sich nach der Wahlniederlage auf. Premierminister wurde Felipe González.

1986 stabilisierte sich die Verteilung der Wählergunst. Die Sozialisten erhielten 44 %. Hier begann für Spanien nun endgültig eine neue Zeit.

Die **Verwaltungsreform** von 1979 wurde zügig in die Tat umgesetzt, man beschrieb sie mit dem Stichwort „Regionalisierung“. Spanien ist heute in 17 „Comunidades Autonomas“, autonome Gemeinschaften, gegliedert, die über ein eigenes Parlament verfügen. Vier davon fordern mit unterschiedlichem Nachdruck mehr Kompetenzen oder sogar die vollkommene Unabhängigkeit: Andalusien, Baskenland, Galizien und Katalonien. Der neue spanische Staat ist nicht mehr zentralistisch aufgebaut wie zu Francos Zeiten, sondern hat die Struktur eines föderalistischen Staates.

Das neue Spanien

Während der letzten 20 Jahre fand in Spanien ein grundlegender Wandel der **Erwerbsstrukturen** statt. Über 50 % der Beschäftigten sind heute in der Dienstleistungsbranche tätig, 35 % in der Industrie, 15 % in der Landwirtschaft. Von Landstrich zu Landstrich ist diese statistische Aussage jedoch vollkommen unterschiedlich. Der hohe Anteil der in der Dienstleistungsbranche Beschäftigten resultiert zu einem beträchtlichen Teil aus dem Bereich Tourismus. Dieser ist im Süden des Landes dominant. Die Verteilung der Erwerbsstruktur im Norden des Landes sieht anders aus. Klammert man das industriell stark entwickelte Baskenland aus, kann man mit Fug und Recht behaupten, daß Nord(west)spanien ein Agrarland ist, insbesondere Galizien und Kastilien. In den beiden Provinzen sind bis zu 50 % der Erwerbstätigen in der Landwirtschaft beschäftigt.

Tourismus ist für die Wirtschaft Spaniens von großer Bedeutung. Nicht überall gibt es den „sanften" Tourismus. Vielleicht war es auch einfach nur Glück, daß dem Norden der Massentourismus erspart blieb

Nordspanien wird bis heute stark vom ländlichen Leben geprägt, auch wenn in den letzten Jahrzehnten ein deutlicher Trend der Verstädterung erkennbar ist. Dennoch lebt nach wie vor ein Großteil der Bevölkerung auf dem Lande und in den ländlichen Kleinstädten. Für die Landwirtschaft sind zwei gegensätzliche Strukturen bestimmend: Zunächst gibt es in weiten Teilen Spaniens (insbesondere in Kastilien) eine feudale Landaristokratie. Landbarone besitzen große Ländereien, sie bestimmen über das wirtschaftliche Wohlergehen vieler Landarbeiter und ganzer Dorfgemeinschaften. Zwar hat sich seit der Demokratisierung die rechtliche Situation der Landarbeiter stark verbessert, faktisch besteht aber auch heute noch eine Abhängigkeit von der Landaristokratie. Junge Leute können sich nur davon befreien, indem sie in die Städte abwandern. Eine ganz andere Entwicklung unterstützt gleichfalls die Abwanderung in die Städte: Die Kleinbauern teilen ihr Land durch Erbfolge in so kleine Landparzellen auf, daß man von Minifundien spricht. Der Landbesitz wird schließlich so klein, daß er eine Familie nicht mehr ernährt. Vielen dieser Kleinstbauern bleibt nichts

Die modernen Menschen Spaniens sind selbstbewußt und gleichzeitig ihren Traditionen verbunden

Türklopfer

anderes übrig, als in die Städte zu ziehen oder auszuwandern. Die Abwanderung ins Ausland, insbesondere nach Frankreich und Deutschland, war teilweise so drastisch, daß die ärmeren Regionen darunter schwer zu leiden hatten. In Galizien zum Beispiel sank die Bevölkerungszahl auf die von 1900. Gleichzeitig bot sich aber auch den Zurückgebliebenen eine neue Chance: Weniger Jungbauern konnten über mehr Land verfügen.

Die **Familie** bedeutet auf dem Land noch viel und hat in den vergangenen Jahrzehnten in ihrer Struktur keinen großen Wandel erlebt. Der Vater ist der Patriarch. Er ist in der Regel der Ernährer der Familie und leitet daraus gewisse Sonderrechte ab, so das Recht des letzten Wortes, wenn in der Familie Entscheidungen getroffen werden. Er repräsentiert die Familie nach außen. Die Grenze seines Einflusses liegt im häuslichen Bereich, denn die Mutter ist der Mittelpunkt der Familie. Sie ist die beherrschende Person, zuständig für den Haushalt und die Kinder, für den ganzen familiären Lebensbereich. Diese Zuständigkeit bringt ihr viel Arbeit, so daß sie von frühmorgens bis spätabends auf den Beinen ist, sie somit gar keine Zeit findet, ihren Lebensinhalt zu hinterfragen. Die traditionelle Arbeitsteilung und die daraus entstandenen Rollen gelten wie eh und je. Der Mann kümmert sich um die „großen" Probleme, während die Frau das tägliche Leben zu meistern hat. Den Konflikten im Haus entzieht sich der Familienvater weitgehend, indem er seine Abende mit Freunden in Bars und Kneipen verbringt. Dort ist es möglich, „frei" zu sein und „ungezwungene" Gespräche zu führen.

Frauen haben es schwer, wenn sie eine gleichberechtigte Partnerschaft anstreben

Nach wie vor ist in Nordspanien der **„machismo"** verbreitet. Er beruht auf der patriarchalischen Führungsfunktion des Mannes und dem Hang zur männlichen Selbstbestätigung. Er fordert in der Familie die absolute Autorität und extern die Anerkennung, insbesondere bei anderen Frauen. Das darin begründete Ungleichgewicht zwischen Mann und Frau wurde sowohl von der Kirche wie auch vom Staat lange Zeit gestärkt, so daß sich bis heute wenig geändert hat: Für den Mann ist die Frau die Erzieherin seiner Kinder, zuständig für den Haushalt. Selten besteht eine echte Partnerschaft. In der Erziehung der Kinder gilt bis heute, daß die Mädchen frühzeitig im Haushalt Funktionen übernehmen müssen, während man den Jungen alle Freiheiten einräumt.

Im Leben des Spaniers spielt aber auch noch die „andere“ Frau eine Rolle, die Geliebte. Sie gilt als Statussymbol, als Beweis des guten Geschmacks und Erfolg des Mannes. Die Frau hat unter der von Doppelmoral geprägten Rolle des Mannes zu leiden und unter der Bevormundung von Vätern, Brüdern und Ehemännern, die keine eigene Entfaltung zuläßt. Über Jahrhunderte hinweg entstand ein fügsamer, auch in sexueller Hinsicht fügsamer Frauentyp.

Dieses traditionell-konservative Leben wird im städtischen Bereich in Frage gestellt. Hier bietet sich den Frauen mit Einschränkungen eine neue Lebensperspektive.

Türklopfer

Die Strukturen des **Stadtlebens** sind aber nicht frei von Sachzwängen. Das Leben spielt sich in den uniformen Hochhäusern der Vorstädte ab, die schnell und billig hochgezogen wurden. Es ist in Spanien üblich, eine Eigentumswohnung zu kaufen. Nur knapp 30 % der Wohnungen werden vermietet. Nach bäuerlicher Mentalität und ihrem Bezug zur eigenen Scholle wünscht man sich Eigentum und sei es nur eine Wohnung. In vielen Familien fällt diese aus finanziellen Gründen viel zu klein aus. Trotz staatlicher Wohnungsförderungsprogramme steht nicht mehr Kapital zu Verfügung. In den engen vier Wänden hat keines der einzelnen Familienmitglieder eine Möglichkeit, sich zurückzuziehen. Kinder und Jugendliche orientieren sich nach außen, was für den Mann ohnehin selbstverständlich ist. Nur für die Frau soll gleiches Recht nicht gelten, es wird sogar gesellschaftlich verurteilt. Dennoch, die Werte ändern sich allmählich in der neuen Gesellschaft, auch wenn Spötter die spanischen Städte und sogar Madrid wegen ihrer ländlichen Lebensform noch als große Dörfer bezeichnen.

Für die Rechte der Frauen setzt sich u.a das Fraueninstitut (Justituto de la Mujer) ein

Die Ausbildungsmöglichkeiten sind noch immer unzureichend

Die **Ausbildungsmöglichkeiten** sind immer noch unzureichend, obwohl sich in den letzten Jahrzehnten auf diesem Gebiet Wesentliches getan hat. Nach wie vor prägt ein Dualismus das Erziehungssystem:

Zum einen beherrscht die teuere, kirchliche Privatschule das Erziehungswesen, zum anderen bietet der Staat eine kostenlose, aber qualitativ minderwertige Schulausbildung. Nur begüterte Familien können sich die teueren Privatschulen leisten. Indirekt ist damit eine weitere Benachteiligung der Mädchen verbunden: Ist der teuere Schulbesuch nicht für alle Kinder möglich, werden zuerst die Jungen bevorzugt,

Handel ist ein wichtiger Erwerbszweig

die Mädchen müssen mit der „minderwertigen" staatlichen Schule vorlieb nehmen. In den letzten Jahrzehnten sind jedoch insbesondere im Bildungswesen große Anstrengungen unternommen worden, um das staatliche Unterrichtswesen hinreichend zu verbessern. Auf dem Land ist die Versorgung mit Schulen aber noch nicht ausreichend gewährleistet. Lange Zeit verschärfte ein mangelndes Bildungs- und Kunstbewußtsein des Volkes diese Misere. Man verstand Bildung und Kunst als einen Luxus der Reichen. Jene konnten sich den Luxus des Schulbesuches leisten, die Kinder der Armen mußten hinaus auf die Felder, um zu arbeiten. Da blieb keine Zeit für Bildung und Kunst übrig.

Bis 1977 gab es in Spanien kein Kultusministerium

Bis 1977 gab es in Spanien auch kein Kultusministerium. Der Kulturbereich wurde vom Ministerium für Information und Tourismus mitbetreut. Seit der Demokratisierung versucht man, begangene Fehler auszugleichen, den Zugang zu **Bildung und Kunst** zu vereinfachen, der große Nachholbedarf soll gedeckt werden. Eine Schulreform wurde bereits durchgeführt, insbesondere die Besoldung der Lehrer angehoben und die Qualität der Ausbildung verbessert. In den Museen und Bibliotheken wurden die Eintrittspreise gestrichen oder gesenkt, so daß für die Bevölkerung ein ungehinderter Zugang möglich wurde. Noch hat sich jedoch die Einstellung der Spanier nicht grundlegend geändert. Nach Ende der Francodiktatur stand zunächst der Konsum im Vordergrund. Erst danach rangierten Bildung und Kunst. Die Kirche spielte in Spanien im Verlauf der Geschichte eine dominierende Rolle. Weltliche und **geistliche Macht** waren meistens trefflich verknüpft. Wie sehr die Kirche auf weltliche Machtmittel vertrauen konnte, um damit selbst Macht auszuüben, wurde insbesondere während der Inquisition nur allzu deutlich. Über 300 000 Menschen fielen ihr in Spanien zum Opfer. „Katholisch" und „spanisch" waren synonym gebrauchte Worte. So sprach man von den „katholischen" Königen, der „katholischen" Nation. Noch vor 20 Jahren

Folklore nimmt in Spanien einen hohen Stellenwert ein

bekannten sich 95 Prozent der Spanier zum katholischen Glauben und bezeichneten sich als praktizierende Katholiken. Kaum einer hätte es gewagt, aus der machtvollen kirchlichen Gemeinschaft auszubrechen. Nach der Demokratisierung und der Trennung von Staat und Kirche stellt sich manches anders dar. Nur noch 30 Prozent bezeichnen sich als praktizierende Katholiken. Offensichtlich ist eine Distanz zur Kirche eingetreten. Die Frömmigkeit der Spanier ist aber immer noch groß, so sind der Kirchenbesuch und die Teilnahme an Wallfahrten beachtlich. Heute hat die Kirche keine weltliche Macht mehr, aber immer noch einen nicht zu unterschätzenden Einfluß. Sie verzichtete zwar in der Demokratisierungsphase auf eine eigene „christliche" Partei oder darauf, eine Partei zu unterstützen, aber man kann davon ausgehen, daß sie die traditionellen Kräfte nach wie vor fördert.

Die **Freizeitmöglichkeiten** auf dem Lande sind sehr begrenzt. In vielen Dörfern bietet lediglich der *„paseo"* eine Abwechslung. Der paseo ist der abendliche Spaziergang auf der Hauptstraße. Das ganze Dorf flaniert dort, man trifft sich, unterhält sich, schließt neue Bekanntschaften. Diese Art des paseo hat sich auch in den Städten auf Einkaufsstraßen und der Plaza Mayor erhalten. Natürlich geht es anonymer zu. Aber auch in der Stadt ist der paseo die beste Möglichkeit, neue Kontakte zu knüpfen. Die Freizeitmöglichkeiten in Städten sind selbstverständlich vielfältiger: Kino, Bar, Restaurant, Theater stehen zur Verfügung.

Auf dem paseo werden die sozialen Kontakte gepflegt

Insgesamt kann man davon ausgehen, daß Spanien keine ausgeprägte Freizeitgesellschaft ist. Die kreativen Möglichkeiten der Freizeit hat man noch nicht erkannt und ausgeschöpft. Dabei hat der Feierabend schon immer einen hohen Stellenwert gehabt. Die Arbeit ist nicht Mittelpunkt und Selbstzweck des spanischen Lebens, wenngleich viele Spanier hart für ihren Lebensunterhalt arbeiten müssen.

Es herrscht eine Knappheit an Facharbeitern

Durch Ausbildungsversäumnisse in der Vergangenheit fehlt im Arbeitsgefüge der Facharbeiter. Dies macht sich in der spanischen **Industrie** stark bemerkbar und setzt Expansionsplänen enge Grenzen. So gibt es in Spanien wenig Großindustrie. Es fehlen auch Unternehmerpersönlichkeiten und Manager. Wirtschaftliches Denken und konsequentes wirtschaftliches Handeln fällt den Spaniern immer noch schwer.

Spanien besitzt eine der höchsten Arbeitslosenquote in der EG

Neu Impulse erhoffte man sich von der **EG,** doch bereits 1986, als Spanien der EG beitrat, machte ein Witz seine Runde: Nicht Spanien sei der EG beigetreten, sondern die EG in Spanien eingefallen. Zum Teil ist dies durchaus zutreffend. Über die Hälfte der spanischen Produktion wird von ausländische Firmen erbracht, bei denen auch knapp 50 Prozent der Beschäftigten arbeiten. Viele kleine und mittelständischen Firmen haben Pleite gemacht, weil sie nicht wettbewerbsfähig waren. Es verschwindet zwar der lähmende Protektionismus, aber es wird zu wenig in den technologischen **Fortschritt** investiert. So fand nur zum Teil die versprochene Modernisierung statt; vielfach war es eine Entindustrialisierung. Zunächst wurden ausländische Investoren mit billigen Arbeitskräften und unternehmerfreundlicher Politik ins Land gelockt, doch es fand nicht die erhoffte wirtschaftliche Erneuerung statt. Die wirtschaftlichen Zukunftsaussichten Spaniens sind damit nicht zu verlockend, wenngleich eine Branche fast ständig boomt: der Tourismus.

Zu Aragonien gehört die Bergwelt der Pyrenäen

Die Provinzen

Aragonien

Zwischen den Pyrenäen im Norden, den Randgebirgen, der sogenannten Meseta (Große Tafel) im Südosten und Katalonien im Osten erstreckt sich das alte Königreich Aragonien. Die autonome Region besteht aus den Provinzen Huesca, Zaragoza und Teruel (wobei man letztere nicht mehr zu Nordspanien zählt). Aragón ist landschaftlich in drei verschiedene Zonen gegliedert:

Im Bereich der **Pyrenäen** gibt es große Höhenunterschiede. Sie reichen von 3000 m im Hochgebirge der Pyrenäen bis 200 m im Ebrobecken. Die Pyrenäen wirken trutzig und schier unüberwindbar. Ein mächtiger Berggipfel ragt neben dem anderen empor. Über den Somportpaß kann man u.a. die Gebirgsbarriere überwinden. Die Pyrenäenkette bildet eine Temperaturscheide, sie hält Regen und Winde ab. Dieses Gebiet bezeichnet man als Oberaragonien mit dem städtischen Zentrum Huesca. Die Gebirgslandschaft beeindruckt, die Abhänge erscheinen karg, die Täler fruchtbar.

Weiter südlich erstreckt sich das **Ebrobecken.** Dieser Landstrich wird auch als Niederaragonien bezeichnet. Mittelpunkt ist die Stadt Zaragoza. Der Ebro entspringt im kantabrischen Gebirge, nimmt viele Nebenflüsse auf, unter anderem auch den Río Aragón, bis er zu einem mächtigen Strom wird. An den Ufern des Ebro steigen die äußerst fruchtbaren Hänge terrassenförmig an.

Schließlich gibt es noch das **Iberische Gebirge,** das bis an den Ostrand der Meseta reicht.

Aragoniens Landwirtschaft bildet die Lebensgrundlage der Bewohner; verbreitet ist auch die Viehwirtschaft. Die Industrie konnte kaum Fuß fassen, lediglich eine bescheidene Kleinindustrie widmet sich der Verarbeitung von landwirtschaftlichen Produkten.

Die Landwirtschaft ist die Lebensgrundlage Aragoniens

Die Bevölkerung Aragoniens ist stolz und freiheitsliebend, dabei äußerst bescheiden. Die malerische Tracht der Männer besteht aus schwarzer Samtjacke, kurzer schwarzer Samthose, weißen langen Strümpfen, Hanfsandalen, roten oder violetten Mützen und leuchtend bunten Bauchbinden.

Navarra

Das ehemalige Königreich Navarra ist heute eine autonome Region.

Navarra umfaßt unterschiedliche Landschaften. Ihre Vielfalt reicht von den Höhenzügen der westlichen Pyrenäen bis zu den Steppen Aragoniens. Das Gebiet um Roncesvalles ähnelt stark den Gebirgsregionen Aragoniens. Mittelpunkt von Navarra ist das äußerst fruchtbare Becken von Pamplona. In der Cuenca um Pamplona wird Getreide angebaut, um Estella wachsen Wein und Oliven. Die Industrie konnte sich im Gebiet um Pamplona recht gut entwickeln.

In Navarra wird auf weiten Flächen Getreide angebaut. Dazwischen sind kleine Olivenhaine eingestreut

Die Navarreser geben sich selbstsicher. Das muß schon im Mittelalter so gewesen sein, denn im Pilgerführer gibt es über die Navarreser viel nachzulesen:

Die Navarreser sind selbstsicher

Der Pilgerführer:
So beschreibt der Autor des Pilgerführers die Kleidung der Navarreser: Sie ähnelt schottischen Kleidern, reicht gerade bis zum Knie. Darüber tragen die Navarreser dunkle Wollmäntel, ähnlich Reisemänteln. Insgesamt fällt auf, daß die meisten Navarreser schlecht gekleidet sind.

Außerdem haben sie unangenehme Tischsitten: Alle Hausbewohner essen aus einem einzigen Topf. Mägde und Knechte sitzen unterschiedslos neben den Herren. Diese „klassenlose" Gesellschaft stieß bei dem Schreiber auf Unverständnis. Die Navarreser benutzen keine Löffel, sie essen mit der Hand. Der Schreiber läßt anklingen, daß man wohl nicht davon ausgehen könne, die Tafelgesellschaft habe sich vorher die Hände gewaschen. Selbstverständlich trinken auch alle aus einem Becher, den sie rundum kreisen lassen.

Der Autor verwendet Vergleiche aus der Tierwelt. Ihr Essen erinnert ihn an „fressende Hunde oder Schweine", ihr Reden empfindet er als „Hundegebell".

Da kann es nicht verwundern, wenn er auch sonst kein gutes Bild von den Navarresern hat. Sie werden als böse, falsch und treulos beschrieben. Und sie „pflegen sogar mit ihrem Vieh Unzucht zu treiben". Dies beschreibt er besonders ausführlich: „Die Navarreser küssen wollüstig die Geschlechtsteile von Frau und Maultier".

Baskenland

Das Baskenland *(Pais Vasco)* bildet eine Klammer zwischen Meer und Gebirge, ohne mit natürlichen geografischen Grenzen ausgestattet zu sein. Die reich bewaldete Küste, costa vasca, fällt zum Meer hin steil ab und bietet immer wie-

Die Städte des Baskenlandes (hier Bermeo) liegen meist malerisch am Meer

der schöne, reizvolle Ausblicke. Kleine Buchten mit Stränden erlauben das Baden.

Politisch gliedert sich das Baskenland in drei Provinzen: *Guipúzcoa* (mit der Hauptstadt San Sebastián), *Vizcaya* (mit der Hauptstadt Bilbao) und *Alava* (mit der Hauptstadt Vitoria).

Das Klima ist sehr unterschiedlich. Herrscht an der Küste mildes Meeresklima mit viel Regen vor, wird das Klima landeinwärts spürbar trockener.

Die Landwirtschaft hat ihren Schwerpunkt im Küstengebiet. Viehzucht ist vorherrschend. Im Inland gedeihen gerade Wein und Oliven.

Die Industrie ist relativ stark entwickelt. Das Baskenland war schon immer eine bedeutende Industrieregion. Die zügige industrielle Entwicklung wurde jedoch zu Zeiten der Diktatur politisch behindert.

Man vermutet, daß die Basken Nachkommen der Iberer sind, was aber historisch nicht bewiesen ist. Der Autor des Pilgerführers vertrat seine eigene These:

Man vermutet, daß die Basken Nachkommen der Iberer sind

Der Pilgerführer:
Die Basken stammen nach der Meinung des Autors des Pilgerführers von den Schotten ab. Er beruft sich dabei auf Cäsar. Dieser habe angeblich die Schotten zur Eroberung der spanischen Völker angeheuert. Die Schotten fielen nach dieser Theorie in Spanien ein, errichteten viele Festungen, töteten alle männlichen Bewohner und „bemächtigten" sich der Frauen. Voller Mannesstolz zeugten sie Kinder und legten damit den Grundstein für das Volk der Basken. Die Basken wurden tüchtige Krieger und konnten gut mit dem Schwert umgehen. Noch damals meinte der Schreiber in Gebräuchen und Aussehen Ähnlichkeiten mit den Schotten feststellen zu können.

Fast bekannter als die Basken selbst ist die Terrororganisation ETA. Seit den 70er Jahren bombt sie für die Freiheit der Basken

Tradition und Eigenständigkeit sind den Basken äußerst wichtig. Man schreibt ihnen zu, besonders beständig, traditionsbewußt und fromm zu sein. Die Eigenständigkeit führt jedoch auch zu den Separationstendenzen. Die ETA *(Euskadi ta Askatasuna - Baskenland und Freiheit)* muß bis zu einem gewissen Grad als Gegenreaktion auf den faschistischen Terror angesehen werden. Im spanischen Bürgerkrieg hatten die Basken entschieden gegen die faschistischen Truppen gekämpft. Zur Strafe wurde die Bombardierung Guernicas befohlen: am 26.4.1937 zerstörten drei Schwadronen der deutschen Legion Condor die Stadt völlig. Franco bestrafte die Basken für ihren Widerstand besonders hart. Er schaffte die Selbstverwaltung ab, prangerte sie öffentlich als Verräterprovinz an, verbot die baskische Sprache. Das alles forderte den heute noch vorhandenen (und entarteten) Widerstand heraus.

Die Basken *(Eskadunak)* sprechen heute mehr denn je mit Überzeugung ihre eigene Sprache *(Euscara)*. Sie tun dies, wie könnte es anders sein, selbstbewußt. Im Straßenbild fallen die vielen Werbeplakate in Euscara auf.

La Rioja

La Rioja ist die kleinste der autonomen Regionen Nordspaniens. Sie liegt zwischen Navarra und Kastilien. Städtisches Zentrum ist Logroño.

La Rioja ist für seinen Wein bekannt

Berühmt ist Rioja für seinen Wein. Der fruchtbare Boden und das warme Klima lassen ihn besonders ausreifen und schenken ihm ein unverwechselbares Buket.

La Rioja ist eine landwirtschaftlich orientierte Region; Industrie gibt es fast keine.

Kastilien-León

Die autonome Region Kastilien-León umfaßt die Provinzen León, Zamora, Salamanca, Palencia, Valladolid, Ávila, Burgos, Segovia und Soria. Die Provinzen Salamanca, Ávila und Segovia zählt man nicht zu Nordspanien.

Kastilien mit seinen Hochflächen ist das Kernland Spaniens, ein meerfernes Binnenland, kahl, eintönig und nicht gerade vom Klima begünstigt.

Zahlreiche Burgen und Kastelle sicherten diese Hochfläche. Sie gaben dem Landstrich seinen Namen „Castilla", das Land der Burgen. Die Dörfer, gebaut aus ungebrannten Lehmziegeln, nehmen die fahle Farbe des Erdreichs auf und fügen sich organisch in die Landschaft ein. Aber gerade die schmucklos wirkende Hochfläche birgt in sich größte Kontraste: die helle Sonne und die rote Erde bringen bezaubernde Farbschattierungen hervor.

Das kastilische Scheidegebirge teilt die Region in Altkastilien und Neukastilien.

Altkastilien liegt im Norden. Die Landschaft des Bierzo bringt durch das frische, regenreiche Klima eine üppige Vegetation hervor. Das kantabrische Gebirge mit Gipfeln von über 2500 Metern bildet einen natürlichen Wall, der die Winde vom Meer abhält. In den unwirtlichen Maragatos beginnt die kastilische Meseta, die unendliche Weite.

León ist das unangefochtene Zentrum. Hier beginnt auch die „Tierra de Campos", das ausgedörrte, unfruchtbare Hochland mit kontinentalem Klima. Im Sommer ist es trocken, im Winter kann es ziemlich kalt werden.

Kastillien wird geprägt von ausgedörrtem, unfruchtbarem Hochland

Das kantabrische Gebirge war bereits in frühester Zeit besiedelt. Man geht davon aus, daß Steinzeitmenschen zwischen 40 000 und 10 000 v.Chr. in diesem Gebiet lebten. Über zwanzig Höhlen sind bekannt, die Spuren einer menschlichen Behausung aufweisen.

Die Kastilier gelten als streng und starrköpfig. Der Kampf gegen die Natur hat die Menschen geprägt. Aus dieser Landschaft stammen die Helden der Reconquista wie *El Cid* und *Guzmán*.

Kantabrien

Die Region Kantabrien ist nach dem gleichlautenden Gebirge, das den Anschluß nach Süden bildet, benannt. Im Norden wird Kantabrien vom Atlantischen Ozean begrenzt. Hauptort ist Santander.

Bereits in vorgeschichtlicher Zeit war Kantabrien besiedelt; die Höhlen zeugen davon

Bereits zu vorgeschichtlicher Zeit war das Gebiet besiedelt, und es gibt viele Höhlen, die Spuren einer frühen Besiedlung aufweisen. Das Gebirge bot den Bewohnern Schutz, isolierte die Region aber auch vom übrigen Spanien, so daß Kantabrien als wirtschaftlich zurückgeblieben bezeichnet werden muß.

Das Klima ist vom Ozean bestimmt; die Vegetation ist üppig und vielfältig.

Asturien hat wilde und rauhe Küsten

Asturien

Entlang der Nordküste erstreckt sich das ehemalige Königtum Asturien, heute eine autonome Region. Im Süden reicht es bis ans kantabrische Gebirge. Asturien ist arm an Städten: Neben der Hauptstadt Oviedo gibt es nur noch die Industrie- und Hafenstadt Gijon. Vielzählig sind dagegen die kleinen Fischerorte an der steilen Küste.

Der Ozean bestimmt das Klima. Es ist warm und feucht, die Vegetation gedeiht üppig.

Da es in Asturien reiche Steinkohlevorkommen gibt, entwickelte es sich zu dem Zentrum der spanischen Montanindustrie. Neben dem Baskenland ist es das wichtigste Industriegebiet Nordspaniens.

Galizien

Die autonome Region Galizien mit den Provinzen La Coruña, Lugo, Pontevedra und Orense liegt in der Nordwestecke der Iberischen Halbinsel. Den besonderen Charakter dieser Landschaft prägen die tief ins Land einschneidenden Meeresbuchten (Rías). Sie haben meistens feine Sandstrände, steigen dann zur bewaldeten Hochebene an. Waldige Tallandschaften und Gebirgszüge lösen einander ab.

Charakteristisch sind die schmalen Meeresbuchten mit schroff aufragenden Felsklippen

Der Boden ist nicht sehr fruchtbar, die Landwirtschaft daher recht mühsam. Immer mehr junge Leute wandern in die Städte ab oder ziehen ins Ausland. Durch Erbteilung und Unterverpachtung entstanden Minifundien, deren Bewirtschaftung nicht mehr lohnend ist und die Familie nicht ernährt. Außerdem sind die Methoden der Landbearbeitung immer noch sehr rückständig.

Im Wirtschaftsleben spielt lediglich die Fischerei eine gewisse Rolle. Der Sardinenfischfang und die Muschelzucht haben eine alte Tradition. Um La Coruña haben sich einige Industriebetriebe angesiedelt.

Faszinierend sind die malerischen Buchten an der galizischen Küste

In Galizien findet man noch viel von der ländlichen Ursprünglichkeit. Man sieht Bauern in den Städten einkaufen und die erworbenen Güter auf dem Kopf nach Hause tragen. Auf den Feldwegen ziehen Ochsenkarren mit Holzscheibenrädern dahin. In Dorfnähe werden immer noch die *„horreos"* verwendet, die Vorratshäuschen, auf Pfeilern gebaut, damit das Ungeziefer nicht das Getreide verderben kann und es vor der Bodenfeuchtigkeit geschützt ist.

Bei Volksfesten werden die alten Trachten getragen und zum Klang von *„geida"* (eine Art Dudelsack), Tamburin und Castagnetten die alten Volkstänze getanzt. Viele keltische Bräuche haben sich erhalten.

Die Dichterin Rosalía de Castro versucht die galizische Sprache und Kultur neu zu beleben

Im Pilgerführer wird Galizien ausführlich erwähnt:

Der Pilgerführer:

Galizien wird als fruchtbares Gebiet und wald- und flußreich beschrieben. Auf den weiten Wiesen grasen viele Tiere. In den Gärten wachsen Früchte und Gemüsesorten. An klaren Quellen kann man ohne Vorbehalte seinen Durst löschen. Es gibt reichlich Verpflegung: Brot und Honig, Milch und Apfelwein. Trotzdem wohnen nicht viele Menschen in Galizien. Die Dörfer liegen weit auseinander. Der Fischfang ist eine wichtige Einnahmequelle. Der Schreiber schwärmt von den Seefischen.

Den Galizier empfindet er kultiviert, ja sogar ähnlich dem französischen Volk. Dann macht er aber sofort eine Einschränkung. Die Leute seien aber „jähzornig und streitsüchtig". Insgesamt ist der Schreiber froh, nunmehr in Galizien zu sein. Hier befindet er sich schließlich am Ziel seiner Wünsche und hier verweilt er auch längere Zeit.

Die Sprachen Spaniens

Vier Sprachen spricht man in Spanien, drei davon allein in Nordwestspanien.

Im Baskenland wird Euskara gesprochen

Im Baskenland wird man mit einer Sprache **(Euskara)** konfrontiert, in der auffallend viele t, x, k und z enthalten sind. Für ungeübte Ohren klingt sie leicht abgehackt. Auf den Werbeplakaten in den Städten stehen Botschaften, die für den Besucher und auch für die Mehrheit der Spanier schwer zu verstehen sind, da nützen auch schulische Lateinkenntnisse nichts. Die baskische Sprache hat sich seit 2000 Jahren behaupten können. Vielleicht lag das Baskenland schon immer etwas abseits der großen Politik; die Römer beschäftigten sich nicht sehr intensiv mit diesem Randgebiet, auch das Christentum faßte nur langsam Fuß. Die Identifikation mit einer spanischen Nationalität verbreitete sich im Baskenland ohnehin nur zögernd. So konnte Euskara bestehen. Es gibt keine Sprachverwandschaften. Man kann keine Brücke zu anderen europäischen Sprachen konstruieren, und es bleibt bislang unklar, wo die Wurzeln der baskischen Sprache eigentlich liegen.

Die kastilische Sprache bezeichnet man auch als „hochspanisch"

Die **kastilische** Sprache gilt im allgemeinen als die „spanische" Sprache, was im Grunde nicht richtig ist, denn es gibt drei weitere ebenbürtige spanische Sprachen. Aber immerhin ist die kastilische die am weitesten verbreitete Sprache. Dazu muß man die Geschichte befragen: Die kastilischen Könige kümmerten sich nicht nur um die Machtpolitik, sondern auch um die Sprache; nützten diese als Mittel ihrer Politik. So spricht man heute in ganz Lateinamerika außer Brasilien Kastilisch oder einen Dialekt davon. 1978 beschlossen die Abgeordneten, daß Kastilisch die offizielle spanische Sprache des Staates sei. Damit ließ man noch Raum für andere spanische Sprachen, aber dem Kastilischen wird das Primat eingeräumt.

Das Galizische wurde im Mittelalter von den Toubadouren an den Königshöfen gesprochen und gepflegt

Die Galizier sprechen einen **keltischen** Dialekt, jedoch bei weitem nicht so bewußt und offensiv wie die Basken. Das Galizische ähnelt dem Portugiesischen, da man die gleichen Sprachwurzeln hat. Im Alltag besitzt das Galizische heute keine große Bedeutung mehr.

Katalanisch wird in und um Barcelona gesprochen

Zur Vollständigkeit sei erwähnt: Die vierte spanische Sprache ist die **katalanische.** Sie wird von den Menschen in der Gegend von Barcelona gesprochen. Die Katalanen fordern eine größere Beachtung, fühlen sich an den Rand der spanischen Nation gedrängt. Dabei können sie mit Erfolg darauf hinweisen, daß Industrie, Tourismus, die gesamte Wirtschaft in ihrer Region zum Zugpferd des Landes wurde.

Begrüßung und Verabschiedung
„Hola. Qué tal?" Man begrüßt sich durchaus locker. Häufig werden Personen auch nur mit Vornamen angesprochen. Das ist sogar im Geschäftsleben üblich, wenngleich damit nicht unbedingt eine Verbrüderung verstanden werden kann. Antiquiert wirkt der Abschiedsgruß „Hasta la vista". Man sagt eher „Hasta luego" oder noch einfacher „Adiós.

Verabschieden kann man sich auch mit einem „Un abrazo". Die Umarmung kann mann dann auch gerne vornehmen

Brauchtum

Nordspanien nennt man das „grüne Spanien", nicht zuletzt, um einen Unterschied zum übrigen Spanien zu machen: In Nordspanien grünt es das ganze Jahr. Es ist ein felsiges, rauhes Land, in dem es viel regnet und der Lebensunterhalt nicht immer einfach zu sichern ist. Das Brauchtum besitzt in den traditionsreichen und abgeschlossenen nordspanischen Provinzen auch heute noch eine große Bedeutung.

Brauchtum bedeutet für Nordspanien eine Mischung aus religiöser Verbundenheit, Volkskunst und Natur.

Am besten erlebt man das Brauchtum auf den *„romorias"*, volkstümlichen Wallfahrten zu einer abseits gelegenen Kirche oder Einsiedelei. Die romerias finden häufig statt, genaue Zeitangaben können jedoch nicht gemacht werden.

Romerias und Prozessionen sind für das Brauchtum wichtig

Auch Prozessionen bieten eine gute Gelegenheit. Sie sind gegenüber den romerias „offizieller" und finden zumeist an den großen katholischen Feiertagen wie an Fronleichnam oder in der Karwoche statt.

Romerias und Prozessionen werden häufig von Tänzen und musikalischen Darbietungen umrahmt und geben somit einen guten Einblick in das lebendige Brauchtum.

Im **Baskenland** ist der *„caserio"*, das Gehöft, Zentrum des familiären bäuerlichen Lebens. Die Basken feiern gerne Familienfeste, dann sind sie am ausgelassensten, dann fühlen sie sich am wohlsten. Erst in zweiter Linie sind die „öffentlichen" Feste zu nennen, die meistens zu Ehren eines Heiligen abgehalten werden. Zu der Musik von „el tixistu", die von Trommeln unterstützt wird, führt man dann den „la ezpatadantza" vor, den Schwerttanz, einen uralten Ritualtanz. So wenig wie man über die völkischen Wurzeln der Basken weiß, so wenig weiß man auch über die Ursprünge dieses Ritualtanzes. Interessant ist, daß selbst die baskische Nationalhymne *„Guernica Arbola"*, so genannt nach der Schwureiche von Guernica, getanzt wird. Sie ist im 5/8 Takt des *„zorizico"*, eines beliebten Tanzes, vertont.

Die Umzüge sind vielfach ein farbenprächtiges Spektakel

Die Menschen haben ihren Spaß daran, sich fantasievoll zu verkleiden

Die Basken veranstalten gerne Wettkämpfe. Beliebt sind Ruderbootregatten, Schäferhundwettbewerbe oder so rustikale Wettbewerbe wie Ziehen von Steinen oder Zerhacken von Baumstämmen.

Zum Brauchtum im Baskenland kann man wohl auch die uralte baskische Sportart *pelota* zählen. Die Spieler beider Mannschaften (je zwei oder drei) stehen einer hohen Wand *(fronton)* gegenüber. Der erste Spieler schlägt den Ball gegen die Wand, der dann von einem Spieler der gegnerischen Mannschaft aufgenommen und an die Wand zurückgeschlagen werden muß. Dies geht so lange, bis eine Partei den Ball nicht mehr erreicht. Geschlagen wird mit einem langen, gebogenen, ausgehöhlten Handschuh aus Leder oder Korb.

In **Kantabrien** veranstaltet man ähnliche Wettbewerbe. Hinterher feiert man ausgelassen. Überall kann man die traditionellen Tänze beobachten. Häufig werden *romerias* veranstaltet, festliche Ausflüge zum Schrein eines Heiligen. Wer sich für die Folklore der Region interessiert, sollte im August Cabezon de la Sal besuchen. Dort wird mit viel festlichem Gepräge der Dia de la Montana, der Tag des Berges, begangen.

In Asturien und Gallizien ist der Dudelsack zuhause

In **Asturien** wie in **Galizien** fällt dem Besucher die überall verbreitete Dudelsackmusik auf. Sie ist keltischen Ursprungs. Mit dem Dudelsack, der „gaila gallega", werden die schwermütigen, melancholischen Lieder begleitet. Es wird nicht so sehr auf Rhythmus Wert gelegt, sondern im Vordergrund steht die Melodie.

Zu empfehlen sind insbesondere in Galizien die *romerias.* Dort erlebt man Musik, Tänze, Riten - und hinterher gibt es „las espichas", ein reichhaltiges, schmackhaftes Picknick, bei dem man vor allen Dingen die hausgemachten Pasteten probieren muß.

Zu den größeren Festen gehört ein Stierkampf; in Tafalla feiert man einige Tage lang

In **Kastilien** kann man einen gewissen arabischen Einfluß auf die Volksmusik feststellen. Er ist jedoch bei weitem nicht so bedeutend wie zum Beispiel in Andalusien.

Sehenswert, da charakteristisch, sind die Rundtänze, die *„ruedas"*. In beinahe ritueller Art werden stereotype Tanzschritte ausgeführt. Auch in Kastilien findet man noch hin und wieder den Dudelsack als Instrument der Volksmusik.

Zum Brauchtum in Spanien gehört zweifelsohne auch der **Stierkampf.** Früher war er fester Bestandteil eines sonntäglichen Vergnügens oder zumindest eines großen Festes. Heute ist er merklich zurückgegangen. Auch in Spanien haben Tierschützer an Einfluß gewonnen, die immer lauter Kritik üben. In Nordspanien gab es wohl schon immer Stierkampfveranstaltungen, aber man frönte diesem Vergnügen bei weitem nicht so intensiv wie in Süd- und Zentralspanien. Man geht davon aus, daß der Stierkampf seine Wurzeln im kretischen Mithraskult hat. Dort wurde der Stierkampf als Kampfsport und Mutprobe zelebriert. Diese Anregung fiel bei den Spaniern auf fruchtbaren Boden. Bis zum Mittelalter war der Stierkampf in ganz Spanien verbreitet.

Die Stierkampfveranstaltung beginnt pünktlich um 17 Uhr und dauert vier bis fünf Stunden. Sie besteht aus sechs Kämpfen *(corridas)*, in denen zwei bis vier Matadores den Zuschauern ihr Können präsentieren.

Die Stiere werden auf ganz besonderen Stierfarmen auf den Landgütern Andalusiens und auf der Hochebene Kastiliens gezüchtet. Nur die wildesten Tiere werden für den Kampf ausgewählt.

Im Baskenland und in Navarra ist es Brauch, die Stiere durch die Gassen zu jagen. Die berühmteste Stierhatz (encierros) findet alljährlich in Pamplona statt

Eine *„corrida“* läuft in genau festgelegten Phasen (cuertes) ab. Man beginnt mit der *„suerte de capa“*, der Phase des Tuches. Von *„peones“* wird der Stier gereizt und in Bewegung gebracht, damit der *„matador“* die Bewegungsabläufe des Tieres beobachten kann. Es folgt die „suerte de varas“, die Phase der Pike, während der der Stier von berittenen *„picaderos“* gereizt und gejagt wird. Dabei soll der Elan des Tieres gebrochen und die Kampfeslust erhöht werden. Während der *„suerte de banderillas“* tritt der *„banderillero“* auf. Er muß dem Stier dreimal je zwei mit Bändern geschmückte und mit Widerhaken versehene Spieße in den Nacken stoßen. Der *„matador“* bestreitet die beiden letzten Phasen, die *„suerte de muleta“*, benannt nach dem an einem Stab befestigten roten Tuch, und die *„suerte de estoque“*, benannt nach dem Degen, mit dem dem Stier der Todesstoß versetzt wird. Wichtig ist, daß der Degenstoß so exakt geführt wird, daß der Stier auf der Stelle umfällt. Das Publikum lohnt besonders mutige Passagen des *„matadors“* mit Olé-Rufen. Falls der *„torero“* schlecht gearbeitet hat, kann der Stier begnadigt werden. War der *„matador“* jedoch sehr gut, erhält er als Siegeszeichen ein oder zwei Ohren des Stiers und manchmal auch den Schwanz. War der Stier besonders tapfer, wird er tot in einer Ehrenrunde um die Arena geschleppt.

Toreros erhalten ihr Ausbildung in speziellen Schulen, wobei sich Familientraditionen herausgebildet haben. Auch das „Handwerk“ des Stierkampfes wird vom Vater auf den Sohn übertragen.

Baukunst

Nordspanien ist ein einziges Museum der Baukunst

Spanien ist ein uraltes Siedlungsland. Aus der **jüngeren Altsteinzeit** findet man noch in zahlreichen Höhlen Überreste früherer Besiedlung. Wandmalereien dokumentieren den damaligen Lebensstandard. Die wichtigste und berühmteste Höhle liegt bei Altamira.

Als erstes Baukunstwerk der **iberischen Frühzeit** kann man die Zyklopenmauer von Tarragona bezeichnen, die sowohl Griechen wie auch Römer inspiriert hat.

Eine rege Bautätigkeit entfalten die **Römer.** Mittelpunkt des römischen Reiches in Spanien ist Merida, das mit Bauten besonders reich und großzügig ausgestattet wird. Wie im römischen Weltreich üblich, entfaltet sich die römische Lebensart intensiv in der Baukunst. Beispiele für die eifrige Bautätigkeit sind Merida, Tarragona, Segovia.

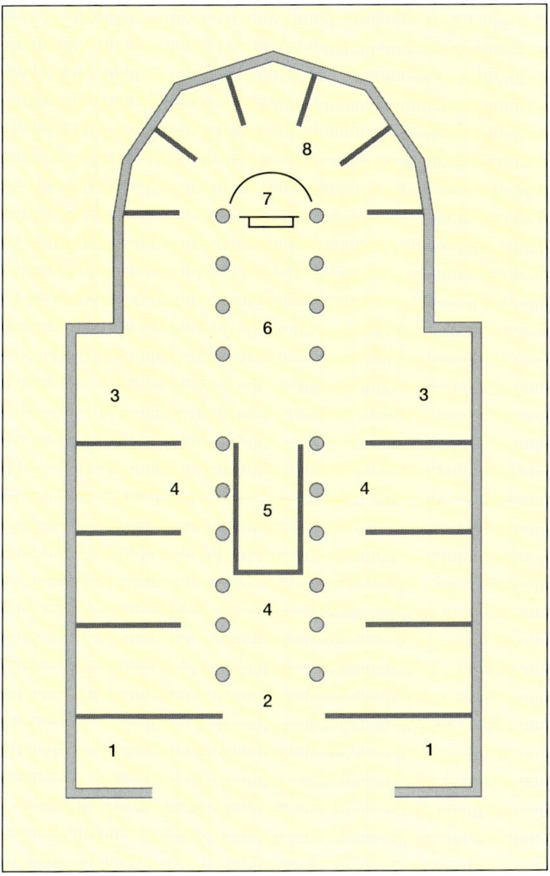

Grundriß der romanischen Kirche

1 Pórtico, die Vorhalle
2 Nave, das Längsschiff
3 Crucero, das Querschiff
4 Trascoro, die Außenseite des coro
5 Coro, mit dem Chorgestühl für die Mönche
6 Capilla mayor, Mittelraum des Chores
7 Altar mayor, der Hochaltar, meist mit retablo
8 Trasaltar, Mauer hinter dem Hochaltar, häufig mit mehreren Altären versehen

Bereits in römischer Zeit beginnt in Spanien der Einfluß des Christentums. So stammen auch die ersten **frühchristlichen Kunstwerke** auf der Iberischen Halbinsel aus der Römerzeit. In Katalonien findet man die Überreste von ersten kleinen Kuppelkathedralen.

Nachdem die **Westgoten** Spanien erobert haben, kommt es im 6. Jahrhundert zu einer baulichen Blütezeit. Die Kirchenbauten ähneln im Stil den Werken des Ostgotenreiches in Italien. Dazu finden römische und orientalische Stilmerkmale Eingang. Kultureller Mittelpunkt ist Toledo.

Die Westgoten rufen die **Mauren** ins Land, die ganz Spanien in Windeseile erobern. Sie leben die orientalische Pracht der Baukunst eindrucksvoll aus. Mohammedanisches Formengut geht in allen Landesteilen in die Architektur ein. Lange Zeit bleibt Córdoba Zentrum des Kunstschaffens in Spanien, später macht ihm Granada den Rang streitig.

Die Mauren führten die orientalische Pracht in die Baukunst ein

Die Kirche von Sasabe ist ein Beispiel der Frühromanik

Die Bauten der asturischen Frühromanik zeichnet eine ungewöhnliche Mischung von Rauheit und feiner Ornamentik aus

Ab dem 5. Jahrhundert kann man auch in Nordspanien Kunstwerke der Architektur vorfinden. Zwischen dem 5. und 11. Jahrhundert entwickelt sich in Asturien eine eigenständige Kunstrichtung, die man **asturische Frühromanik** nennt. Sie gilt als Vorwegnahme der Romanik, ein Begriff, in den man ursprünglich alle Kunststile zwischen dem 8. und 13. Jahrhundert einschloß. Die Frühromantik zeugt vom radikalsten Wandel in Gesellschaft und Kunst: den Übergang von der klassischen, von den Römern beeinflußten Welt zur christlichen. In dieser Periode entwickelt sich eine neue Lebensform, der Feudalismus, und ein neuer Kunststil, die Romanik. Man erlebt gleichzeitig die Auflösung aller überkommenen Werte, was Unsicherheit und permanente Gefahr für Leib und Leben mit sich bringt. Zuerst einmal stagniert alles künstlerische Leben. Allein die Kirche hält eine gewisse Ordnung aufrecht und vermittelt ethische und moralische Grundwerte. Aus der christlichen Kirche kommen somit auch die neuen Impulse künstlerischen Schaffens. Die ersten Spuren des neuen Kunststils findet man in Asturien. Zuerst bedienen sich die Baumeister weitgehend westgotischer Stilelemente, später finden sie eigenständige Formen. Die Mauern bestehen häufig aus groben Quadersteinen, die ohne Mörtel aufeinandergelegt sind. Pfeiler ersetzen die antiken Säulen im Inneren des Gebäudes. Der Grundriß greift die klassische Form der dreiteiligen Basiliken mit dreiteiligem Chorhaupt auf. Die Ornamentik durchbricht die sonst schmucklose und strenge Architektur: Säulen, Kapitelle, Säulenfüße und Reliefs werden reich verziert. Nicht mehr erhalten sind die großen Wand-

Santa María del Navanco ist schönste asturische Frühromanik

gemälde, die die Innenwände schmückten, die Vorhänge aus kostbaren Stoffen und die Dekorationselemente aus Holz. Besonders das Holzgitter ist in der Frühromanik Gegenstand künstlerischer Arbeit. Man findet die meisten frühromanischen Kirchen im Großraum von Oviedo, das zu jener Zeit ein Kulturzentrum war.

Als im Laufe der Reconquista weite Teile des Landes von den Christen zurückerobert werden, bleiben in den befreiten Landesteilen viele Mohammedaner bzw. Muselmanen zurück. Der Volksmund gibt ihnen den Namen Mudejar. In Anlehnung daran spricht man auch von **Mudejarstil,** einer Vermischung von „christlichen" und „mohammedanischen" Baustilen. Man kann noch weiter unterteilen: Die Vermischung von Romanik und Mudejar heißt **mozarabischer Stil.** Zu großer Schönheit entwickelt er sich später in der Verbindung mit der Gotik; man spricht in diesem Zusammenhang von **isabellinischer Gotik** (15. und 16. Jahrhundert).

Die Vermischung von Romanik und Mudejar heißt mozarabischer Stil

Das 11. Jahrhundert sieht man als die Entstehungszeit der „echten" **Romanik** in Spanien an. Französischer und lombardischer Einfluß sind deutlich zu erkennen. Ganz allgemein umfaßt das 12. Jahrhundert die Blütezeit der Romanik. Die romanische Kunst steht fast ausschließlich im Dienst der christlichen Kirche, auch wenn erkennbar ist, daß weltliche und geistliche Macht um die Vorherrschaft ringen. Die romanische Grundaussage stellt Gott als Weltenrichter dar. In vielfältiger Art und Weise findet sie insbesondere im Tymphanon ihren Ausdruck. Sehr deutlich zeigt sich in der spanischen Romanik zunächst der Einfluß der Baumeister des Cluniazenserordens. Den Klosterbaustil von Burgund kann man in vielen spanisch-romanischen Bauten wiedererkennen. Das zentrale technische Problem der romanischen Baumeister, die Beherrschung der Wölbung, wird mit dem Bogen gelöst. Er charakterisiert die Romanik. Der Bogen leitet den Schub des Gewölbes ab und übernimmt damit die wesentliche statische Funktion. Am häufigsten ist das Tonnengewölbe zu finden, das durch Gurtbogen verstärkt und gegliedert wird. Daraus entwickeln sich das Kreuzgratgewölbe, das durch die rechtwinklige Durchdringung zweier Tonnengewölbe entsteht, und das Kreuzrippengewölbe. Die Last der Gewölbe ruht fast ausschließlich auf den massiven Wänden der Bauten. Am Chor wird die Gewölbelast durch halbrunde Apsiden abgeleitet. Auch die Gewölbe der Seitenschiffe haben die Aufgabe, den Schub der Mittelschiffwölbung aufzufangen und abzuleiten. Mauern und Wände sind mächtig und geschlossen. Die Masse des Steins dominiert, nur unterbrochen durch meist kleine Lichtöffnungen. Der Grundriß der romanischen Kirche ist die dreischiffige Basilika mit oder ohne Querhaus, im Osten eine Apsis.

In der weiteren Entwicklung werden Rundbogen auch als Verzierung verwendet. Man integriert sie als nichttragende Elemente in Fassaden oder dekoriert mit ihnen Galerien und Arkaden. Ebenfalls als Gliederungselement in der Fassade wird die Fensterrose eingeführt.

Der Einfluß der Cluniazenser wird abgelöst von den Zisterziensern

Die von den Cluniazensern beeinflußte Architektur wird gegen Mitte des 12. Jahrhunderts von der reformerischen Bewegung der Zisterzienser bestimmt. Ihre Kirchen sind wesentlich schlichter.

Wandmalereien findet man nicht mehr. Schlichtheit ist oberstes Gebot, jede Dekoration wird abgelehnt. Eine der wichtigsten romanischen Kirchen ist die Kathedrale von Santiago de Compostela.

Der romanische Bau wurde 1078 begonnen und bis 1128 weitgehend vollendet. Der Pórtico de la Gloria gilt als Musterbeispiel romanischer Kunst: Das Mittelportal ist durch den Mittelpfeiler, genannt Trumeau, gegliedert. Er dient der Stabilität der Fassade. Auf dem Trumeau ruht der Architraph, der reich mit Skulpturen geschmückt ist. Darüber wölbt sich das halbrunde Tymphanon. Christus ist als der Weltenrichter dargestellt.

Die Zisterzienser führen die französische Frühgotik ein

Die Baumeister der Zisterzienserkirchen führen die Bauweise fort zur **französischen Frühgotik.** Man entwickelt den gotischen Strebepfeiler und findet eine vollkommen neue statische Lösung. In Spanien findet der gotische Stil sehr schnell Anklang. Bereits mit dem Ende des 12. Jahrhunderts kann man den gotischen Einfluß erkennen. Das Wort gotisch bezeichnete ursprünglich keinen bestimmten Baustil, sondern alle Stilarten, die nördlich der Alpen hervorgebracht wurden. Gotisch verwendete man als Synonym für barbarisch.

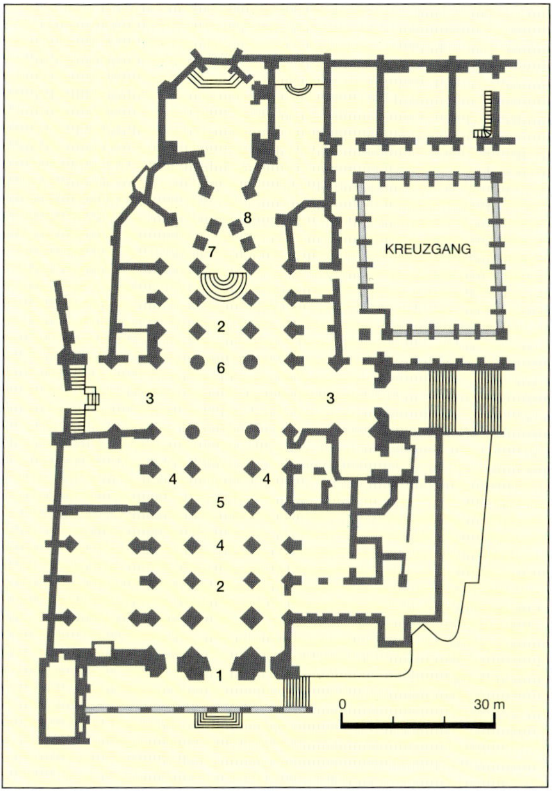

Grundriß der gotischen Kirche am Beispiel Burgos

1 Pórtico, die Vorhalle
2 Nave, das Längsschiff
3 Crucero, das Querschiff
4 Trascoro, die Außenseite des Coro
5 Coro, mit dem Chorgestühl für die Mönche
6 Capilla mayor, Mittelraum des Chores
7 Altar mayor, der Hochaltar, meist mit retablo
8 Trasaltar, Mauer hinter dem Hochaltar, häufig mit mehreren Altären versehen

Die Gotik gilt als ein wahrlich christlicher Baustil

Die Gotik kann aber durchaus für „christliche Kunst" stehen, da sie ausschließlich der Verherrlichung des christlichen Glaubens diente. Die weit verbreitete Einstellung, daß christliche Werke fromm machen, führte dazu, daß viel Geld in den Kirchenbau investiert wurde. In der Architektur der gotischen Kathedrale strebt alles nach oben. Die Gotik entwickelt zahlreiche technische Neuerungen auf der Basis des Kreuzrippengewölbes und des gotischen Spitzbogens. Dieser läßt im Gegensatz zum romanischen Rundbogen mehr Variationsmöglichkeiten zu. Er läßt sich weiter oder enger fächern, es können Kreuzgewölbe und Schirmgewölbe konstruiert werden. Der Schub der Gewölbe wird in den Strebepfeilern und Strebebogen aufgefangen und abgeleitet, so daß das Gewicht des Gebäudes in erster Linie auf den Pfeilern ruht und weniger auf dem Mauerwerk. Mauern tragen nicht mehr die ganze Last und können durch großflächige Fenster unterbrochen werden. Daraus ergibt sich auch die Möglichkeit der künstlerischen Fensterbemalung und die Entwicklung der Glasmalerei.

Die Vielfalt der Baukunst führt uns nach Navarette (links), Burgos (rechts) und Eunate (unten), um nur einige Beispiele zu nennen

Die gotische Kathedrale gliedert sich in drei Hauptteile: das Langhaus, das Querhaus und den Chor. Dominierend ist dabei immer das Mittelschiff des Langhauses, das durch die flankierenden Seitenschiffe optisch hervorsticht. Der besondere visuelle Effekt von gotischen Kathedralen ergibt sich zunächst aus der tatsächlichen Höhe des Mittelschiffes, aber ebenso aus dem Verhältnis von Breite und Höhe und den teilweise eng gesetzten Seitenschiffen. Der Blick wird unwillkürlich nach oben gelenkt, die Strebepfeiler unterstützen dies. Der Chor der gotischen Kathedralen entsteht im allgemeinen durch einen inneren Chorumgang, von dem nach außen Chorkapellen angegliedert sind. Besondere Sorgfalt verwenden die Architekten der Gotik auf die Eingangszone. In den drei Portalen, die jeweils von Heiligenfiguren aus Stein eingerahmt sind, verkündet ein reiches Figurenprogramm christliche Lebenswahrheiten. Der Mittelpfeiler Trumeau ist durch eine Christusstatue geschmückt. Darüber zeigt sich wie in der Romanik im Tymphanon Christus als Weltenrichter. Eine sehr schöne Verzierung ist das ornamental unterteilte Radfenster, die Rose oder Fensterrose. Später wird die Fensterrossette sogar in der Fassade des Querhauses üblich. Sie spielt in der Architektur der Gotik eine große Rolle. Die Krönung der klassischen Kathedralenfassade, die Königsgalerie, verbindet die beiden Türme.

Eine spanische Variante der Gotik ist der sogenannte Mudéjar-Stil. Die Gotik wird durch maurische Schmuckstücke ergänzt. Dazu gehört auch der isabellinische Stil

Ein weiterer Schwerpunkt des gotischen Kathedralenaufbaus ist die Vierung, der Ort, an dem sich Langhaus und Querhaus durchdringen. Hier beeindruckt die geometrische Regelmäßigkeit. Steil aufschießende Bündelpfeiler setzen sich in den Gewölberippen fort. Die Entwicklung und die immer größere Bedeutung des Querhauses wird typisch für die gotische Kathedrale; es erhält in vielen Fällen die gleiche Bedeutung wie das Langhaus.

Ein besonderer Stil in Spanien heißt **isabellinischer Stil.** Mit der Hochzeit *Ferdinands von Aragón* und *Isabells von Kastilien* wird eine neue Phase in der Entwicklung des spanischen Staates eingeläutet, die sich natürlich in den Bauwerken dokumentiert. An vielen Bauten werden die Wahrzeichen der katholischen Könige eingearbeitet, das Joch und das Rutenbündel. Zweifelsohne gehört zum Besonderen des isabellinischen Stils die Dominanz des Mudejarstils, der mit gotischen Stilmerkmalen verschmelzend, bunte, ganz neue Schöpfungen hervorbringt. Die arabische Vorliebe für endlose Wiederholungen von Mustern ist in vielen christlichen Bauten dieser Stilperiode deutlich erkennbar. Sie schaffen mit ihrem orientalischen Reichtum von Formen und Farben eine wahre Pracht.

Seit dem 16. Jahrhundert macht sich der italienische Einfluß deutlich bemerkbar, es ist der Beginn der **Renaissance.** Am Anfang werden Renaissanceelemente nur dekorativ verwendet und der gotische Baustil wird beibehalten. Die

Die überreiche Verzierung ist ein gutes Beispiel für den isabel-linischen Stil

Der Platereskenstil zeichnet sich durch überquellende Ornamentik aus

Stilmischungen zwischen maurischen und renaissancen Formen nennt man **plateresken Stil.** Er setzt sich später auch noch in der Verbindung von Barock- und Mudejarstil fort, ein stark ornamental überladener Zierstil, der für Spanien als typisch gilt.

Für die **Renaissance** typische Formen findet man zum Beispiel am Kreuzgang der Kathedrale von Santiago de Compostela. Der Renaissancestil scheint geeignet zu sein, Größe und Bedeutung auszudrücken. Er findet seinen Ausdruck in geradezu triumphalen Ausmaßen. Eingänge zu Kapellen und Kirchen erscheinen als Triumphpforten. Der Einfluß der Gegenreformation verhilft der Renaissance zum Druchbruch.

Wichtigstes Bauwerk der Renaissance in Spanien ist der gewaltige *Escorial.* Die Grundrisse sind einfach, aber gewaltig. Er ist ein schönes Beispiel für die reine, sparsame und doch prachtvolle Bauweise in der Renaissance.

Der spanische Barock frönt der Formenfreudigkeit

Der spanische **Barock** bringt die Formenfreudigkeit zurück. Er betont die Bewegung, den dramatischen Aufschwung und legt Wert auf ein Gesamtkunstwerk. Die Fassade ist nur ein Teil des Bauwerks, das nach außen wirkt, nur ein Element des Kunstwerks. Der Barock bringt einen sehr krassen Gegensatz zur Renaissance, liebt den dramatischen und theatralischen Ausdruck und prunkvolle Entfaltung. Bei fast allen Barockkirchen wird der Mitte der Eingangsfassade eine starke Betonung gegeben. Häufig ist in der Fassade eine halbrunde Vorhalle angelegt, zu der ein halbrunder Treppenbau hochführt. In diesem Sinne ist die Vertikalgliederung auffallend. Das Zentrum des Baus wird optisch hervorgehoben und erhält seitlich weiterführende Elemente. Man bevorzugt die Bewegung, die Verarbeitung von Licht und Schatten; Spiegelungen verwischen Sein und Schein. Der Barock setzt sich nicht nur in den neuen Kirchenanlagen durch, sondern auch in Schlössern und Palästen, ja in ganzen Stadtanlagen und Landschaften.

Bevorzugt die Renaissance einfache und geometrische Grundformen, so schätzt der Barock die Elypse, das Oval, Kurven, Bewegung und schafft damit neue Formen. Man gestaltet die Kuppel neu, die sich überschneidenden Bogen nach islamischen Vorbildern und schwelgt in barocker Variationsfreude.

In Spanien spielt der Barock jedoch niemals die dominierende Rolle wie zum Beispiel in Italien. Es gibt nur wenige Bauwerke in reinem Barock.

Klassizismus ist die Rückbesinnung auf Traditionen

Der **Klassizismus** findet in Spanien nur wenig Resonanz. Unter der Herrschaft der Bourbonen besteht zwar gegen Ende des 18. Jahrhunderts der Trend, auch klassizistische Bauten zu erstellen - ansonsten ist aber gerade das 19. Jahrhundert von der Rückbesinnung auf vergangene Werte geprägt. Die in dieser Zeit entstehenden Kirchenbauten sind alle neoromanisch und neogotisch. Sogar auf römische Architekturelemente wie Säulen wird zurückgegriffen. Insbesondere zum Bau von Stierkampfarenen eignet sich die neoromanische Stilrichtung.

Das Wegkreuz von Boadilla del Camino ist besonders schmuck- und eindrucksvoll

Fromista ist für seine schönen romanischen Kirchengebäude bekannt

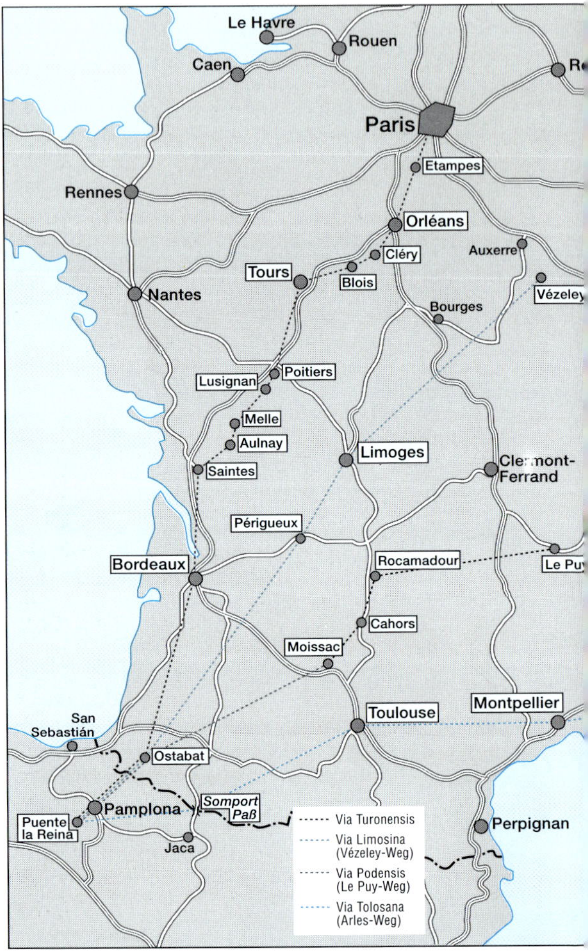

Der Pilgerführer

„Vier Wege führen nach Santiago ..." so beginnt der Pilgerführer und dann beschreibt er die Reiseroute: Einer geht über St-Gilles, Montpellier, Toulouse und den Somportpaß, ein anderer über Notre-Dame in Le Puy, Ste-Foy in Conques und St-Pierre in Moissac, ein dritter über Ste-Marie-Madeleine in Vézelay, St-Léonhard in Limousin und die Stadt Périgueux, ein vierter über St-Martin in Tours, St-Hilaire in Poitiers, St-Jean in Angély, St-Eutrope in Saintes und die Stadt Bordeaux. Der erste Weg führt über den Somportpaß nach Spanien, die anderen drei vereinigen sich noch in Frankreich bei Ostabat zu einem Weg. Alle Wege vereinigen sich schließlich in Puente la Reina. Von nun an gibt es nur eine Route bis Santiago.

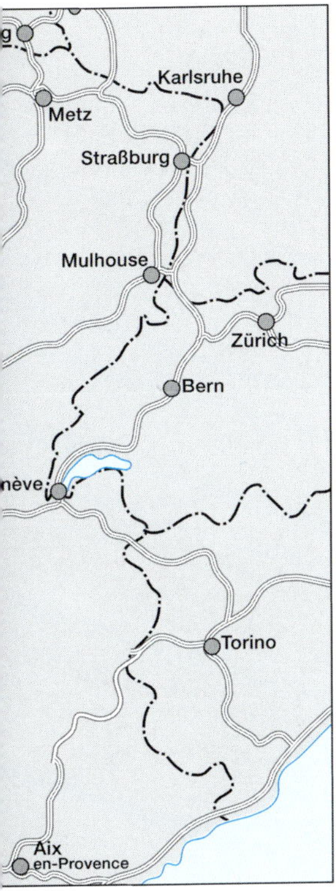

Einer der Anfahrtswege beginnt bei Paris. Er wird Via *Turonensis* genannt, weil die Stadt Tours ein wichtiges Etappenziel darstellt. Er führt von Paris nach Etampes, Orléans, Cléry, Blois, Tours, Poitiers, Lusignan, Melle, Aulnay, Saintes und Bordeaux nach Ostabat.

Der *Vézelay-Weg,* auch *Via Limosina* genannt, führt von Vézelay, Limoges und Périgueux nach Ostabat.

Der *Le Puy-Weg* oder *Via Podensis* führt von Le Puy über Rocamadour, Cahors, Moissac nach Ostabat.

Der vierte Weg schließlich, der *Arles-Weg* oder *Via Tolosana* beginnt in Arles, verläuft über Montpellier nach Toulouse und überquert die Pyrenäen auf dem Somport-Paß.

Die Wege durch Frankreich sind heute vielfach vergessen

Die Wege durch Frankreich sind heute vielfach vergessen, während der spanische Teil des Pilgerweges gut bis bestens ausgeschildert ist. Dennoch findet man natürlich auch in Frankreich noch eine Vielzahl von Sehenswürdigkeiten, die mit dem Pilgerweg in direktem Zusammenhang stehen. Es lohnt sich also, bereits auf der Anfahrt nach Spanien in dem einen oder anderen französischen Ort Halt zu machen und sich auf die Schönheiten des Pilgerweges einzustimmen.

Auf dem Pilgerweg findet man immer wieder das Zeichen der Muschel – und „heilige" Souvenirs allerorten

Wegkreuze kennzeichnen die Pilgerwege

Der Paris-Weg

Etampes – Sehenswert ist die Kirche Notre-Dame-du-Fort mit dem Südportal und einem 62 Meter hohen Glockenturm. Weiterhin ist der Tour Guinette zu erwähnen, ein Wachturm aus dem Jahre 1140 mit dem Grundriß eines vierblättrigen Kleeblatts.

Orléans – Sehenswert ist die gotische Kathedrale Saint-Croix, erbaut von 1278 bis 1829. Das Musée des Beaux Arts und ein Rathaus aus dem 16. Jahrhundert sind zu sehen.

Der Pilgerführer:

Der Pilgerführer empfiehlt, in Orléans die Heiligkreuzkirche zu besuchen. In ihr werden Kreuzesholz und der Kelch von Bischof Evurtius aufbewahrt.

Blois – Sehenswert ist das Königsschloß. Aus dem 13. Jahrhundert stammt der gotische Saalbau im Nordosten. König Ludwig XII. fügte um die Jahrhundertwende des 15. zum 16. Jahrhundert den spätgotischen Ostflügel hinzu. König Franz I. erbaute Anfang des 16. Jahrhunderts den Nordwestflügel im Renaissancestil. Schließlich wurde noch Mitte des 17. Jahrhunderts der unvollendet gebliebene Südwestflügel im Stil der späten Renaissance von Gaston de Orléans, einem Bruder König Ludwigs XIII. erbaut. Beeindruckend ist die Renaissancefassade des Nordwestflügels mit dem in den Hof vorspringenden Glockenturm.

Tours – Die Kathedrale Saint-Gatien mit frühgotischem Chor, hochgotischem Schiff und spätgotischer Fassade hat besonders schöne, farbige Fenster aus dem 13.-15. Jh. Gleich neben der Kirche befindet sich der Kreuzgang Cloitre de la Psallette aus dem 16. Jahrhundert. In der Altstadt beeindrucken der Uhrturm, Vieux Tours und Häuser, die zum Teil noch aus dem 15. Jh. stammen. Sie befinden sich um die beschauliche Place Glomerao.

Der Pilgerführer:
Auch in der Stadt empfiehlt der Pilgerführer „heilige" Sehenswürdigkeiten: Die Reliquien des Heiligen Martin sind in Silber und Gold eingefaßt und mit Edelsteinen geschmückt. Darüber wurde eine Basilika erbaut, die ebenfalls sehr sehenswert ist. Die Stätte ist für viele Wunderheilungen bekannt. Wie in der Bibel berichtet, werden auch in Tours „Besessene vom Teufel befreit, Blinde sehend gemacht, Lahme aufgerichtet" und viele andere Krankheiten geheilt.

Poitiers – Sehenswert ist die frühromanische Kirche Notre-Dame-la-Grande aus dem 11. und 12. Jahrhundert mit ihrer reich geschmückten Fassade. Sehenswert ist auch die siebenschiffige Kirche Saint-Hilaire-le-Grand, ebenfalls aus dem 11. und 12. Jh. Die große Kathedrale Saint-Pierre gehört zu den berühmten Bauten der Stadt. Neben den Kirchen ist als Profanbau der Justizpalast mit Teilen des alten herzoglichen Palastes zu erwähnen.

Der Pilgerführer:
In Poitiers ist der Leichnam des Heiligen Hilarius zu „besichtigen". Der Heilige verkündigte die Einheit des Glaubens. Der Pilgerführer beschreibt das Grab, in dem die Gebeine des Heiligen ruhen: Es sei „aufwendig mit Gold, Silber und Edelsteinen verziert". Die ganze Basilika sei herrlich anzusehen. Besonders stark beeindrucken aber die Wunder, die in dieser Basilika anscheinend an der Tagesordnung sind.

Saintes – Das Städtchen besitzt viele Sehenswürdigkeiten aus mittelalterlicher Zeit. Zu erwähnen ist die Kirche Saint-Eutrope aus dem 12. Jahrhundert mit einer schönen romanischen Gruft. Die Kathedrale Saint-Pierre aus dem 15. Jahrhundert fällt durch den Glockenturm auf. Die Eglise Saint-Marie-des-Dames aus dem 11. und 12. Jahrhundert verfügt über eine sehenswerte Fassade mit Portal und mächtigem Glockenturm. Weiterhin ist noch eine Arena aus dem 1. nachchristlichen Jahrhundert zu erwähnen und der Arc Romain, der sich einst über einer alten, mittlerweile abgerissenen Römerbrücke erhob.

Der Pilgerführer:
In der Stadt Saintes schließlich weist der Pilgerführer auf das Grabmal des Bischofs und Märtyrers Eutropius hin.

Bordeaux – Sehenswert ist das Grand Théatre aus dem Jahre 1773 bis 1780, von Victor Louis erbaut. Der Place des Quiconces bietet einen schönen Blick auf die Garonne. Als Sehenswürdigkeit gilt die Kirche Saint-Seurin aus dem 11. Jahrhundert. Der Bau wurde bis zum 18. Jahrhundert immer wieder umgestaltet, die Fassade stammt sogar aus dem 19. Jahrhundert. Die Kathedrale Saint-Andre hat eine bemerkenswerte, geschmückte Porte Royale an der Nordseite. Der Glockenturm Tour-Pey-Perland stammt aus der Mitte des 15. Jahrhunderts. Die alten Tore in Bordeaux werden viel gerühmt: das Tor Grosse-Cloche aus dem 13. bis 15. Jahrhundert und die Porte de Caihau aus dem Jahre 1495.

Der Vézelay-Weg

Vézelay – In Vézelay steht eine der größten Klosterkirchen Frankreichs, die Basilique-de-la-Madelaine aus dem 11. und 12. Jahrhundert mit romanischen Kapitellen und frühgotischem Chor.

Der Pilgerführer:
Eine große und prächtige Basilika befindet sich in Vézelay, so berichtet der Pilgerführer. Dem Pilger wird empfohlen, in ihr das Grabmal der Heiligen Maria zu besuchen. Schon damals mag diese „Tatsache" den Zeitgenossen mehr als wunderlich erschienen sein, denn im Pilgerführer wird Maria genau bezeugt: Es ist Maria Magdalena, „die im Haus des aussätzigen Simon die Füße des Erlösers mit Tränen benetzte, diese mit ihren Haaren trocknete und sie mit einem kostbaren Balsam einrieb und küßte". Wie kam der Leichnam von Maria gerade nach Vézelay? Auch darüber gibt der Pilgerführer Auskunft. Sie kam mit einem Schiff nach Marseilles und lebte einige Jahre in der Provence, abgeschieden und fern des Trubels der Welt. Dort starb sie auch. In Aix wurde sie zunächst beigesetzt, aber später nach Vézelay überführt, wo man sich ihrer wohl eher würdig erwies und eine Basilika über dem Grabmal errichtete.

Limoges – Sehenswert sind zwei alte Brücken über die Vienne, die Port Saint-Martial aus dem 12. Jahrhundert und die Port Saint-Etiénne aus dem 13. Jahrhundert, die in acht Bogen über den Fluß führt. Sehenswert sind auch die Terrassengärten der bischöflichen Residenz. Schließlich ist die Kathedrale Saint-Etiénne, die ursprünglich aus dem 13. Jahrhundert stammt, zu sehen; besonders schön daran ist das Portal am nördlichen Querschiff. Im Chor befinden sich drei Bischofsgrabmäler.

Der Pilgerführer:
In Limoges berichtet der Pilgerführer vom Heiligen Leonhard, einem Einsiedler, der durch seine Selbstkasteiung bekannt geworden war. Er fastete häufig, wachte viele Nächte, litt in Kälte und Nacktheit. Seine Reliquien kann der Pilger in Limoges anbeten.

Périgueux – Sehenswert ist die Kathedrale Saint-Front aus dem 12. Jahrhundert. Sie hat einen romanischen Glockenturm, fünf Kuppeln und 17 kleine Glockentürmchen, die jedoch erst aus dem 19. Jahrhundert stammen.

Der Le-Puy-Weg

Le-Puy – Sehenswert ist die Ende des 12. Jahrhunderts erbaute romanische Kathedrale Notre-Dame-de-Puy mit acht Kuppeln und dem hohen Gewölbe. Für die Westfassade verwendete man farbiges Vulkangestein. Im Norden wird die Kirchenanlage von einem Kreuzgang abgeschlossen. Das romanische Gitter stammt aus dem 12. Jahrhundert. Die Kapelle Saint-Michel-d'Aigoilhe stammt aus dem 11. Jahrhundert. Sie wurde auf einem steil aufragenden Felsen im Norden der Stadt erbaut. Die in den Fels gehauene Treppe hat 265 Stufen.

Rocamadour – 20 Kilometer vom Weg entfernt liegt der sehr sehenswerte Wallfahrtsort Rocamadour in einer engen Schlucht des Alzou. Die Ortschaft besteht aus einer engen Häuserzeile, die von vier mächtigen Toren eingeschlossen wird. Vom Dorf auf der Talebene steigt man die Grand Escalier oder Via Sancta 216 Stufen zur Basilika Saint-Sauveor empor, die auf halber Höhe an der 120 Meter hohen Felswand klebt. Ein weiterer Treppenweg führt hinauf zum Schloß aus dem 14. Jahrhundert.

Cahors – Sehenswert ist die Kathedrale Saint Etienne aus dem 12. und 13. Jahrhundert. Über den Fluß Lot führt die dreitürmige Festungsbrücke Pont Valentré aus dem 14. Jahrhundert.

Moissac – Sehenswert ist die alte Abteikirche mit ihrem Kreuzgang, einem Juwel der Romanik. Bemerkenswert ist das Portal und die Vielfalt und Schönheit der Kapitellplastiken.

Agen

Der Pilgerführer:

Auch in Agen berichtet der Pilgerführer von einer Basilika, in der die Heilige Jungfrau und Märtyrerin Fides ruht. Sie wurde wegen ihres Glaubens von den Henkern enthauptet. In der Basilika fand sie ihre neue Heimatstätte, von Benediktinern wird ihre Ruhe bewacht. Vor der Basilika gibt es eine Quelle. Ihr spricht man Wunderkraft zu.

Die drei genannten Wege treffen in Ostabat zusammen. Die Straße führt nach

Saint-Jean-Pied-de-Port – Das Städtchen hat sich seinen mittelalterlichen Flair erhalten. Die alten Häuser werden von mächtigen Wehrmauern umgeben. Sehenswert sind auch die Zitadelle und die befestigte Oberstadt. Eine alte Römerbrücke liegt außerhalb der Ortschaft. Von Saint-Jean-Pied-de-Port führt die Straße hoch zum Roncesvalles-Paß.

Der Arles-Weg

Arles – Sehenswert ist die Kirche Saint-Trophime mit einem sehr schönen Portal und einem bemerkenswerten Kreuzgang, der aus zwei romanischen (12. Jahrhundert) und zwei gotischen (14. Jahrhundert) Säulengängen besteht. Man kann weiterhin die Arena und das Théatre Antique besuchen.

Der Pilgerführer:

Der Pilgerführer empfiehlt den Pilgern, die den Arles-Weg wählen, den Leichnam des Heiligen Trophimus in Arles zu besuchen. Er wurde von Paulus zum Bischof geweiht. In Arles verbreitete er mit großem Mut das Evangelium.

Montpellier – In Montpellier findet man viele Herrschaftshäuser im Stadtzentrum und die Kathedrale Saint-Pierre. Gerühmt wird die Promenade-du-Peyrou aus dem 18. Jahrhundert, zwei übereinanderliegende Terrassen, die sich an einen Hügel schmiegen. Ein Aquädukt und ein sechseckiger Wasserturm gehören zu der Anlage.

Toulouse – Sehenswert ist die Eglise Saint-Serin, eine der größten und schönsten romanischen Kirchen Frankreichs. Die Kirche verfügt über ein fünfschiffiges Langhaus und ein dreischiffiges Querhaus. Sehr schön sind die Port Miégeville, das Chorgitter und das Chorgestühl. Ebenfalls besuchenswert ist die Eglise Jacobins, eine zweischiffige Dominikanerkirche aus dem 13. und 14. Jahrhundert. Die Kathedrale Saint Etienne wurde vom 11. bis 17. Jahrhundert erbaut und hinterläßt aufgrund der nicht eben harmonischen Mischung von nord- und südfranzösischen gotischen Stilelementen einen ganz besonders nachhaltigen Eindruck.

Über Oloron führt die Straße hoch zum Somport-Paß.

Die Autobahnrouten

Wer Frankreich nur auf dem schnellsten Weg durchfahren will, hat zwei Möglichkeiten: die Südroute über die Autobahn Mulhouse, Lyon, Nîmes, Montpellier, Narbonne, Toulouse, dann weiter über Pau zum Somportpaß oder nach Roncesvalles und die Nordroute über Paris, Tours, Poitiers, Bordeaux und Bayonne. Beide Anfahrtswege sind etwa gleich weit. Wer der Streckenbeschreibung dieses Buches folgt, sollte für die Anfahrt die Südroute (über Nîmes), für die Rückfahrt die Nordroute (über Paris) wählen.

Der Pilgerweg mit Abstechern zu lohnenden Reisezielen

Pilgerweg: Somport-Paß – Jaca

32 km, Plan → S. 83

Der Pilgerführer

Der Pilgerführer beschreibt genau die ersten Etappen des Weges. Vom Somportpaß bis Puente la Reina sind es drei: Die erste führt von Borca bis nach Jaca.

Der Pilgerweg vom Somport-Paß bis zum Kreuzungspunkt Puente la Reina nennt man auch **Camino Aragones,** da er durch das Stammland Aragón führt. Aragón gehört zu den Kerngebieten der Reconquista. Bereits ab 1035 gab es ein unabhängiges Königreich Aragón. Als die unmittelbare Bedrohung durch die Mauren abgewehrt war, kämpften die einzelnen Kleinkönigreiche um die Vorherrschaft in Nordspanien. In diesem Wettstreit wurde auch die Pilgerbewegung zu einem wirtschaftlichen und machtpolitischen Faktor. Man versuchte, möglichst viele Pilger durch das eigene Land zu schleußen. Die Pilger brachten dem Land politisches Ansehen und wirtschaftliche Stärke. So suchte man nach Argumenten, die für den Camino Aragones sprechen konnten; er stand immerhin in Konkurrenz zum **Camino Navarro,** der in der ersten Zeit wohl mehr begangen wurde. Für den Camino Aragones sprach zunächst einmal der Somport-Paß, der höchste Paß (1 640 m hoch), der über die Pyrenäen führt. Der Aufstieg war für die Pilger mühsam und anstrengend. Gerade dies aber stellte im Mittelalter ein überzeugendes Argument dar: Man versprach sich von den Mühen einen hohen göttlichen Lohn.

Durch dichte Wälder führte der Weg steil nach oben, dann blieben die schützenden Bäume zurück und Schnee, Regen und Wind trafen den Pilger mit aller Macht. Endlich erreichte er den höchsten Punkt; einen Augenblick verweilte er dankbar im Gebet, und dann eilte er schnell bergab.

Heute ist die Überwindung des Somport-Passes keine größere Strapaze mehr. Auf gut ausgebauten Asphaltstraßen hat man bald die Paßhöhe erreicht. Überrascht ist man von dem unvermittelten Klimawechsel und der damit verbundenen auffallenden Veränderung der Vegetation. Regnete es jenseits des Passes und gedieh die Vegetation üppig, so scheint dieseits des Passes die Sonne und trocknet das Land aus, wachsen Bäume und Pflanzen nur noch spärlich.

Römische Kohorten überquerten schon den steinigen Paß

Die Pilger waren nicht die ersten, die über diesen Paß die Pyrenäen überquerten. Vor ihnen marschierten römische Kohorten über die steinigen Pfade. Sie nannten den Paß „summus portus".

0 km Kurz nach dem Somport-Paß erreicht man die französisch-spanische Grenze. Gleich nach der Grenze Abzweigung zum Wintersportzentrum Astun (2 km).

1 km Nicht weit hinter dem Paß erreicht man bei Candanchú ein neu eingerichtetes und ständig expandierendes Wintersportzentrum, das in der sonst unberührten Landschaft disharmonisch wirkt.

Der Weg ist für viele bereits das Ziel

2 km Die Pilger eilten talwärts zum **Hospital Santa Cristina**. Im Pilgerführer wurde das Hospiz denen von Jerusalem und St. Bernhard gleichgestellt - ein Zeichen dafür, wie wichtig für die Pilger diese Unterkunft war. Nach der gefahrvollen und strapaziösen Überwindung der Pyrenäen hatte man sich einen sicheren Aufenthalt „verdient".

Der Pilgerführer

Der Pilgerführer bezeichnet das Hospiz von Santa Cristina auf dem Somportpaß als eines der „drei unabdingbaren Säulen", die in der Welt errichtet wurden, um „die Armen zu unterstützen". In der Tat war das Pilgerhospiz auf dem Somport eine willkommene Raststätte für die Pilger, in denen in echt biblischem Verständnis, den Ermatteten Ruhe gegeben, den Hungrigen Brot und Wein geboten, den Kranken Heilung zuteil und den Sterbenden Hilfe geschenkt wurde. So folgert der Pilgerführer auch, daß die Bauherren des Hospiz' „ohne Zweifel des himmlischen Reiches teilhaftig" sind.

Der Pilgerweg auf der unwirtlichen Höhe des Somport-Passes

Jakobsweg
Jakobsweg
Abstecher
Abstecher
Pont d'Enfer
Parc National des Pyrénées Occident
Pic Balaïtus
El Portalet [1794]
Puerto de Somport [1632]
Fortaleza Col de Ladrones
Candanchú
Canfranc-Estación
Bisaurin 2668
San Pedro de Siresa
Siresa
Hecho (Echo)
Ansó
Zuriza
Urdos
Etsaut
Isaba
Uztárroz
Escároz
Roncal
Garde
Vidángoz
Güesa
Mausoleo
Puerto de las Coronas [951]
Burgui
Navascués
Bigüézal
Salvatierra de Escá
Sigüés
Asso-Veral
Garganta
Embún
Sinués
Aragüés del Puerto
Aisa
Aratorés
Villanovilla
Castiello de Jaca
Biniés
Berdún
Javierregay
Puente la Reina de Jaca
Mianos
Catedral
Jaca
Sabiñánigo
Santuario de Santa Orosia
Navasa
Santa Cruz de la Serós
Monasterio de San Juan de la Peña
Bailo
Berdués
Castillo de Lerés
Hostal de Ipiés
Yebra de Basa
Fanlillo
Ordovés
Caldearenas
Puerto de Monrepós [1262]
Ermita de San
Nocito
Sallent de Gállego
Balneario de Panticosa
Panticosa
Garganta del Escalar
Hoz de Jaca
Puerto de Cotefablo [1423]
Biescas
Refugio Nacional de Ordesa
Emb. de Búbal
Navardún
Castillo de Roita
Petilla de Aragón
Lobera de Onsella
Villalangua
Ena
Santa María
Anzánigo
Rasal
Los Mallos
Castillo de Loarre
Agüero
Murillo de Gállego
Necrópolis
Biel
Luesia
Uncastillo
Anies
Castillo de Navascués
Ayerbe
Bolea
Nueno
Apiés
Sasa del Abadiado
Malpica de Arba
Asín
El Frago
Santa Eulalia de Gállego
Farasdués
Ardisa
Esquedas
Lupiñén
Castillo de Obano
Luna
Valpalmas
Montmesa
Cast. de Figueruelas
Huesca
Monflorite
Alcalá del Obispo
San Miguel de Foces
Aguas
Rivas
Sant. de N. Señ. de Monlora
Erla
Piedratajada
Ejea d.l.Caballeros
Castillo de Santia
Sierra de Luna
Castillo de San Pedro
Emb. de la Sotonera
Alcalá de Gurrea
Almudévar
Vicién
Castillo Corvino
Pueyo de Fañanás
Novales
Las Pedrosas
Gurrea de Gállego
Sangarrén
Tardienta
Grañén
Sesa
Castejón de Valdejasa
Santuario Virgen del Salz
Ontinar del Salz
Torralba de Aragón
Frula
Montes de Castejón
Zuera
Robres
Lalueza
Cantalobos
San Mateo de Gállego
Remolinos
Castillo de Castellar
Leciñena
Alcubierre
Orillena
Lanaja
Torres de Berrellén
Alagón
Sobradiel
Río Ebro
Villanueva de Gállego
Peñaflor
Perdiguera
Pinseque
Utebo
Casetas
Bárboles
Garrapinillos
Cartuja de Aula Dei
Montañana
Villamayor
Cartuja de Na. Sa. de las Fuentes
Farlete
Ronda Norte
R. Gállego
ZARAGOZA
El Pilar
La Seo
Sta Isabel
Monegrillo
Alfajarín
Puebla de Alfindén
Villafranca de Ebro
Castejón de Monegros
La Muela
Cuarte de Huerva
Exconvento de Santa Fe
El Burgo de Ebro
Fuentes de Ebro
Pina de Ebro
Pina
La Almolda
María de Huerva
R. Huerva
Botorrita
Torrecilla

Vom berühmten Pilgerhospiz sind heute nur noch ein paar Steine hinter der **Puente Santa Cristina**, die über den Río **Aragón** führt, übrig geblieben. Das Hospital war ein weiteres überzeugendes Argument, um den Pilgerstrom durch Aragón zu lenken. Nach der beschwerlichen Überwindung der Pyrenäen lockte es die Pilger zum Ausruhen. König Sancho I. Ramírez (1063-1094) gilt als Gründer. In der Folgezeit erhielt das Hospital viele Schenkungen, so daß es äußerst reich und angesehen wurde. Bis in das 16. Jahrhundert hinein übte es Anziehung aus. Im Jahre 1593 wurden Hospiz und Kloster erobert, geplündert und weitgehend zerstört. Die Mönche verließen es, das Hospiz verfiel und nur einige kärgliche Ruinen blieben übrig.

Die größte Sehenswürdigkeit von Canfranc ist der Bahnhof

9 km **Canfranc-Estación** ist die erste größere Ortschaft auf dem heutigen Pilgerweg, ein modern wirkendes Gemeinwesen. Canfranc wurde geprägt durch den Bahnhof. Die Strecke nach Frankreich führt durch den berühmten Somport-Tunnel (7 875 m). Der Bahnhof selbst ist ein langgestreckter, neoklassizistischer Bau, der nostalgisch, aber auch reichlich heruntergekommen wirkt. Gegenüber fügt sich eine moderne Kirchenanlage mit ihrem Schieferdach gut in die Landschaft ein. Im Inneren dominiert schlichte Eleganz.

Der Name des Ortes leitet sich von Campus Francus ab, gegründet als Grenzposten

15 km **Villanúa,** villa nova, die neue Stadt, linker Hand jenseits des Río Aragón gelegen. Der Namen weist darauf hin, daß der Ort zur Zeit der Reconquista erbaut wurde. Im Ort kann man noch ein Stück der alten historischen Straße sehen, die über den Río Aragón führt. Im alten Ortsteil befindet sich die romanische Pfarrkirche mit einer gut erhaltenen Jungfrauenstatue aus dem 12. Jahrhundert.

17 km Rechts liegt, 200 m von der Straße entfernt, **Aruej,** ein Bauerngut mit einer romanischen Kirche aus dem 11. Jahrhundert.

19 km **Abstecher**

Nach rechts zweigt eine kleine Straße zum Kloster **San Adrián de Sasabe** ab.

Nach 3 km erreicht man **Borau,** läßt die Ortschaft links liegen und fährt geradeaus weiter. Nach 2 km verläßt man die Straße rechts nach Aisa. Nach einem weiteren km folgt das ehemalige Kloster San Adrián de Sasabe. Die romanische Kirche aus dem Ende des 11. Jahrhunderts ist schon recht verfallen, aber sie wirkt in der Einsamkeit beeindruckend.

Man kann nunmehr der Straße nach **Aisa** folgen und über **Simés, Noves** und **Banaguás** nach Jaca fahren. Landschaftlich ist die Strecke sehr schön; in den Dörfern findet man interessante romanisch-mozarabische Kirchen.

23 km **Castiello de Jaca:** Von der Ortschaft aus kann man in 3 km Entfernung (Fußweg) die mozarabische Kirche Santa María de Iguacel aus dem 11. Jahrhundert aufsuchen.

Kurz nachdem man den Ort verlassen hat, kommt man am Zusammenfluß von **Ijuez** und **Aragón** zu der romanischen Einsiedelei **San Cristóbal**.

32 km Die alte Bischofsstadt **Jaca,** das antike Jacca, liegt in sicherer Höhenlage. Am Eingang befand sich einst ein altes Pilgerhospital (gegenüber der Kaserne). Davon ist heute jedoch nichts mehr übrig geblieben. Der erste Weg führte die Pilger über die **Avenida de Francia** zur Kathedrale.

***Jaca** → S. 278

San Adrián de Sasabe ist eine romanische Kirche aus dem 11. Jahrhundert

Die Küche Aragoniens

Die Hauptgrundlage der Küche Aragoniens bildet das Fleisch. Zu empfehlen sind: ternasco (Kalb) und cabrito (Zicklein) sowie Lammragout.

In der Gegend von Zaragoza rühmt man magras con tomate (Schinkenscheiben in Tomatensauce), im Landesinneren weitverbreitet ist migas. Hierfür benötigt man als Zutaten Schinkenwürfel, rote Paprikawurst, Speck, Blutwurst, aber auch Schokolade oder Weintrauben.

Nicht alle Besucher werden sich an Lammkopf, im Ofen gebraten, ergötzen wollen, auch reganaos sind nicht jedermanns Sache: Kuchen, in die Salzheringe und Paprikaschoten eingebacken sind.

Als Nachspeise ist guirlache, ein Mandelbrot, zu empfehlen.

Von Jaca nach Zaragoza

Jaca – Huesca – Zaragoza, *144 km, Plan* → *S. 83*

0 km Man verläßt Jaca auf der N330.

14 km **Abstecher**
Abzweigung der C136 (auch N 260): Die Straße führt in die herrliche Bergwelt der Reserva Nacional de Vinamala. Landschaftlich reizvoll ist die Strecke Biescas - Broto.
Ausgeschildert ist die **Ruta de Serablo.** Sie führt durch die bizarre Landschaft des Serablo. In vielen der kleinen Orte findet man Kirchen aus dem 10. bis 12. Jahrhundert in mozarabischer Bauweise.

18 km **Sabiñánigo,** größerer Ort mit dominierender Kirche. Die Straße überquert den Río Gállego, an dem die Straße entlangführt.

Die Kirche von Lárrede gilt als die schönste romanische Kirche im Serablo

Ausflug in den Serablo:
Man wendet sich zunächst nach **Sardas** (romanische Kirche). Dort biegt man nach **Lárrede** ab, das man über **Satué** und **Javierre del Obispo** erreicht. Die Kirche von Lárrede gilt als die schönste romanische Kirche im Serablo. Deutlich erkennbar ist der mozarabische Einfluß. Sehenswert ist das Eingangsportal, sehr interessant sind die dreibögigen Fenster des Glockenturms, von Hufeisenpfeilern getragen. Das Gewölbe des Kirchenschiffes ruht auf Rundbögen. Der Bau wird durch eine Apsis verlängert.

28 km **Hostal de Ipiés,** Abzweigung zum Castillo de Leres und dem Stausee von Javierrelatre. Nach dem Stausee erreicht man Caldearenas mit einer romanisch- mozarabischen Kirche.

30 km Kurz vor **Lanave** beginnt der Monrepós-Paß (1 262 m). Die Straße ist gut ausgebaut. Von der Paßstraße und der Paßhöhe hat man einen schönen Ausblick.

48 km Bei **Arguís** erreicht man den Fuß des Passes. Dort befindet sich der Stausee von Arguís. Im Ort eine große Kirche aus Bruchsteinen gebaut.

Abstecher
in das malerische Tal von **Bentué de Rasal.**

72 km Huesca war ein wichtiges Ziel der Reconquista. Es liegt in einer fruchtbaren Ebene und gilt als Kornkammer von Aragón.

* **Huesca** → S. 274

Trutzig und wuchtig erhebt sich die Burg von Loarre über dem Land

69 km **Abstecher**

Man wechselt zur N 240 und erreicht nach 14 km **Esquedas** mit hochaufragendem, lehmfarbenen Kirchenbau. Darum herum hat sich das kleine Dorf entwickelt.

Von Esquedas zweigt man ab nach **Loarre.** Kurz vor Loarre beginnt die Anfahrt zum **Castillo de Loarre.** Einst gab er hier ein römisches Fort, dann eine iberische Burganlage. Auf diesen Ruinen ließ König Sancho I. Ramírez Ende des 11. Jahrhunderts eine romanische Befestigungsanlage erbauen. Sie gilt als die älteste Burganlage Spaniens. Im 12. Jahrhundert wurde sie umgebaut.

Beeindruckend an dieser Burganlage ist zunächst einmal die Kombination von romanischer Tradition im Einklang mit der Natur. Die Burg liegt inmitten der Sierra de Gratal auf einem hohen und steilen Felsen und erfüllt sowohl strategische als auch religiöse Aufgaben, war Festung und Kloster zugleich. Die Mauer mit ihren acht Wehrtürmen zieht sich an einem der Hänge empor.

Die Festung ist eigentlich nicht zur Besichtigung freigegeben (da baufällig), aber schnell kann man über eine der eingefallenen Mauern klettern und befindet sich dann inmitten der Festungsanlage

Der einzige Zugang ergab sich durch den Königsturm, ein zweiter, höher gelegener Turm diente als Wachturm. Der Wehrgang des Bergfrieds ist mit Statuen der Heiligen Jungfrau, des Erlösers und der Apostel geschmückt. Sie gelten als hervorragende Beispiele der mittelalterlichen spanischen Bildhauerkunst. Über eine breite Treppe gelangt man zur Kapelle oder Krypta, über der sich eine zweite Kirche erhebt. Die Fenstergestaltung ist byzantinisch beeinflußt; zu jener Zeit galt dies als besonders kultiviert.

Die Ortschaft **Loarre** liegt fast vergessen unterhalb der Burg. Auch hier prägt die romanische Kirchenanlage das Ortsbild. Hinter der Kirche befindet sich der Marktplatz.

In **Ayerbe** erreicht man wieder die N 240, die nach Huesca zurückführt. In der kleinen Ortschaft Ayerbe befindet sich an der **Plaza Mayor** der Palast des Marqués von Ayerbe aus dem Ende des 15. Jahrhunderts. Außerdem ist ein romanischer Turm der Kirche San Pedro erhalten (12. Jahrhundert).

91 km **Almudévar,** farblose Stadt in den eintönigen Llanos de la Violada.

122 km **Zuera,** romanische Kirche, mittlerweile mehrmals umgebaut.

Das Kloster von Aula Dei ist nur für Männer zugänglich

133 km **Abstecher**

Bei **Villanueva de Gállego** überquert man den Río Gállego und erreicht über **Peñaflor Cartuja de Aula Dei.** Das Kloster (1564 gegründet, 1805 stark beschädigt) ist nur Männern zugänglich. Die Kirche ist einschiffig, hat zwei Chöre und zahlreiche Kapellen und ist mit einem reichem Reliquienschatz ausgestattet. Von den Terrassen hat man einen schönen Ausblick.

144km ***Zaragoza** (→ S. 368).

Zaragoza könnte „Herrin der vier Kulturen“ genannt werden. Das arabische Sarakosta errichtete im 11. Jahrhundert den herrlichen Palast der Aljafería, und schließlich entstand im Jahr 1118 das christliche Zaragoza, die Hauptstadt eines bedeutenden mittelalterlichen Königreiches, das später auf Grund der Eheschließung seines Königs Ferdinand mit Kastilien verschmelzen sollte.

Pilgerweg: Jaca - Puente la Reina

122 km, Plan → S. 90/91

0 km Der alte Pilgerweg verläßt Jaca über die N 240.

10 km Abzweigung

zum **Monasterio de San Juan de la Peña.**

3 km entfernt, am Fuße des Berghanges, liegt **Santa Cruz de la Serós,** mit vollständigem Namen: Monasterio de Santa María de Sorores de Santa Cruz, ein Nonnenkloster, das auf ein bereits Ende des 10. Jahrhunderts gegründetes Kloster zurückzuführen ist. Von diesem ist heute jedoch nichts mehr übrig geblieben. Auch die Geschichte des Klosters ist nicht genau zu rekonstruieren. Die tatsächliche Entwicklung begann mit einer Schenkung von König Sancho, Garcés II, dem König von Navarra, im Jahre 992. Damit konnte sich das Kloster entwickeln. Der Aufbau wurde auch nicht unterbrochen, als das Kloster unter die Herrschaft von Aragón kam. Wichtiges ereignete sich im Jahre 1059, als Urraca, eine der Töchter König Ramiros I. von Aragón, in das Kloster eintrat. Zwei Schwestern und andere adlige Damen folgten ihr. Sie brachten jeweils große Schenkungen mit. Die Klosterkirche Santa María besticht durch den mächtigen Turm mit Doppelfenstern. Die Kirche selbst ist einschiffig mit halbkreisförmigen Apsiden. Der Grundriß entspricht der Form eines lateinischen Kreuzes.

Das Kloster San Juan de la Peña gilt als die wichtigste Bastion des christlichen Widerstandes gegen die Mauren

Am Dorfeingang steht das schlichte **San Caprasio-Kirchlein** aus dem 11. Jahrhundert.

Am felsigen Berghang erreicht man das Kloster **San Juan de la Peña.** Es stammt aus dem 9. Jahrhundert und gilt als eine der wichtigsten Bastionen des christlichen Widerstands gegen die Mauren. Es ist recht gut erhalten, da es in neuerer Zeit restauriert wurde. Beeindruckend ist die Lage der einschiffigen romanischen Kirche, die zur Hälfte in den Berg hineingebaut wurde.

Öffnungszeiten: 10 bis 14 Uhr und 16 bis 18 Uhr

Eine Einsiedelei scheint bereits seit langer Zeit bestanden zu haben. Gemäß der Überlieferung hatte sich Juan de Atarés, ein Freund des westgotischen Königs, in diese Einsamkeit zurückgezogen. In der kleinen Kapelle verbarg sich im Jahre 734 (andere Quellen 724) eine Schar von Flüchtlingen vor den Mauren. Obwohl sie erbitterten Widerstand leisteten, wurden sie besiegt, und die Mauren zerstörten die Einsiedelei. 855 (andere Quellen 858) ließ König García Jiménez, der König von Navarra, der Einsiedelei eine reiche Schenkung zukommen. Mit diesem Kapital wurden die Klosterbauten begonnen. Das Kloster ist festungsartig angelegt, Zufluchtsräume reichen in die Felsengrotten hinein. Die Maßnahmen hatten durchaus ihren Sinn, denn die Mauren drangen immer

Jakobsweg
Abstecher
PAMPLONA (IRUÑA)
Estella
LOGROÑO
Tafalla
Calahorra
Arnedo
Zarautz
Andoain
Azkoitia
Azpeitia
Tolosa
Bergara
Zumárraga
Ordizia
Beasain
Hernani
Deba
Mutriku
Zumaia
Orio
Aia
Legazpi
Lazkao
Zegama
Alsasua
Olazagutia
Iturmendi
Lacunza
Lizarraga
Irurzun
Sarasa
Berribar
Barañáin
Cizur Mayor
Astráin
Esparza
Puerto del Perdón
Perdón
Campanas
Eneriz
Puente la Reina
San Saturnino
Artajona
Barásoain
Olite
Cirauqui
Villatuerta
Mendigorría
Oteiza
Dicastillo
Allo
Arróniz
Los Arcos
Luquin
Torres del Río
Viana
Lerín
Miranda de Arga
Sesma
Mendavia
Lodosa
Cárcar
Sartaguda
San Adrián
Andosilla
Falces
Peralta
Marcilla
Funes
Villafranca
Caparroso
Azagra
Rincón de Soto
Milagro
Cadreita
Valtierra
Arguedas
Alfaro
Corella
Castejón
Cintruénigo
Fitero
Cascante
Ablitas
Cervera del Río Alhama
Agoncillo
Alcanadre
Ausejo
Pradejón
El Villar de Arnedo
Quel
Autol
Aldeanueva de Ebro
Alberite
Albelda de Iregua
Murillo de Río Leza
Ribafrecha
Clavijo
Ocón
Soto en Cameros
Robres del Castillo
Arnedillo
Préjano
Muro de Aguas
Enciso
Yanguas
Villar del Río
Cornago
Igea
Grávalos
San Pedro Manrique
Huérteles
Santa Cruz de Yanguas
Jalón Cameros
Zarzosa
Lazagurría
Aguilar de Codés
Cabredo
Acedo
Ancín
Oco
Zufía
Viloria
Amillano
Ganuza
Gastiáin
Larraona
Zudaire
Abárzuza
Irujo
Belascoáin
Artazu
Echauri
Ororbia
Arazuri
Emb. de Alloz
Ulzurrun
Puerto de Lizarraga o Usaide
Monasterio de Irantzu
Cueva de los Cristinos
Cueva de Basaura
Piérora
Cruz de Campezo
Maeztu
Erroitegi
Gereñu
Salvatierra
Ibarguren
Gordoa
Albéniz
Ciordia
Euskadi
Navarra
Sierra de Aralar
Puerto de Etxegarate
Alto de Lizarrusti
Huarte-Araquil
Villanueva de Araquil
Echarri-Aranaz
Santuario de San Miguel
Lecumberri
Betelu
Amezketa
Puerto de Azpiroz
Leiza
Puerto de San Antón
Berastegi
Ibarra
Goizueta
Ezcurra
Jaunsarás
Beunza
Eraso
Nuin
Ripa
Ostiz
Azoz
Huarte
Villava
Zubiri
Larrasoaña
Lakarr
Olagüe
Lanz
Larráinzar
Puerto de Velate
Urroz de Santesteban
Santesteban
Zubieta
Oronoz
Elizondo
Arizcun
Irurita
Echalar
Castillo de Aizkolegi
Cueva de las Brujas
La Rhune
Vera de Bidasoa
Lesaca
Elizalde
Rentería
Oiartzun
Cuevas de Landarbaso
Emb. de Añarbe
Cueva de Altxerri
Santuario de Loiola
Soraluze
Madariaga
Villabona
Bidegoian
Nuarbe
Legorreta
Ormaiztegi
Arántzazu
Noáin
Labiano
Monreal
Leoz
Orísoain
Olleta
San Martín de Unx
Pitillas
Santacara
Mélida
Tudela
Intercambio de Tudela
Tarazona
Autopista de Navarra
Basílica la Virgen de Gracia
Ntra. Sra. de Codés
Ntra. Sra. del Poyo
Monasterio de Vico
Convento del Villar
R. Ega
R. Arga
R. Cidacos
R. Linares
R. Araquil
A 15
A 8
N I

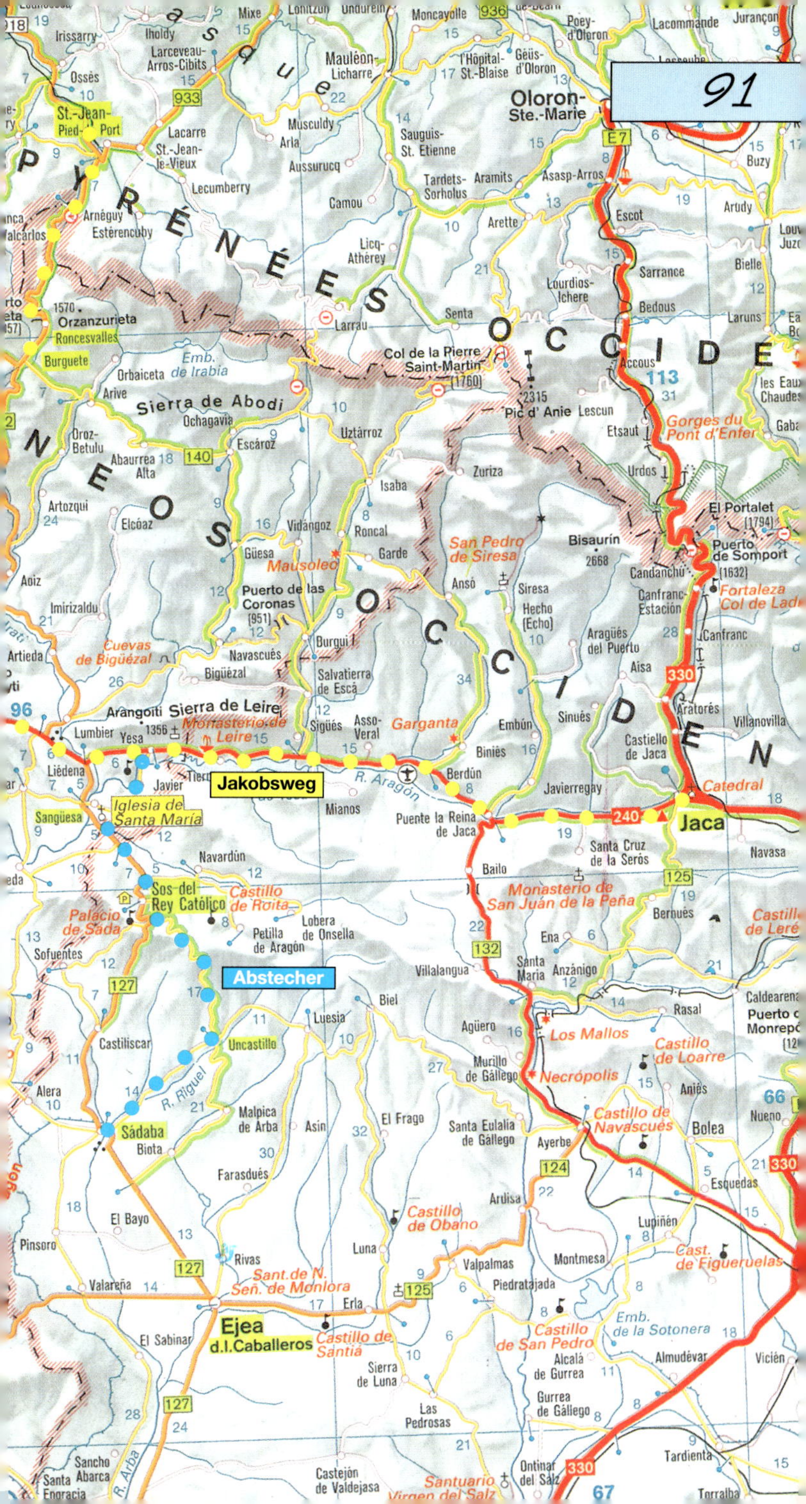

Jakobsweg
Abstecher
PYRÉNÉES OCCIDENTALES
NEOS OCCIDENTALES
St.-Jean-Pied-de-Port
Irissarry
Iholdy
Larceveau-Arros-Cibits
Mixe
Ossès
Lacarre
St.-Jean-le-Vieux
Lecumberry
Arnéguy
Estérencuby
Mauléon-Licharre
Musculdy
Arla
Aussurucq
Camou
Moncayolle
l'Hôpital-St.-Blaise
Géus-d'Oloron
Sauguis-St. Etienne
Tardets-Sorholus
Aramits
Oloron-Ste.-Marie
Asasp-Arros
Arette
Licq-Athérey
Escot
Arudy
Buzy
Sarrance
Bielle
Lourdios-Ichère
Bedous
Laruns
Senta
Larrau
Col de la Pierre Saint-Martin (1760)
Accous
les Eaux Chaudes
Pic d' Anie
2315
Lescun
Etsaut
Gorges du Pont d'Enfer
Urdos
El Portalet (1794)
Puerto de Somport (1632)
Candanchú
Canfranc-Estación
Fortaleza Col de Ladr
Canfranc
1570
Orzanzurieta
Roncesvalles
Burguete
Orbaiceta
Emb. de Irabia
Arive
Sierra de Abodi
Ochagavia
Escároz
Uztárroz
Isaba
Zuriza
Oroz-Betulu
Abaurrea Alta
Artozqui
Elcóaz
Vidángoz
Roncal
Garde
Güesa
Mausoleo
San Pedro de Siresa
Bisaurín
2668
Ansó
Siresa
Hecho (Echo)
Aragüés del Puerto
Aisa
Aoiz
Imirizaldu
Puerto de las Coronas (951)
Burgui
Cuevas de Bigüézal
Artieda
Navascués
Bigüézal
Salvatierra de Escá
Arangoiti
Sierra de Leire
Monasterio de Leire
Yesa
1356
Lumbier
Sigüés
Asso-Veral
Garganta
Embún
Sinués
Castiello de Jaca
Aratorés
Villanovilla
Biniés
Berdún
Javierregay
Liédena
Javier
R. Aragón
Mianos
Puente la Reina de Jaca
Catedral
Jaca
Navasa
Sangüesa
Iglesia de Santa María
Navardún
Santa Cruz de la Serós
Bailo
Monasterio de San Juan de la Peña
Sos del Rey Católico
Castillo de Roita
Palacio de Sada
Lobera de Onsella
Petilla de Aragón
Bernués
Castillo de Leré
Sofuentes
Ena
Villalangua
Santa María
Anzánigo
Caldearenas
Puerto de Monrepó
Rasal
Biel
Luesia
Agüero
Los Mallos
Castillo de Loarre
Castiliscar
Uncastillo
Murillo de Gállego
Necrópolis
Anies
Alera
R. Riguel
Malpica de Arba
Asín
El Frago
Santa Eulalia de Gállego
Ayerbe
Castillo de Navascués
Bolea
Nueno
Sádaba
Biota
Farasdués
Esquedas
Ardisa
Lupiñén
El Bayo
Castillo de Obano
Pinsoro
Rivas
Luna
Valpalmas
Montmesa
Cast. de Figueruelas
Valareña
Sant. de N. Señ. de Monlora
Piedratajada
Erla
Ejea d.l. Caballeros
Castillo de Santiá
Castillo de San Pedro
Emb. de la Sotonera
El Sabinar
Sierra de Luna
Alcalá de Gurrea
Almudévar
Vicién
Gurrea de Gállego
Las Pedrosas
Sancho Abarca
Santa Engracia
R. Arba
Castejón de Valdejasa
Santuario Virgen del Salz
Ontinar del Salz
Tardienta
Torralba
E7
933
936
140
240
330
125
132
127
124
113
96
66
67

Die Zufluchtsstätte der letzten Christen: Kloster San Juan de la Peña

wieder in das „befreite" Gebiet ein. Die Bevölkerung fand im Kloster sicheren Schutz. Je weiter die Grenzen der Reconquista nach Süden verschoben wurden, desto weniger Bedeutung verblieb dem Kloster. Langsam verfiel es. Einige Brandkatastrophen beschleunigten seinen Niedergang. Im 18. Jahrhundert verließen es die letzten Mönche. Die Besichtigung beginnt man mit der mozarabischen Unterkirche, im 10. Jahrhundert erbaut, im 11. Jahrhundert erweitert. Große Bogen teilen die beiden Schiffe, die in zwei in den Fels geschlagenen Apsiden enden. Die Kirche diente ursprünglich als Krypta. Über eine Treppe erreicht man den Vorhof, um schließlich in den großen Hof mit den Gräbern der Edelleute von Aragón und Navarra zu gelangen, die in zwei übereinanderliegenden Reihen auf der linken Straße angeordnet sind. Die 1094 geweihte, einschiffige Oberkirche schmiegt sich eng an den Felsen. Das Kirchenschiff und die Apsiden sind teilweise in den Felsen hineingebaut. Von der Kirche erreicht man den Kreuzgang, der vom Fels überwölbt wird. Seine Kapitellplastiken (spätes 12. Jahrhundert) sind sehenswert.

Auf der Paßhöhe befinden sich die Ruinen eines barocken Klosters, das im 18. Jahrhundert erbaut, aber bereits am 25. August 1809 von französischen Truppen wieder zerstört wurde. Nur die Kirche ist erhalten geblieben. Beeindruckend die 1956 renovierte Fassade.

Die Muschel zeigt dem Pilger den Weg; das Ziel ist bereits sichtbar: die nächste Kirche

Man fährt durch das weite fruchtbare Tal des **Río Aragón**.

21 km In **Puente la Reina de Jaca** (nicht zu verwechseln mit Puente la Reina) war schon immer ein wichtiger Ort an einer frequentierten Straßenkreuzung. Der Name leitet sich ab von einer Brücke über den Río Aragón.

Abzweigung nach **Hecho.**
Die Strecke ist landschaftlich sehr reizvoll. 2 km hinter Hecho erreicht man das Kloster Siresa. Es wurde 833 gegründet. Heute ist nur noch die Kirche **San Pedro** aus dem Jahr 1082 erhalten, ein großer Bau mit einschiffigem Tonnengewölbe, einem Querschiff und einer Apsis. Der Portalvorbau gilt als ein seltenes, vollständig erhaltenes Beispiel karolingischer Baukunst.

30 km Rechter Hand liegt **Berdún,** ein kleiner Ort, der sich festungsartig auf einem Hügel erhebt

Die Kirche dominiert in der mittelalterlichen Ansiedlung

46 km **Abzweigung**
durch reizvolles Gebiet nach **Sos del Rey Católico**
→ S. 98.

47 km Der Stausee von **Yesa,** der sich linker Hand ausbreitet, liegt in einer faszinierenden Landschaft: kahl, fast unbewachsen erheben sich die Berge an den Ufern des Stausees.

60 km Links liegt **Tiermas**, einstmals bekannt für seine römischen Bäder. Noch zu Beginn des 12. Jahrhunderts soll es hier heiße Quellen gegeben haben.

66 km Yesa.

Die Kathedrale von Sos del Rey Católico

Das Kloster von Leyre macht einen wuchtigen Eindruck auf den Besucher

Die Burg von Javier wirkt besonders eindrucksvoll aus der Ferne

Abstecher

Kurz nach Yesa Abzweigung zum Kloster **San Salvador de Leyre.**

851 wurde das Kloster das erste Mal urkundlich erwähnt. Es muß aber bereits einige Zeit früher (574 ?) gegründet worden sein. Der Bischof von Pamplona und der König von Navarra flohen in das Kloster, als eine Maureninvasion drohte. Widersprüchlich sind die geschichtlichen Überlieferungen. Während von Abd al-Rahman berichtet wird, der 924 an Leyre vorbeizog und Pamplona verwüstete, so daß der König daraufhin in Leyre seine provisorische Residenz einrichtete, wird auch von einem Sieg Almansors erzählt, der anschließend das Kloster zerstörte. 1022 wurde es unter Sancho Garcés III. neu erbaut oder erweitert. Die Folgezeit sieht man als Blüte des Klosters an. Von den Mönchen gingen wesentliche geistige Impulse aus. Sie bestimmten die Entwicklung der Region. 72 andere Klöster und 38 Ortschaften, darunter San Sebastián, waren dem Abt von Leyre unterstellt. Ab 1078 begann aber auch schon der Niedergang des Klosters. Die Folgejahre waren vom Streit mit dem Bischof von Pamplona geprägt. Die Benediktiner verließen das Kloster, und ihre Stelle nahmen für kurze Zeit die Zisterzienser ein. Noch im 17. und 18. Jahrhundert gab es Bautätigkeiten, doch hatte das Kloster keine Bedeutung mehr. 1836 wurde es durch Gesetz enteignet. Bis 1954 standen die Gebäude leer und zerfielen. Dann zogen erneut die Benediktiner ein und restaurierten das Kloster.

Öffnungszeiten von 9 bis 18 Uhr täglich

Die Anlage besteht aus der Kirche mit dem Chor, unter der sich die Krypta befindet. Das reich mit Figuren dekorierte Westportal, auch Porta Speciosa genannt, ist wohl zu Anfang des 12. Jahrhunderts entstanden. Die Kirche selbst ist einschiffig, mit einem hohen gotischen Kreuzgratgewölbe versehen, deutlich erkennbar der typisch strenge Stil der Zisterzienserepoche (13./14. Jahrhundert). Ältester Teil ist die Krypta, einstige Grabstätte der Könige von Navarra. Der Grundriß ist identisch mit dem des romanischen Chors darüber. Die Kapitelle sind ornamental skulptiert. An die Kirche schließt sich an der nördlichen Seite das alte Kloster an, das nach alten Plänen neu aufgebaut wurde. Hier haben die Benediktiner eine Gastwirtschaft eingerichtet. Südlich befindet sich das neue Kloster, das ebenfalls dem Stil des 17. Jhd. nachempfunden wurde. In ihm leben heute die Mönche.

Virila, der Mönch des Klosters versuchte, die Ewigkeit zu ergründen

Eine schöne Geschichte erzählt man sich über Virila, ein Abt des Klosters Leyre, der vor über 1000 Jahren gelebt haben soll. Der Abt dachte intensiv über die Zeit nach. Wie konnte man den Begriff der Zeit fassen, wie konnte man die Zeit messen, was bedeutet Ewigkeit? Eines Tages wanderte er in tiefe Gedanken versunken durch den nahen Wald, ganz mit seinem Thema beschäftigt. Er kam an eine Quelle und setzte sich dort nieder. Eine Nachtigall sang ihr Lied und er hörte ihr fasziniert zu. Die Zeit schien ihm still zu stehen. Als die Nachtigall ihren Gesang beendet hatte, machte er sich wieder auf den Rückweg. Doch die Landschaft kam ihm seltsam verändert vor. Nur mit Mühe fand er einen Weg und kehrte zum Kloster zurück. Aber auch das Kloster erschien ihm anders, viel größer, viel prächtiger als er es in Erinnerung hatte. Die Mönche, die er traf, kannte er ebenfalls nicht. Diesen ging es gleichermaßen. Auch sie kannten den Abt nicht. Er versuchte, sich zu erinnern, nannte seinen Namen, erzählte von seinem Leben. Den Mönchen war dies alles unbekannt. Nach einigem Suichen fand ein Mönch in den Chroniken einen Hinweis über einen Abt Virila, der im Wald verschollen war. Das ereignete sich jedoch vor 300 Jahren. Da hörte der Abt die Stimme der Nachtigall und konnte sie auch verstehen: Als er dem Gesang der Nachtigall lauschte, vergingen 300 Jahre. So wurde ein Bruchteil der Zeit zur Ewigkeit. Ob der Mönch nun die Zeit verstanden hatte? Ein Wanderweg führt zur Fuente de San Virila, ein idyllischer Platz. Vielleicht kann man auch eine Nachtigall hören.

66 km **Abstecher** nach **Javier, Sangüesa, Sos del Rey Católico, Uncastillo, Sádaba**

61 km einfach, Plan → S. 90/91.

Bei Yesa teilt sich der Pilgerweg. Während der eine mit der heutigen N240 identisch ist, zweigte der andere in Yesa ab, überquert den Río Aragón und führt nach Sangüesa. Von dort kehrten die Pilger wieder zurück auf den Hauptweg (N240). In Yesa ist **Javier** ausgeschildert. Wir folgen diesem Wegweiser.

3 km **Javier** ist eine eindrucksvolle, mittelalterliche Burg mit Mauerring und mächtigem Bergfried, ein vielbesuchtes Ziel von Wallfahrern und Touristen. Hier wurde 1506 der heilige Franz Xaver geboren. 1528 traf er in Paris Ignatius von Loyola und wurde nicht zuletzt durch dessen Einfluß zum Missionar Indiens und Japans. Auf sein Mitwirken geht auch die Gründung des Jesuitenordens (1539) zurück. Die Burg selbst wurde 1516 geschleift, aber um die Jahrhundertwende wieder aufgebaut Im Zentrum der Burg stehen der Bergfried und die Fluchtburg, die ältesten Teile der Festungsanlage (10./11. Jahrhundert). Die Ringmauer rechnet man dem 13. Jahrhundert zu. Die Burg ist seit 1236, als König Teobald I. sie Don Adán de Sada übergab, im Besitz dieser Familie. Heute wird sie von den Jesuiten bewirtschaftet, die ein Apostolisches Collegium eingerichtet haben. Die Burg kann besichtigt werden.

Zu später Abendstunde gibt eine Bild-und-Ton-Schau einen guten Einblick in die Geschichte der Burg

10 km Der Ort **Sangüesa** entstand an einem für die Pilger wichtigen Ort, wo eine Brücke über den **Río Aragón** führte. Andere Historiker vertreten aber auch die Auffassung, daß das kleine, in der Nähe gelegene Dorf **Rocaforte** der Ursprung der Stadt sei. Erst zu Beginn des 12. Jahrhunderts begann man mit dem Bau der Neustadt an der Brücke. König Sancho Ramírez V. verlieh dem Ort weitreichende Privilegien, so daß man den Aufschwung Sangüesas. Ende des 11. Jahrhunderts annehmen kann. Heute noch findet man viele Paläste und Adelshäuser, die die einstige Bedeutung erkennen lassen. Alfons I. verlieh der Stadt 1122 ebenfalls Privilegien und ließ direkt neben der Brücke eine Festung erbauen. Man kann die ehemalige Schloßkirche **Santa María la Reál** besichtigen. Die Pflege von Palast und Kirche übernahm der Johanniterorden (1131-1351). Der dreischiffige Bau ist größtenteils romanisch. Insbesondere die drei Apsiden (12. Jahrhundert) und der achteckige Vierungsturm mit Spitzhelm (13. Jahrhundert) sind bestimmend. An den ursprünglichen Bau wurde ein Kirchenteil angefügt. Rechter Hand fällt ein gotisches

Sangüesa entstand dort, wo eine Brücke über den Río Aragón führte

Portal auf; im Tympanon eine Darstellung des Jüngsten Gerichts. Im Kircheninneren tragen massive Pfeiler die Kreuzrippengewölbe und die Vierungskuppel. Interessant sind eine gotische Marienfigur und ein Hochaltar aus der Renaissance.

Bedeutung für die Pilgerfahrt besaß die **Santiagokirche**, ein romanischer, dreischiffiger Bau mit zinnengekröntem Turm aus dem 12. Jahrhundert. Im Tympanon wird Santiago dargestellt, daneben zwei knieende Pilger. Am Altarraum findet man die Ausrüstungsgegenstände der Pilger: Wanderstab, Wasserflasche und Pilgermuschel. Bei Renovierungsarbeiten fand man 1965 unter dem Bodenbelag eine überlebensgroße Figur des heiligen Jakobus.

Weiterhin sind sehenswert: Kirche **del Carmen** (geschnitzte Altarwände aus dem 16. Jahrhundert), Kirche **San Francisco** (frühgotischer Kreuzgang aus dem 13. Jahrhundert), der **Palast des Herzogs von Granada** (gotisch, 15. Jahrhundert), der **Palast von Vallesantoro** (barock - heute Kulturhaus) und der **Königspalast des Marqués de Viana** (15. Jahrhundert - heute Rathaus und Tourismusbüro).

Zu Ehren von San Sebastián wird vom 11. bis 17. September ein Fest mit Stierkämpfen abgehalten

23 km **Sos del Rey Católico.** Im Palacio de Sada wurde 1452 König Ferdinand der Katholische geboren, der durch seine Heirat mit Isabella von Kastilien für

Uncastillo: Der Name der Stadt ist Programm. Die Burg beherrscht den Ort, in dem sich seit dem Mittelalter kaum etwas verändert hat

die spanische Geschichte von großer Bedeutung ist. Daher leitet sich auch der Beiname des Ortes **„del Rey Católico“** ab.

Der Ort ist eine mittelalterlich wirkende, noch heute von einem Mauerring umschlossene Ansiedlung. Das Schloß, der **Palacio de Sada**, dürfte aus dem frühen 12. Jahrhundert stammen. Im Inneren der renovierten Schloßkapelle (12. Jahrhundert) befindet sich der **Parador „Fernando de Aragón“**. In Sos del Rey Católico spürt man heute noch seine reiche Vergangenheit: Viele Adelspaläste und Herrschaftshäuser bestimmen das Ortsbild. Die Kirche **San Estebán** aus dem 12. und 13. Jahrhundert wurde auf einer älteren Krypta (11. Jahrhundert) erbaut. Gut erhalten sind Wandmalereien aus dem 14. Jahrhundert. In der mittleren Apsis steht eine hölzerne Marienfigur aus dem 13. Jahrhundert. Außerdem kann man das Taufbecken besichtigen, in dem angeblich Ferdinand getauft wurde.

39 km **Uncastillo** (eine Burg) ist nach der mächtigen Festung aus dem 12. Jahrhundert benannt, die auf einem steil aufragenden Felsen liegt. Noch bietet der Ort einen geschlossenen mittelalterlichen Anblick, wobei viele Häuser schon verfallen sind. Unter den vielen romanischen Kirchen ist die Kirche **San Juan** hervorzuheben,

die über einem Friedhof aus dem 7. Jahrhundert erbaut wurde. Bemerkenswert sind die romanisch-byzantinischen Gemälde aus dem 12. Jahrhundert. Die romanische Kirche **Santa María la Mayor** stammt aus dem Anfang des 12. Jahrhunderts, ihr Südportal wurde um 1135 erbaut. Die Weihe der Kirche fand im Jahre 1246 statt. Im Laufe der Zeit wurde die Kirche noch mehrmals erweitert und umgestaltet. Der befestigte Turm ist gotisch, der Kreuzgang aus der Renaissancezeit.

Das Wichtigste an Sádaba ist die wuchtige Burganlage

61 km **Sádaba** besitzt eine sehr wuchtige Burg mit neun quadratischen, zinnenbekrönten Türmen aus dem 13. Jahrhundert. Die dreischiffige Kirche **Santa María** ist gotisch und in der Anlage sehr eindrucksvoll. Sie enthält Altaraufsätze und Skulpturen aus dem 15. bis 16. Jahrhdt. Umgebung von Sádaba: Im Süden befinden sich römische Überreste (Thermen, ein Mausoleum, ein Aquädukt), im Norden die mittelalterliche Burganlage **Castillo de Clerino** beim Stausee von **Valdelafuén**, im Osten **Castillo de Bañales** bei **Layana**.

78 km Bei **Carcastillo** befindet sich das **Monasterio de la Oliva**, das von König García Ramírez IV. gegründet wurde. Ab 1149 übernahmen Zisterziensermönche die Pflege. Die Kirche ist ein Beispiel der strengen Architektur des Ordens. Bemerkenswert ist, daß das romanische Gebäude bereits „gotische Leichtigkeit" durch seine hohen Pfeiler zeigt.

72 km Hinter **Liédena** befinden sich die Überreste einer römischen Siedlung.

95 km Nach **Monreal** folgt der Pilgerweg nicht mehr der Straße nach Pamplona, sondern er wendet sich nach Tiebas/Las Campanas. Auf dem Weg dorthin überquert man die Autobahn Pamplona-Zaragoza.

106 km **Abstecher** nach **Tafalla** und **Olite**

26 km einfach, Plan → S. 90

Das Hauptfest von Tafalla wird vom 15. bis 20. August gefeiert. Dabei werden Stierkämpfe und „encierros", so nennt man das Eintreiben der Stiere, veranstaltet

19 km **Tafalla,** am Westufer des **Río Cidacos** gelegen, wird von der Burgruine **Santa Lucía** überragt, die König Karl III. zu Anfang des 15. Jahrhunderts begann und die eigentlich als Königspalast gedacht war, aber niemals vollendet wurde.

Der Überlieferung nach soll Tafalla vom Patriarchen Túbal gegründet worden sein. Urkundlich erwähnt wird der Ort jedoch erst 1034, als sich die Einwohner gegen Adelige aus Aragón zur Wehr setzten, die es, mit den Mauren verbündet, erobern wollten. 1636 erhielt Tafalla von König Philipp IV. das Stadtrecht.

Das **Kloster der unbefleckten Empfängnis** (de la Purísima Consepción), gegründet 1673, besitzt ein Retablo vom Kloster La Oliva (1571). Die ursprünglich romanische Kirche **San Pedro**, die wahrscheinlich die älteste Kirche Tafallas ist, besteht aus einem Schiff und vier Seitenkapellen. Im 16. Jahrhundert wurde der Bau wesentlich im gotischen Stil erweitert. Die gotische Kirche Santa María, davor ein Steinkruzifix aus dem 16. Jahrhundert, besitzt im Inneren ein schönes Sternengewölbe und ein hervorragendes Werk der spanischen Renaissance: den Aufsatz des Hauptaltars. Auf über zwanzig Bildtafeln werden das Leben Marias und die Passion Christi dargestellt.

Umgebung:

10 km östlich von Tafalla liegt auf einer Anhöhe im Schutz der Sierra de Ujué das Städtchen **San Martín de Unx.** Die einschiffige romanische Pfarrkirche mit halbrunder Apsis stammt aus dem Jahr 1156.

19 km östlich von Tafalla liegt das historische Städtchen **Ujué.** Die Wehrkirche des Ortes steht unter Denkmalschutz. Eindrucksvoll sind die Wehrtürme, die Treppenanlagen und die gotischen Tore, die zur Kirche führen. Aus dem 12. Jahrhundert stammt der ursprünlich romanische Bau, dem ein gotisches Schiff angefügt wurde. Die Wehrtürme sind durch einen Umgang miteinander verbunden.

Man erzählt sich die Legende von einem Schäfer, der eine Taube bemerkte, die mehrmals in der Öffnung einer Felswand verschwand. Als er nachsah, entdeckte er eine Marienfigur. Zum Gedenken erbaute man an dieser Stelle im 8. Jahrhundert die erste Kirche.

11 km nordwestlich von Tafalla liegt **Artajona** mit eindrucksvollen Mauern des Stadtwalls **El Cerco**, der von 12 mächtigen, zinnenbewehrten Türmen unterbrochen wird. Sehenswert ist die Kirche **San Saturnino**, im 13. Jahrhundert erbaut. Der gotische Bau ist streng nach Osten ausgerichtet. Er wird von einem Altarraum abgeschlossen.

Von Artajona kann man nach **Puente la Reina** weiterfahren, wo man wieder auf den Pilgerweg stößt.

26 km **Olite** existierte bereits zur Römerzeit. Auch die Westgoten siedelten an dieser Stelle. Man nimmt an, daß Olite 620 von Suntila gegründet wurde. Erzbischof Don Rodrigo Ximénez de Rada gab der Siedlung den Namen Ologitum. 1266 erhielt Olite von Theobald II. die Marktrechte. 1276 wurde in den Ort die Cortes einberufen. 1340, so bemerkt die Stadtchronik, wurde bereits eine Wasserberieselungsanlage in Betrieb genommen. 1410 und 1413 wurde die Cortes nochmals nach Olite einberufen, so daß von hier aus faktisch das Land regiert wurde. Ab Mitte des 15. Jahrhunderts verlor der Ort jedoch seine Bedeutung.

Olite wurde vor fast eineinhalb Jahrtausenden gegründet

Die mittelalterliche Stadt Olite hat eine sehenswerte Burg und viel Flair

In den restaurierten Gebäuden der Burganlage hat man einen Parador eingerichtet

Aus der Blütezeit stammt noch die weitläufige gotische Burganlage, die zweifelsohne die Hauptsehenswürdigkeit darstellt. Die komplizierte Gestaltung der Burg läßt keinen Vergleich mit anderen spanischen Burgen zu. Die unterirdischen Gänge und abseits stehenden Türme, die Galerien mit verborgenen Ausgängen und die geheimen Türen gehören wohl alle zum Verteidigungskonzept der Erbauer. Man weiß, daß die Burg einmal 14 oder 15 Türme hatte. Heute sind nur noch drei davon erhalten – jeder von ihnen hatte seinen besonderen Namen: **Las Atalayas**, **Cuantro Vientos** und **Tres Coronas**.

Das Innere der Burg war im Mudejarstil ausgestaltet, Stuckarbeiten und Decken aus geschnitztem Holz wechselten ab. Beeindruckend müssen auch die hängenden Gärten gewesen sein, die über die oberen Mauern herabwuchsen.

Den Bewohnern der Burg von Olite war kein glückliches Schicksal beschieden. Sie starben fast alle eines unnatürlichen Todes.

Tafalla hat eine in den Grundzügen romanische Kirche; seine Einwohner feiern gerne und ausgelassen

In **Ujué** wird am 25. April das Fest des Evangelisten Markus, eine weithin berühmte Wallfahrt, veranstaltet. Die Büßer kleiden sich in lange Tuniken, die von einer Schnur gehalten werden, und verdecken ihre Gesichter mit schwarzen Kapuzen. Einige tragen schwere Kreuze auf den Schultern, andere gehen auf bloßen Füßen und ziehen dicke Ketten hinter sich her. Der Prozessionszug verläßt um 5 Uhr morgens die Kirche Santa María und zieht zur Kapelle von Ujué. Um 10 Uhr wird dort das Hochamt gefeiert, um 11 Uhr die traditionelle „Misa de las Auroras" zelebriert.

Eine besondere Sehenswürdigkeit ist die Schloßkapelle **Santa María la Real**, romanisch gestaltet, jedoch mit einer gotischen Fassade. Die Kirche ist einschiffig mit einer Apsis. Im Inneren ist der Aufsatz des Hauptaltars sehenswert.

Die Kirche **San Pedro** wurde Anfang des 13. Jahrhunderts errichtet, das romanische Portal könnte von einem älteren Bau stammen. Sie besteht aus drei Schiffen mit gotischen Gewölben und einem eleganten, spitz zulaufenden Turm. Die Fassade weist nebeneinander gotische und romanische Stilelemente auf.

Man geht davon aus, daß Eunate von Mitgliedern des Templerordens erbaut wurde

116 km Auf dem Weg von **Las Campanas** nach **Puente la Reina** (14 km) trifft man auf die romanische Kirche von **Eunate.** Sie liegt linker Hand im freien Feld, durch eine kurze Allee von der Straße zu erreichen. Santa María de Eunate ist ein freistehender romanischer Zentralbau aus dem 12. Jahrhundert. Der Grundriß ist achteckig, ein ebenfalls achteckiger Arkadenbogen umfaßt die ganze Kirche. Der Bau nimmt im Vergleich zu anderen sakralen Sehenswürdigkeiten auf dem Pilgerweg eine Sonderstellung ein. Man geht davon aus, daß Santa María de Eunate von Mitgliedern des Templerordens erbaut wurde und eine Nachbildung des heiligen Grabes von Jerusalem sein soll. Genaue geschichtliche Daten fehlen. Mit Sicherheit nimmt man jedoch an, daß die Kirche im 13. Jahrhundert von einem Hospitalbau des Johanniterordens ergänzt wurde.

Öffnungszeiten: täglich außer montags von 10.30 bis 13 Uhr und 16.30 bis 19 Uhr

119 km **Obanos,** im 12. und 13. Jahrhundert Sitz alteingesessener Edelleute, die in der Cortes Sitz und Stimme hatten. Der **Camino Aragones** und der **Camino Navarro** vereinigen sich außerhalb von Obanos bei der Ermita de San Salvador. Seit 1965 wird in Obanos alljährlich ein Mystienspiel von Laienschauspielern in Szene gesetzt. Es handelt sich dabei um eine Episode aus der Vergangenheit, in dem das Geschwisterpaar Felicia und Guilermo aus dem spanischen Hochadel eine Rolle spielen. Auf dem Heimweg von Santiago de Compostela hatte sich die Frau entschlossen, das Hofleben aufzugeben und in den Bergen von Navarra als Einsiedlerin zu leben. Der Bruder wollte sie daran hindern. Als alle Überredungskünste nicht fruchteten, versuchte er, sie gewaltsam an der Verwirklichung ihres Vorhabens zu hindern und tötete sie dabei versehentlich. Der Papst legte ihm zur Buße eine Wallfahrt nach Santiago de Compostela auf. Doch diese Buße genügte ihm nicht. Er vollzog nun den Willen seiner Schwester und zog sich als Einsiedler auf einen Berg in der Nähe von Obanos zurück. Dort lebte er seinem Glauben und gab sich der Meditiation hin. Ihm werden viele Wunder nachgesagt, so daß er bald, wie auch seine Schwester als Schutzheiliger der Region verehrt wurde.

Im Juli und August findet das Mysterienspiel vor der Dorfkulisse statt

122 km Die Straße führt nach **Puente la Reina** → Seite 113

Die Kirche von Obanos mit ihrem typischen Arkadeneingang

Caminho de Santiago

Pilgerweg: Saint-Jean-Pied-de-Port - Pamplona

76 km, Plan → S. 90/91

Der Pilgerführer:

Der Pilgerführer beschreibt den Weg über den Cisapaß. Man beginnt den Aufstieg in St-Michel, am Fuße des Cisaberges auf der gascognischen Seite gelegen. Auf der Paßhöhe erreicht man das Rolandhospiz, das Erholung bietet. Dann folgen die Orte Roncesvalles, Viscarret, Larrasoaña, schließlich die Stadt Pamplona.

Der Camino Navarro beginnt in Saint-Jean-Pied-de-Port

0 km Der **Camino Navarro** beginnt im französischen Grenzstädtchen **Saint-Jean-Pied-de-Port,** ein heute noch reizvolles Städtchen, das sein mittelalterliches Bild bewahrt hat. Die trutzigen Paläste, die engen Straßen und die leicht zu bewachenden Stadttore zeugen deutlich von der ehemaligen Bedeutung. Die Stadt war einst Hauptstadt der baskischen Provinz Basse-Navarre. Erst 1659 fiel die Ortschaft durch den Pyrenäenvertrag an Frankreich. Während der Pilgerzeit gehörte Saint-Jean-Pied-de-Port also noch zum spanischen Hoheitsgebiet, zum Königtum von Navarra. Das Flüßchen Nive trennt den alten oberen vom neuen unteren Ortsteil. Im oberen Teil befindet sich eine vaubansche Zitadelle und die Kirche Notre-Dame.

Die Pilger verließen Saint-Jean-Pied-de-Port durch die Porte d'Espagne und begaben sich entlang der Route Napoléon bergaufwärts. Dabei erreichten sie linker Hand **Saint Michel**, ehemals ein Kloster und Hospital. Hier begann nach dem Codex Calixtinus die erste von 13 Etappen, nämlich von **Saint Michel** nach **Viscarret**, 22 km. Auch heute noch kann man diesem Weg über Saint Michel folgen, allerdings nur auf Schusters Rappen. Ist man mit dem Auto unterwegs, so muß man Saint-Jean-Pied-de-Port auf der Hauptstraße, entlang des **Rió Pequeno Nive**, verlassen und erreicht bei **Arnéguy** die französisch-spanische Grenze, die man heute jedoch kaum mehr bemerkt. Die Zollgebäude wurden abgebaut oder anders genutzt.

Die Küche von Navarra

Die Küche Navarras ist uneinheitlich, von vielen „Küchen" beeinflußt. Als Fischgericht sei ***trucha a la navarra*** *(Forelle) genannt. Die Forelle wird in Wein eingelegt, mit Schinkenscheiben gefüllt, in Mehl gewälzt und dann gebraten.*

Lammragout wird gerne gegessen ***(cochifrito navarro).*** *Es gibt viele Geflügelgerichte. Besonders beliebt sind Rebhühner.*

Ruhig und beschaulich liegt Saint-Jean-Pied-de-Port an den Ufern des Rió Nive

Von den Zöllnern hatte der Autor des Pilgerführers keine gute Meinung.

Der Pilgerführer:

Anscheinend hatte der Autor des Pilgerführers schlechte Erfahrungen mit den Zöllnern am Cisapaß gemacht. Er beschreibt eine Szene, wie Zöllner mit Stöcken den Pilgern entgegen gehen, um einen überhöhten Tribut einzuverlangen. Den Reisenden, die sich diesen Forderungen widersetzen geht es noch schlechter. Sie werden „bis zur Hose" durchsucht.

Die Straße wechselt auf die rechte Seite des Flusses, die bereits spanisches Hoheitsgebiet ist. Der Fluß bildet noch bis **Gañecoleta** die Grenze zwischen den beiden Staaten.

Wegkreuze säumen die Straßen; rote Baskenmützen gehören hier zum „Outfit"

11 km Die erste spanische Ortschaft ist **Valcarlos,** die ihren Namen von **Valle de Carlos** ableitet und damit auf Karl den Großen verweist. Früher befand sich hier eine Pilgerunterkunft, das **Hospital San Juan de Irauzqueta.**

28 km Nun steigt die Straße an bis zum Paß von **Ibañeta,** 1056 m hoch. Einst befand sich hier das Kloster **San Salvador**, das urkundlich 1071 erwähnt wurde. Davon ist heute nichts mehr zu sehen. 1965 wurde eine neue Wallfahrtskirche erbaut. Neben der Kirche, auf einem kleinen Hügel, steht das **Monumento Roldán**. Es erinnert an die Legende von Roland. Wir befinden uns unversehens mitten in der Geschichte der Reconquista. Im Jahre 778 begab sich Karl der Große nach Spanien. Er war vom König von Zaragoza Ibn-el-Arabi um Hilfe gegen Abd-ar-Rahman von Cordóba gebeten worden. Dafür versprach er den Übertritt zum Christentum. Karl der Große zog zunächst mit seinem Heer nach Zaragoza. Doch die Einwohner weigerten sich, Karl dem Großen zu gehorchen, wohl in der Überzeugung, daß es sich eher um einen Beutezug handle, wie es zur damaligen Zeit üblich war, als um eine Hilfsmission. Karl der Große belagerte die Stadt, zog sich aber zurück, weil ihm aus

Auf dem Ibañeta-Paß erinnert ein Denkmal an die Legende von Roland

Lieblich sind die Hügel vom Ibañeta-Paß

anderen Teilen seines Reiches Aufstände gemeldet worden waren. Auf dem Rückweg zerstörte er Pamplona, um keine Festung im Rücken zu haben, und handelte sich die erbitterte Feindschaft der Basken ein, die ihm zwischen Roncesvalles und dem Ibañeta-Paß einen Hinterhalt legten. Dort griffen sie am 15. August 778 die Nachhut, die Troß und Beute mitführte, an. Das Rolandslied berichtet von der heldenhaften Verteidigung der Franken. Roland blies, als die Nachhut fast niedergemetzelt war, verzweifelt in sein Horn Olifant, um Karl den Großen herbeizurufen. Er blies so mächtig, daß das Horn zersprang. Der Legende nach soll sich Karl der Große in Valcarlos befunden haben, als er die Nachricht vom Tod Rolands erhielt.

In der Posada von Roncesvalles kann man gut übernachten

Bereits im Pilgerführer wird davon berichtet:

Der Pilgerführer

In einer Basilika sind die menschlichen Überreste des tapferen Märtyrers Graf Roland untergebracht; dem Pilger wird empfohlen, sie zu besuchen. Von der Stärke des tapferen Kämpen wird berichtet: In Roncesvalles hieb er einen mächtigen Felsblock mit drei Schwertschlägen mitten durch. Zeugen können dies bestätigen. In sein Horn stieß er so kräftig, daß sein Atem es in der Mitte durchbrach. Diesem tapferen Mann wurde in Roncesvalles eine Kirche gestiftet, zur ewigen Erinnerung. Das gesprungene Elfenbeinhorn übrigens wird in der Basilika des Heiligen Severin zu Bordeaux ausgestellt.

Das Cruz de Peregrinos gilt als das älteste Pilgerkreuz (Bild unten rechts)

Schlicht und doch würdig wirkt die Kirche von Roncesvalles (unten links)

Das Rolandslied ist eines der berühmtesten Heldenepen

Das Rolandslied, eines der berühmtesten Heldenepen, wurde Anfang des 12. Jahrhunderts von einem französischen Mönch verfaßt. Es geht zurück auf die Überlieferungen der Ereignisse, die Eginhard (770-840) in seinem Werk „Leben Karls des Großen“ beschrieben hat. Das Original des Rolandsliedes wurde im 19. Jahrhundert in der Bodleian Library in Oxford wiederentdeckt.

Abd-ar-Rahman
Diesen Namen trugen die fünf omajjadischen Herrscher in Spanien. Die bedeutendsten waren Abd-ar-Rahman I (756-788), der Gründer des arabischen Kalifats von Córdoba, und Abd-ar-Rahman III. (912-961), unter dem das arabische Spanien seine Blütezeit erlebte.

31 km Das Auto parkt man am besten am Brunnen vor dem alten Hospital von **Roncesvalles.** Das **Pilgerhospiz** und das dahinterliegende **Augustinerkloster** wurden 1127 bis 1132 gemeinsam vom Bischof von Pamplona und Alfons I. gegründet. Lange Zeit stand das Kloster unter dem ausdrücklichen Schutz von Könighaus und Kirche und nahm daher bald großen Aufschwung. Die Klosterbauten wurden im Laufe der Jahrhunderte mehrmals umgebaut. In ihrer heutigen Form stammen sie größtenteils aus dem 17. Jahrhundert. In diesem Jahrhundert wurde auch der Kreuzgang erbaut, nachdem ein vorher bestehender gotischer Kreuzgang 1600 unter den Schneelasten zusammengebrochen war. Die Großzügigkeit der Mönche wurde von den Pilgern immer wieder gelobt. Bis zu drei Übernachtungen, Mahlzeiten, Körper- und Krankenpflege sowie Schuhreparatur standen jedem Pilger ohne Ansehen der Person zu. Heute gewährt man wie einst den Jakobspilgern frei Unterkunft.

Zwischen Hospiz und Kloster befindet sich die dreischiffige **Stiftskirche**, die zwischen 1194 und 1215 von Sancho dem Starken errichtet wurde. Sie gilt als gutes Beispiel für die frühe französische Gotik. Die Restaurierungsarbeiten im Jahre 1940 führten jedoch nicht gerade zu einer Aufwertung des Bauwerks. Sehenswert ist der Hochaltar: Unter einem silbernen Baldachin steht die berühmte Statue der Jungfrau von Roncesvalles (die „schmerzhafte Muttergottes“), aus Zedernholz geschnitzt, mit Silber überzogen und mit Gold und Edelsteinen geschmückt. Die Arbeit stammt aus dem 13. oder 14. Jahrhundert. Einer frommen Legende zufolge wurde sie von einem Hirsch entdeckt, der in seinem Geweih einen Stern trug. Vom rechten Seitenschiff der Stiftskirche gelangt man in

den Kreuzgang und zur Kapelle **San Augustín** mit dem Grabmal von König Sancho (1194 bis 1234). Rechts neben der Kirche befindet sich die Schatzkammer mit dem Kirchenschatz: Er birgt unter anderem das Gebetbuch der Könige von Navarra aus dem 12. Jahrhundert und einen Reliquienschrein aus dem 14. Jahrhundert. Außerdem werden Waffen und Schmuckstücke ausgestellt, unter anderem die Kriegskeulen Sanchos des Starken, die viele Jahrhunderte hindurch für die Waffen Rolands gehalten wurden.

Öffnungszeiten von Kirche und Museum: von 10.30 bis 13 Uhr und 16 bis 18 Uhr täglich

Auf einem Fußweg kommt man zu der kleinen **Iglesia de Santiago** aus dem 13. Jahrhundert. In ihrem Glockenturm hängt die Glocke von Ibañeta, die mit ihrem Geläut unzähligen Pilgern, die sich verirrt hatten, den rechten Weg wies.

Hinter der Iglesia de Santiago befindet sich heute eine Posada, in der auch der anspruchsvolle Reisende gute Unterkunft findet.

100 Meter entfernt erhebt sich linker Hand der Straße das **Cruz de Peregrinos**, das Pilgerkreuz. Man nennt es Rolandskreuz, weil es auch an den Kampf und den Untergang Rolands erinnert. Diese Pilgerkreuze begleiten den Reisenden von nun an entlang des Pilgerweges. Man wird von der Vielfältigkeit steinerner und hölzerner Pilgerkreuze, die den Weg weisen, überrascht sein.

Das Cruz de Peregrinos gilt als das älteste und schönste Pilgerkreuz auf dem Camino

33 km **Burguete** ist nahe – fast noch ein Ortsteil von Roncesvalles. Hier befand sich ein altes Pilgerhospiz. Die Pilger übernachteten lieber in Burguete, weil das Klima hier angenehmer war als in dem recht ungeschützt der Witterung ausgesetzten Roncesvalles. Burguete ist ein malerischer, gepflegter Ort mit vielen Wappen an den Fassaden der rot gedeckten, steilen Giebelhäuser. Die Kirche **San Nicolás de Bari** ist erst in neuerer Zeit erbaut worden.

Am ersten Mai- und am dritten September-Sonntag wird ein Pferde- und Rindermarkt abgehalten. Eine Wallfahrt findet am 8. September, am Tag Mariä Geburt, statt

40 km **Espinal** wurde 1269 von König Theobald II von Navarra gegründet. Der Ort erstreckt sich entlang der Straße, die auch dem Jakobsweg entspricht. Die Straße führt hoch zum Paß **Puerto de Espinal.**

48 km In Kehren windet sich die Straße hinunter ins Tal. Kurz nachdem man den Fluß Erro überquert hat, erreicht man die Ortschaft **Viscarret,** einst Ziel der ersten Etappe. Man findet heute noch eine Kirche mit romanischem Portal.

In der Fruteria decken sich die Pilger mit Obst ein

Die zweite Etappe des Pilgerweges führt von Viscarret nach Pamplona und umfaßt 28 Kilometer. Nach Viscarret muß man zunächst einmal die Höhe von **Erro** überwinden, die immerhin 801 m beträgt. Von der Paßhöhe bietet sich ein schöner Blick auf die Landschaft von Navarra.

Dann führt die Straße wieder talwärts und erreicht **Agorreta.** Die Straße folgt dem **Rió Arga**.

Vor Zubiri gibt es eine gotische Brücke

Zubiri hat eine gotische Brücke, Puente de la Rabia. Zubirir ist ein baskischer Name und heißt nichts anderes als Brückendorf. In Zubiri ist heute noch der Brauch zuhause, Haustiere dreimal um den Brückenpfeiler herumzuführen, um sie vor Tollwut zu schützen.

70 km In **Huarte** kann man eine Marienstatue aus dem 15. Jahrhundert und einen schönen Altar aus dem 16. Jahrhundert in der kleinen Kirche des Ortes besuchen.

76 km Die Pilger überquerten auf einer wackeligen Brücke den Rió Ulzama. Auf der rechten Seite erhebt sich die **Basilica de la Trinidad.** Sie betraten dann **Pamplona** durch die Vororte Burlada und Magdalena und erreichten sehr schnell die große Kathedrale an der **Plaza San José**. Dem Reisenden von heute ist es eher empfohlen, sich der (ungenügenden) Beschilderung anzuvertrauen und so das Stadtzentrum von Pamplona anzustreben.

* **Pamplona** → S. 313.

Die Weine Navarras
Die Herkunftsbezeichnung ist Navarra. Hier werden im wesentlichen Rotweine geerntet, die gelegentlich bis 15 Prozent Alkohol haben und zu der nahrhaften regionalen Küche bestens passen.

Über die „Königliche Brücke“ wandert der Pilger nach Puente la Reina

Caminho de Santiago

Pilgerweg: Pamplona – Puente la Reina

24 km, Plan → S. 90/91

0 km Pamplona verläßt man auf der N 111. Die Straße folgt unmittelbar dem alten Pilgerweg, passiert die Vororte **Echavacoiz** und **Cizur Mayor** und führt leicht bergan bis zum **Alto del Perdón**, 734 m hoch.

14 km Ein sehr lohnender **Abstecher** (landschaftlich sehr reizvoll) führt auf den 1039 m hohen **Perdón**.

24 km 500 Meter vor der Ortschaft Puente la Reina zweigt nach links eine Straße nach Campañas ab. An der Kreuzung verkündet die Inschrift unter einer modernen Pilgerfigur: „...ab hier gibt es einen Weg nach Santiago." Man trifft bei der Abzweigung auf den Pilgerweg zum Somport-Paß. Folgt man dieser Straße, erreicht man Obanos und die Kirche von Eunate.

„...ab hier gibt es einen Weg nach Santiago"

Puente la Reina ist eine kleine Ortschaft mit mittelalterlichem Flair. Im 11. Jahrhundert nannte man den bereits seit längerer Zeit existierenden Ort **Ponte de Arga** oder **Ponte Regina**. Königin Doña Mayor, die Gemahlin von König Sancho, hatte an dieser Stelle für die Pilger eine Brücke erbauen lassen.

Im Jahre 1089 existierte bereits eine Kirche San Salvador. 1090 kann man nachweisen, daß sich im Ort Franken aufhielten, die im Auftrag des Erzbischofs von Toledo Mühlen errichteten. Im 12. bis 15. Jahrhundert besaß die Ansiedlung ihre größte Bedeutung. Da sich hier die beiden Pilgerwege vereinigten, da blieb es nicht aus, daß

In Puente la Reina ist die Zeit stehen geblieben, ihre Menschen muten ebenso „uralt" an wie die alte Pilgerbrücke

viele Pilger in Puente la Reina einige Zeit verweilten, um sich zu erholen oder um sich mit anderen zu treffen. Daher ist es nicht verwunderlich, daß die kleine Ortschaft über drei mächtige Kirchen verfügt. Die Pilger betraten **Puente la Reina** durch einen Bogen, der die Kirche **Santa María de la Vega del Crucifijo** (rechts) und ein Kloster (links) miteinander verbindet. Die Pilger betraten dann die **Calle de Crucifijo**, die über die **Calle Mayor** geradewegs zur Brücke führt.

Die Kreuzkirche ist eine Tempelritterkirche

Die Kirche **del Crucifijo** gehörte zunächst den Tempelrittern, später ging sie an die Johanniter über. Im 14. Jahrhundert wurde ein kürzeres Kirchenschiff angebaut, um Raum für ein besonderes Kreuz zu schaffen, das der Kirche auch ihren Namen gab. Es ist eine Christusfigur an einem Y-förmigen Kreuz, das einer Astgabel nachgebildet ist, wahrscheinlich eine Gabe deutscher Pilger.

Öffnungszeiten: Die Kirchen sind zwischen 10 und 18 Uhr meistens geöffnet; manchmal sind sie aber auch während der Mittagszeit geschlossen

Die Kirche **de Santiago** befindet sich innerhalb des befestigten Stadtbezirks. Sie existierte bereits im Jahre 1142. Von der romanischen Kirche sind heute nur noch zwei Portale erhalten. Im 16. und im 18. Jahrhundert wurde die Kirche umgebaut, gotische und klassizistische Elemente sind deutlich erkennbar. Der Turm wurde im Jahre 1777 im klassizistischen Stil errichtet. Bedeutend ist die Holzplastik des Apostels Jakobus mit einem Pilgerstab aus dem 14. Jahrhundert.

Gegenüber der Santiagokirche befindet sich die dritte wichtige Kirche, die **Iglesia de la Trinidad**, mit einer Renaissancefassade. Die Kirche wurde vom Trinitarierorden erbaut. Der Trinitarierorden wurde 1198 gegründet und hatte sich die Befreiung christlicher Sklaven zur Aufgabe gemacht. Seine Mitglieder lebten nach der Augustinerregel mit strengen Zusätzen. Im 17. Jahrhundert wurde der Orden in einen Bettelorden umgewandelt.

Am 25. Juli findet ein Fest zu Ehren des Apostels statt. Von jungen Leuten in Trachten und verschiedenen Tanzgruppen wird das Standbild des Heiligen in einer feierlichen Prozession durch die Stadt getragen. Am 27. und 28. September wird ein großer Festmarkt veranstaltet

Man folgt der Straße bis zum Ende des Ortes, wobei man immer wieder an den Palästen Adelswappen und Kennzeichen des Pilgerweges, wie etwa die Jakobsmuschel, entdeckt, bis man die Brücke erreicht, die dem Ort den Namen gegeben hat: Puente la Reina, Brücke der Königin. In einer eleganten Form mit sechs Bögen führt sie über den Río Arga. Die Brücke besaß zwei Verteidigungstürme an beiden Seiten.

Der Turm auf der Seite der **Rúa Mayor** wurde rekonstruiert. In der Mitte befand sich ein Türmchen mit einem gotischen Marienstandbild der Jungfrau von Le Puy. Doña Mayor, die Gemahlin des Königs Sancho Garcés III., ließ sie kurz nach dem Jahr 1000 erbauen. Brücken hatten für die Pilgerbewegung elementare Bedeutung. Unter vielen Opfern wurden sie erbaut und geschützt. Häufig entstanden um Brücken herum Ortschaften und Städte wie Puente la Reina. Bei Sonnenuntergang schlägt heute noch in der Stadt vierzig Mal die Glocke an. Damit kündigte man früher den herannahenden Pilgern an, daß die Stadttore geschlossen wurden.

In der Kirche Santa Maria de la Vega del Crucifigo befindet sich das berühmte Ast-Kruzifix

Pilgerweg: Puente la Reina – Logroño

68 km, Plan → S. 90/91

1 km Außerhalb des Ortes findet man die Ruinen des **Hospital de Bargota**.

4 km **Maneru** hat am Ortseingang ein sehenswertes Wegkreuz. Die gotische Kirche liegt in Ruinen, die Pfarrkirche St. Peter, eine schöne Rundkirche stammt aus dem 18. Jahrhundert.

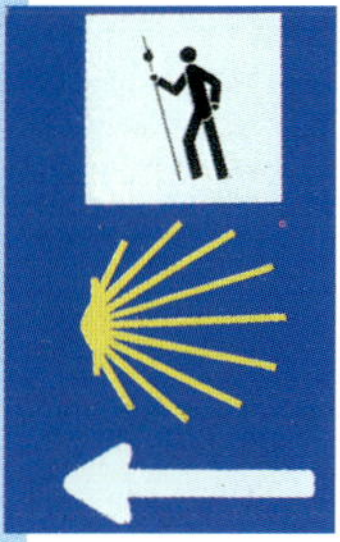

7 km Linker Hand, über eine Stichstraße zu erreichen, liegt **Cirauqui** mit seinen weiß getünchten Häusern, steinernen Rundbogenportalen und Balkonen. Die Pilger besuchten die Kirche **San Román** (13. Jahrhundert). Das Portal ist romanisch, vermischt mit Einflüssen des Mudejarstils. Der Ort ist sehr alt. Funde belegen, daß er bereits im 9. Jahrhundert besiedelt war.

12 km Die N 111 überquert den **Río Salado,** und wir erreichen **Lorca** mit seiner romanischen Kirche. Gegenüber der Kirche befand sich ein Hospital, das 1209 erbaut wurde.

Die Gegend um Lorca war bei den Pilgern sehr gefürchtet, wie der Pilgerführer berichtet.

Die romanische Kirche San Salvador stammt aus dem 12. Jahrhundert

Der Pilgerführer:
Der Pilgerführer warnt vor dem „Salzbach", der gleich in der Nähe von Lorca fließt. Man soll weder trinken noch sein Pferd tränken, denn das Wasser dieses Flusses bringt den Tod. Der Autor des Pilgerführers berichtet von zwei Navarresern, die sich darauf spezialisiert hatten, Pferde abzuhäuten, die von jenem Wasser getrunken hatten.

16 km In **Villatuerta** befand sich einst ein Pilgerhospital. Die **Pfarrkirche de la Assunción** aus dem 13. Jahrhundert ist spätromanisch und besitzt ein verziertes Südportal sowie einen schönen Glockenturm. Außerhalb des Ortes befindet sich linker Hand die **Ermita de San Miguel**, die 1062 erstmals urkundlich erwähnt wurde. Sie wurde 1965 restauriert.

19 km Man erreicht **Estella,** eine kleine Stadt an den Ufern des Río Ega gelegen. Estella war ein Etappenziel auf dem Camino; man fand zahlreiche Kirchen und Hospitäler.

* **Estella** → S. 268.

21 km Ayegui

Das Kloster von Irache ist das älteste Benediktinerkloster in Navarra

Abstecher zum Kloster von **Irache Nuestra Señora,** auch **Santa María la Real Irache** genannt. Das Benediktinerkloster ist wohl eines der ältesten in Navarra und hatte schon vor Estellas Gründung einen guten Ruf als Pilgerstation. Es läßt sich urkundlich belegen, daß König García III. 1051 befahl, ein Pilgerhospital einzurichten. Das Kloster wurde 1833 geschlossen. Erst in jüngerer Zeit erhielt es den Titel Real Monasterio und wurde zum Nationaldenkmal erklärt. Sehenswert ist die romanisch-gotische Kirche, ein monumentaler dreischiffiger Bau mit einem Querschiff und drei Apsiden. Das Kirchenschiff ist von einem Spitztonnengewölbe überspannt. Der Hochaltar ist eine Arbeit aus der Renaissance. Der Kreuzgang stammt aus der Mitte des 16. Jh. Heute befindet sich gegenüber ein gleichnamiges Weingut mit einem Weinmuseum.

28 km Nach Azqueta führt eine Stichstraße rechts zu dem kleinen Ort Villamayor de Monjardín, am Fuße eines Hügels gelegen. Dort oben erhebt sich das **Castillo San Estéban de Deyo**, ursprünglich eine römische Befestigungsanlage. In der Legende wurde sie von Karl dem Großen erobert, in der Historie wohl eher von Sancho Garcés I., der die Mauren vertrieb.

Im Dorf ist die Pfarrkirche **San Andrés** mit ihrem schlanken Barockturm (18. Jahrhundert) sehenswert. Die Kirche selbst stammt aus dem 13. Jahrhundert und ist spätromanisch.

40 km **Los Arcos** ist eine römische Gründung. Den Aufschwung verdankt der Ort jedoch den Wallfahrten und einem wichtigen Privileg, das Sancho IV. 1175 der Stadt verlieh: Die bisher nur geduldeten Franken wurden den Ackerbauern rechtlich gleichgestellt. Sehenswert ist die Pfarrkirche **Santa María**, die zunächst im 13. und 14. Jahrhundert erbaut wurde. Verschiedene Stile von der Spätromanik bis zum Barock haben ein ungewöhnlich harmonisches Ensemble ergeben. Sie hat ein sehr schönes platereskes Portal. Im Inneren sind das Chorgestühl, eine Madonnenstatue aus dem 15. Jahrhundert sowie anschließend der Kreuzgang, ebenfalls aus dem 15. Jahrhundert, bemerkenswert. Nördlich der Kirche befindet sich ein weitläufiger Platz: **Plaza de Santa María**. Die Häuser an dem Platz tragen Wappen als Schmuck, Laubengänge spenden im Sommer schatten.

Los Arcos war ursprünglich eine römische Siedlung mit dem Namen Urancia

Der Pilgerführer:

Der Pilgerführer warnt vor dem Río Odróu in Los Arcos. Dessen Wasser sei todbringend für Mensch und Tier. Auch bei Los Arcos gibt es einen ebenfalls gesundheitsschädlichen Fluß. Bei Estella wird es noch schlimmer. Der Pilgerführer warnt vor dem Genuß des Wassers und auch vor dem Verzehr der Fische.

Nach der Überquerung des „todbringenden" Flusses sieht man rechts der Straße die restaurierte **Ermita de San Blas**, ein ehemaliges Lazarett aus dem 12. Jahrhundert.

Die Heiliggrabkapelle von Torres del Río

47 km Die Straße überquert den Río Linares und erreicht **Torres del Río,** eine eher bedeutungslose Ortschaft. Auffallend jedoch der turmähnliche Bau von **Santo Sepulcro**, der Heiliggrabkapelle. Die unscheinbare Ortschaft steht in starkem Kontrast zu dieser wehrhaft wirkenden Kapelle. Der romanische, achteckige Zentralbau ist im Osten durch eine Apsis und im Westen durch einen Treppenturm ergänzt. Schmale Öffnungen führen dem Inneren dämmriges Licht zu. Die Kuppel ist einfach gestaltet, beeindruckt aber gerade dadurch. Gut erkennbar ist der islamische Einfluß. Die Figurenkapitelle sind beachtenswert. Weder die genaue Entstehungszeit noch der Zweck der Kapelle sind bekannt. Man interpretiert sie als eine Nachbildung des konstantinischen Grabbaus in Jerusalem. Viele Forscher halten sie für eine Kirche des Templerordens.

63 km Das malerische Städtchen **Viana** wurde 1219 von König Sancho VII. von Navarra gegründet. Seine Bewohner erwiesen sich als treue Gefolgsleute der Könige von Navarra. In mancher Schlacht ergriffen sie mutig das Schwert. Die Könige von Navarra dankten es dem Ort mit der Erteilung von Privilegien: 1461 die Marktwürde und 1630 die Stadtrechte.

Sehenswert sind die vielen wappengeschmückten Adelshäuser

Sehenswert ist neben vielen wappengeschmückten Adelshäusern die Kirche **Santa María**, die vom 14. bis 16. Jahrhundert erbaut wurde und von ihrer Größe her einer Kathedrale gleichzusetzen ist. Sie besteht aus drei sehr hohen gotischen Schiffen mit Kreuzgewölben. Sehenswert ist insbesondere das monumentale Tor im plateresken Stil. In der Sakristei wird eine Sammlung von Kirchengewändern aufbewahrt, angeblich die beste Sammlung des 16. Jahrhunderts im Raum Navarra.

Am Sonntag nach dem 8. September wird das Patronatsfest gefeiert – natürlich mit Stierkämpfen

Gegenüber befindet sich das **Rathaus**, ein stattlicher Bau aus dem Jahr 1673. Es ist vom Renaissancestil mit deutlich erkennbarem plateresken Einfluß bestimmt. Zu erwähnen ist noch die Ruine des großen im 14. Jahrhundert erbauten dreischiffigen Gotteshauses San Pedro. Das Portal stammt aus dem 18. Jahrhundert.

Noch eine Besonderheit gibt es über Viana zu berichten: Hier starb am 11. März 1507 im Alter von 32 Jahren Cesare Borgia, ein sehr widersprüchlicher Streiter für die Christenheit. Er war ein Sohn von Papst Alexander VI. Mit 18 Jahren trug er bereits den Kardinalshut von Valencia. Gleichzeitig verdächtigte man ihn einiger Morde. Später heiratete er die Schwester des Königs von Navarra. In dessen Diensten belagerte er an diesem bewußten Tag Viana. Doch das Schlachtenglück war ihm nicht hold. In einem nächtlichen Gemetzel wurde er getötet. In der Kirche Santa María fand er seine erste Grablege.

Die Landschaft um Viana prägt die Weite des Landes

Die Kathedrale ist der wichtigste Bau von Viana

Beim Verlassen von Viana kommt linker Hand ein Friedhof und kurz darauf, ebenfalls linker Hand, die **Ermita de La Trinidad de Cuevas**, ein barockes Gebäude aus dem 17. Jahrhundert. Wir befinden uns nun in einem „Dreiländereck". Wir verlassen Navarra und kommen nach La Rioja. Unmittelbar schließt auch Álava an. Hier beginnt eine Schnellstraße, auf der man Logroño umfahren kann. Wir lassen sie linker Hand liegen.

68 km **Logroño** war schon zu römischer Zeit (mit dem Namen Varea lucrosus) besiedelt. Zu Anfang des 8. Jahrhunderts, als die Mauren Spanien eroberten, besetzten sie auch diese Stadt. Erst im 10. Jahrhundert wurde sie von den Truppen der Reconquista zurückerobert. Der Ort spielte aufgrund der strategisch wichtigen Ebrobrücke eine wichtige Rolle.

Im alten Stadtkern von Logroño hat sich die Atmosphäre eines mittelalterlichen **burgo** erhalten. Die Straßen **Rúa Vieja** und **Calle Mayor** wurden von den die Stadt durchquerenden Pilgern benutzt. Vorher besuchten sie aber die Kirchen **Santiago la Real, Santa María del Palacio, San Bartolomé** und die Kathedrale **Santa María de la Redonda**.

Erlebenswert ist die Fiesta de San Bernanbé (11. Juni) zu Ehren des Stadtpatrons

Über eine große Brücke, die **Puente de Piedra** überqueren wir den Río Ebro. Erstmals hatte Alfons VI. an dieser Stelle eine Brücke erbauen lassen. Sie wurde später von **Santo Domingo de la Calzada** und von **San Juan de Ortega** ausgebaut. Die beiden Baumeister wurden heilig gesprochen, weil sie sich um die Verkehrswege auf dem Pilgerpfad verdient gemacht hatten. Die heutige siebenbogige Brücke stammt allerdings nicht aus ihrer Zeit, sondern aus dem Jahr 1883. Über die Brücke gelangen wir in die Altstadt.

Santo Domingo de la Calzada und San Juan de Ortega waren die wichtigsten Baumeister des Pilgerweges

* **Logroño** → S. 294

Von Logroño nach Vitoria

63 km über den Puerto de Herrera, Plan → S. 124/125

Von Logroño kann man über die Autobahn nach Vitoria fahren (89 km). Zu empfehlen ist jedoch der Verlauf der 232.

Das Hauptfest des Ortes, die Fiesta de San Juan findet vom 23. bis 25. Juni statt

17 km **Laguardia** ist ein altertümliches Städtchen, das noch von einer gut erhaltenen Stadtmauer umgeben wird. Sehenswert ist die gotische Kirche **Santa María de los Reyes** aus dem 13. und 14. Jahrhundert mit reichem Figurenschmuck. Weiterhin soll auf die romanische Kirche San Juan Bautista aus dem 12. und 13. Jahrhundert hingewiesen werden. Das Südportal mit der Verkündigungsdarstellung stammt aus dem 12. Jahrhundert. An der **Plaza Mayor** stehen einige Herrschaftshäuser, unter ihnen die platereske **Casa de la Villa** aus dem 16. Jahrhundert.

23 km Zwei mittelalterliche Burganlagen säumen rechts die Straße. Wir biegen ab zum (Paß) **Puerto de Herrera** und durchqueren die Sierra de Cantabria (1100 m).

35 km Bei **Peñacerrada** stößt man auf eine mittelalterliche Burganlage. Die Straße führt kurvenreich ins landschaftlich sehr reizvolle Tal des Río Ayuda hinab.

52 km In **San Vicentejo** befindet sich die romanische Kapelle San Vicente de los Olleros (1162). Deutlich erkennbar sind byzantinische Einflüsse.

Über die Montes de Vitoria erreicht man

63 km * **Vitoria** → S. 361.

Über der Stadtmauer von Logroño wacht der Heilige Jakobus

Von Logroño nach Soria

105 km, Plan → S. 124/125

0 km Von Logroño führt die N 111 im Tal des Río Iregua in südliche Richtung nach Soria.

31 km In **Torrecilla en Cameros,** 759 m hoch gelegen, findet man eine Kirche aus dem 16. Jahrhundert; in der Sakristei ein flämisches Triptychon aus dem 15. Jahrhundert.

35 km **Abzweigung** nach **Nieva de Cameros:** mittelalterliche Burganlage.

Die Straße führt durch den Naturschutzpark **Reserva Nacional de Cameros** und steigt in Kehren zum Puerto de Piqueras, einem 1710 m hoch gelegenen Paß. Von dort bietet sich ein herrlicher Ausblick auf den Nationalpark. Nach der Paßhöhe führt die Straße schnell wieder talwärts, an den Ausläufern der Sierra Cebollera entlang.

Reserva Nacional de Cameros ist ein Nationalpark

100 km Bei **Garray** erreicht man in 1,5 km Entfernung **Numancia** (Numantia). Das antike Numantia, das im dritten keltiberischen Krieg traurige Berühmtheit erlangte, ist nicht weiter sehenswert. 134 v.Chr. hatte der römische Konsul Scipio Aemilius mit 60 000 Soldaten die keltiberische Stadtsiedlung belagert. Als die Verteidiger keine Möglichkeit mehr zum Widerstand sahen, zündeten sie ihre Stadt an und kamen selbst in den Flammen um. Bei 1803 begonnenen Grabungsarbeiten wurden nur die Grundmauern einiger Wohnhäuser freigelegt.

105 km * **Soria** → S. 348.

Der Marktplatz von Logroño ist von alten Herrschaftshäusern umgeben

Überreste der römischen Vergangenheit findet man in Almazán

Abstecher
Zum **Jalónfluß**, 35 km. Auf der N 111 erreicht man, nachdem man den **Alto de Lubia** (1080 m) überquert hat, nach 35 km die Stadt **Almazán,** am Zusammenfluß von **Río Duero** und **Río Morón** gelegen. Bereits zur Römerzeit war Almazán befestigt. Der Anblick der Stadt spricht schon aus der Ferne für sich: Im Vordergrund öffnet sich der dreiteilige römische Bogen über dem weiten Tal. Im Norden der Stadt sind die Überreste einer alten arabischen Burg erhalten. An der **Plaza Mayor** steht der Palast der Familie **Mendoza** mit beeindruckender Fassade aus dem 15. und 16. Jahrhundert. In der Nähe erhebt sich die Kirche **San Miguel** aus dem 12. Jhdt. (Fassade aus dem 16. Jhdt).

74 km **Medinaceli.** Zunächst bestand eine keltiberische Siedlung, später entstand daraus das römische Ocilis (am Ortseingang ein römischer Triumphbogen mit drei Öffnungen aus dem 3. Jahrhundert) und das maurische Medina Selim. Hier starb am 10. 8. 1022 der berüchtigte Reichsverweser Hischams II., Almansor. 1123 eroberte Alfons I. den Ort. Medinaceli ist überreich an schönen Baudenkmälern. Es besitzt zahlreiche Herrenhäuser, Kirchen und Klöster. Das wichtigste Bauwerk ist die Stiftskirche Santa María, die in der ersten Hälfte des 16. Jahrhunderts im gotischen Stil erbaut wude. Zu erwähnen sind weiterhin das Kloster und ein vornehmer Herzogspalast aus dem 18. Jahrhundert.

102 km Folgt man der N 111 durch das romantische Tal des **Río Jalón**, erreicht man **Santa María de Huerta,** das vom Cerro de la Cruz überragt wird. Hier wurde mit dem königlichen Kloster **Santa María de Huerta** eines der größten Kunstwerke der Zisterzienserbauzeit geschaffen. Es ist wie eine Festung von Mauern umgeben. Die Kirche, der Kreuzgang und das Refektorium sind zu besichtigen.

Beeindruckend ist die Geschlossenheit des Gesamtkomplexes.

118 km **Monteagudo de las Vicarías:** reizvolle Burg aus dem 15. Jahrhundert.

Umgebung – Zum **Parque Natural de la Dehesa del Moncayo:** Auf der N 122 erreicht man nach 50 km **Ágreda.** Das Städtchen wird von der Burg **la Muela** beherrscht.

Die Kirche **Nuestra Señora de la Peña** mit zwei gleichförmigen Schiffen wurde im romanischen Stil erbaut. Die Kirche **San Miguel** ist von einer Mischung aus gotischem und plateresken Stil geprägt.

Von Ágreda aus kann man einen herrlichen Ausflug in die **Sierra del Moncayo** unternehmen und die unberührte Bergwelt genießen.

Die Jagd ist eine weit verbreitete Freizeitbeschäftigung

Ruhe herrscht im Kreuzgang der Kirche Santa María la Real von Najera

Santelices
Puentedey
Abadía de Rueda
Medina de Pomar
Villarcayo
Convento de Santa Clara
Castilla y León
Goba Aundi
Castillo Tertanga
Puerto Orduña
Oteo
La Cerca
San Pantaleón de Losa
Criales
Fresno de Losa
Berberana
Villaño
Manzanedo
R. Ebro
Incinillas
Quintanilla-Montecabezas
Cebolleros
Nofuentes
Bóveda
Valdenoceda
Quintanilla-Colina
Quecedo
San Millán de San Zadornil
Escalada
Trespaderne
Quintana-Martín-Galíndez
Espejo
Sargentes de la Lora
Pesadas de Burgos
Sobrón
Cereceda
Frías
Emb. de Sobrón
Convento del Espino
Covanera
Sedano
Hozabejas
Oña
Valderrama
Santa Gadea del Cid
Miranda
Salas de Bureba
La Aldea del Portillo de Busto
Ameyugo
Ayuelas
Cubo de Bureba
Desfiladero
Pancorvo
Cornudilla
Solduengo
Busto de Bureba
La Piedra
Masa
Poza de la Sal
Cernégula
La Nuez de Arriba
San Juan
Puerto de Páramo de Masa
Lences
Terrazos
Villaseca
Pancorvo
Vallarta de Bureba
Brullés
Quintanilla-Sobresierra
Piérnigas
Quintanilla-San García
Treviana
Haro/Sto.
Cuzcurrita-Río Tirón
Quintanilla-Pedro Abarca
Rublacedo de Abajo
Briviesca
Santuario de Santa Casilda
Briviesca/Belorado
Villaute
Huérmeces
Briviesca
Tobar
Ubierna
Temiño
Monasterio de Rodilla
Bañuelos de Bureba
Cerezo de Riotirón
Leiva
Castil de Peones
Mansilla de Burgos
Sotopalacios
Villanasur-Río de Oca
R. Tirón
Redecilla del Camino
Avellanosa del Páramo
Vivar del Cid
Quintanapalla
Belorado
Exconvento de Fresdelval
Villaescusa la Sombría
Las Quintanillas
BURGOS
Hurones
Villafría/Rubena
Jakobsweg
Villanueva de Argaño
Tardajos
Villalbilla de Burgos
Cueva de Atapuerca
Villafranca-Montes de Oca
Eterna
Las Huelgas
Castañares
Arlanzón
Pradoluengo
Ezcaray
Burgos
Ibeas de Juarros
Iglesias
Monasterio de San Pedro de Cardeña
Fresneda de la Sierra Tirón
Cabía
Villorobe
Estépar
Arcos
Sarracín
Urrez
R. Arlanzón
San Juan
Pineda de la Sierra
Posadas
Mazuelo de Muñó
Cogollos
Tinieblas
Presencio
Villaverde del Monte
Barbadillo de Herreros
Desfiladero de Pedroso
Cuevas de San Clemente
Lara de los Infantes
Villahizán
Madrigalejo del Monte
Abstecher
Vizcaínos
Barbadillo del Pez
Huerta de Arriba
Mambrillas de Lara
Villahoz
Hortigüela
Tordómar
Covarrubias
Monasterio de la Sierra
Villalmanzo
Salas de los Infantes
Royuela de Río Franco
R. Arlanza
Lerma
Quintanilla del Agua
Puentedura
Barbadillo del Mercado
Quintanilla de la Mata
Quintanilla del Coco
Castrillo de la Reina
Quintanar de la Sierra
Iglesiarrubia
Hacinas
Nebreda
Santo Domingo de Silos
Moncalvillo
Palacios de la Sierra
Vilviestre del Pinar
Canicosa de la Sierra
Villafruela
Guimara
La Gallega
Pinilla-Trasmonte
Espinosa de Cervera
Arauzo de Miel
Hontoria del Pinar
Cilleruelo de Abajo
Bahabón de Esgueva
R. Esgueva
Huerta del Rey
Torresandino
Oquillas
Caleruega
San Leonardo de Yagüe
Cabañes de Esgueva
Casarejos
Sotillo de la Ribera
Gumiel de Hizán
Clunia Sulpicia
Baños de Valdearados
Convento San Jerónimo
Santa María de las Hoyas
Gumiel de Mercado
La Horra
Villanueva de Gumiel
Coruña del Conde
Alcubilla de Avellaneda
Fuentearmegil
Ucero
Berlangas de Roa
Quemada
Roa
Aranda de Duero
R. Ucero
Peñaranda de Duero
Castillo El Cubo
Villálvaro
Berzosa
R. Riaza
Vadocondes
Nava de Roa
Castrillo de la Vega
Fuentespina
Fuentecén
La Vid
Langa de Duero
El Burgo de Osma

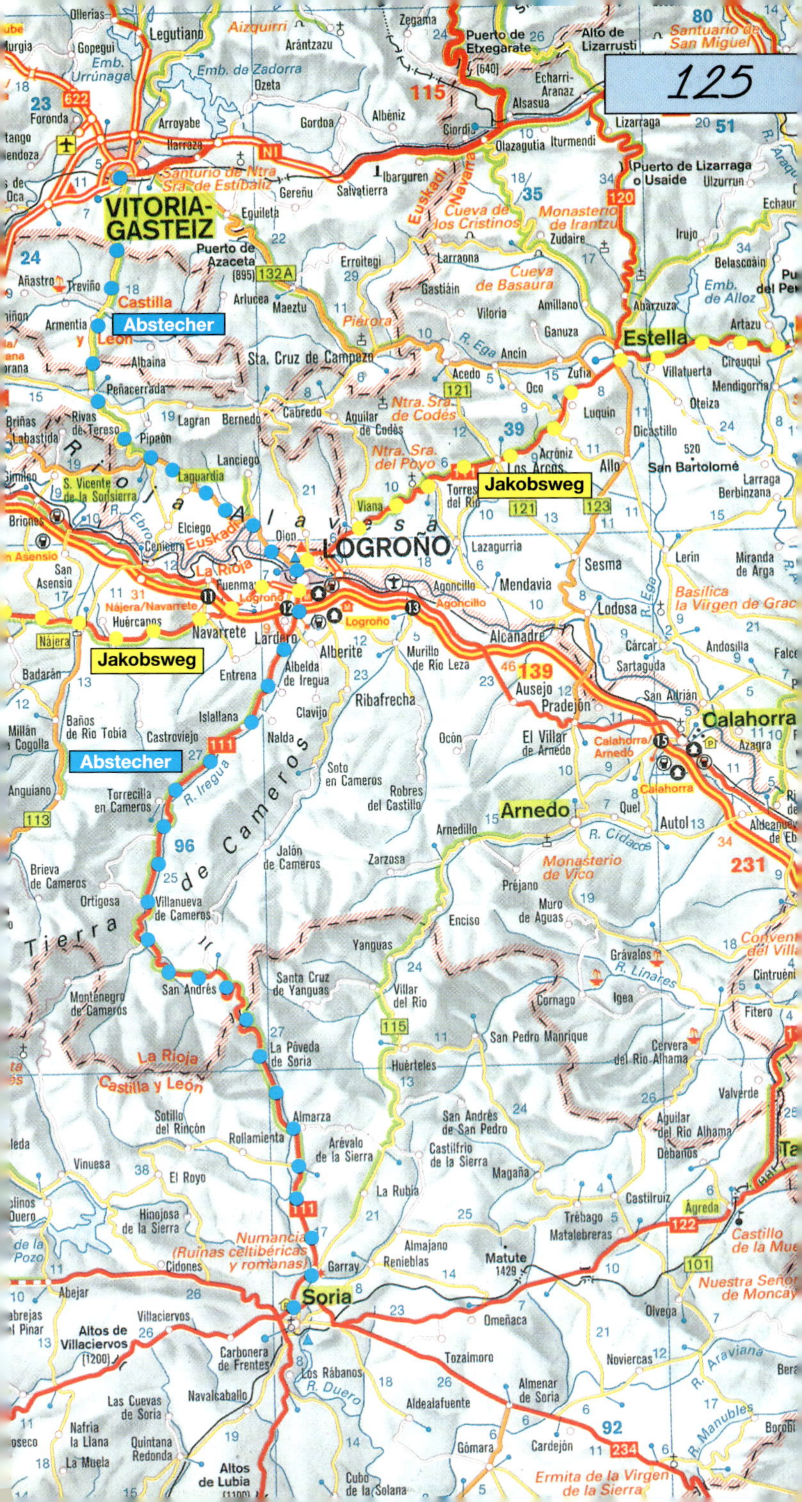

VITORIA-GASTEIZ
LOGROÑO
Estella
Soria
Calahorra
Arnedo
Jakobsweg
Jakobsweg
Abstecher
Abstecher
Castilla y León
La Rioja
Castilla y León
Euskadi
Navarra
Rioja Alavesa
Tierra de Cameros
Santuario de Ntra. Sra. de Estíbaliz
Puerto de Etxegarate
Alto de Lizarrusti
Santuario de San Miguel
Puerto de Lizarraga o Usaide
Cueva de los Cristinos
Monasterio de Irantzu
Cueva de Basaura
Puerto de Azaceta
Ntra. Sra. de Codés
Ntra. Sra. del Poyo
Basílica la Virgen de Gracia
Monasterio de Vico
Numancia (Ruinas celtibéricas y romanas)
Ermita de la Virgen de la Sierra
Nuestra Señora de Moncayo
Castillo de la Muela
Altos de Villaciervos
Altos de Lubia
Emb. de Urrúnaga
Emb. de Zadorra
Emb. de Alloz
Legutiano
Aizquirri
Arántzazu
Zegama
Alsasua
Olazagutia
Salvatierra
Ibarguren
Zudaire
Abárzuza
Santa Cruz de Campezo
Viana
Los Arcos
Torres del Río
Laguardia
Navarrete
Nájera
Lardero
Alberite
Agoncillo
Mendavia
Lodosa
Sesma
Lerín
Ausejo
Pradejón
Villanueva de Cameros
Torrecilla en Cameros
San Andrés
La Póveda de Soria
Almarza
Garray
Agreda
Ólvega
Cidones
Los Rábanos
R. Ebro
R. Ega
R. Iregua
R. Cidacos
R. Linares
R. Duero
R. Araviana
R. Manubles

Pilgerweg: Logroño - Burgos

112 km, Plan → S. 124/125

10 km Die heutige Pfarrkirche **Parroquia de la Asunción** von **Navarrete** stammt aus dem 16. Jahrhundert. Kurz nach Verlassen des Ortes sieht man linker Hand einen Friedhof mit einem romanischen Portal. Dieses stammt von dem alten Pilgerhospitz **San Juan de Arce** aus dem 13. Jahrhundert. Es ist reich verziert und zeigt auf den Kapitellen ritterliche Turnierszenen, Drachenkämpfe und geflügelte Meerjungfrauen.

23 km Kurz vor **Alesón** und dem **Río Yalde** liegt rechter Hand der **Poyo Roldán**, ein kleiner Hügel, um den sich einige Legenden ranken. Die eine Legende besagt, daß Roland nach Nájera kam, um die christlichen Ritter zu befreien, die von Ferragut, einem maurischen Kriegsherrn gefangen gehalten wurden. Roland erkletterte den Hügel. Von hier sah er den großen Ferragut. Mit einer Schleuder streckte er ihn nieder und befreite dann die Gefangenen. Die andere Legende schmückt die Geschichte noch aus. Ferragut wird als maurischer Riese gezeichnet, der sich mit Roland einen Zweikampf lieferte. Mitten im Kampf legen sie eine Pause ein und führen theologische Streitgespräche. Wessen Religion ist die wahre Religion? Sie einigen sich schließlich darauf, daß die Religion des Siegers die wahre Religion sei. Dann geht der Kampf weiter. Natürlich gewinnt Roland.

Das Stadtfest Fiesta de San Juan findet am 24. Juni statt

26 km **Nájera** ist ein arabischer Name und bedeutet „Platz zwischen den Felsen". Nájera wurde 923 von den Mauren befreit und entwickelte sich bald zu einem Mittelpunkt der Reconquista. Der Ort besaß die erste Prägeanstalt für Münzen des neuen christlich-spanischen Staates. Bald fand Nájera auch bei den Pilgern Aufmerksamkeit. Besonders die Brücke über den **Nájerilla**, die **San Juan de Ortega** Mitte des 13. Jahrhunderts erbauen ließ, wurde dankbar angenommen. 1052 wurde das Kloster **Santa María** gegründet, ihm war eine große Herberge für Pilger angegliedert. Man erzählt sich die Geschichte, daß König García III. Sánchez 1052 während einer Jagd in einer abgelegenen Höhle ein Marienbild fand. Er beschloß, an dieser Stelle ein Kloster zu gründen. Das Kloster wurde von den jeweiligen Herrschern reich beschenkt. Probleme gab es unter Alfons VI., der das Kloster 1079 dem Abt von Cluny unterstellte, obwohl die Mönche bis dahin nach den Regeln des heiligen Isidor gelebt hatten. Der kirchliche Richtungsstreit dauerte Jahrhunderte an. Er gefährdete sogar den Bestand des Klosters, und die Stadt verlor ihre Bedeutung. Bis zum Jahre 1076 war Nájera auch die zweite Residenz der Könige von Navarra.

Öffnungszeiten: täglich 10 bis 13 Uhr und 16 bis 19 Uhr

Sehenswert ist nach wie vor die Kirche des Klosters **Santa María la Real**, ein gotischer Bau aus dem Jahre 1422, der einen romanischen Vorgängerbau ersetzte. Im Inneren ist das spätgotische (isabellinische) Chorgestühl sehenswert (1492). Über dem Hochaltar befindet sich ein vergoldeter Holzretabel aus dem 17. Jahrhundert. In der Krypta erinnert ein gotisches Marienbild an den so folgenreichen Fund von König García. Zwei steinerne Soldaten halten Wache vor der Königsgruft, in der mehrere Könige von Navarra, Kastilien und León ihre letzte Ruhe fanden. Hervorzuheben ist ein romanischer Sarkophag, in dem Blanche von Kastilien (Mutter von Alfons VIII.) liegt. Durch eine Pforte im isabellinischen Stil (Puerta Real) betritt man den Kreuzgang, 1528 in spätgotischer Architektur vollendet.

Pilger auf Wanderschaft

Abstecher
Nájera - San Millán de la Cogolla,
Monasterio de Valvanera (25 bzw. 35 km)

2 km Südlich von Nájera liegt **Tricio,** das frühere römische Tricium. Im **Cabillo de los Arcos** befinden sich Reste römischer Kapitelle. Sehenswert ist ebenfalls eine spätgotische Kirche.

13 km Abzweigung nach **San Millán** oder geradeaus weiter zum Kloster **Valvanera.**

25 km Bei **San Millán de la Cogolla** (cogula = Mönchskutte) sind zwei Klöster besuchenswert: zunächst das Kloster **San Millán de Suso** (10. Jahrhundert), am Berg gelegen, und das Kloster **San Millán de Yuso** (15. bis 18. Jahrhundert) im Tal des Río Cárdenas.

Öffnungszeiten: Dienstag - Samstag von 10 bis 13 Uhr und 16 bis 19 Uhr

Einstmals hatte sich ein Hirte, der später heilig gesprochene San Millán, als Einsiedler in die Berge zurückgezogen. Schon zu Lebzeiten wurde er verehrt. Im Jahre 574 starb er. Im 7. Jahrhundert wurde dort, wo einst die Einsiedelei stand, eine kleine Kapelle erbaut, die jedoch die Mauren zerstörten. Die heute existierende mozarabische Kirche von Suso stammt aus dem Jahr 923 (984 wurde sie geweiht). Man hatte bald nach der Vertreibung der Moslems mit dem Bau begonnen. In den folgenden Jahrhunderten erweiterte man ihn. Von der Vorhalle mit den offenen Arkaden hat man einen schönen Ausblick auf das Tal. Durch ein Portal mit Hufeisenbogen betritt man die zweischiffige Kirche. Begrenzt wird sie von einer Felswand mit drei natürlichen Höhlen. In diesen bewahrt man romanische Steinsarkophage auf, in denen sich auch die als Reliquien verehrten sterblichen Überreste des Einsiedlers befinden.

Im Tal gründete man während der Regierungszeit von König García Sanchez III. von Navarra (1035 bis 1054) ein größeres Kloster, das die Mönche von Suso nach Fertigstellung bezogen. Dazu erzählt man sich folgende Geschichte: Man wollte die Gebeine von San Millán entführen, aber im Tal wurde das Vorhaben bereits entdeckt. Die Entführer verpflichteten sich, als Sühneleistung an dieser Stelle ein Kloster zu erbauen. Von diesem Bau ist heute absolut nichts mehr vorhanden. Die klassizistisch-barocke Klosteranlage Millán de Yuso, auch Escorial von Rioja genannt, wurde im 15. Jahrhundert erbaut. Bis ins 18. Jahrhundert veränderte man sie mehrfach. Die Benediktiner, die die Klosteranlage pflegten, wurden während der Karlistenkriege vertrieben. Bis 1877 standen die Gebäude leer, ehe die Augustiner einzogen.

Die Klosteranlage San Millán de Yuso wurde im 15. Jahrhundert erbaut

Man gelangt zunächst in einen ummauerten Vorhof und betritt durch ein barockes Portal (1650) die eigentlichen Klostergebäude. Im Klostergelände gibt es insgesamt drei Kreuzgänge: einen zweigeschossigen, unten spätgotisch oben renaissance gestalteten Prozessionskreuzgang, den Kreuzgang San Millán (1572) und den streng klassi-

Am Berg erhebt sich die Kirche von Suso

zistischen Kreuzgang San Augustín aus dem Ende des 18. Jahrhunderts. Die spätgotische Kirche stammt aus den Jahren 1504 bis 1540. Sehenswert sind in der Schatzkammer der Schrein des heiligen Millán und der Schrein des heiligen Felice. Die Bibliothek des Klosters besteht aus etwa 10 000 Bänden; die ältesten Bücher stammen aus dem 10. Jahrhundert.

Von **Bobadilla** kommen wir auf der 113 nach Süden durch das malerische Tal des Río Nájerilla zur einer Abzweigung, die rechts zum **Monasterio de Valvanera** (5 km) führt.

35 km Das **Kloster von Valvanera** wurde im 11. Jahrhundert gegründet. In der spätgotischen Kirche aus dem 15. Jahrhundert wird eine romanische Marienfigur aus dem 12. Jahrhundert verehrt. Lange Zeit betreuten die Benediktiner das Kloster.

Unten im Tal liegt das Kloster von Yuso

Die 5. Etappe des Pilgerweges nach dem Codex Calixtinus von Nájera nach Burgos führt uns zunächst durch die eintönige, aber dennoch reizvolle Landschaft der Provinz La Rioja.

33 km In **Azofra** befindet sich das Hospital de San Pedro, eine alte Pilgerunterkunft. Doña Isabel gründete es 1168, danach existierte es bis ins 19. Jahrhundert.

Heute ist noch eine romanische Kirche aus dem 11./12. Jahrhundert zu besichtigen.

Im Kreuzgang von Santa María de Cañas befindet sich das Grabmal von Doña Urraca

Abstecher:

5 km südlich kommt man zum Zisterzienserkloster **Santa María de Cañas,** 1170 gegründet, im 13. Jahrhundert erweitert. Im gotischen Kreuzgang der Kirche ist das Grabmal von Doña Urraca zu sehen. Cañas ist der Geburtsort von Santo Domingo de Silos (1000 bis 1073).

41 km Abstecher:

3,5 km in nördliche Richtung befindet sich in **Bañares** eine gotische Kirche aus dem 16. Jh.

In **Hervías** gab es früher eine Pilgerunterkunft, das **Hospital Santa María de Valleota** (oder Bellota).

Am 12. Mai findet das Patronatsfest statt: Día de Santo Domingo

47 km Der Ort **Santo Domingo de la Calzada** wurde 1044 gegründet, wobei schon vorher die Wallfahrtskirche **Santa María** existierte.

* **Santo Domingo de la Calzada** → S. 345

Auf dem Pilgerweg, der mit der heutigen N 120 weitgehend identisch ist, verläßt man Santo Domingo de la Calzada über eine den **Río Oja** überspannende Brücke.

53 km **Grañón** liegt an der Grenze zwischen La Rioja und Burgos und markiert damit auch den Herrschaftsbereich zwischen Navarra und Kastilien. Daher war es notwendig, den Ort gründlich zu befestigen. Auf dem Hügel wurde ein Kastell erbaut, darum entstand ein kleiner Ort. Zwei Klöster befanden sich einst in Grañón, sowie ein wichtiges Pilgerhospiz. Mittelpunkt des Ortes war einst das Kloster **San Juan Bautista**. Die heutige Pfarrkirche wurde auf den Ruinen der Klosterkirche erbaut.

57 km Linker Hand liegt **Redecilla del Camino,** ein verschlafener Ort mit alten Adelshäusern, die von den weit überstehenden Dächern charakterisiert werden. In der Kirche wird als Besonderheit ein wertvolles romanisches Taufbecken aufbewahrt.

Das romanische Taufbecken von Redecilla del Camino

59 km In **Castildelgado** finden wir die Pfarrkirche San Pedro. In dem Ort wurde **Francisco Delgado** geboren, der Bischof von Lugo und Jaén und Erzbischof von Burgos war.

68 km **Belorado** weist schon mit dem Namen auf die „Löcher" von **San Caprasio** hin, Aushöhlungen, die in den Kalkfelsen oberhalb des Ortes zu erkennen sind. Am Ortseingang befindet sich die **Ermita de Nuestra Señora de Belén**, an deren Stelle sich früher ein Pilgerhospiz befand. Sehenswert ist die **Plaza Mayor** mit dem Häuserensemble und die Pfarrkirche **Santa María**, ein Renaissancebau aus dem 16. Jahrhundert. Der Ort besitzt auch noch einen Teil seiner Stadtmauer. Nach Belorado überquert man den **Río Tirón**.

In den „Löchern" von Belorado fanden die Einheimischen bei Überfällen Schutz

Die Ermita von Tosantos ist in den Kalksteinfelsen hineingebaut

70 km Von **Tosantos** aus kann man die **Ermita de Nuestra Señora de la Peña** erreichen, die auf einem Hügel außerhalb des Dorfes liegt.

73 km In **Espinosa del Camino** befindet sich in der Pfarrkirche eine romanische Statue des heiligen Indalecio aus dem 12. Jahrhundert.

Alljährlich findet am 11. Juni eine große Wallfahrt statt

79 km **Villafranca Montes de Oca** (wörtlich übersetzt: Frankenstadt der Berge der Gans), einst eine römische Siedlung namens Auca, wurde von zuziehenden Südfranzosen neu gegründet.

Von dieser Neubesiedlung leitet sich der Name des Ortes ab. Bis 1075 residierte ein Bischof darin, der dann nach Burgos übersiedelte. Heute ist Villafranca ein eher unbedeutendes Dorf, das aber von einer mächtigen Kirche überragt wird. Sie stammt aus dem 17. Jahrhundert und wurde an der Stelle einer wesentlich älteren Kirche erbaut. In der Nähe der Kirche befindet sich das **Hospital de San Antón**.

80 km Nördlich am **Río Oca** erreicht man die Ortschaft **Oña:** Sehenswert ist die zweischiffige Kirche **San Juan** mit einem mächtigen Turm aus dem 14. bis 16. Jahrhundert. Die Kirche **San Salvador** stammt aus dem 15. Jahrhundert. Im anschließenden Kloster ist eine psychiatrische Klinik eingerichtet.

82 km Auf den Höhen von **Oca**, Bergrücken, die mit dichtem Buschwerk bewachsen sind, lebten einst Räuber, die die Gegend so unsicher machten, daß viele Pilger auf einen sichereren Weg weiter im Norden auswichen. Heute gibt es keine Banditen mehr, so daß man getrost zum **Puerto de la Pedraja** (1150 m) hochfahren kann.

86 km Die Straße führt talwärts an der **Ermita de Valdefuentes** aus dem 13. Jahrhundert vorbei. Gleich daneben ist eine Quelle, **Fuente del Carnero**, die schon vielen Generationen von Pilgern ihr frisches Wasser spendete.

San Juan de Ortega: die Kirche, das Grabmal, der Heilige

103 km **Abzweigung:**
5 km nach **San Juan de Ortega.**
Hier stand einst der einfache Bau einer Einsiedelei, in der **Juan de Ortega** lebte. Er errichtete später eine Kirche, die er dem heiligen Nikolaus von Bari weihte. An die Kirche fügte er ein Pilgerhospital an. Er sorgte sich um den Straßenbau und bemühte sich um die Sicherheit der Pilger. 1163 starb er. Es zogen Augustinermönche zu und erbauten ein Kloster, das später von Hieronymiten bewirtschaftet wurde. Die Gebäude sind zum Teil restauriert. Zu sehen ist eine dreischiffige Kirche mit Querschiff, die aus der zweiten Hälfte des 12. Jahrhunderts stammt,

Die Semana Santa wird vielerorts sehr „theatralisch" gefeiert: Fußwaschung, Kreuzabnahme, Verbrennung einer Judaspuppe

später wurden diverse Restaurierungsarbeiten durchgeführt. In der Kirche steht der romanische Sarkophag, in dem die Gebeine des Heiligen ruhen sollen.

Der heilige Straßenbauer wurde 1080 als Juan Velázquez in Quintanaortuña in der Provinz Burgos geboren. Er reiste ins Heilige Land, um Reliquien zu sammeln. Als er zurückgekehrt war, beschloß er, sein Leben in den Dienst der Pilger zu stellen. Er zog sich in einen kleinen Ort namens Ortega zurück, der in den Montes de Oca lag. Hier erbaute er zunächst eine Wallfahrtskirche mit einem angeschlossenen Hospiz, das er dem heiligen Nikolaus von Bari widmete. Später spezialisierte er sich auf den Straßenbau. So legte er den Pilgerweg von Agés nach Atapuerca an, baute die Brücken in Nájera, Logroño und Santo Domingo de la Calzada. Er starb 1163 und wurde in der von ihm erbauten Wallfahrtskirche bestattet. Am 2. Juni jedes Jahres wird der Heilige mit einer großen Wallfahrt geehrt. Hierzu treffen sich die Bewohner der ganzen Umgebung.

Im romanischen Sarkophag ruhen die Gebeine des Heiligen San Juan

122 km * **Burgos** → S. 256.

Pilgergräber, Kreuze und Wegsteine säumen den Pfad der Pilger

Von Burgos nach Madrid

238 km, Plan der Teilstrecke → S. 124/125

0 km Man verläßt Burgos über die N1.

40 km **Lerma** ist eine Ortschaft mit malerischer Altstadt. Sie gehörte einst dem Herzog von Lerma, einem Günstling von Philipp III. Er stattete die Stadt mit Palästen, Klöstern und Kirchen aus. Die Stadtmauer stammt noch aus dem 12. Jh. Ehemals überragte eine Zitadelle die Stadt, die von 1601-1617 zu einem großen Palast (**Palacio Ducal**) mit quadratischem Innenhof umgebaut wurde. Sehenswert ist die dreischiffige Kollegiatskirche **San Pedro** mit reich geschmücktem Chor, zwischen 1613 und 1617 erbaut. In dieser Kirche fanden die Krönungsfeierlichkeiten statt.

Weiterhin gibt es noch die Pfarrkirche **San Juan** und das Kloster **San Blas**, 1613 geweiht.

92 km **Aranda de Duero,** ein von einer Maueranlage umgebenes Städtchen, liegt zu beiden Seiten des Río Duero in einer fruchtbaren Gegend. Die spätgotische Kirche **Santa María** schmückt eine isabellinische Fassade aus dem 15. Jahrhundert.

Daneben gibt es noch die Kirche **San Juan Bautista** aus dem 13. Jh. und die Wallfahrtskirche **Virgen de las Viñas**.

Feste

Am 19. April wird das Fest Bajada del Angel gefeiert. Es findet auf dem Platz vor der Kirche Santa María statt.

Im September werden weithin gerühmte Fiestas mit Folkloredarbietungen, Volksfest und Wettbewerben veranstaltet.

Die Straße N1 nach Süden führt am Ostrand der **Sierra de Guadarrama** vorbei und klettert hoch auf den **Puerto de Somosierra** (1444 m), dann führt sie wieder hinab zum Seengebiet des **Río Sequillo**.

166 km **Buitrago del Lozoya:** Beim künstlich angelegten See von Puentes Viejas findet man noch Überreste einer mächtigen, von den Arabern erbauten Burg, die einst den Zugang zum Paß von Somosierra abriegelte. Weiterhin Pfarrkirche (15. Jh.) und gotisches Spital.

180 km Links **Abzweigung** nach **Torrelaguna** (8 km). In dem einstmals römischen Barnacis befindet sich die Kirche La Magdalena, erbaut im 13. Jh., erneuert im 15. Jh.; im Inneren ein sehenswerter Barockaltar.

238 km **Madrid.**

Die Kathedrale von Burgos

Caminho de Santiago

Pilgerweg: Burgos - León

160 km, Plan → S. 144/145

Dieser Streckenabschnitt umfaßt drei Etappen des Codex Calixtinus, nämlich Burgos - Frómista, Frómista - Sahagún und Sahagún - León, und führt durch ein landschaftlich sehr reizvolles Gebiet. Manchmal fühlt man sich ins Mittelalter versetzt. Unscheinbare Dörfer mit hoch aufragenden wuchtigen Kirchen säumen den Weg, dazu die Wegkreuze, die schon den Pilgern vor tausend Jahren zur Orientierung dienten.

0 km Man verläßt Burgos über die N120. Kurz vor der Eisenbahnlinie, die nach Santander führt, liegen linker Hand das **Monasterio de Las Huelgas** und das **Hospital del Rey.**

Monasterio de Las Huelgas

Das Portal der Kirche von Sasamón hat ein reich verziertes Bogenfeld

14 km Abzweigung

Villanueva de Argaño. Abzweigung links nach **Hornillos del Camino,** ein Dorf, das gerade aus einer Straße besteht. Diese Straße ist der Pilgerweg. Die Zeit scheint zwischen den Lehmziegelhäusern der Hauptstraße stehengeblieben zu sein. So dürften auch mittelalterliche Pilger die Ortschaft erlebt haben. Einstmals gab es ein Pilgerhospital, in dem jedoch nur schwerkranke Pilger aufgenommen wurden (12. Jahrhundert). In der Ortsmitte befindet sich die Kirche, davor eine Säule mit einem Huhn.

24 km In **Olmillos de Sasamón** befindet sich eine gut erhaltene Schloßburg mit vier Türmen. Die Kirche (1504) ist imposant, hat aber keine Sehenswürdigkeiten aufzuweisen.

Abzweigung rechts, nach **Sasamón** (2 km), dem römischen Segisamo. Aus römischer Zeit stammen noch einige Mauerreste. Bedeutend ist die Kirche Santa María la Real aus dem 13. bis 15. Jahrhundert, eine dreischiffige Halle mit zwei Querschiffen und interessantem Figurenportal. In der Kirche ein platereskes Portal.

Die gotischen Ruinen des Konvents von San Antón

39 km Über **Castellanos Castro** und **Hontanas** (Abzweigung in Olmillos de Sasamón) kommt man kurz vor **Castrojeriz** zum **Convento de San Antón,** einer gotischen Ruine aus dem 14. Jahrhundert. Die Straße führt durch die Nordvorhalle. Man erkennt zwei Einbuchtungen, in denen die Pilger zu jeder Tageszeit etwas zum Essen vorfanden.

40km **Castrojeriz** ist ein heute etwas verschlafen wirkendes Dorf, aber im 16. Jahrhundert war es Sitz des Rates von Kastilien. Auf einem Hügel, der schon zu römischer Zeit befestigt war (**Castrum Sigeria** auch **Castrum Sigerico**), befindet sich eine Burgruine. Sie wurde im 9. Jahrhundert befestigt; die Araber aus Córdoba eroberten das Gebiet 882 und zerstörten dabei die Burganlage.

Drei wichtige Kirchen gibt es in Castrojeriz auch heute noch: Am Ortseingang steht die romanische Kirche **Nuestra Señora del Manzano** (Nationalmonument) aus dem 9. Jahrhundert. Im 18. Jahrhundert wurden umfangreiche Restaurierungsarbeiten durchgeführt. Beeindruckend ist der Reichtum der Ornamentverzierung und das Rokoko-Retabel aus dem Jahre 1767. Die Kirche Santo Domingo befindet sich in der Nähe des Kirchenmuseums. Am Ortsausgang steht die Kirche San Juan aus dem 12. Jahrhundert, im romanisch-gotischen Stil gebaut.

Der Río Pisuerga ist die Provinzgrenze zwischen Burgos und Palencia

50 km **Itero del Castillo** mit einer Kirche und einer Schloßruine. Eine Brücke aus dem 12. Jahrhundert führt über den **Río Pisuerga**; der Fluß stellt hier die Provinzgrenze zwischen Burgos und Palencia dar. Der Name weist darauf hin. Itero bedeutet so viel wie Grenzstein. Auf der rechten Seite befindet sich die **Ermita San Nicolás**. Jenseits des **Río Pisuerga** kommt man in die **Tierra de Campos**. Hierüber berichtet auch der Pilgerführer:

Pilgerführer:

Gold und Silber und wertvolle Tuche sind reichlich vorhanden, ebenso Pferde, Brot, Wein, Fleisch, Fisch, Milch und Honig. Es fehlt jedoch an Bäumen und die Menschen sind schlecht und lasterhaft.

Große Kirchenbauten inmitten kleiner Dörfer

51 km **Itero de la Vega:** Linker Hand liegt die Ermita de la Piedad aus dem 8. Jahrhundert. In der Ortschaft befindet sich ein sehenswertes, steinernes Wegkreuz; die Kirche San Pedro stammt aus dem 13. bis 16. Jahrhundert.

57 km **Boadilla del Camino:** Die dreischiffige Kirche Santa María stammt aus dem 15. bis 16. Jahrhundert. Im Inneren befinden sich Gemälde und Skultpuren aus romanischer Zeit. Vor der Kirche steht ein sehenswertes gotisches Wegkreuz aus dem 15. Jahrhundert.

65 km **Frómista** oder Frómista del Camino: In der Ortsmitte erhebt sich die Kirche **San Martín**, von Königin Doña Mayor 1035 gegründet; heute ist sie zu Recht Nationaldenkmal – eine der schönsten Kirchen des Landes. 1893 wurde die Anlage restauriert. Die dreischiffige Kirche mit drei Apsiden besitzt zwei runde Westtürme und einen achteckigen Vierungsturm. Beeindruckend sind die äußeren Kapitelle mit Szenen aus der Legende. Früher gehörte zu der Kirche auch noch eine Klosteranlage.

Ebenfalls in der Ortsmitte befindet sich die Kirche San Pedro, eine mächtige gotische Kirche aus dem 15. Jahrhundert. Sehenswert ist das Renaissanceportal. Ganz in der Nähe, jenseits der Hauptstraße, steht das alte Hospital aus dem 16. Jahrhundert. Heute ist es in eine komfortable, aber in der Bausubstanz belassene Unterkunft umgebaut worden. Vor dem Hospital steht eine Statue von **San Telmo**, dem Patron der Seeleute. Der Heilige wurde 1190 in Frómista geboren.

Am südlichen Ortsrand befindet sich die dreischiffige Kirche **Santa María del Castillo**, ein Nationalmonument.

Villalcázar de Sirga, Itero del Castillo, Boadilla del Camino: Kirchen, Brücken, Wegkreuze

68 km Etwas außerhalb in **Población de Campos** befindet sich die **Ermita de San Miguel**, ein einfaches romanisches Gebäude aus dem 13. Jahrhundert. Der Ort selbst war im Besitz des Johanniterordens und besitzt eine barocke Pfarrkirche aus dem 17. Jahrhundert.

72 km **Revenga de Campos** liegt am Ufer des **Río Ucieza**. Die Pfarrkirche ist im barocken Stil gehalten.

78 km **Villalcázar de Sirga** nimmt schon im Namen Bezug auf den Jakobsweg: Sirga heißt im Kastilischen „Weg". Der Ort war einst eine Komturei der Templer. Eine mächtige Kirche überragt den Ort: Die Kirche **Santa María la Blanca** stammt aus dem 13. Jahrhundert. Die alte Templerkirche wurde mittlerweile zum Nationaldenkmal erklärt. Sie wirkt in dem kleinen Dorf wuchtiger, als sie in Wirklichkeit ist. Eine breite Steintreppe führt hoch zum Portal. Die Pilger des Mittelalters besuchten die Kirche wegen der wundertätigen Marienfigur, einer Steinplastik aus dem 13. Jahrhundert. Sehenswert ist auch die Jakobuskapelle mit drei Alabastergrabmälern. In den frühgotischen Grabmälern sind Don Felipe (ein ehemaliger Kardinal), ein Bruder Alfons' X., dem Schutzherrn der Tempelritter und ein Santiago-Ritter beerdigt. Die Grabstätten sind reich mit Reliefs verziert, die Szenen aus dem Leben des 13. Jahrhunderts darstellen. Die Sarkophage gelten als sehr bemerkenswert, in dieser Zeitperiode wohl einmalig in Westeuropa. Gegenüber der Kirche befindet sich eine ehemalige Pilgerherberge, **Mesón de Villasirga**. Dort werden (für geschlossene Gesellschaften) mittelalterliche Mahlzeiten gereicht.

Villalcázar de Sirga wird geprägt von der mächtigen Kirche Santa María la Blanca

84 km **Carrión de los Condes,** eine kleine Stadt, am Ufer des Río Carrión gelegen.

* **Carrión de los Condes** → S. 266.

Man verläßt Carrión und überquert den gleichnamigen Fluß. Rechter Hand liegt das Kloster von **San Zoilo** aus dem 16. Jahrhundert, linker Hand die **Ermita de La Piedad**.

Der Pilgerweg verläuft nördlich der Landstraße, führt zur Abtei **Santa María de Benevivere**, das um 1165 von Augustinern gegründet wurde, von dem heute aber nur noch einige wenige Steine übrig geblieben sind. Von dort folgt der Pilgerweg einer alten römischen Straßenführung, der Via Traiana, die von Bordeaux nach Astorga führte. Die Landstraße verläuft nach Calzada de los Molinos.

88 km **Calzada de los Molinos** hat eine romanische Pfarrkirche mit schöner Innenausstattung.

106 km In **Calzadilla de la Cueza** erreicht der Pilgerweg wieder die Straße. „Calzadilla" oder „kleine Straße" spielt auf die Römerstraße an, die man erstaunlich gut erkennen kann. Sie ist mit vielen Fußkieseln gepflastert. In der Pfarrkirche **San Martín** findet man Jakobssymbole auf einem Renaissanceretable. Jenseits der Straße sieht man das Monasterio Santa María de las Tiendas, das unter den Pilgern sehr beliebt war, weil die Mönche mit Essen und Trinken sehr großzügig waren.

114 km **Terradillos de Templarios,** eine alte ehemalige Templerkirche inmitten eines heute unbedeutenden Ortes.

Die wuchtige ehemalige Templerkirche steht im Kontrast zu dem einfachen Dorf

117 km **Moratinos,** eine kleine Ortschaft mit der Kirche **Santo Tomás Apóstol**.

120 km **San Nicolás del Real Camino.** Seine Blütezeit war im 12. Jahrhundert; damals gab es ein bedeutendes Pilgerhospital.

122 km Hinter dem **Río Valderaduey** liegt rechter Hand die **Ermita Virgen del Puente**. Die Mönche halfen den Pilgern bei der Flußüberquerung. Früher gab es einen Gasthof, in dem Pilger übernachten konnten (**Santuario de la Peregrina**).

Calixt

Auf den Namen Calixt hörten drei, beziehungsweise vier (ein Gegenpapst) Päpste. Calixtus II: (1119-1124) war Sohn eines Grafen von Burgund. Er starb am 13.12.1124 in Rom. Seit 1088 war er Erzbischof von Vienne. Er beendete in Deutschland 1122 den Investurstreit durch das Wormser Konkordat. Ihm schreibt man den ersten Pilgerführer, den Codex Calixtinius, zu.

Den Namen Calixt trugen drei verschiedene Päpste

LEÓN
Catedral
Monasterio Santa María
Monasterio de San Miguel de Escalada
Mansilla de las Mulas
Villarente
Onzonilla
Villamarco
El Burgo Ranero
Jakobsweg
Sahagún
San Pedro de las Dueñas
Valencia de Don Juan
Abstecher
Mayorga
Becilla de Valderaduey
Villalón de Campos
Valderas
Benavente
Medina de Rioseco
Villalpando
Tierra de Campos
Tierra del Vino
Convento de San Francisco
Monasterio cisterciense
Palacio de los Ulloa
Torrelobatón
Zamora
Toro
Tordesillas
Monasterio Santa Clara
Palacio de Cubillas
Simancas
Río Duero
R. Esla
R. Órbigo
R. Cea
R. Valderaduey
R. Porma
Lugán
Garfín
Gradefes
Mellanzos
Almanza
Villafáfila
Granja de Moreruela
Riego del Camino
Castronuevo
Villanueva del Campo
Cuenca de Campos
Villarramiel
Castromocho
Frechilla
Villada
Grajal de Campos
Cea
Villalebrín
Terradillos de las Templa
Mota del Marqués
Villalar
Tiedra
Vega de Valdetronco
La Mudarra
Rueda
La Seca
Pollos
Castronuño
Morales de Toro
San Román de Hornija
Los Villaesteres
Fresno de la Ribera
Villaralbo
Peleagonzalo
Moraleja del Vino
Morales del Vino
Sanzoles
Venialbo
Monfarracinos
Piedrahita de Castro
Torres del Carrizal
Villalube
Pozoantiguo
Vezdemarbán
Malva
Belver de los Montes
Villardefrades
San Pedro de Latarce
San Cebrián de Mazote
La Santa Espina
Villagarcía de Campos
Tordehumos
Villabrágima
Castromonte
Wamba
Ciguñuela
Villanubla
Zaratán
Villanueva de Duero
Serrada
Matapozuelos
Pozáldez
Castillo de los Viveros
Castillo de Matallana
Convento de La Estrella de Campos
Montealegre
Villalba de los Alcores
Valdenebro de los Valles
Belmonte de Campos
Villerías de Campos
Tamariz de Campos
Castroverde de Campos
Bolaños de Campos
Villamuriel de Campos
Ceinos de Campos
Valdunquillo
Quintanilla del Molar
Villalobos
Prado
Cerecinos de Campos
Villamayor de Campos
Villafrechós
Morales de Campos
San Martín de Valderaduey
Villarrín de Campos
Manganeses de la Lampreana
Pajares de la Lampreana
Aspariegos
Santovenia
Barcial del Barco
San Esteban del Molar
Mózar
Santa Cristina de la Polvorosa
Manganeses de la Polvorosa
Colinas de Trasmonte
Morales de Rey
Santa María de la Vega
San Cristóbal de Entreviñas
Cimanes de la Vega
Fuentes de Ropel
Villaquejida
Pobladura del Valle
Saludes de Castroponce
Cazanuecos
Algadefe
Toral de los Guzmanes
Matanza
Fuentes de Carbajal
Gordoncillo
La Unión de Campos
Laguna de Negrillos
Pobladura de Pelayo García
Laguna Dalga
Zotes del Páramo
Roperuelos del Páramo
Valcavado del Páramo
Cebrones del Río
Villamañán
Bercianos del Páramo
Santa María del Páramo
Bustillo del Páramo
Fresno de la Vega
Cubillas de los Oteros
Gusendos de los Oteros
Santas Martas
Palanquinos
Ardón
Valdevimbre
Villar de Mazarife
Villadangos del Páramo
Villarrubia
Montejos del Camino
Trobajo del Camino
Velilla
Cimanes del Tejar
Lorenzana
La Robla
La Magdalena
Canaleja
Villaquilambre
Represa del Condado
Vegas del Condado
Barrio de Nuestra Señora
Manzaneda de Torio
Garrafe de Torío
Feliz de Torío
Pardesivil
San Bartolomé de Rueda
Cubillas de Rueda
Vidanes
Santa Olaja de la Acción
Puente Almuhey
La Vega de Almanza
San Pedro Cansoles
Renedo de Valderaduey
San Andrés de la Regla
Santa Olaja de la Vega
Santervás de la Vega
San Pedro de Valderaduey
Villambrán de Cea
Villapeceñil
Gordaliza del Pino
San Lorenzo
Vallecillo
Castrovega de Valmadrigal
Matallana de Valmadrigal
Grajalejo de las Matas
Joarilla de las Matas
Albires
Saelices de Mayorga
Melgar de Arriba
Santervás de Campos
Zorita de la Loma
Boadilla de Rioseco
Villagómez la Nueva
Guaza de Campos
Valdepolo
Villamartín de Don Sancho
Villalquite
Villacintor
Villarrabañe
León/Astorga
Pinilla de Toro
Casasola de Arión

Aguilar de Campoo
Monasterio de Santa Eufemia
Congosto de Valdavia
Olmos de Ojeda
Prádanos de Ojeda
Báscones de Ojeda
Lavid de Ojeda
Sotobañado y Priorato
Herrera de Pisuerga
Villaeles de Valdavia
Calahorra de Boedo
Alar del Rey
Ventosa de Pisuerga
Amaya
Peña Amaya
1362
Santa María de Mave
Pomar de Valdivia
Sargentes de la Lora
Pesadas de Burgos
Valdeajos
Basconcillos del Tozo
Humada
La Piedra
Ordejón de Arriba o San Juan
La Nuez de Arriba
Masa
Puerto de Páramo de M
[1050]
Quintanilla-Sobresierra
Sotresgudo
Sandoval de la Reina
Brullés
Quintanilla-Pedro Abarca
Villaute
Huérmeces
Rezmondo
Villadiego
Tobar
Ubierna
Villanuño de Valdavia
Hijosa de Boedo
Naveros de Pisuerga
Villamayor de Treviño
Olmos de la Picaza
Avellanosa del Páramo
Mansilla de Burgos
Sotopala
Vivar del Cid
Bahillo
Villasarracino
Serna
Osorno
Jakobsweg
Melgar de Fernamental
Villasandino
Sasamón
Olmillos de Sasamón
Villanueva de Argaño
Las Quintanillas
Tardajos
BURGOS
Exconvento de Fresdelval
Villalbilla de Burgos
Las Huelgas
Hurones
Monasterio de San Zoilo
Carrión de los Condes
Villaherreros
Lantadilla
Villalcázar de Sirga
Monasterio de San Martín
Frómista
Itero de la Vega
R. Pisuerga
Castrillo de Murcia
Iglesias
Castrojeriz
Castrillo-Matajudíos
Cabia
Estépar
Arcos
Sarracín
Villoldo
Abstecher
San Cebrián de Campos
Amusco
Piña de Campos
Melgar de Yuso
Astudillo
Pedrosa del Príncipe
Santa Bárbara
Villaquirán de los Infantes
R. Arlanzón
Mazuelo de Muñó
Pampliega
Cogollos
Presencio
Villaverde del Monte
Madrigalejo del Monte
Monzón de Campos
Villajimena
Cordovilla la Real
Villodrigo
Santa María del Campo
Villahizán
Palenzuela
Escuderos
Fuentes de Valdepero
Palacio de Altamira
Grijota
Palencia
Villamediana
Quintana del Puente
Villahoz
Tordómar
Villalmanzo
R. Arlanza
Torquemada
Tabanera de Cerrato
Cobos de Cerrato
Royuela de Río Franco
Quintanilla de la Mata
Lerma
Hornillos de Cerrato
Magaz
Villaviudas
Valdecañas de Cerrato
Antigüedad
Iglesiarrubia
Nebreda
Villamuriel de Cerrato
Basílica de San Juan Bautista
Baltanás
Espinosa de Cerrato
Venta de Baños
Valle de Cerrato
Convento de San Pelayo
Villafruela
Guímara
Pinilla-Trasmonte
Dueñas
Cevico de la Torre
Cevico Navero
Cilleruelo de Abajo
Bahabón de Esgueva
Vertavillo
Hérmedes de Cerrato
Tórtoles de Esgueva
Torresandino
Oquillas
Población de Cerrato
Alba de Cerrato
Castrillo de Don Juan
Sotillo de la Ribera
Cabañes de Esgueva
Gumiel de Hizán
Valoria la Buena
Castroverde de Cerrato
Olmedillo de Roa
Gumiel de Mercado
Esguevillas de Esgueva
Amusquillo
Encinas de Esgueva
Guzmán
La Horra
R. Pisuerga
R. Esgueva
Castrillo-Tejeriego
Pedrosa de Duero
Berlangas de Roa
LADOLID
Valbuena de Duero
Pesquera de Duero
Mambrilla de Castrejón
Roa
Renedo
Villavaquerín
Valdearcos de la Vega
Nava de Roa
R. Riaza
Castrillo de la Vega
Villabáñez
R. Duero
Quintanilla de Onésimo
Quintanilla de Arriba
Peñafiel
Fuentecén
Hontangas
Fuentelcésped
Traspinedo
Moradillo de Roa
Pardilla
Fompedraza
Rábano
Convento de San Bernardo
Aldeamayor de San Martín
Montemayor
Campaspero
Laguna de Contreras
Sacramenia
Portillo
Cogeces del Monte
San Miguel del Arroyo
Fuentidueña
Aldeanueva de la Serrezuela
Carabia
Fuentesaúco de Fuentidueña
Vallelado
Olombrada
San Miguel de Bernuy
Castro de Fuentidueña
Megeces
Cuéllar
Torrecilla del Pinar
R. Cega
Rehesa
Encinas

Fromista, die Stadt der romanischen Kirchen, liegt in der weiten Hochebene der Tierra de Campos, durch die der Canal de Castilla führt

126 km **Sahagún** ist ein Etappenziel des Codex Calixtinus. Bereits zur Römerzeit war das Gebiet besiedelt. Einige Quellen geben an, daß in dem Ort bereits um 390 bis 400 n.Chr. Christenverfolgungen stattfanden. Unter Diokletian erlitten die Christen Facundo und Primitivo den Märtyrertod. Zum Gedenken an die tapferen Märtyrer entstand das Kloster Facundo.

* **Sahagún** → S. 323.

Abstecher nach Palencia

Palencia ist ein kleines Dorf 60 km südwestlich von Sahagún, mit mächtiger Festung vom Ende des 15. Jahrhunderts. An den Ecken erheben sich trutzige Rundtürme. Vor der Burg eine hoch aufragende Kirche aus dem frühen 16. Jahrhundert.

24 km **Cisneros:** Die **San Facundo** und **San Primitivo** gewidmete Kirche aus dem 16. Jahrhundert wirkt wuchtig, und ihre Ausmaße überraschen in der Tat. Die romanische Backsteinkirche im Mudejarstil besitzt einen ausgebildeten Arkadengang. Sie ist dreischiffig, im Inneren durch einfache, romanische Säulenreihen gegliedert. Die Holzkassettendecke ist mit Ornamenten im Mudejar-

Weites Land bei Sahagún

stil versehen. Im Chor des Hauptschiffes befindet sich ein beachtenswertes Retabel.

31 km **Villalumbroso:** kleines Dorf mit beachtlicher romanischer Kirche.

39 km **Paredes de Nava:** ein unscheinbares Dorf mit überragender Kirchenanlage. Bemerkenswert ist **Santa Eulália** aus dem 12. Jahrhundert. 1964 wurde in der Kirche das Museo Parroquial eingerichtet, in dem die Werke der beiden Berruguete, beide in **Paredes de Nava** geboren (Pedro 1450-1503, Maler; Alonso 1490-1561, Bildhauer), ausgestellt werden.

Paredes de Nava ist ein unscheinbares Dorf mit überragender Kirchenanlage

46 km **Becerril de Campos:** kleine Ortschaft mit vier Kirchen. Eine kleine Kirchengemeinde kann die Pflege von vier Kirchen natürlich nicht gewährleisten. Die Bauten verfallen sichtlich.

49 km **Villaumbrales:** Man erreicht den **Canal de Castilla**. Seit dem 18. Jahrhundert dient er der Bewässerung des Ackerlandes.

60 km ***Palencia** → S. 310. Nach Sahagún überquert man die Flüsschen **Cea, Valdelaguna** und **Calzada**.

130 km **Calzada del Coto** existierte bereits im 10. Jahrhundert. Die Pfarrkirche ist dem heiligen Stephanus gewidmet. In Calzada del Coto teilen sich die Wege: Die römische Via Traiana biegt nach Norden ab und geht durch Calzadilla de los Hermanillos. Der Pilgerweg führt über **Bercianos del Real Camino** nach **El Burgo Ranero**.

Bercianos wurde von Menschen aus dem Bierzo gegründet

133 km Ehe man nach **Bercianos** kommt, sieht man linker Hand die **Ermita de la Virgen de Perales**, bekannt unter dem Namen La Perala. Der Ort Bercianos ist eine Gründung von Menschen aus dem Bierzo, die ihre angestammte Heimat verlassen haben, um hier unter besseren Lebensbedingungen eine neue Existenz aufzubauen. Sehenswert ist die Pfarrkirche del Salvador, die etwas außerhalb des Ortes auf einem Hügel steht. Die Kirche ist im Inneren zunächst einfach und schlicht. Sehenswert ist aber der Renaissancealtar und das Grab von Doña Leonor de Quiñones aus dem 17. Jahrhundert.

139 km Die Häuser von **El Burgo Ranero** reihen sich an die Dorfstraße, die auch der Pilgerweg ist. Nach den Zeugnissen der ersten Pilger gab es in dieser Gegend ein heiliges Feld, wo tapfere Krieger ihre Lanzen in die Erde stießen, an denen nach kurzer Zeit frische grüne Blätter ausschlugen.

148 km **Mansilla de las Mulas** wird auf drei Seiten durch einen gut erhaltenen Mauerring (1180) mit Schießscharten und Türmen im Abstand von 40 Metern eingeschlossen. Auf der vierten Seite ist die Ortschaft durch den **Río Esla** gut geschützt. Der Bezirk innerhalb der Mauern gilt als nationales Monument. Die Entstehungsgeschichte des Ortes geht zurück in römische Zeit, als man von „mansionella" sprach, einem kleinen Posten an der alten Römerstraße. Von diesem Namen leitet sich auch der heutige Name Mansilla ab. Es gibt jedoch noch eine zwei Deutung: Mano-en-silla bedeutet so viel wie „Hand am Sattel". Man geht davon aus, daß mit diesem Ausdruck auf bewaffnete Männer hingewiesen werden sollte, die „eine Hand für den Sattel und eine Hand für die Waffe" hatten. Der Beiname „de las Mulas" läßt auf die Bedeutung des Tierhandels schließen, die die Stadt im Mittelalter besaß. Nach einer Zeit des Niedergangs ließ Fernando II. die Ortschaft in den Jahren nach 1180 neu besiedeln. In dieser Zeit erbaute man auch die Stadtmaueranlage. Mansilla besaß in den „Hochzeiten" der Pilgerbewegung sieben Kirchen, zwei Klöster, drei Hospize und ein Pilgerhaus.

Sehenswert ist neben der Stadtmaueranlage die Plaza Mayor mit den umgebenden Bürgerhäusern. Man besucht die Kirche **San Martín** mit einer herrlichen gotischen Tür aus dem 14. Jahrhundert und das Augustinerkloster mit einer eleganten plateresken Fassade aus dem 16. Jahrhundert. Man verläßt die Stadt über eine achtbogige Brücke über den Río Esla, die schon im 10. Jahrhundert existierte.

Mansilla de las Mulas hat einen Mauerring, eine Brücke, ein Wegkreuz und viele alte Bauten

Abstecher
Entlang des **Río Esla** erreicht man **San Miguel de Escalada:** Unter der Herrschaft der Westgoten entstand die erste Kirche. Der heutige „Neubau" stammt aus dem 10. Jh. Die dreischiffige mozarabische Kirche hat drei hufeisenförmig gewölbte Apsiden.

Gradefes: ein künstlerisch sehr wertvolles Kloster, im 12. Jh. von den Zisterziensern gegründet. Der vorherrschende Stil ist romanisch. Hier sieht man die einzige Zisterzienserkirche in Spanien mit einem Rundgang. Im Inneren befinden sich wertvolle Skulpturen und verschiedene Gräber mit liegenden Figuren aus dem 14. Jh.

San Miguel de Escalada wurde unter den Westgoten gegründet

154 km Vor uns liegt León am Ufer des **Río Bernesga**. León ist das 8. Etappenziel des Codex Calixtinus. Dort steht ein Andenken an Toribio, einen Bischof von Astorga im 5. Jahrhundert, der gezwungen worden war, seine Diözese zu verlassen. Das Kreuz steht an der Stelle, an der er den Staub seiner Sandalen ausschüttelte, um anschließend die Gegend zu verlassen.

* **León** → S. 287.

Von Frómista nach León

Frómista – Palencia – Valladolid – Zamora – León
179 km, Plan → S. 144/145

0 km Auf der N611 verläßt man Frómista nach Süden.

6 km **Piña de Campos.**

Abzweigung
nach **Támara** mit der Kirche San Hipólito aus dem 14. Jahrhundert. Hier werden die Erinnerungen an ein wichtiges Ereignis wachgehalten:

In der Schlacht von Támara verlor Bermudo III. von León Leben und Königreich im Kampf gegen Ferdinand I. von Kastilien, der sich durch diesen Sieg die Königskrone von Kastilien-León erwarb.

19 km **Monzón de Campos:** Schon von Ferne sieht man die Zinnen des **Castillo de Monzón**, in dem heute ein Parador Nacional eingerichtet ist.

33 km * **Palencia** → S. 310.
Man verläßt Palencia auf der N611 nach Süden.

43 km **Venta de Baños** ist eine Industriestadt. Bedeutend sind die Heilquellen, die angeblich bereits den Westgotenkönig Recceswinth von einem Steinleiden kurierten. Aus dieser Zeit stammt auch die kleine Basilika **San Juan Bautista**, 661 erbaut, im 9. Jahrhundert erneuert. Man sagt, daß sie eine der ältesten Kirchen Spaniens sei. Der dreischiffige Bau erhebt sich über antiken Säulen mit römischen und westgotischen Kapitellen und Hufeisenbögen. In der Apsis findet man ein westgotisches Fries und Reste von Wandmalereien. (Abzweigung nach Baños de Cerrato, 2 km.)

Venta de Baños ist ein bedeutendes Heilbad

San Miguel de Escalada ist eine dreischiffige mozarabische Kirche

Bedeutend ist die romanische Kirche Santa María aus dem 13. Jahrhundert

50 km In **Dueñas** befindet sich das Trappistenkloster **San Isidro de Dueñas**, gegründet im 10. Jahrhundert. Sehenswert ist die romanisch-gotische Kirche **Santa María** aus dem 13. Jahrhundert. Im Inneren ein Retabel aus dem 15. Jahrhundert. In Dueñas soll angeblich die heimliche Trauung der katholischen Könige stattgefunden haben. Sie ging der offiziellen Eheschließung in Valladolid voraus.

Weiterhin gibt es in Dueñas Überreste römischer Thermen mit Mosaiken aus dem 3. Jahrhundert.

Parallel zur Straße verläuft der im 18. Jahrhundert angelegte Canal de Castilla, mit dem ein Großteil der Felder in Kastilien bewässert wurde.

82 km * **Valladolid** → S. 351.

Man verläßt Valladolid auf der N260 und folgt dem **Río Duero**.

93 km **Simancas** besitzt das ummauerte **Castillo de Simancas** mit dem Generalarchiv des Staates. Die ursprünglich maurische Festung wurde im 10. Jahrhundert von den Christen erobert, später aber von Almansor nochmals eingenommen und geplündert. Die Burganlage war Schauplatz von vielen historischen Ereignissen. Friedens- und Waffenstillstandsabkommen wurden ausgehandelt und Gesetze unterzeichnet. Die Burg diente nicht nur als königliche Residenz, sondern auch jahrhundertelang als Gefängnis für die Gegner des Königs. Philipp II. erklärte sie zum Generalreichsarchiv.

Tordesillas liegt auf der Anhöhe über dem Río Duero

112 km **Tordesillas** liegt auf einer Anhöhe über dem **Río Duero**. In den Kämpfen mit den Mauren wurde die Stadt vollkommen zerstört, hinterher neu aufgebaut. 1340 erbaute Alfons XI. einen Palast, der nur wenig später, 1369, in das Klarissenkloster **Santa Clara** umgestaltet wurde. Es gilt als ein schönes Beispiel für die Mudejarkunst in Spanien. Die Fassade besteht aus Stein und vielfarbiger Keramik. Von einem Vestibül im Mudejarstil aus gelangt man in einen Patio, an den die arabischen Bäder angrenzen, eine Kapelle mit Mudejarkuppel und den Thronsaal Alfons' X., der 1430 zu einer gotischen Kirche umgebaut wurde. Sehenswert ist die geschnitzte Holzdecke über der Capilla Mayor.

Von der Terrasse der einschiffigen Kirche **San Antolín** hat man einen großartigen Blick über das Duerotal. Die Kirche stammt aus dem 16. Jahrhundert, heute ist sie ein Museum.

Im anschließenden Bau, einem ehemaligen Kloster, wurde am 7. Juni 1494 der Vertrag von Tordesillas geschlossen, der die Neue Welt zwischen Spanien und Portugal aufteilte. Eine Gedenktafel an der Fassade erinnert daran.

Sehenswert ist auch die **Plaza Mayor** mit prächtigen Bürgerhäusern, die allesamt einen Arkadengang aus Holz aufweisen.

Tordesilla verläßt man nun auf der N 122 Richtung Zamora.

In Tordesillas wurde 1494 der Vertrag von Tordesillas geschlossen: Spanier und Portugiesen teilten die Welt unter sich auf

130 km **Los Villaesteres**

Abzweigung nach Norden über **Pedrosa del Rey** (5 km) - in der Kirche ein schönes Retabel aus dem 16. Jahrhundert - nach **Casasola de Arión** (4 km), ebenfalls eine Kirche mit einem Altar aus dem 16. Jahrhundert.

Toro liegt malerisch am Río Duero

Abzweigung
nach Süden nach **San Román de Hornija,** am **Río Hornija** gelegen. An dieser Stelle findet man Überreste einer Kirchenanlage aus dem 7. Jahrhundert mit Grabmälern der Gotenkönige. Die Kirche selbst stammt aus dem 18. Jahrhundert.

146 km **Toro** liegt malerisch am **Río Duero**, inmitten einer fruchtbaren Getreide- und Weingegend. Hier wachsen die berühmten, kräftigen Rotweine, die schon Cervantes beschreibt. Die Geschichte der Ortschaft reicht in römische Zeit zurück. Hannibal eroberte sie 220 v.Chr. für die Karthager, später nahmen sie die Römer ein. In der kriegerischen Zeit der Reconquista war Toro ein wichtiges Bollwerk.

Sehenswert ist die **Plaza Mayor** mit dem Rathaus, **Ayuntamiento**, (1778). Der Kalksteinbau der romanischen Kirche Santa María la Mayor stammt aus den Jahren 1160 bis 1240. Besonders sehenswert ist das Nordportal der Kirche. Es besitzt zwei Türme, der eine kleiner, mit einer Rossette geschmückt, der andere, der die Glocken trägt, hoch und massiv. Über der Vierung spannt sich eine Kuppel mit halbrunden Türmchen. Vom Südportal der Kirche hat man einen schönen Blick auf das Duerotal. Im dreischiffigen Innenraum mit Querschiff erheben sich die mächtigen Pfeiler. Man kann den reichen Kirchenschatz besichtigen. Bekannt ist das Gemälde **„La Virgen de la Mosca"**, ein Bildnis der Königin Isabella von Kastilien (15. Jahrhundert). Von der **Plaza Mayor** gelangt man zum **Uhrturm**, von **Churriguera** 1719 errichtet, und zur Kirche **Santo Tomás** aus dem 16. Jahrhundert (im 18. Jahrhundert restauriert). Sehenswert ist die romanische Backsteinkirche **San Lorenzo** (Ende des 12. Jahrhunderts) mit Mudejarstilelementen. Im **Convento de Santo Espiritu**, einem Nonnenkloster aus dem Jahr 1316, befindet sich das Alabastergrabmal von Königin Beatrix von Portugal (Gattin von Johann I. von Kastilien). Der Kreuzgang stammt aus dem 16. Jahrhundert. In der Stadt gibt es noch viele weitere Kirchen, hauptsächlich aus dem 12. bis 16. Jahrhundert, außerdem Profanbauten, zum Beispiel den **Palacio de las Leyes** (oder **de las Cortes**), in dem 1505 die Cortes tagte. Eine römische Brücke führte einst über den Duero. Im Mittelalter wurde sie durch einen Neubau ersetzt.

Toro ist die Stadt der vielen Kirchen. Sie stammen aus dem 12. bis 16. Jahrhundert

Der Stierkampfplatz stammt aus dem Jahre 1828 und gilt als einer der ältesten des Landes. Schließlich sind auch noch die Stadttore **Santa Catalina** und **Corredera** sowie die Burg aus dem 10. Jahrhundert erhalten.

179 km * **Zamora** → S. 363.

Die Küche Zamoras

Die Regionen um Zamora heißen „Land des Brotes" und „Land des Weines", ein Ausdruck der reichen Landwirtschaft dieser Gegend. Für sie sind kräftige, eigenständige und sehr schmackhafte Gerichte typisch; dazu gehören Braten wie die „presas de ternera", „bacalao a la tranca" (Stockfisch) und „pulpo a la sanabresa" (Krake), die mit scharfem „moje" gewürzt werden, die bekannten Kichererbsen und Spargel aus Fuentesauco und die Lachsforellen aus Sanabria, sowie besondere Speisen wie „dos y pingada" und „sanantonada". Dazu trinkt man die Weinsorten der „tierra del vino", wie den gehaltvollen Rotwein „tinto de Toro" oder die Roséweine („claretes") mit oder ohne „aguja".

Auch in Zamora gibt es viele Kirchen

Von Zamora folgen wir zunächst der Silberstraße (hier N 630), einer historischen Route, die am **Guadalquivir** beginnt und bis **Gijón** führt.

203 km In einsamer Landschaft am **Río Esla** haben sich die Überreste von **Castrotorafe,** dem alten Zamora, erhalten. Seine Geschichte reicht zurück bis zu den Römern. Der Ort gehörte im Mittelalter den Jakobusrittern; bis ins 17. Jahrhundert war er bewohnt.

220 km **Granja de Moreruela:** Eine schmale Straße führt zur Ruine des **Klosters Moreruela**. Im 9. Jahrhundert gründeten der heilige Froila und der heilige Atila das erste Kloster. Es wurde jedoch kurze Zeit später von Almansor zerstört. Im Jahr 1131 errichteten die Mönche von Claraval ein neues Kloster, das unter königlicher Schirmherrschaft stand. Die Apsis, der Chorumgang und die mit einem Tonnengewölbe ausgestattete Sakristei sind noch vorhanden. Selbst die Überreste der Anlage lassen noch gut ihre einstige Bedeutung und Größe erkennen.

245 km **Benavente** ist ein wichtiger Straßenknotenpunkt und war schon im Mittelalter ein angesehener Handelsplatz. Man nennt Benavente auch die Grafenstadt. Auf einem Hügel zwischen den Flüssen **Órbiga** und **Esla** gelegen, beherrscht Benavente das weit zu überschauende Land.

Sehenswert ist die dreischiffige spätromanische Kirche **Santa María del Azoque** mit Querschiff und fünf Apsiden am Chor. Sie stammt aus der Zeit von 1180 bis 1220. Hervorzuheben ist eine byzantinische Steinfigur der Muttergottes.

Aus der gleichen Zeit, um 1200, stammt auch die Kirche **San Juan del Mercado**, ein ehemaliges Kloster des Templerordens, das später in den Besitz der Johanniter überging. Über dem Altarraum befindet sich das erste in Spanien erbaute gotische Gewölbe. Die drei Portale beeindrucken durch ihren reinen, romanischen Stil.

Das **Hospital de la Piedad**, Anfang des 16. Jahrhunderts, besitzt eine schöne Renaissancefassade.

Der Parador ist im viereckigen Turm, dem Torre de Carracol untergebracht

In **Benavente** gibt es einen **Parador Nacional: Rey Fernando II. de León**. Er ist im mächtigen viereckigen Turm, dem **Torre de Carracol**, untergebracht, einem Teil des Castillo de los Pimentel, der Residenz der Grafenfamilie. Die Residenz selbst ist nur noch eine Ruine.

276 km In **Toral de los Guzmanes** erhebt sich der **Palacio de los Guzmanes**, eine viereckige Anlage mit Ecktürmen aus dem 14. Jahrhundert. Zu erwähnen ist auch die dreischiffige Kirche **Santa María** im Mudejarstil aus dem 14. Jahrhundert.

Perez de Guzman

Er ist auch bekannt unter dem Namen Alonso del Bueno, der Gute, und gilt als spanischer Nationalheld. Er wurde am 24.1.1256 in León geboren. Später kämpfte er im Dienste des Sultans von Marokko sowie der kastilischen Könige Alfons X. und Sancho IV. Am 19.9.1309 starb er in der Sierra de Gasin im Kampf gegen die Mauren.

León ist eine Stadt mit Stil, damals und heute

284 km **Valencia de Don Juan** ist das frühere Coyanza, in dem Mitte des 11. Jahrhunderts ein Konzil stattfand. Dort erhebt sich die beeindruckende Festung und gleichzeitig das Schloß des Grafen von Onate. 996 wurde die Ortschaft von Almansor verwüstet, später jedoch wieder aufgebaut. Im 12. Jahrhundert gehörte das Schloß zu den mächtigsten Festungsanlagen des Königreiches León. Selbst seine Ruinen sind noch beeindruckend. Weiterhin ist die Kirche **San Pedro** interessant. Im 13. Jahrhundert nahm die Ortschaft den Namen Valencia de Don Juan an.

317 km ***León** → S. 287

Die Küche Leóns
Das auf den saftigen Bergweiden Leóns grasende Vieh liefert reichlich Milch und erstklassiges Fleisch. Käse und Butter aus den Bergen Leóns sind unübertroffen. Berühmt sind auch die Schinken aus Villamanín und die Würste aus Trobajo. An der Luft getrocknetes Fleisch („cecina“) stellt eine erlesene Spezialität dar.

Caminho de Santiago

Pilgerweg: León - Ponferrada

106 km, Plan → S. 162

0 km Wir verlassen León über die N120.

5 km **Virgen del Camino:** Seit dem frühen Mittelalter befand sich an dieser Stelle des Jakobsweges eine Kirche. Zwischen 1502 und 1511 soll die Jungfrau Maria einem Hirten mehrmals erschienen sein. Bald wurde die erste Kirche erbaut. Die Erscheinungen sprachen sich schnell herum und die Kirche wurde von den Pilgern gerne aufgesucht. Heute noch werden am 15. und 29. September sowie am 15. Oktober größere Wallfahrten veranstaltet. Die jetzige Kirche stammt aus dem Jahre 1960. Beeindruckend sind die sechs Meter hohen Bronzeskulpturen von dem katalonischen Künstler Subirach an der Fassade. Sie stellen Maria und die Apostel dar. Im Inneren der Kirche bringen die Glasfenster hinter den Figuren warmes Licht in den ruhigen, harmonischen Raum.

Virgen del Camino ist das Beispiel für eine moderne und dennoch stilvolle Kirche

11 km **San Miguel del Camino** mit einem Pilgerhospital aus dem 12. Jahrhundert.

18 km **Villadangos del Páramo** war schon zu römischer Zeit besiedelt. Heute findet man noch ein Pilgerhospital.

23 km **San Martín del Camino** hat eine alte Kirche und ein Pilgerhospital.

28 km **Puente/Hospital de Órbigo** ist eine kleine Ortschaft, die sich beiderseits des **Río Órbigo** erstreckt. Sehenswert und geschichtlich bedeutend ist die alte, zwanzigbogige Brücke, über die einst die Pilger zogen. Heute führt die Fahrstraße an der Ortschaft vorbei.

Die Kirche San Juan stammt noch aus dieser Zeit. Ihr gegenüber befand sich einstmals ein Pilgerhospital, von dem heute nur noch die Ruinen übriggeblieben sind.

In Verbindung mit der historischen Brücke erzählt man sich eine für das Mittelalter recht typische Geschichte:

In Verbindung mit der historischen Brücke erzählt man sich viele Geschichten

Nachdem die Mauren weitgehend vertrieben worden waren, langweilten sich die edlen Ritter. Es gab kaum mehr Gelegenheiten, die Kräfte zu messen. Da gelobte der ehrbare **Ritter Suero de Quinoñes**, zusammen mit neun weiteren Rittern, im Heiligen Jahr 1434 zu Ehren einer edlen Dame 15 Tage vor und nach dem Tag des Apostels (25. Juli) alle Ritter auf dem Pilgerweg herauszufordern und mit ihnen zu kämpfen. Nachdem er vom König die Erlaubnis erhalten hatte, schickte er Herolde in alle Lande, um sein Gelübde bekanntzugeben. Vor der Brücke wurden Turnierzelte und Tribünen errichtet und Kampfbahnen abgesteckt. Da ein solcher Kampf gemäß der allgemeinen Weltanschauung als große Ehre galt, nahmen viele die Herausforderung an und kämpften mit dem vornehmen Ritter. 68 Ritter unterlagen im Zweikampf, so berichtet die Chronik (nach anderen Quellen 170), ein Aragoner fand den Tod. Ein besiegter Ritter schwor, sich zu rächen, was er auch in die Tat umsetzte: 24 Jahre später tötet er Suero de Quinoñes. Der aber begab sich zunächst nach seinen Kämpfen feierlich nach Santiago und stiftete dem heiligen Jakobus ein goldenes Armband zu Ehren seiner Geliebten, für die er gekämpft und gesiegt hatte.

Auf der anderen Seite befindet sich **Hospital de Órbigo** mit der Pfarrkirche **Santiago**. In ihr ist zum einen im Hauptretabel eine originelle Holzskulptur des heiligen Jakobus als Maurentöter zu sehen, auf der anderen Seite zeigen die Türblätter des Eingangsportals naive Darstellungen der Schlacht von **Clavijo**. Auch in der Gegend von Villadangos fand eine blutige Schlacht statt. 111 standen sich die Ritter von Königin Doña Urraca und eine aragonesische Streitmacht gegenüber. Der Pilgerweg führt von **Villares de Órbigo** mit einer Pfarrkirche nach **Santibáñez de Valdeiglesias** mit einer Trinitatiskirche.

Die Brücke von Orbigo

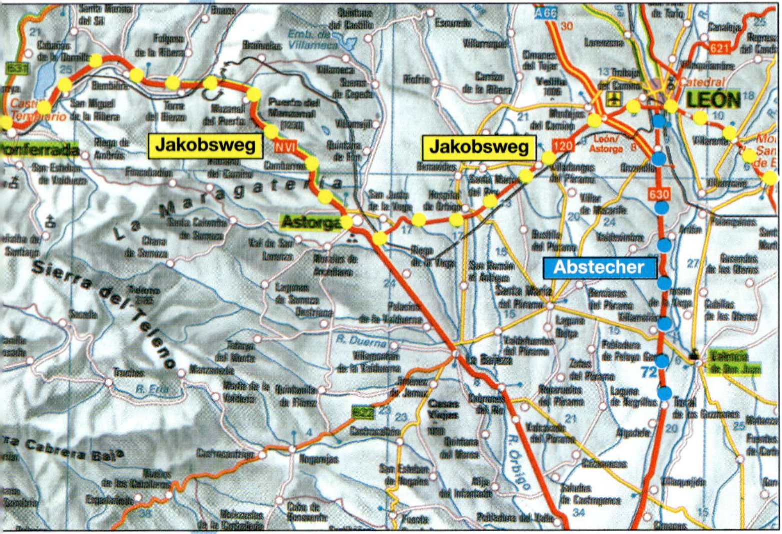

Abstecher nach Norden
Carrizo de la Ribera: 16 km
Kloster Santa María aus dem 12. Jahrhundert. Aus dieser Zeit sind drei Apsiden der Kirche erhalten. Im 17. Jahrhundert wurde die Hauptkapelle gründlich renoviert. Noch heute leben Zisterzienser in dem Kloster. Weiterhin sehenswert sind die beiden Wallfahrtskapellen der Virgen del Villar. Zu ihren Ehren wird zu Pfingsten und im Mai je ein großes Fest mit Wallfahrten gefeiert.

Abstecher nach Süden
La Bañeza: früher Hauptstadt der Asturier, später siedelten sich die Römer an.

Sehenswert ist die Kirche **El Salvador** mit einer romanischen Apsis aus Schiefersteinen aus dem 11. Jahrhundert. Die dreischiffige Kirche wurde im 13. Jahrhundert erweitert und im 18. Jahrhundert mit Gewölben überdeckt. Interessant ist auch die Kirche **Santa María**. Die Kirche besteht aus drei Schiffen (17. Jahrhundert) und einem beachtlichen Turm, der im 18. Jahrhundert hinzugefügt wurde.

Jiménez de Jamuz: malerisches Dorf der **Maragatería**. Bekannt geworden ist es wegen seiner volkstümlichen Keramik- und Töpfertradition. Bei Sammlern sind die hier gefertigten Keramiken sehr beliebt. Die Kirche des Ortes stammt aus dem 16. Jahrhundert.

40 km **San Justo de la Vega:** Vor der Ortschaft befindet sich auf der rechten Straßenseite ein altes Wegkreuz aus dem 5. Jahrhundert, das **Crucero de Santo Toribio**. Die renovierte Kirche stammt aus dem 17. Jahrhundert. Es ist ein Andenken an Toribio, einen Bischof von Astorga im 5. Jahrhundert, der gezwungen worden war, seine Diözese zu verlassen. Das Kreuz steht an der Stelle, an der er den Staub seiner Sandalen ausschüttelte, um anschließend die Gegend zu verlassen.

46 km **Astorga** war bereits zur Römerzeit unter dem Namen Asturgia Augusta ein wichtiger Stützpunkt, ein Knotenpunkt von Heer- und Handelsstraßen.

Auch im Mittelalter, während der Pilgerzeit, war die Stadt ein wichtiger Mittelpunkt. Es gab viele Kirchen und Hospize.

* **Astorga** → S. 246.

Castrillo de los Polvazares ist das typischste Dorf der Maragatería

Von Astorga aus kann man entweder über den Rabanalpaß oder über den Manzanalpaß weiterfahren. Im Mittelalter war zweifelsohne der Rabanalpaß frequentierter, da die Wegstrecke kürzer ist. Heute wird der Manzanalpaß bevorzugt, da eine gut ausgebaute Straße hinaufführt.

Alternative 1: über den Rabanalpaß
(für Gespanne nicht geeignet)

47 km **Valdeviejas** hat eine Pfarrkirche, die **San Verísmo** gewidmet ist. Davon leitet sich auch der ursprüngliche Name des Ortes ab: **Villa Sancti Verissimi**. Dokumente bezeugen, daß es 1481 ein großes Pilgerhospiz gegeben hat, das nach seinem Gründer Sancha Pérez benannt worden war.

Für die Pilger war der Weg über den Rabanalpaß sehr beschwerlich

49 km **Murias de Rechivaldo** ist das erste Maragato-Dorf. Die Kirche aus dem 18. Jahrhundert ist **San Estéban** geweiht.

Auf dem Rabanalpaß steht ein hohes Pilgerkreuz. Den Pilgern dient der Mast . . .

52 km **Castrillo de los Polvazares** ist das typischste Dorf der Maragatería. Die Maragatos sind ein Volksstamm, dessen Ursprung man auf eine Vermischung von Goten und Mauren zurückführt. Sie siedelten sich im rauhen Bergland um Astorga an und lebten recht zurückgezogen. Castrillo de los Polvazares mit schiefergepflasterten Gassen und rustikalen Häuserzeilen ist eines ihrer Dörfer. Es wirkt zu Recht ausgestorben, weil die Jugendlichen mittlerweile in die umliegenden Städte gezogen sind.

54 km Der Pilgerweg zweigt von der LE142 ab. Man folgt der Straße nach **Santa Catalina de Somoza** (2 km), einer kleinen Ortschaft, ehemals mit einem Pilgerhospital, dem Gran Hospital, ausgestattet. Das Pilgerhospital war so berühmt, daß der Ort bei den Pilgern schlicht „Hospital" genannt wurde. Der alte Pilgerweg führt durch die Calle Real, der man einmal zu Fuß folgen sollte. Diese Ortschaft gehört zum Gebiet der Maragatería.

Die Landschaft, durch die wir jetzt fahren, wirkt unfruchtbar; gerade noch Krüppelkiefern scheinen genug Nahrung zu finden. Landwirtschaft wird nicht mehr betrieben.

63 km In **El Ganso** finden wir die ersten strohgedeckten Häuser. Diese typische Hausform und Art, ein Dach zu decken, geht zurück auf prähistorische Zeit. So sind die Häuser vor der rauhen Witterung sehr gut geschützt.

73 km Kurz vor **Rabanal del Camino** stoßen wir wieder auf die LE142. Rechter Hand liegen zwei Einsiedeleien, die Ermita del Santo Cristo und die Ermita de San José. In Rabanal del Camino reihen sich heute noch die ärmlichen und halb verfallenen Häuser an die alte Pilgerstraße. Im Codex Calixtinus wurde der Ort Raphaellus genannt und als wichtiges Etappenziel beschrieben. Hier konnte man sich nochmals erholen, ehe man sich an den nächsten schwierigen Wegabschnitt heranwagte. Die romanische Pfarrkirche de la Asunción stammt wahrscheinlich aus dem 13. Jahrhundert und gehörte dem Templerorten. Sie paßt sich sehr gut in den rustikalen Gesamteindruck der Ortschaft ein. Sehenswert ist im Inneren eine Jakobusstatue im Retabel des Hauptaltars. Rabanal del Camino war früher bekannt und ein geschäftiges Zentrum. In den Chroniken berichtet man von einem fahrenden Ritter, Ansies von Karthago, der hier Hochzeit mit der Tochter eines Maurenkönigs hielt.

Nun steigt die Straße langsam, aber doch stetig zur Paßhöhe an. Kurz vor dem Paß liegt **Foncebadón** mit ein paar verfallenen Häusern. Einstmals befand sich eine Pilgerunterkunft neben der Kirche San Salvador, eine wichtige Station auf dem Pilgerweg.

76 km Auf der Paßhöhe (1 504 m) steht neben einer Einsiedelei das **Cruz de Hierro,** das große Eisenkreuz. Angeblich hat der heilige Gaucelmo das Kreuz zur Orientierung im Schnee aufgestellt. Das Kreuz steht auf einem Steinhaufen, den Pilger im Laufe von Jahrhunderten aufgerichtet haben. Die Pilger pflegen heute noch einen Stein, den sie den Berg heraufgeschleppt hatten, auf den großen Haufen vor dem Kreuz zu legen. In den Ritzen des Holzmastes, der das Eisenkreuz träg,t stecken kleine Zettel mit Botschaften, Gelübden und Wünschen.

Von der Paßhöhe geht es talwärts, vorbei an der kleinen Ortschaft **Manjarín,** die einsam und verlassen in der kargen Gegend liegt.

El Acebo ist ein (fast) verlassenes Dorf. Dennoch erscheint es selbstverständlich, daß einst auch hier ein Pilgerhospital stand. Gerade auf den Wegen durch diese einsame Bergwelt war es wichtig, den Pilgern genügend Unterkünfte und Schutz zu bieten.

Riego de Ambrós besaß ein Pilgerhospital, heute gibt es noch eine Kirche, die **Ermita de San Fabián y San Sebastián**.

93 km Wir erreichen das Tal des **Río Meruelo** mit der Ortschaft **Molinaseca.** Die Landschaft erscheint fruchtbar und freundlich. Molinaseca stammt aus römischer Zeit. Damals nannte man den Ort Interanmius Flavius, ein Etappenort an der Römerstraße von Braga nach Astorga. Von dieser Zeit zeugt heute noch die römische Brücke über den **Río Meruelo**. Von dieser römischen Vergangenheit leitet auch Ponferrada seine Existenz ab. Durch die Ortschaft führt die Calle Real, die auch dem Pilgerweg entspricht. Im Ort gibt es eine ganze Reihe von herrschaftlicher Häuser. Ein altes Pilgerhospital besteht noch. In der Kirche **San Nicolás** befindet sich eine Figur von **San Roque Peregrino**. Ein Restaurant, Mesón Real, erinnert ebenfalls an die Pilgerzeit.

Außerhalb der Ortschaft liegt linker Hand die Einsiedelei **San Roque**.

100 km **Ponferrada** liegt am Zusammenfluß von **Río Boeza** und **Río Sil** in dem sehr fruchtbaren Gebiet des Bierzo. Im 11. Jahrhundert wurde eine Brücke über den Río Sil erbaut. Diese eiserne Brücke gab der Ortschaft ihren Namen. Ponferrada hatte ein wichtige strategische Bedeutung, denn hier vereinigte sich der Pilgerweg über den Rabanal mit dem Weg über den Manzanal. Zum Schutz des Ortes wurde im 12. Jahrhundert eine Burg erbaut und den Tempelrittern übergeben. Diese blieben die Herren über Burg und Stadt bis zu ihrer Auflösung im Jahr 1312. Dann begann auch für Ponferrada eine wechselvolle Geschichte. Erst 1486, als der Ort unter die Herrschaft und Schutz des Königs kam, kehrte Ruhe ein.

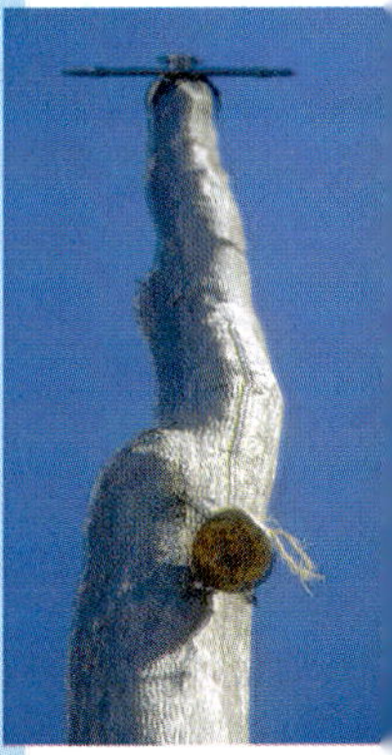

. . . für Nachrichten, die sie in Kalebassen oder in Ritzen stecken. Sie machen den nachfolgenden Pilgern Mut

Molinaseca ist Etappenort an der alten Römerstraße

Heute ist Ponferrada eine Industriestadt. In der Altstadt ist noch ein letzter Rest von Pilgeratmosphäre erhalten geblieben.

Abstecher nach **Peñalba de Santiago** (21 km) und **Montes de Valdueza** (17 km):

0 km Von Ponferrada nach Süden auf der LE 161 erfährt man die wunderbare, bizarre, aber auch karge Bergwelt der **Montes de Léon**.

7 km Bei **San Estebán de Valdueza** zweigt man nach Peñalba de Santiago beziehungsweise nach **Montes de Valdueza** ab.

21 km In **Peñalba de Santiago** existierte einstmals ein bedeutendes Kloster, das im 10. Jahrhundert von Salomon, einem Jünger des Mönchs Genadio, gegründet wurde. Erhalten ist nur eine romanisch-mozarabische Kirche in Bruchstein, mit Schieferplatten bedeckt, aus dem Jahr 931. Ihr Grundriß hat die Form eines lateinischen Kreuzes. Im Westen und Osten der einschiffigen Kirche wurde eine Apsis angefügt. Die große Kuppel wölbt sich genau im Schnittpunkt der Vierung. Das schöne romanische Hauptportal hat zwei gleiche, auf Säulen gestützte Bogen. Nicht nur die Kirche, auch das Dorf ist in seiner Einsamkeit und Schlichtheit beeindruckend.

17 km **Montes de Valdueza:** Im 7. Jahrhundert gründete der heilige Fructuosos (der spätere Erzbischof von Braga) ein erstes Kloster mit einer Kirche. Die Araber zerstörten die Gebäude 895, doch schon kurze Zeit später wurden sie wieder errichtet. Der heutige Bau stammt aus

Szenen aus Molinaseca

dem 12. Jahrhundert. Die drei Schiffe der Kirche sind durch zylindrische Pfeiler und Rundgewölbe getrennt.

Die Hauptapsis wird von einem Rippengewölbe überdeckt. Insgesamt gilt die Kirche als ein gutes Beispiel für den Übergang vom romanischen zum gotischen Stil.

Alternative 2: über den Manzanalpaß (106 km)

Die Route über den Manzanalpaß ist bestens ausgebaut, so daß man den Paß in kürzester Zeit überwinden kann. Insbesondere landschaftlich ist sie sehr reizvoll. Sie steigt durch hügeliges, bewaldetes Gebiet auf 1230 m zur Puerto del Manzanal an und folgt dann dem Tal des **Río Sil** bis Ponferrada.

Sto. Thomas de las Ollas in Ponferrada

Von Ponferrada nach Pontevedra

270 km, Plan → S. 176/177

21 km Wir folgen der alten N 120. Der **Río Sil** wurde aufgestaut. Eine Brücke führt darüber. In dieser Gegend schürften bereits die Römer nach Gold. Die alten Anlagen wurden jedoch vom Stausee überflutet.

54 km Straßengabelung: Wir folgen der N120 in Richtung Orense (römische Brücke).

59 km **Freixido;**

Abzweigung nach **Portomourisco** (4 km), ein nettes kleines Dorf. Eine geschwungene Brücke führt über den Río Xares.

Die barocke Wallfahrtskapelle (17. Jahrhundert), **Virgen de las Ermitas**, (12 km) liegt am Berghang über dem **Río Bibéi**.

Viana do Bolo (32 km) bezaubert durch seine alten Häuser mit Arkadengängen. Ein Wehrturm steht noch auf einem Hügel.

104 km **Castro-Caldelas** hieß früher Bonoburgo de Caldelas. Ferdinand I. von León verlieh dem Ort die Stadtrechte. Beeindruckend ist heute noch ein mächtiges Schloß aus dem 14. Jahrhundert. Es gehörte den Herren von Lemos. Erhalten sind die Mauern, der Graben und zwei trutzige Türme.

Von Castro-Caldelas kann man entweder der N120 nach Orense oder dem Tal des **Río Sil** folgen.

Alternative 1: N 120

116 km **Seoane Vello;**

Abzweigung nach **Montederramo** (7 km). Dort befindet sich ein ehemaliges, 1124 gegründetes Kloster, das 1518 umgebaut und erweitert wurde. Die Kirche stammt aus dem 17. Jahrhundert: Barockaltar. Der Kreuzgang aus dem 16. Jahrhundert besitzt gotische und renaissance Stilelemente.

Von der Paßhöhe Alto de Couso hat man einen schönen Ausblick

135 km Paßhöhe **Alto de Couso** (701 m).

Abzweigung nach **Maceda** (6 km), verfallenes Schloß aus dem 15. Jahrhundert. In 5 km Entfernung befindet sich das **Santuario Os Milagres do Medo,** eine neoklassizistische Wallfahrtskirche mit Barocktürmen.

137 km **Esgos**, kleine Bergkirche aus dem 12. Jahrhundert.

156 km * **Orense** → S. 302.

Alternative 2: Río Sil

Der Río Sil ist in einem engen Tal aufgestaut. An den bewaldeten Hängen liegen kleine Dörfer. Ihre Dächer leuchten rot, ein Kranz von Weinbergen umgibt sie. Man erreicht die malerische Silschlucht (Gargantas).

152 km Das Kloster **San Estebán de Ribas de Sil** ist ein majestätischer Bau, der sich in der bergigen Landschaft auf einem Felsplateau hoch über dem Río Sil erhebt. Das Kloster wurde im Jahree 550 gegründet, im 10. Jahrhundert umgebaut und erneuert. Die dreischiffige Kirche mit den romanischen Apsiden stammt aus dem Jahr 1184, die Fassade aus dem 18. Jahrhundert. Der sehenswerte Kreuzgang ist im Erdgeschoß romanisch, der erste Stock wurde im Stil der Renaissance ergänzt.

Öffnungszeiten: täglich von 10 bis 14 Uhr und 16 bis 19 Uhr

160 km Man erreicht den Río Miño und folgt ihm bis nach Orense.

177 km * **Orense** → S. 302.

179/200 km **San Cristóbal de Cea,** (auf der N525 nach Norden);

Abzweigung zum **Kloster Oseira** (14 km). Es wurde von König Alfons VII. von León und Kastilien 1137 gegründet. Im Jahre 1552 brannte es fast vollkommen nieder. Im 17. Jahrhundert baute man es großzügig wieder auf. Vom ursprünglichen Bau blieb noch ein Portal mit gewundenen Säulen übrig. Die Kirche aus dem 12. Jahrhundert ist das älteste Gebäude und weist romanische Stilelemente auf, die mit dem nüchternen gotischen Stil im Inneren kontrastieren. Der Kapitelsaal des Klosters ist höchst interessant. Er wurde Ende des 15., Anfang des 16. Jahrhunderts gebaut und war anfänglich als Sakristei gedacht. Die Säulen scheinen aus der Leere zu wachsen und tragen leicht und anmutig das gotische Gewölbe. In diesem Saal versammelten sich die Äbte mit dem Stadtrat, um Probleme der Verwaltung zu lösen.

189/210 km **Carballino** (auf der N 541 nach Norden von Orenseaus) ist ein Thermalbad; früher gehörte es zum Herrschaftsbereich der Mönche von Oseira.

196/217 km **Boborás** besitzt die Kirche **San Julien de los Asturienses,** die ehemals vom Templerorden gebaut worden war.

205/226 km Die Straße führt hoch zum **Alto de Paraño** (800 m). Von der Paßhöhe hat man einen schönen Blick auf die Bergwelt. Durch karge Gebirgslandschaft führt die Straße in vielen Kehren und Windungen nach **Pontevedra** (270/291 km).

Pontevedra, faszinierender Ort in karger Gebirgslandschaft

Villafranca del Bierzo ist ein kleiner Ort mit großartigen Kirchenbauten

Caminho de Santiago

Pilgerweg: Ponferrada - Sarria

102 km, Plan → S. 176/177

0 km Man verläßt **Ponferrada** nicht über die gut ausgebaute NVI. Um dem Pilgerweg so nahe wie möglich zu folgen, überquert man diese und folgt der Straße nach Camponaraya.

7 km Der Pilgerweg durchquert **Camponaraya.** Rechts liegt die Kirche, daneben befand sich früher ein Pilgerhospital.

13 km **Cacabelos** ist ein typischer Ort des **Bierzo**. Nachdem der Ort durch ein Erdbeben zerstört worden war, ließ ihn Bischof Diego Gelmírez (von Compostela) 1108 wieder aufbauen.

Damals wurde auch die Pfarrkirche **Nuestra Señora de la Plaza** begonnen. Die Apsis des romanischen Baus ist in der neu erbauten Kirche aus dem 16. Jahrhundert zur Seitenkapelle geworden. Die Pilgerstraße, **Calle de los Peregrinos**, ist noch erhalten; ihr folgen die Pilger noch heute. Am Anfang der Straße befindet sich die **Plaza de San Lázaro**, wo sich früher ein Pilgerhospiz befand. Wenn man die Stadt verläßt, erreicht man das **Sanctuario de la Quinta Angustia**. Sehenswert ist im Inneren ein Altarbild, auf dem das Kind Jesus mit dem heiligen Antonius von Padua kartenspielend gezeigt wird. Das angeschlossene archäologische Museum zeigt Funde aus der Umgebung.

Alte Bauten in Villafranca

Abstecher:
Von Cacabelos bietet sich ein Abstecher (3 km) nach **Carracedo** an der Hauptstraße an. Dort befindet sich das Zisterzienserkloster **Santa María de Carracedo**. Es wurde 990 als **Monasterio de San Salvador de Carracedo** gegründet, im 12. Jahrhundert wurde es cluniazensisch, übernahm den neuen Namen und gewann an Bedeutung in dieser Region.

15km **Pieros** hat Reste einer asturischen Befestigungsanlage, dem **Castrum Ventosa**. Nach den Asturiern zogen um 25 v.Chr. die Römer ein.

Römerspuren findet man in der Befestigungsanlage von Pieros

Sie nannten den Ort **Perdidum**. Daraus wurde schließlich Bierzo, eine Bezeichnung für die gesamte Landschaft zwischen zwei Gebirgszügen.

21 km **Villafranca del Bierzo,** die kleine Ortschaft am **Río Burbia**, gilt als Hauptort der fruchtbaren Landschaft Bierzo. Sie wurde im 11. Jahrhundert von französischen Pilgern gegründet.

* **Villafranca del Bierzo** → S. 359.

25 km In **Pereje** finden wir eine Kirche und einen Friedhof. Ehemals gehörte auch noch ein Pilgerhospiz dazu.

31 km In **Trabaledo** gab es einst ein Pilgerhospital in der Nähe der Kapelle **San Lázaro**. Auf einem Hügel in der Nähe befinden sich die Ruinen eines römischen Kastells. Es hieß **Auctares** und befand sich auf der Römerstraße von Astorga nach Lugo.

Santiago de Compostela
Jakobsweg
Abstecher
Pontevedra
Ourense
Marín
Tui
Valença do Minho
Padrón
Caldas de Reis
Lalín
Melide
Palas de Rei
O Carballino
Ribadavia
Celanova
Allariz
Chantada
Ordes
Sigüeiro
Autopista del Atlántico
Santiago Norte/ Aeroporto
Santiago-Centro
Santiago Sur
Palacio de Oca
Silleda
A Estrada
Bandeira
Cerceda
O Amenal
Arzúa
Sobrado de los Monjes
Mesía
Curtis
Ponteareas
O Porriño
Redondela
Ponte Caldelas
Cerdedo
Forcarei
Beariz (Forxa)
Maside
Barbantes
Xubín
Moreiras
Puerto El Faro
Serra do Faro
Alto do Hospital
Mouromorto
O Leboreiro
Golada
Antas de Ulla
Monterroso
Melgaço
Monção
Arcos de Valdevez
Parque Nacional da Peneda
Montalegre
Embalse de Portodemouros
Emb. de Albarellos
Emb. das Conchas
Emb. das Salas
Xinzo de Limia
Castro Laboreiro
Lindoso
Paredes de Coura
Sobrado
San Salvador
Ponte da Barca

Jakobsweg
Abstecher
Sarria
Monforte
Monforte de Lemos
Ponferrada
Villafranca del Bierzo
Castillo Templario
Castelo de Doiras
Asturias
Galicia
Castilla y León
Serra do Oribio
Serra do Courel
Serra do Eixe
Serra de Queixa
Serra de San Mamede
Sierra Cabrera
Porto de Pedrafita do Cebreiro
Pedrafita do Cebreiro
Alto El Poyo
Triacastela
Samos
Becerreá
Baralla
As Nogais
Vega de Valcarce
Cacabelos
Camponaraya
Toral de los Vados
Corullón
Quiroga
A Rúa
O Barco
Desfiladero
Emb. de Santiago
Puente de Domingo Flórez
Castro-Caldelas
Puebla de Trives
Viana do Bolo
A Gudiña
Verín
Puebla de Sanabria
Lago de Sanabria
Bragança
Peña Trevinca
Portela da Canda
Portillo del Pardonelo
A Fonsagrada
Alto de Acebo
Meira
Castroverde
Pradeiro
Puerto de Connio
Puerto del Ranadoiro
Puerto Cerredo
Miravalles
Fabero
Priaranza del Bierzo
Carucedo
Sierra de la Culebra

50 km Über **Portela, Ambasmestas** und **Herrerías** erreicht man **Pedrafita do Cebreiro.** Hier verläßt man die NVI und fährt über die LU634 hinauf zum **Cebreiro-Paß**. Die Bezwingung des Cebreiro-Passes stellte für die Pilger eine letzte große Herausforderung und Anstrengung dar. Heute kann man davon durchaus noch etwas nachempfinden: das Wetter ist meistens schlecht. Der Wind weht böig, treibt den Regen vor sich her. Selbst im Sommer sind die Temperaturen relativ niedrig.

Ein kleines Museum am Cebreiro-Paß wurde in „pallozas" eingerichtet: Öffnungszeiten: von 9 bis 13 Uhr und 15 bis 19 Uhr

Von diesem unwirtlichen Klima sind auch die alten, im Cebreiro üblichen Steinhütten geprägt, sogenannte **„pallozas"**, elyptische, strohgedeckte Steinhütten ohne Schornstein und Fenster. Sie ducken sich so nahe wie möglich an den Hügel, um dem Wind zu entgehen. Auch heute sind diese Hütten zum Teil noch bewohnt, leben Menschen und Tiere unter einem Dach. Am Cebreiro-Paß kann man solche Häuser besichtigen. Ein kleines Museum wurde in ihnen eingerichtet. Daneben befindet sich die Kirche **Santa María** mit einem Pilgerhospiz. Beide wurden 1962 neu aufgebaut. Die erste Kirche gab es bereits 836, sie wurde von Alfons II. erbaut. Unter König Alfons VI. zogen die Benediktinermönche ein. 1450 mußte die zweite Kirche gebaut werden, weil die alte niedergebrannt war.

Im Inneren der Kirche fällt die **Capella de Santo Milagro** auf. Eine Legende hat ihr einen besonderen Ruf beschert: Als ein Mönch im Jahre 1300 in der Kirche eine Messe feierte, wurde bei der Wandlung die Hostie zu Fleisch und der Wein zu Blut. Heute erklärt man sich diesen Vorgang durch eine Pilzbildung. Die Wunderlegende machte die Kirche jedoch bekannt und zum Ziel von Wallfahrten. Auch heute noch finden jedes Jahr am 8. und 9. September Wallfahrten statt, an denen bis zu 30 000 Pilger teilnehmen.

Die Straße führt durch die fast unberührte karge Landschaft des Cebreiro.

61 km Rechter Hand liegt die Ortschaft **Hospital da Condesa.** Wie der Name schon sagt, befanden sich in diesem Ort einst Pilgerunterkünfte.

65 km Am **Alto del Poio** (1337 m) befindet sich die **Capilla de Santa María.**

Triacastela ist die Stadt der drei Kastelle

80 km **Triacastela:** Wie der Name schon andeutet, gab es in dem Ort drei Kastelle, von denen allerdings nichts mehr erhalten ist. 922 soll hier bereits eine Klosterkirche erbaut worden sein. Die jetzt zu sehende Jakobuskirche stammt aus dem Jahre 1790. Im Mittelalter gab es in der Ortschaft viele Pilgerherbergen. Davon ist kaum etwas übriggeblieben. Auf dem Marktplatz steht ein modernes Pilgerdenkmal.

Der Pilgerführer:

In Triacastela, am Fuß dieses Berges in Galicien empfangen die Pilger einen Stein und nehmen ihn bis Castañola mit, damit Kalk für den Bau der apostolischen Basilika gemacht werden kann.

Jahrhundertelang nahmen Pilger, wie es der Pilgerführer beschreibt, aus dem dortigen Kalksteinbruch einen Stein mit und schleppten ihn nach Castañeda, einem kleinen Ort sechs Kilometer vor Arzúa.

In den Kalköfen von Castañeda wurde der Kalk für den Bau der Kathedrale von Santiago hergestellt.

In Triacastela teilte sich der Pilgerweg. Man erreicht entweder über Montán und Pintín Sarrá oder man wählt die Straße über Samos. Die letztere ist sicherlich vorzuziehen, da man dann am Monasterio de Samos vorbei kommt.

90 km In **Samos** beeindruckt die weitläufige Anlage der **Real Abadía de los Santos Julián y Basilisa de Samos**. Das Kloster wurde bereits im 6. Jahrhundert unter der Suebenherrschaft gegründet.

Öffnungszeiten täglich von 10-13 Uhr und 15-17 Uhr

Mitte des 10. Jahrhunderts folgt man den Benediktinerregeln, im 12. Jahrhundert der Cluniazenser-Reformen. Im Mittelalter war das Kloster eines der wichtigsten kulturellen Zentren. Man übte die Gerichtsbarkeit in mehr als 200 Städten und 500 Dörfern aus. 1880, 45 Jahre nach der Säkularisierung kehrten die Benediktiner zurück und übernahmen wieder die Leitung des Klosters.

Die ursprüngliche Anlage brannte 1558 ab. Die heutige Anlage stammt von 1604. Erwähnenswert ist die Kirche aus dem 17. Jahrhundert mit einer Barockfassade aus dem 18. Jahrhundert. In ihr sind die beiden Klostergründer, der heilige Julián und der heilige Basilisa dargestellt. Die Klosteranlage selbst besitzt zwei Kreuzgänge. Der barocke Kreuzgang stammt aus dem Jahr 1685 und ist einer der größten Spaniens.

Die galizische Küche

Auf Wallfahrten wird als sehr beliebtes Gericht ***pulpo a feira*** *(Seekrake) zubereitet. Der Krake wird ganz gekocht, geklopft, damit das Fleisch weich wird, dann in Stücke geschnitten und gut gewürzt serviert.*

Gerne ißt man die ***vieira*** *(Jakobsmuschel), die in der Schale serviert wird. Als Delikatesse ist unter den Fischgerichten der Seehecht zu erwähnen.*

Die ***empanadas*** *(Pasteten) sind das kulinarische Wahrzeichen Galiziens. Sie werden auf vielfältigste Art mit Fleisch oder Fisch gefüllt, auf jeden Fall gehören viele Zwiebeln dazu. Der Pastetenmantel wird mit Safran gewürzt und mit Öl eingerieben, damit er schön saftig bleibt.*

Ganz verschiedene Wegkreuze findet man in Sarria

Sehr bekannt ist das Gericht ***lacón con grelos.*** *Lacón ist der gekochte Vorderschinken, grelos sind die jungen Blätter der Steckrübe.*

Ebenfalls ein deftiges Gericht ist ***caldo gallego.*** *Der Eintopf besteht aus Kohl, Kartoffeln, weißen Bohnen, aber auch aus Schinken, Paprikawurst, Rippchen und anderem Fleisch.*

Bei Geflügelgerichten bevorzugt man Kapaun. Hervorzuheben sind die Kapaune von Villaba, die mit Weizen, Wein und Kastanien gemästet werden.

Die Galizier essen gerne Süßes. Ihre Torten sind berühmt.

102 km **Sarria,** das römische **Flavia Lambrio**, liegt im Tal des **Río Celeiro**. Die Pilger betraten Sarria durch die **Calle Real** und gingen an der Kirche **Santa María** vorbei. Der

Die Klosteranlage von Samos

heutige Bau ist modern, aber bereits im 12. Jahrhundert gab es einen Vorgängerbau. Anschließend besuchten sie die Kirche **San Salvador**, die aus dem 11. und 12. Jahrhundert stammt. In der Barockzeit wurde sie gründlichst erneuert. Neben ihr steht ein zweigeschossiges Gebäude mit Ecktürmen, das Pilgerhospital **San Antonio**. Heute befindet sich darin der Gerichtshof. Sarria galt als sehr gastfreundlich: Arme Pilger bekamen stets ausreichend zu essen und wurden umsorgt. Um 1200 gründeten zwei italienische Pilger das Augustinerkloster **La Magdalena** und ein zugehöriges Hospital. Beide Bauten existieren noch heute. Von hier aus gelangt man hinunter zum **Río Celeiro**, über den eine mittelalterliche, einbogige Brücke, **Ponte Aspera** führt. In der Nähe befindet sich die **Ermita de San Lázaro**, ein einstige Leprastation.

Barbadelo hat eine wuchtige Gemeindekirche (Iglesia de Santiago); unten: Die Pilger betraten Sarria durch die Calle Real

Abstecher:
Sarria - Lugo 31 km,
Plan → S. 176/177
Die C546 führt durch eine landschaftlich sehr schöne Gegend nach Norden. Bei **Nadela** erreicht man die NVI, der man bis **Lugo** folgt. Linker Hand fließt der **Río Miño**.

* **Lugo** → S. 298.

Caminho de Santiago

Pilgerweg: Sarria - Santiago de Compostela

118 km, Plan → S. 176/177

5 km **Barbadelo:** Die Gemeindekirche von Barbadelo besitzt ein romanisches Schiff aus der 2. Hälfte des 12. Jahrhunderts. Sie ist aus Granit erbaut. Ein Vorgängerbau stammt wahrscheinlich aus dem 9. Jahrhundert, als hier ein großes Doppelkloster und ein Pilgerhospiz existierten. Davon ist heute nichts mehr zu sehen. Die Kirche steht allein inmitten des Dorffriedhofs.

Interessant sind die drei Portale mit verzierten Kapitellen. Auf ihnen kämpfen Fabeltiere miteinander.

Die Fahrstraße verläßt nun den alten Pilgerweg und führt am linken Ufer des **Río Loio** entlang. An der Straße findet man immer wieder romanische Kirchenbauten, die jedoch nicht ausdrücklich zu erwähnen sind.

24 km **Portomarín** lag einst an beiden Ufern des **Río Miño**. Als in den 60er Jahren der Stausee geflutet wurde, versank der alte Ort. Die mittelalterlichen Baudenkmäler waren vorher Stein für Stein abgetragen und auf einer Hochfläche oberhalb des Sees wieder aufgebaut worden. Als **Pons Minei**, also Brücke über den **Río Miño**, war der Ort schon in römischer Zeit bekannt. Der zweite Teil der Ortsgeschichte begann im 10. Jahrhundert mit dem Bau eines Klosters, das die Augustiner bewirtschafteten. Die Brücke wurde einige Male zerstört und mußte wieder neu erbaut werden. Um 1120 wurden die Johanniskirche und das Hospital erbaut. Die Johanniskirche, Iglesia San Juan mit ihren Zinnen und der großen Rossette ist heute der Mittelpunkt des neuen Ortes. Am Portal befindet sich eine beachtenswerte Verkündigungsdarstellung. Das Hospital wurde 1944 abgerissen. Vor den Wassermassen rettete man noch die romanische Kirche **San Pedro** aus dem Jahre 1182. Gleich in der Nähe befindet sich der Parador.

Die Johanniskirche von Portomarín beeindruckt durch ihren Zinnenkranz

Wenn der Wasserstand des Stausees sehr niedrig ist, sieht man aus dem Wasser noch die alten verlassenen Häuser des Dorfes herausragen. Der heutige streng rechtwinklig angelegte Ort wirkt gemütlich und schmuck. Von seiner Höhenlage aus hat man einen schönen Blick auf den Stausee.

28 km **Castromaior:** ein recht verschlafen wirkender Ort mit einer romanischen Kirche und den Ruinen eines „Castro“, von dem der Ort auch seinen Namen hat. Es war das erste in einer ganzen Reihe von Burgen, die den Weg absichern sollten.

30 km **Hospital:** Der Name der Ortschaft rührt von einem alten Pilgerhospiz her.

42 km Nach **Vilar de Doñas** (von der N 547 aus) muß man abzweigen. Aber es ist nur ein guter Kilometer, bis man zu dem Ort kommt. Am Ortseingang steht die Pfarrkirche San Salvador, die im 12. Jahrhundert erbaut wurde und damals zu einem Nonnenkloster gehörte. Im Jahr 1184 übernahmen die Ritter des Santiago-Ordens das Kloster. Im Inneren der Kirche kann man noch Grabsteine und Statue von Jakobsrittern bewundern. Der heutige Bau stammt weitgehend aus dem 13. und 14. Jahrhundert und ist ein besonders schönes romanisches Bauwerk. Das reich verzierte romanische Portal stammt aus dem Jahr 1386. Bei der Restaurierung wurden gotische Wandmalereien gefunden, die aus dem 14. Jahrhundert stammen. Die Kirche macht auf den Betrachter einen sehr würdigen Eindruck.

Öffnungszeiten: Von 10 bis 18 Uhr sollte die Kirche geöffnet sein. Wenn sie dennoch geschlossen ist, im Bauernhof daneben fragen!

Versteckt liegt die Kirche von Vilar de Doñas; im Inneren hat sie schöne Stuckarbeiten

Wegkreuz von Lavacolla

49 km **Palas de Rei** taucht in den alten Pilgerberichten unter dem Namen **Palacium Regis** auf. Nicht bekannt ist, welcher König dem Ort den königlichen Namen gegeben hat. Vielleicht ist es der westgotische König Witiza gewesen, der hier Hof gehalten hat. **Palas de Rei** liegt nahe der Römerstraße von Lugo nach Astorga und war wohl einst ein befestiges Fort, wie mehrere an dieser wichtigen Verbindungsstraße. Aus der Pilgerzeit stammt noch die Pfarrkirche **San Tirso**, die bereits im 9. Jahrhundert erbaut wurde. Aus romanischer Zeit blieb aber nur das Hauptportal an der Westfassade erhalten.

56 km In **Leboreiro** findet man noch eine romanische Pfarrkirche Santa María, eine einschiffige Kirche mit einer halbrunden Apsis. Gegenüber der Kirche befindet sich ein Gebäude, das einst ein Pilgerhospiz beherbergte. Im Pilgerführer wurde der Ort mit **Campus Leurarius** beschrieben, das Hasenfeld.

64 km **Melide** ist keltischen Ursprungs. Aus dieser Periode wurden Gräber entdeckt. Bereits im Mittelalter besaß der Ort große Bedeutung, weil sich der Pilgerweg hier mit einigen in Nord-Süd-Richtung verlaufenden Handels-

Die Pfarrkirche von Melide

wegen kreuzte. Am Ortseingang findet man die romanische Kirche **San Pedro** aus dem 14. Jahrhundert, am Ausgang die ebenfalls romanische Kirche **Santa María** aus dem 15. Jahrhundert.

70 km In **Boente** ist die Pfarrkirche dem heiligen Jakobus geweiht.

72 km In **Castañeda** befanden sich einst Kalköfen. Hier lieferten die Pilger ihre Kalksteine aus **Triacastela** ab.

81 km Auch die Kirche in **Arzúa** ist dem heiligen **Santiago** geweiht. Im Pilgerführer trägt es den Namen **Villanoua,** ein Zeichen, daß der Ort erst durch die Pilgerbewegung entstand. Im 14. Jahrhundert wurde das Augustinerkloster, der **Convento Santa María Magdalena** gegründet. Von ihm ist nur noch eine kleine Kirche erhalten.

111 km **Lavacolla:** In der Nähe des heutigen modernen Flughafens von Santiago de Compostela befand sich eine Quelle, an der sich die Pilger nach dem langen Weg am ganzen Körper waschen mußten, um sauber die letzte Etappe nach Santiago zu gehen. Leider ist der Ort nicht mehr zweifelsfrei aufzufinden.

Auf dem Monte del Gozo steht ein modernes Denkmal, das an den Besuch des Papstes 1989 erinnert

Der Pilgerführer:

Zwei Meilen vor der Stadt Santiago gibt es einen Ort, inmitten von Wäldern, an einem Fluß gelegen, der Lava mentula genannt wird. Die französischen Jakobspilger ziehen sich hier nackt aus und waschen ihren Körper („nicht nur ihre Geschlechtsteile"), um sich aus Liebe für den Apostel zu reinigen.

115 km Bei **San Marcos,** 4 km vor Santiago, befindet sich der **Monte del Gozo**, der Berg der Freude. Von hier aus bietet sich ein schöner Blick auf die in der Ebene liegende große und ersehnte Wallfahrtsstadt Santiago de Compostela. Der Pilger, der als erster die drei hohen Türme der Jakobuskirche erspähte, wurde zum Pilgerkönig gekürt. Viele Namen mit „König" gehen auf dieses Ereignis zurück.

Heute führt die Schnellstraße eigentlich zu schnell nach Santiago hinein. Man muß achtgeben, das Schild zum Monte del Gozo nicht zu übersehen. Dort steht noch eine romanische Kapelle, die im Jahre 1105 der Erzbischof von Santiago, **Gelmírez** errichten ließ. Auf dem Hügel befindet sich heute ein modernes Denkmal. Es erinnert an ein Jugendtreffen im August 1989, als Papst Johannes Paul II., Santiago besuchte.

118 km Man überquert die **Autopisa del Atlántico**, linker Hand liegt dahinter die **Capilla de San Lázaro**.

119 km Nun erreicht man **Santiago de Compostela,** die ersehnte Pilgerstadt, Ziel aller Pilgerfahrten.

Santiago de Compostela wird natürlich auch vermarktet

Der Pilgerführer:

Der Pilgerführer beschreibt die Lage des Ortes Santiago: Die „heilige" Stadt liegt zwischen den Flüssen Sar im Osten und Sarela im Westen. Sieben Tore führen in die mauerbewehrte Stadt: „Das erste Tor heißt Porta Francígena, das zweite Porta Penne, das dritte Porta de Subfratribus, das vierte Porta Sancto Peregrino, das fünfte Porta de Falgueriis, das sechste Porta de Sussannís und das siebte schließlich Porta de Macerellis".

*** Santiago de Compostela**
→ S. 330.

Routen an der Nordwestküste

Santiago de Compostela – Tuy

Santiago de Compostela – Padrón – Pontevedra – Vigo – Tuy

120 km, Plan → S. 189

0 km Viele Pilger begaben sich nach kurzem Aufenthalt in **Santiago de Compostela** nach **Padrón**. Man kann die Strecke nach Padrón mit einigem Recht dem Pilgerweg zurechnen.

1 km Ähnlich wie der **Monte del Gozo**, der Berg der Freude, stellte **O Milladoiro**, den **Mons Gaudii** für diejenigen dar, die, nicht weniger beschwerlich, den Weg über das Meer gewählt hatten. Auch von diesem Punkt aus, konnte man das erste Mal die Kirchtürme Santiagos sehen. Wir verlassen Santiago, können die Kirchtürme daher ein letztes Mal bewundern.

15 km Das **Santuario de Escravitude** hat eine interessante Barockkirche aus dem 17. Jahrhundert, zu der eine schöne Treppenanlage hochführt.

20 km **Padrón** liegt am Zusammenfluß von **Sar** und **Ulla**, früher einmal direkt an der Ría, doch Anschwemmungen ließen diese ungefähr 2 km versanden. Hier landete einst nach der Legende das Boot mit dem Leichnam des Apostels Jakobus.

Padrón war ursprünglich eine keltische Siedlung, später ließen sich die Römer nieder und nannten die Ortschaft Iria Flavia. Bedeutung hatte der Ort für sie, weil er an der Via Antonia lag. 997 wurde Padrón von **Almansor** zerstört, doch kurz darauf wieder aufgebaut. In Padrón entstanden bald größere Schiffswerften: Hier wurde die erste Flotte der Reconquista gebaut.

Caminho de Santiago

In Padrón gibt es einige Kirchen – ein Zeichen für die Wichtigkeit des Ortes für die Pilger

Padrón liegt an der Ria de Arousa

Wichtig war Padrón für die Pilger, die dem heiligen Jakobus gedachten, dessen Leichnam hier angeschwemmt worden sein soll. In der Pfarrkirche, am Ufer des **Río Sar** gelegen, kann man hinter einer Platte des Altars (der auf eine Bitte hin geöffnet werden muß) noch den Pfeiler sehen, an dem (angeblich) das Boot des Heiligen befestigt worden war. Von eben dieser Säule leitet die Stadt auch ihren Namen ab. Padrón bedeutet Säule.

Sehenswert ist die Kollegiatskirche **Santa María**, die auf den Ruinen der ersten christlichen Kirche von **Iria Flavia** erbaut wurde. Sie ist nicht mit der oben erwähnten Pfarrkirche zu verwechseln.

Die heutige Kirche stammt aus dem 11. Jahrhundert. Anfang des 18. Jahrhunderts wurde sie restauriert und neu gestaltet. Sehenswert ist eine Marienfigur auf dem Hochaltar. Ehemals galt Santa María auch als königliche Grablege. 28 Bischofsgräber findet man heute noch. Die Kirche war lange Zeit Kathedrale. Als der Bischofssitz nach Santiago verlegt wurde, galt sie zunächst als Nebenkathedrale, wurde dann Kollegiatskirche und schließlich einfache Pfarrkirche.

Der Kreuzweg im Wasser (Catoira)

Als dritte Kirche soll die **Iglesia del Carmen** erwähnt werden. Sie ist Bestandteil des Domikanerklosters, das sich auf einem Plateau über der Stadt befindet. Von der Terrasse hat man einen schönen Ausblick.

A Coruña
Torre de Hércules
Cabo Prioriño Chico
Santiago de Compostela
Ponteve-dra
Vigo
Tui
Valença do Minho
Padrón
Noia
Muros
Corcubión
Fisterra
Cabo Vilán
Malpica
Carballo
Laracha
Bergantiños
Serra de Barbanza
Vilagarcía de Arousa
Vilanova de Arousa
Cambados
O Grove
Sanxenxo
Marín
Cangas
Baiona
A Guarda
Caminha
Illas Cíes
Illa de Ons
Illa de Arousa
Illa de Sálvora
Caldas de Reis
Redondela
O Porriño
Palacio de Oca
Altas
Autopista del Atlántico
Santiago de Compostela – Tuy
Santiago de Compostela – Santa Tecla
Santiago de Compostela – La Coruña

Die Burganlage von Catoira bot Schutz vor den plündernden Normannen

29 km **Catoira** liegt sehr nett am Meer. Doch es ist bekannt wegen der Türme von Oeste, die zurück gehen auf das alte Castellum Honesti. Sie wurde von Alfons V. im ersten Drittel des 11. Jahrhunderts zum Schutz vor den immer wieder einfallenden Normannen erbaut. Dabei wurden Reste aus der Römerzeit in die Bauten integriert. Am Fuß befindet sich eine Wallfahrtskirche.

In der Ría de Arousa gibt es einen via crucis, einen Kreuzweg im Wasser. Er zeigt an, welchen Weg die Gebeine des Apostels einst genommen haben sollen.

36 km An der N 550 liegt **Caldas de Reis,** ein schon zur Römerzeit bekanntes Schwefelbad.

41 km **Villagarcía de Arousa** ist der Hafen von Santiago und daher auch recht geschäftig. Aber immer noch besitzt er auch malerische Winkel.

Das wichtigste Bauwerk ist der Convento de Vista Alegre aus dem 16. Jahrhundert.

In Pontevedra findet am 11. Juli eine wichtig Wallfahrt statt: Romería San Benito

57 km * **Pontevedra** → S. 321.

Die N 550 führt durch Hügelland mit zahlreichen Weingärten und schließlich entlang der **Ría de Vigo**.

77 km **Redondela,** ein altes Fischerstädtchen, liegt an der Ría de Vigo. In der Nähe befinden sich einige Badestrände.

In der Meerenge vor Vigo fand 1702 eine Schlacht zwischen den spanisch-französischen und englisch-holländischen Flotten statt.

Vigo ist ein bedeutender Kriegshafen

91 km **Vigo** ist eine moderne Stadt, ein bedeutender Kriegs- und Handelshafen. Außerdem gilt er als einer der wichtigsten Sardinenfangplätze Europas.

* **Vigo** → S. 356.

106 km Von **Vigo** erreicht man auf der N 120 **Porriño,** ein kleines Industriestädtchen. Reizvoll sind im Zentrum die Straßenzüge mit schattigen Arkaden. Auffallend ist das Rathaus, ein zinnengekröntes Gebäude.

Ausflug:
Über die N 120 erreicht man **Ponteareas** und anschließend das Schloß **Vilasobroso,** das sich auf der Kuppe eines Hügels erhebt. In der Nähe auch das Heilbad **Mondariz,** dessen Heilquellen 1862 von dem Geistlichen Blanco Lage entdeckt worden waren.
Über die N 120 kann man nach **Orense** weiterfahren.

120 km Entlang des **Río Louro** (N 550) erreicht man **Tuy,** die Grenzstadt nach Portugal.

Tuy ist die Grenzstadt nach Portugal

Tuy war bereits unter römischer Herrschaft Bischofsstadt, später Hofresidenz des Westgotenkönigs Witiza. Während der mohammedanischen Invasion mußte der Bischof nach **Iria Flavia** flüchten. Der Ort verlor seinen bischöflichen Rang und war lange ein einfaches, unbedeutendes Fischerdorf. Im 12. Jh. ging die Stadt an die Portugiesen verloren. Im 13. Jh. lieferte sich der Adel des Ortes mit kirchlichen Vertretern regelrechte Schlachten. Eine wichtige Rolle spielte Tuy während des Unabhängigkeitskrieges, als die Franzosen dem Druck galizischer Patrioten nachgaben und die Stadt räumen mußten. Bedeutsam war 1884 die Einweihung der Brücke über den Miñofluß, die bis heute die Eisenbahnverbindung zwischen Galizien und Portugal ermöglicht. Sehenswert ist die festungsartige Kathedrale. Sie wurde an Stelle einer westgotischen Kirche ursprünglich im romanischen Baustil im Jahr 1120 begonnen, 1232 geweiht, später jedoch häufiger renoviert und dabei verändert.

Daher ist auch das Hauptportal gotisch gestaltet (14. Jahrhundert), das (linke) Nordportal ist noch romanisch. Sehr schön sind die romanische Seitentür und der Glockenturm. Im Inneren wirkt die dreischiffige, mit drei Querschiffen versehene Kirche sehr großräumig. Bemerkenswert ist das Chorgestühl mit den Schnitzarbeiten und das Grab von Bischof Don Juan de Sotomayor. Der gotische Kreuzgang wurde zwischen dem 13. und 15. Jahrhundert gebaut; von ihm gelangt man in das Kathedral- und das Diözesanmuseum.

Gegenüber dem Nordportal der Kathedrale steht die barocke Kirche **San Telmo** aus dem 16. Jahrhundert.

Bucht von Vigo

Szenen aus Noia

Kleine Orte, Wallfahrten und Feste in der Sommerzeit und lange einsame Strände sind das „Markenzeichen“ der Nordwestküste

Santiago de Compostela – La Guardia

Die Küstenroute: Santiago de Compostela – Noia – Puebla del Caramiñal – Villagarcía de Arousa – Pontevedra – Vigo – La Guardia

296 km, Plan → S. 189

In der Gegend von Noia findet man ausgezeichnete Strände: Playa de Tregandíu und Playa de Ris

37 km **Noia** liegt an der **Ría de Muros y Noia**, inmitten einer herrlichen Landschaft. Im Mittelalter war Noia eine reiche Hafenstadt. Allmählich versandete der Hafen; Noia hat daher kaum noch wirtschaftliche Bedeutung. Die Ortschaft behielt ihren Charme. Ein Gewirr von engen Straßen, die angrenzenden Häuser mit Bögen und Arkaden, verführen zum Spaziergehen. Sehenswert ist die Kirche San Martín, eine spätgotische, einschiffige Wehrkirche, die Mitte des 15. Jahrhunderts erbaut wurde. Vom Vorgängerbau ist noch das romanische Westportal erhalten. Die Kirche **Santa María Nova** ist ebenfalls gotisch und stammt aus der ersten Hälfte des 14. Jahrhunderts. Die Kirche **San Franzisco** gehört zu einem ehemaligen Franziskanerkloster.

Von Noia aus kann man entweder die Gebirgskette **Sierra de Barbanza** überqueren, dann erreicht man die **Ría de Arousa** bei **Boiro,** oder man folgt der Küstenstraßen.

An der **Ría des Muros y Noia** findet man eine Vielzahl von kleinen sandigen Buchten, die zum Baden einladen.

Bei Porto do Son erstrecken sich schöne Badestrände: Praia del Castro und Praia de Queiruga

52 km **Porto do Son,** beliebte Sommerfrische mit weiten Stränden, hat sich im alten Ortsteil eine mittelalterliche, ländliche Atmosphäre bewahrt.

Nach Porto do Son erreicht man das am Meer gelegene **Castro de Baroña.** Die Römer haben es einst gegründet, bei der Ankunft der Sueben im 5. Jahrhundert verließen es seine Bewohner.

Die Straße verläßt kurz nach Porto do Son das Meer und wendet sich landeinwärts.

69 km Kurz nach **Oleiros** führt eine kleine Straße rechts ab zum **Cabol Corrubedo,** das von langen, einsamen Stränden und einem Dünengürtel umrahmt ist. Auf dieser Strecke kommt man auch zu den Dolmen von **Arteixo** (2 km von der Abzweigung entfernt). Man folgt den Schildern, läßt das Auto an einem nahen Getränkeausschank stehen und folgt einem Pfad zu den von Eichen umgebenen Dolmen.

Schöne Badestrände

73 km Bei **Ribeira** (Santa Eugenia) erreicht man die **Ría de Arousa**

Getreidespeicher in Galizien

81 km In **Puebla del Caramiñal** sollte man das sogenannte Große Haus, einen Palast aus dem 16. Jahrhundert besuchen. Am Ortsausgang befinden sich weitere Paläste mit großen Turmanlagen. Von **Puebla del Caramiñal** bietet sich ein Abstecher zum **Mirador de la Curota** (3 km) an; sehr schöne Aussicht.

Badestrände

89 km **Boiro**

95 km In **Cespón** findet man eine Pfarrkirche, die zum Teil aus dem Anfang des 16. Jahrhunderts stammt. Davor befindet sich ein dreiteiliges Wegkreuz. Bei **Cespón** verläßt die Straße die Ría.

99 km Bei **Crucero** folgt man der Straße entlang der Ría.

In Rianxo gibt es schöne Strände

103 km **Rianxo** ist ein kleiner, wohlhabender Fischerhafen mit guten Stränden. Im Ort sind neben einigen einfacheren alten Bauten die ländliche **Santa Comba** im gotischen Stil sehenswert. Der Palast von **Martelo** aus dem 17. Jahrhundert mit einem Balkon über die gesamte Fassade ist das wichtigste historische Gebäude des Ortes.

113 km In **Catoira** befinden wir uns nun schon auf der anderen Seite der Ría.

Hauptfest des Städtchens: Fiesta de San Roque am 16. August

123 km **Villagarcía de Arousa,** ein gepflegtes Heilbad und ein Ferienort; sehenswerte Promenade. Am Ortsausgang liegt das Kloster **Vista Alegre**, das Mitte des 17. Jahrhunderts gegründet wurde. Die zwei Hauptgebäude liegen links und rechts der Straße und sind durch zwei Bogen miteinander verbunden.

Die Pilgerstraße führt mitten durch Cambados

Abstecher zum **Mirador de Lobeira.**
Man hat eine schöne Anfahrt durch Pinienwälder (4 km) und einen herrlichen Blick auf die Ría und die gesamte Halbinsel.

129 km **Villanova de Arousa** ist ein altes Fischerdorf mit historischen Herrenhäusern und dem Kloster **Calogo**, von dem aber nur verfallene Mauern und ein Glockenturm übrig geblieben sind.

Kurz danach kann man zur Illa de Arousa fahren. Die sehr schön gelegene Insel ist durch eine Brücke mit dem Festland verbunden. Die Insel ist vor allen Dingen für ihre schönen Strände berühmt.

134 km **Cambados** entstand aus dem Zusammenschluß der Dörfer **Fefiñanes**, **Cambados** und **Santo Tomé do Mar.** Sehenswert sind die Ruinen der Kirche **Santa Mariña**, beeindruckend das kunstvolle, romanische Gewölbe, die gotische Apsis. Gotisch sind auch die Sagrario-Kapelle und die Sakristei. Ein romanisches Portal sieht man im nahe gelegenen Kloster **Armenteira**. Der Kreuzgang ist barock gestaltet. Besondere Erwähnung verdient der **Fefiñanes-Palast**, im 17. Jahrhundert erbaut. Sofort fallen der Zinnenturm und der elegant vorspringende Balkon auf. Die stilvoll ausgestalteten Räume können besichtigt werden.

Am ersten Wochenende im August findet ein weithin gerühmtes Weinfest statt: Fiesta del Vino Alvariño. Dabei werden auch die Weine des Vorjahres getestet

Die Stadt selbst beeindruckt durch die stattlichen Adelshäuser, die häufig von einem kleinen Barockgarten umgeben sind.

Weinfelder bei Cambados

In Cambados ist der **Alvariño** zuhause, ein junger frischer und leicht fruchtiger Wein. Die Reben haben einst die Mönche von Cluny hier angebaut.

153 km Am Ende der Halbinsel liegt **O Grove** mit weiten Sandstränden. In O Grove kann man gut Muscheln essen. Sie kommen frisch von den Muschelbänken, die überall in der Ría schwimmen.

Fest: Nuestra Señora do Carmo am 16. Juli zu Ehren der maritimen Schutzheiligen

Ausflug

Von dort erreicht man über eine Brücke die Insel **La Toja.** Einstmals entsprang auf der Insel eine Heilquelle, die heute jedoch versiegt ist. Nach den Überlieferungen wurde von dem Wasser dieser Quelle ein kranker Esel gesund. Daraufhin erkannte man die Heilwirkung des Wassers. Heute besuchen Badelustige die Insel: es gibt zahlreiche Badebuchten.

Auf La Toja gibt es seit 1987 ein Spielkasino

156 km Auf der Rückfahrt sollte man noch die **Praia da Lanzada** besuchen. Sie liegt an der Landenge. Der lange Strand ist von weiten Pinienwälder umgeben. Früher kamen die Frauen hierher, wenn sie Kinder bekommen wollten. Nach einer Überlieferung mußten sie im Morgengrauen des Johannestages neunmal in den stürmischen Wellen baden. Dann konnten sie in Jahresfrist den ersehnten Nachwuchs erwarten. Am Ende des Strandes befindet sich eine kleine romanische Kapelle, die wahrscheinlich auf den Resten eines keltischen oder römischen Tempels erbaut wurde.

Es folgt die nicht minder schöne Praia de Pocinas.

Wegkreuz in Cambados

170 km **Portonovo;** malerisches Fischerdorf, schöne Strände.

Vor **Portonovo** liegt die Insel von **Ons,** eine relativ große, bewohnte Insel, schöner Strand.

172 km **Sangenjo;** Ferienort mit vielen Sandstränden.

176 km **Rajo,** kleines Fischerdorf mit großartigem Strand.

Nach Rajo:

Abzweigung zum Kloster **Santa María de Armenteira.**

Gemäß der Überlieferung wurde es von einem adeligen Galizier gegründet.

Dann nahmen es die Zisterzienser in ihre Obhut. Vom alten Kloster ist der Kreuzgang erhalten geblieben. Sehenswert sind die sternenförmigen Gewölbe mit Rundbögen und schön gearbeiteten Kapitellen.

Der Ortskern von Combarro steht als Nationalmonument unter Schutz

182 km **Combarro,** ein einfaches Fischerdorf, wurde zum Monumento Nacional erklärt. Sehenswert sind die *miradores,* Häuser mit verglasten Fronten, die *hórreros,* die steinernen Getreidespeicher, die auf Säulen ruhen und die Kreuze oder Kalvarienberge (Betsäulen).

Bei Combarro liegt vor der Küste das Inselchen **Tambo,** auf dem sich einst das Kloster San Miguel befand. Es war von Francis Drake zerstört worden.

185 km Das **Monasterio del Poio** (San Juan) ist das Mutterhaus des Ordens **de la Merced**. Das Kloster wurde im 7. Jahrhundert vom heiligen Fructuoso gegründet. Der Neubau stammt aus dem 16. Jahrhundert, daher auch die barocke Fassade.

189 km ***Pontevedra** → S. 321

Die C 550 folgt weiterhin dem Küstenverlauf.

196 km **Marín** ist ein kleiner Hafen, der im 18. Jahrhundert als Ersatz für den versandeten Hafen von Pontevedra angelegt worden ist. Heute attraktiver Urlaubsort.

208 km **Bueu** ist Zentrum der Konservenindustrie, in der Nähe (1 km südlich) der **Paco Santa Cruz**, ein galizischer Herrensitz. Im Sommer kann man von hier mit dem Schiff zur Insel Ons fahren, die eine natürliche Barriere vor den Stürmen des offenen Meeres bildet. Man kann wandern. Im Sommer sind auch einige Gaststätten bewirtschaftet, in denen man selbst gefangenen Fisch zubereiten lassen kann.

220 km **Hios** hat eine romanische Kirche (**San Andreas**). Im Vorhof steht der wohl schönste Kalvarienberg Galiziens. Dieses Werk aus dem 19. Jahrhundert stellt die Kreuzabnahme dar. An der Basis sind die armen Seelen im Fegefeuer dargestellt.

Abstecher (8 km):
Vom **Cabo de Home** hat man einen schönen Blick auf die Inselgruppe **Cíes,** die der Ría vorgelagert ist. Zu den Cíes-Inseln kann man von Vigo aus übersetzen (eine Stunde). Im Sommer wird dort gezeltet. Es gibt Trinkwasser und herrliche Strände mit glasklarem Wasser.

Die Islas Cíes sind wegen ihrer ökologischen Bedeutung als Naturpark ausgewiesen. Er ist vom 15.6. bis 30.9. jährlich mit einer Fähre zu erreichen. Zugangsbeschränkung für maximal 2000 Personen je Tag

224 km **Cangas de Morrazo,** ein malerisches Städtchen mit einer Stiftskirche aus dem Jahre 1542.

229 km **Moaña** hat eine romanische Pfarrkirche.

238 km Man erreicht die Schnellstraße **Pontevedra-Vigo** und folgt ihr bis **Vigo.** Anschließend führt die C 550 wieder an die Küste.

261 km **Panxón,** kleiner Fischerort, viel besuchtes Touristenzentrum, schöne Strände. Panxón besitzt eine Votivkirche zu Ehren der Muttergottes des Meeres im volkstümlich-gotischen Stil.

Abstecher
nach **Monte Ferro,** wo sich das **Monumento a los Mártires del Mar** befindet.

268 km **Baiona** war bereits zu keltischer Zeit besiedelt; dann eroberten die Römer das Gebiet. Julius Caesar soll die Garnisonsstadt besucht haben.

Wichtigstes historisches Datum ist der 10.3.1493, als Martín Alonso Pinzon mit der Karavelle La Pinta in Baiona anlegte und die Entdeckung Amerikas bekannt gab. Im Mittelalter erhielt die Stadt besondere Handelsprivilegien. Sie litt jedoch stark unter den Grenzstreitigkeiten zwischen Spanien und Portugal. Auch die Engländer, insbesondere der Seeräuber Sir Francis Drake, belagerten die Stadt mehrmals.

Sehenswert ist die ehemalige Festung **Monterreal**, in der heute der **Parador Conde de Gondómar** untergebracht ist. Sie wurde von den katholischen Königen zum Schutze des Ortes erbaut. Sehenswert ist auch noch die Stiftskirche mit romanischer Säulenvorhalle. Sonst ist die dreischiffige Kirche überwiegend gotisch gestaltet.

Links, nach dem Ortsende, erreicht man die Einsiedelei **Virgen de la Rocha**, eine Kapelle auf einem Felsvorsprung.

280 km **Santa María de Oia** ist ein altes, berühmtes Zisterzienserkloster mit einer Barockfassade aus dem 18. Jahrhundert. Die sonst gotische Kirche weist einige romanische Elemente auf. Im Inneren gibt es eine romanische und eine barocke Kapelle. Das Chorgestühl ist sehenswert. Der anmutige gotische Kreuzgang wurde mehrfach restauriert.

296 km **La Guardia,** ein kleiner Hafenplatz, liegt neben der Mündung des **Río Miño**. Einst gehörte der Ort den Templern. Einige Zeit war er unter portugiesischer Besatzung (1665-1668). Heute ist es ein nettes Fischer- und Badestädtchen; schöne Strände.

geöffnet: Mai bis September

Auf dem **Monte de Santa Tecla** befindet sich die **Tecla-Kapelle**. Von hier hat man eine herrliche Aussicht. An den Hängen fand man bei Ausgrabungen Gegenstände, aus denen hervorgeht, daß der Berg bereits in der Jungsteinzeit besiedelt war. Auch Kelten und Römer hatten sich auf dem Hügel niedergelassen. Ein kleines Museum zeigt die interessantesten archäologischen Funde.

Mit einer Fähre kann man den **Río Miño/Minho** nach **Caminha**/Portugal überqueren.

Blick über die Ria von Mouros

Santiago de Compostela – La Coruña

Santiago de Compostela – Noia – Muros – Cabo Finisterre – Carballo – La Coruña

243 km, Plan → S. 189

37 km **Noia;** die gleichnamige Ría wird umrundet; schöne Ausblicke auf die Sierra de Barbanza.

72 km **Muros,** ein hübsches Hafenstädtchen mit einer langen Uferstraße, die von alten Bürgerhäusern mit Arkadengängen gesäumt wird. Die Stiftskirche **San Pedro** stammt aus dem 15. Jahrhundert. Früher befand sich an dieser Stelle eine romanische Kirche.

Der Hafen von Mouros; unten: In der Nähe die Kirche von Solleiros

76 km Bei Louro

Abzweigung zum Leuchtturm Punta Carreiro.

114 km Vor **Ezaro** überquert man den **Río Xallas**. Von der Straße schöner Ausblick auf die Küste.

123 km Bei **Cée,** einem kleinen Fischer- und Handelsstädtchen, biegt die Straße zum Ort **Finisterre** und zum **Cabo Finisterre** (12 km) ab.

In einem der typischsten Viertel von Finisterre steht eine romanische Kirche aus dem 12. Jahrhundert.

Das Cabo Finisterre bildete für viele Pilger den Abschluß ihrer Reise

Das Kap ist durch eine breite Landzunge mit dem Festland verbunden, mächtig steil aufragende Granitfelsen haben es gebildet. Darauf steht ein Leuchtturm. Viele Santiagopilger besuchten im Mittelalter als Abschluß ihrer Pilgerfahrt das Cabo Finisterre.

Feste: Am Gründonnerstag und Ostersonntag finden gut besuchte Laienspiele statt

In der mittelalterlichen Mythologie spielte Finisterre eine bedeutende Rolle: Es wurde als das Ende der bekannten Welt angesehen. Jenseits dieser Welt stiegen über einem Abgrund undurchdringliche Nebel auf. Nach der Legende soll gegenüber Finisterre die historische Stadt Duyo versunken sein.

142 km Von Cée erreicht man über **Morancelle** und **Molinos Muxía** ein reizvolles Fischerdorf mit einem geschäftigen Hafen; Leuchtturm, Sandstrände.

Muxía ist ein Dörfchen mit alten, zum Teil wappengeschmückten Häusern, die dem Dorf einen gewissen Reiz verleihen. Es liegt an der **Ría de Camariñas** und damit praktisch am offenen Meer. Hier kann man über die Seefahrer des alten Galizien meditieren, hier kann man auf den Spuren von Druiden wandeln. Ein Hauch von dieser Welt findet man beim Seemannsfriedhof und der Pfarrkirche **Santa María** wieder. Interessant ist auch die Fahrt zum Leuchtturm, der das Kap, **Punta da Barca** bewacht. Die Kirche **Nuestra Señora de la Barca** steht auf den Felsen des Küstenkaps und ist den stürmischen Winden des Ozeans ausgesetzt. Von der Decke hängen einige Schiffsmodelle aus verschiedenen Epochen. Das Querschiff wird von Lampen haltenden Engelsgestalten flankiert. Die Kirche spielt eine große Rolle für die gläubigen Galicier. In der Nähe der Kirche befindet sich ein großer Felsen, dem prophetische Eigenschaften zugeschrieben werden, wenn es darum geht, zu erfahren, ob die an die **Virgen de la Barca** gerichteten Fürbitten auch Erhörung finden.

Feigen reifen heran

159 km **Ponte do Porto**

Abzweigung zum **Cabo Vilán** (13 km).
Dabei durchquert man **Camariñas,** einen Hafenort mit alter Seefahrertradition. Camariñas ist wegen seiner feinen kunsthandwerklichen Spitzenarbeiten (Klöppelspitzen) berühmt.

176 km Die Straße führt durch die **Sierra de Peña Forcada**, bis man das am Meer gelegene **Laxe** erreicht. Laxe oder Lage ist ein uraltes Fischerdorf mit Herrenhäusern.

Laxe ist ein urwüchsiges Fischerdorf

Hervorzuheben ist der **Palacio del Arco**, der wegen seiner originellen Architektur sofort auffällt. Die romanische Kirche stammt aus dem 13. Jahrhundert; Leuchtturm (**Punta Insúla**); Sandstrand.

183 km Bei **Grelas** kann man nach rechts abbiegen nach circa sieben Kilometern die **Dolmen de Dombate** erreichen.

188 km Man umfährt die **Ría de Corme y Laxe**. Bei **Ponte-Ceso,** einem malerischen Fischerdorf an der Mündung des **Río Anllóns**, Abzweigung über **Cospindo** nach **Corme;** schöne Sandstrände.

200 km **Malpica de Bergantiños,** ein lebhafter und malerischer Fischereihafen, im Schutze des Kap **San Adrián** gelegen. Die Kirche Ermita de San Adrián stammt aus dem 12. Jahrhundert; Sandstrände.

Abstecher zum steinigen **Cabo de San Adrían** (4 km).
Vor der Küste befinden sich die **Illas Sisargas.**

Man folgt nun entweder der Küste über **Leiloio, Razo, Caión** (Fischerdorf auf schroffer, felsiger Halbinsel gelegen), **A Baiuca** nach **La Coruña** oder man wendet sich landeinwärts nach **Carballo** (218 km – wichtiges Handelsstädtchen; schwefelhaltige Heilquellen) und erreicht La Coruña (243 km).

* **La Coruña** → S. 282.

Zu und um La Coruña wird am 16. Juli eine Bootsprozession zu Ehren der Schutzheiligen der Fischer veranstaltet

La Coruña beeindruckt durch die schönen miradores (verglaste Häuserfronten).

Die Römer nannten die Region Gallaeica

In **Galizien** siedelten die Kelten und später die Römer. Sie nannten die Region **Gallaeica**. Später kamen die Sueben und die Goten. Aus dieser Völkermischung entstanden die Galizier. Sie trugen einen großen Anteil an der Reconquista, der Vertreibung der Mauren. Die galizische Sprache ist eng mit der Portugiesischen verwandt. Wahrscheinlich haben beide Sprachen die gleiche Wurzel. Das Leben in Galizien ist nicht einfach. Das Land ist karg, die Küste schroff, so daß viele jungen Menschen das Land ihrer Väter verlassen haben. Galizien ist der konservativste Teil Spaniens. Alte Tradition, häufig vermischt mit Aberglauben, wird gepflegt und bewahrt.

Entlang der Nordküste mit Abstechern ins Landesinnere

La Coruña – Viveiro

168 km, Plan → S. 204

0 km Jenseits der Stadt und der **Ría de Coruña** breitet sich ein hügeliges Land aus. Kleine Landhäuser, Villen, Ferienwohnungen dehnen sich schier endlos aus. Hierher ziehen sich die Städter zurück, wenn sie Urlaub haben oder wenn sie ihre Wochenenden genießen wollen. Fazit für den Urlauber: reichlich überlaufen; zur spanischen Urlaubszeit sollte man das Gebiet meiden.

Von La Coruña nach Viveiro

Man verläßt La Coruña auf der Schnellstraße, biegt jedoch nach 20 km in Richtung **Ferrol** ab.

23 km Die Stadt **Betanzos,** das ehemals römische **Brigantium Flavium**, liegt auf einer Anhöhe über der Meeresbucht. Der einstmals geschäftige Hafen ist heute versandet. Sehenswert ist die dreischiffige Kirche **Santa María del Azogue** mit drei Apsiden, die im 14. und 15. Jahrhundert erbaut wurde. Sehenswert ist die Rosette in der Fassade. Die einschiffige Kirche **San Francisco** stammt ebenfalls aus dem 14. Jahrhundert. Auffallend ist das breite Querschiff. Im Innern diverse Adelsgräber. Aus dem 11. Jahrhundert gibt es noch eine Jakobuskirche. Der Neubau wurde jedoch erst im 15. und 16. Jahrhundert erstellt. Sehenswert sind die drei Stadttore, die von der Stadtmauer des 15. Jahrhunderts erhalten sind. Fast die ganze Stadt besteht aus alten Steinbauten mit Glasfassaden davor. An der **Plaza do Campo** haben die Häuser Bogengänge und bei schönem Wetter verwandelt sich der ganze Platz plötzlich in ein Straßencafé.

Umgebung:
In der Umgebung von Betanzos gibt es eine Vielzahl von kleinen romanischen Kirchlein. Sie stammen zumeist aus dem 12. Jahrhundert und zeigen an, daß dieses Gebiet für die Pilger von großer Bedeutung war und von ihnen häufig aufgesucht wurde.

La Coruña ist eine lebendige Stadt; auf dem Stadtplatz treffen sich Touristen und Einheimische

Von **Betanos** führt die C 640 nach Osten durch hügeliges Bergland. Bei **Irixoa** zweigt man auf die LC 152 nach Norden ab und erreicht bei **Monfero** das **Monasterio de Monfero** (4 km). Es wurde im 12. Jahrhundert von den Zisterziensern gegründet. Die heutigen Gebäude stammen aus dem 17. und 18. Jahrhundert. Sehenswert ist die Kirche **San Felix** mit einem schönen Kapitelsaal und einem Renaissancekreuzgang, der später im barocken Stil umgebaut wurde.

44 km **Pontedeume** liegt an der Mündung des **Río Eume**. Bereits die Römer siedelten hier. Die Kirche Santiago stammt aus dem 15. Jahrhundert, sie hat einen modernen Anbau aus dem 18. Jahrhundert. Eine der mächtigsten Familien der Stadt, die Familie **Andrade**, ließ 1370 einen festungsartigen Palast erbauen. Er ist heute noch zu besichtigen. Über den **Río Eume** führte einstmals eine 50bögige Steinbrücke. In der Mitte soll es ein Pilgerhospital gegeben haben.

45 km Auf der anderen Seite des **Río Eume** liegt **Cabaños.**

Das Benediktinerkloster von Caaveiro liegt weitab jeder Ansiedlung in der Einsamkeit

Abstecher zum Kloster von **Caaveiro**.
Die Straße führt über **Eirines, Lavandeira** und **Nieves** (24 km) zum Benediktinerkloster, das einsam und verlassen im Wald oberhalb des **Río Eume** liegt. Hierher verirrt sich so schnell kein Tourist.

54 km In **Fene** überquert man die **Ría de Ferrol** auf einer Brücke, um nach Ferrol zu gelangen.

60 km **Ferrol** oder **El Ferrol del Caudillo**, an der **Ría de Ferrol** gelegen, ist Spaniens bedeutendster Marinestützpunkt. Hier wurde 1892 Franco geboren (deshalb der Beiname „del Caudillo"). Einige Historiker leiten den Ortsnamen von faro, Leuchtturm oder farol, Laterne ab. Dies wird dadurch unterstrichen, daß im Stadtwappen ein Leuchtturm zu sehen ist. Andere meinen jedoch, daß der Name auf den bretonischen Heiligen **San Ferreol** zurückgehe. Ferrol war bereits im Mittelalter ein wichtiger Flottenstützpunkt. Von hier aus wurde die englische Flotte bekämpft und das Imperium von Spanisch-Amerika verteidigt. Man baute in den Jahren 1726 bis 1783 höchst moderne Werften und befestigte die Anlagen geschickt.

Die heutige Stadt besteht aus drei verschiedenen Stadtgebieten: **Ferrol Vello**, dessen Glanzzeiten im 14. Jh. waren, als die Arbeiten an den ersten Werften begannen, das **Barrio de Esteiro**, das im 18. Jhr. entstand, und das **Barrio del Ensanches**, das im 19. Jh. mit der fortschreitenden Industrialisierung schnell wuchs.

Die wichtigsten Bauwerke der Stadt sind die neuklassische Kirche **San Julían** (Ende des 18. Jahrhunderts), das Theater Jofre, die Kirche **San Francisco** (18. Jahrhundert) und die Kirche **del Socorro** (18. Jahrhundert), in der sich das Christusbild der Seefahrer befindet.

Einen **Ausflug** kann man zum **Cabo Prioriño** unternehmen. Die Fahrt ist reizvoll. Vom Kap aus hat man eine weite Sicht.

Von Ferrol folgt man der Küstenstraße C 646.

78 km **Atios;** schöne Sandstrände. Die Straße führt um die Ría de Cedeira herum, landschaftlich sehr reizvoll.

98 km **Cedeira** erstreckt sich am Ostufer der Bucht. Auch Cedeira hat viele verglaste Fassaden. Außerdem ist die gotische Kirche **Santa María del Mar** einen Besuch wert. Die Straße führt an den Nordausläufern der **Sierra da Capelada** entlang und bietet schöne Ausblicke.

Am letzten Sonntag im Juni findet das Fest „Curro de la Capelada" statt. Dazu werden in der Peña Toxosa Wildpferde eingefangen

106 km Kleine Kirche bei **San Andrés de Teixido.** Nach der Legende „wallfahrtet man entweder zur Einsiedelei oder man tritt als Toter ein".

Wieder nach volkstümlichem Aberglauben pflücken Verliebte auf dem Weg zur Einsiedelei ein Liebeskraut.

114 km **Pedra:** Man erreicht die **Ría de Santa Marta de Ortigueira**.

Abstecher nach **Cariño,** einem netten, am offenen Meer gelegenen Fischerort.

133 km Um nach **Ortigueira** zu gelangen, muß man die Ría umfahren. Die kleine Ortschaft liegt malerisch an der **Ría Santa Marta de Ortigueira**. Es gibt eine barocke Kirche Santa María.

Die Straße von Ortigueira nach Viveiro ist landschaftlich besonders reizvoll.

Die Felsen der Küste sind bizarr geformt durch Wasser, Sonne und Wind

151 km **Porto do Barquiero:** Man erreicht die **Ría del Barquiero**, Abzweigung zur felsigen und bizarren **Punta da Estaca de Bares** (7 km).

An der Ría del Barquiero findet man Sandstrände, was sonst an der felsigen und zerklüfteten Küste selten ist.

168 km **Viveiro;** malerische alte Hafenstadt an der Flußmündung des **Río Landro** gelegen.

1346 wurde Viveiro zur freien Stadt erklärt; 1381 verwüstete eine Feuersbrunst die Siedlung. Viveiro besitzt heute noch viele historisch und künstlerisch interressante Bau-

werke. Das wichtigste ist die Kirche **Santa María del Campo**, eine romanische Kirche des 12. Jahrhunderts. Die Fassade stammt aus dem 18. Jahrhundert. Auch das Kloster **San Francisco** ist zu erwähnen. Die gotische Kirche stammt aus dem 13. Jahrhundert.

Sehenswert ist die Burg **Castillo del Puente** mit einer schönen, plateresken Frontseite aus dem 16. Jahrhundert.

Die Stadt begeistert durch ihre engen Straßen und die Promenade, die parallel zum Meer verläuft. Sehenswert sind auch die *miradores* (verglaste Häuserfronten) und *malecóns* (Häuser mit Galerien).

Die Nordküste ist wild romantisch; das Meerwasser hat die Felsen unterschiedlich geformt

Viveiro – Gijón

225 km, Plan → S. 212/213

Die C 642 verläßt die Küste und verläuft in schöner landschaftlicher Umgebung etwas weiter im Inland.

16 km **Abzweigung** nach **San Ciprián** mit einem sehenswerten Schiffsmuseum.

19 km Bei **Cervo** erreicht man wieder die Küste. Die Straße folgt nun der Küstenlinie des **Golfo de la Masma**.

In Sargadelos kann man gut Keramik einkaufen

Abzweigung nach **Sargadelos,**
bekannt wegen der hier gefertigten Keramik. Seit 1806 existiert eine Keramikfabrik und eine Keramikausbildungsstätte, in der auch heute noch beachtenswerte künstlerische Leistungen erbracht werden.

38 km **Foz,** ein kleines malerisches Fischerdorf an der Mündung des **Río Masma**, war einstmals Sitz eines Bischofs. Wichtigstes Gebäude ist die rechteckig angelegte Kirche mit drei Schiffen und halbkreisförmig angeordneten Apsiden.

Kurz nach Foz **Abzweigung** zur romanischen Kirche **San Martín de Mondoñedo.**
(Nicht zu Verwechseln mit dem Ort Mondoñedo!) Der Legende zufolge wurde **San Martín** bereits im 6. Jahrhundert durch den Erzbischof Martin von Braga gegründet; urkundlich belegt ist aber erst ein Kloster im 8. Jahrhundert. Die wehrhafte romanische Klosterkirche, die man heute besichtigen kann, stammt aus dem 11. Jahrhundert.

43 km Bei **Pozomouro**

Abzweigung nach **Mondoñedo.**
Das Wort Mondoñedo leitet sich wahrscheinlich von **„mendaeto“**, Mandelberg ab. Bedeutendstes Bauwerk ist die Kathedrale mit Portal, Kirchenschiffen und Apsiden im romanischen Stil aus dem 13. Jahrhundert. Im Jahre 1425 wurde die Kirche durch einen Brand jedoch schwer beschädigt, später wieder aufgebaut. Im Inneren fein behauene Kapitelle und Fresken (15. Jh).

schöne Sandstrände

46 km Bei **Carretera** kann man zur Küste abzweigen **(San Cosme, Benquerencia);** Eine kleine Straße führt unmittelbar an der Küste entlang.

62 km **Ribadeo** liegt an der linken Seite der **Ría de Ribadeo**, ein Fischerhafen mit schönen Sandbuchten. Hier hat sich eine bescheidene Industrie angesiedelt. Nach der Überlieferung soll der heilige Franz von Assisi im Laufe seiner Pilgerreise auch nach Ribadeo gekommen sein.

Die wichtigsten Bauwerke sind die Kirche **Santa María del Campo**, früher Kathedrale (12. Jh), das Klarissinnenkloster und die Reste der alten Befestigungsanlagen.

Eine große Brücke führt über die Ría.

Feste:
Xira de Santa Cruz (1. Augustsonntag): große Wallfahrt und Dudelsack-Konzerte (gleichzeitig „Tag des gallizischen Dudelsacks")

Abstecher nach **Porto de Abaixo** ins malerische Tal des **Río Eo**:
Lohnenswert ist die Bergfahrt in die **Sierra de Meira** und nach **Meira** (Zisterzienserkloster aus dem Jahr 1258). Im weiteren Verlauf der Straße erreicht man **Lugo.** Rückfahrt von **Porto de Abaixo** über **Vegadeo** nach **Castropol;** kleines Hafenstädtchen am rechten Ufer der **Ría de Ribadeo**. Sehenswert sind die Kapellen **Nuestra Señora del Campo** aus dem 15. Jahrhundert, die Santiagokirche, der Palast **Montenegro** und der Palast V**alledor**.

70 km **Tapia de Casariego,** ein Fischerstädtchen, in einer tiefen Bucht gelegen; schöner Strand.

90 km **Navia,** ein sehr schön gelegener Ort am Mündungstrichter des **Río Navia**, wenngleich sich flußaufwärts ein großer Industriekomplex ausbreitet.

Abstecher durch das herrliche und malerische Naviatal: 1 km nach **Coaña** erreicht man den **Poblado Céltico,** eine keltische Ausgrabungsstätte. Steinerne Grundmauern der runden Hütten, Befestigungsmauern und Opferstätten sind erhalten.

111 km **Luarca** ist Provinzhauptstadt, Fischer- und Badeort, liegt geschützt in der Bucht. Wenngleich auch sehr vom Verkehr belastet, ist Luarca ein sympathisches Städtchen, das sich an den **Río Negro** anschmiegt. Die Altstadt ist gut erhalten. Mehrere Brücken überspannen den hier ins Meer mündenden Río Negro. Auf dem vorgelagerten Felsen befand sich ehemals eine Befestigungsanlage mit einem Leuchtturm. Von dort hat man einen schönen Blick auf die Ortschaft.

Feste:
Erlebenswert ist die Semana Santa (Osterwoche); Lichterprozession am Gründonnerstag

123 km **Canero**

Abstecher zum **Cabo Busto;** herrliche Sandstrände.

Abzweigung südlich auf der N 634:
Über **La Espina** nach **Salas:** Stiftskirche Santa María mit dem Marmorgrabmal des Großinquisitors Fernando de Valdés Salas, Wachturm des Schlosses Miranda aus dem 14. Jahrhundert.

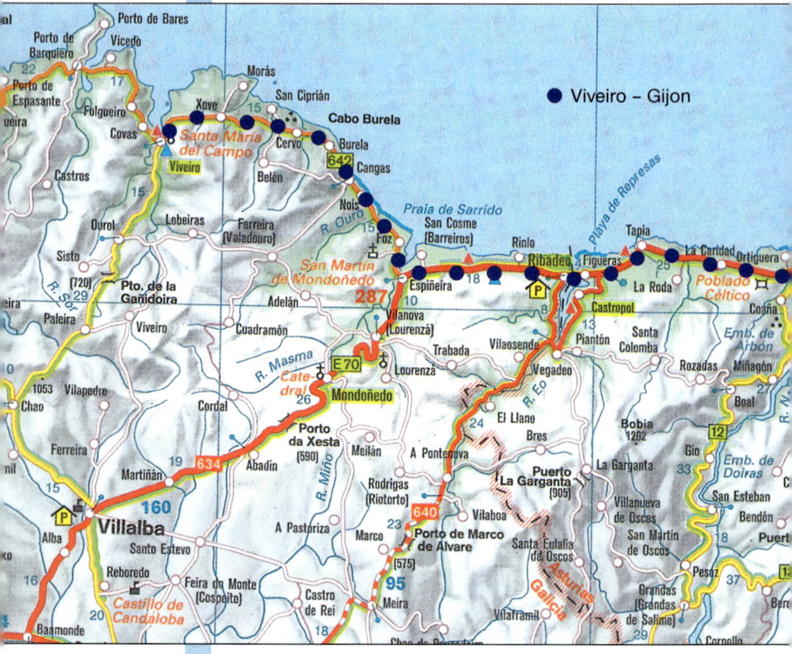
Viveiro – Gijon
Porto de Bares
Porto de Barquiero
Vicedo
Porto de Espasante
Folgueiro
Covas
Xove
Morás
San Ciprián
Cabo Burela
Santa María del Campo
Viveiro
Cervo
Burela
642
Cangas
Belén
Castros
Nois
Foz
Praia de Sarrido
San Cosme (Barreiros)
Playa de Represas
Rinlo
Ribadeo
Figueras
Tapia
La Caridad
Ortiguera
Ourol
Lobeiras
Ferreira (Valadouro)
R. Ouro
Sisto
San Martín de Mondoñedo
Espiñeira
La Roda
Poblado Céltico
Castropol
Coaña
Pto. de la Gañidoira
R. Sor
Paleira
Adelán
287
Vilanova (Lourenzá)
Viveiro
Cuadramón
Piantón
Santa Colomba
Emb. de Arbón
Trabada
Vilaosende
R. Masma
E 70
Lourenzá
Vegadeo
Rozadas
Miñagón
1053
Vilapedre
Chao
Catedral
Mondoñedo
R. Eo
Boal
Cordal
El Llano
Bobia 1262
Porto da Xesta
Bres
Ferreira
Meilán
A Pontenova
La Garganta
Emb. de Doiras
Abadín
R. Miño
Puerto La Garganta (905)
634
Martiñán
Rodrigas (Riotorto)
Villanueva de Oscos
San Esteban
160
Villalba
640
Vilaboa
Bendón
A Pastoriza
Marco
Porto de Marco de Alvare
San Martín de Oscos
Alba
Santo Estevo
Santa Eulalia de Oscos
Pesoz
Reboredo
Feira do Monte (Cospeito)
Castro de Rei
95
Meira
Asturias
Galicia
Grandas (Grandas de Salime)
Castillo de Candaloba
Baamonde
Vilaframil

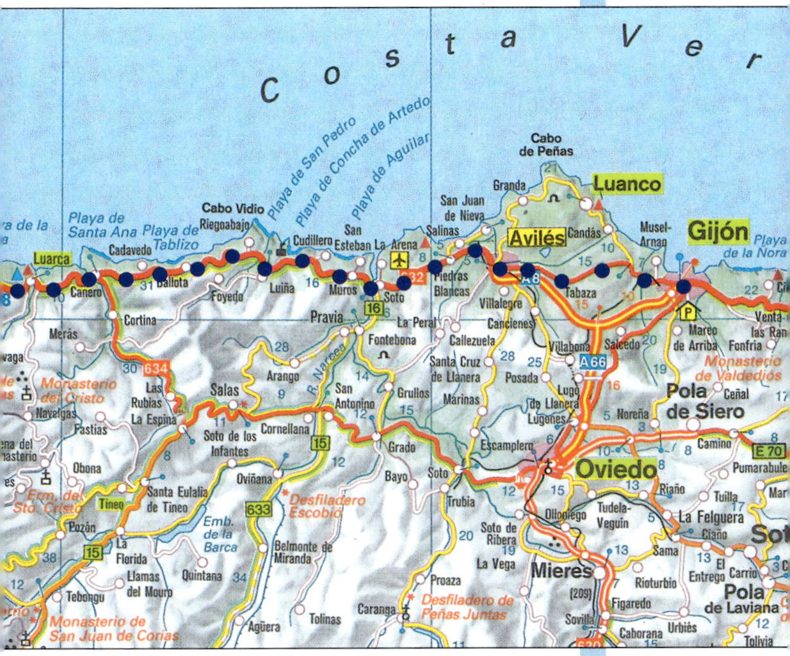

Vor der Küste liegen Muschelbänke

Cornellana: Ehemaliges Benediktinerkloster **San Salvador** aus dem Jahre 1024. Die heutige Fassade stammt aus dem 18. Jahrhundert.

Grado: Rest der Burganlage, Adelshäuser; in der Nähe befindet sich die romanische Kirche **Santa Eulalia de la Mata** aus dem 12. Jahrhundert. Weiter nach **Oviedo.**

Über **La Espina** nach **Tineo:** malerische Altstadt, Kirche aus dem Ende des 13. Jahrhunderts im Übergangsstil von Romantik zur Gotik, ein schöner, gotischer Palast der Familie **Maldonado-Campomanes**, ein altes Pilgerhospital.

Cangas de Narcea: zur Römerzeit besiedelt; alte Paläste aus dem Mittelalter, das Kloster **Corias** (10./18. Jahrhundert), auch der asturische Escorial genannt.

157 km Vor **Soto de Luiña:**

Abzweigung zum **Cabo Vidio.**
Vom Leuchtturm hat man einen herrlichen Ausblick.

Fest: Am 29. Juni findet die Fiesta de la Amuravela statt

166 km **Cudillero,** malerisches Fischerdorf mit ziegelgedeckten Häusern, an den Steilhängen der Ría gelegen; schöne Strände.

175 km **Soto del Barco,** im Mündungstrichter der Ría Nalón gelegen.

Abzweigung nach **San Román** zu der **Cueva de Cándamo** (prähistorische Tierdarstellungen).

187 km **Piedras Blancas**

Abzweigung nach **Salinas;** gelber, feinsandiger Badestrand, von Pinienwäldern umgeben.

193 km **Avilés,** am linken Ufer der Ría gelegen, wurde bereits von den Römern gegründet. Im Mittelalter spielte Avilés eine bedeutende Rolle. Im 11. Jahrhundert erhielt der Ort von Alfons VI. besondere Rechte, die im 12. Jahrhundert nochmals bestätigt wurden.

Im alten Stadtkern mit den unregelmäßigen, steilen Straßen und düsteren Gäßchen scheint die Vergangenheit konserviert worden zu sein. Schön sind die malerischen Gassen mit Laubengängen. Auffallend ist der **Camposagrado-Palast** mit einer Barockfassade, an der ein großes Wappen dominiert. Die alte Pfarrkirche **San Nicolás** ist heute Residenz der Franziskaner. Das Portal stammt noch aus dem 12. Jahrhundert. Weiterhin sind noch das Baragañas-Haus und der **Valdecarzana-Palast** aus dem 15. Jahrhundert sehenswert. Das Rathaus mit seinem Glockenturm steht auf der **Plaza de España** im Zentrum von Avilés.

Avilés hat heute große wirtschaftliche Bedeutung; in der Umgebung etablierte sich die wichtige Stahlindustrie.

206 km Abseits der N 652, an der Küste liegt **Luanco;** alter Palast von **Menéndez-Pola,** Marinemuseum und Pfarrkirche; nette Uferpromenade, kleiner Sandstrand.

211 km **Candás:** In der hoch gelegenen Kirche San Felix befindet sich ein Christusbild aus dem 16. Jahrhundert.

225 km * **Gijon** → S. 273.
* **Oviedo** → S. 305.

30 km südlich von Gijon liegt **Oviedo.** Die beiden Städte sind durch eine Autobahn verbunden.

Die Küche von Kantabrien
In Kantabrien dominert zweifelsfrei der Fisch: Thunfisch, Seehecht, Graubarsch, Lachs, Sardinen, Tintenfisch. Zum Beispiel: ***arroz santanderino*** *(Lachs mit Milch),* ***rabas*** *(in Stücke geschnittene Tintenfische).*

Die Kantabrier werden wegen ihrer Süßspeisen gerühmt. Unübertroffen sind die ***natillas*** *(Cremespeisen) und die* ***sobaos pasiegos*** *(Gebäck mit Butter und Eiern).*

Ein besonderes Dessert ist ***quesada,*** *bestehend aus frischem Käse, Honig und Butter.*

Typisch sind die Kornspeicher; architektonisch sind sie je Region unterschiedlich

Küstenlandschaften zwischen Gijón und Santander

Gijón – Santander

192 km, Plan → S. 220/221

30 km Auf der N 632 erreicht man **Villaviciosa.** Die Ortschaft wurde 1270 von Alfons X. gegründet. Aber wahrscheinlich war die Gegend bereits zu römischer Zeit besiedelt. Sehenswert ist der gotische Bau der Kirche **Santa María** aus dem 15. Jahrhundert mit einem romanischen Portal.

Sehr interessant sind die alten, wappengeschmückten Häuser, die die engen Straßen säumen. Villaviciosa ist von weiten Apfelplantagen umgeben. Das Gebiet ist daher auch für seinen *sidra,* einen vorzüglichen Apfelwein bekannt. Die Kneipen in der Altstadt, in denen man das Getränk kosten kann, heißen **Chigres** oder **Siderías**.

1 km südlich besucht man die romanische Kirche **San Juan de Amandi**. Biegt man nach rechts ab, erreicht man in 7 km Entfernung am **Río Valdediós** das Kloster **San Salvador de Valdedióo**. Das Zisterzienserkloster wurde bereits vor einiger Zeit verlassen. Das Kirchlein gehört zu den Meisterwerken asturischer Präromanik und wurde von der UNESCO zum „Kulturerbe der Menscheit" erklärt.

Die Kirche wurde im Auftrag Alfons III. errichtet und im Jahre 983 geweiht. Sie hat drei Schiffe, wobei das mittlere ausgehend von der geringen Breite ungewöhnlich hoch wirkt.

Abzweigung:
Nördlich von Villaviciosa liegt westlich der Ría der Ort **Tazones** (8 km), ein kleines Fischerdorf mit Leuchtturm. Es ist für seine kleinen aber vorzüglichen Restaurants bekannt. Meeresfrüchte sind hier Spezialität.

40 km **Abzweigung** zur vorromanischen Kirche **San Salvador de Priesca**.

48 km **Colunga** hat schöne Strände: **Playa de la Griéga** und **Playa de Lastres**. Am Ende des Strandes steht neben einem Leuchtturm die **Ermita de San Roque**.

Abzweigung:
Südlich von Colunga liegt die **Sierra del Sueve**. Dort werden kleine, nur 1,20 Meter hohe, aber kräftige und ausdauernde Pferde gezüchtet. Schon bei den Römern war die Asturcones-Rasse beliebt. Sie wird charakterisiert durch lange Mähne, stämmigen Hals und tiefschwarzes Fell. Am letzten Augustwochenende werden die Pferde bei **Borines** (ca. 12 km von Colunga entfernt) zusammengetrieben und die Jungtiere mit Brandzeichen versehen. Dann kann man die kräftigen Pferde aus nächster Nähe betrachten. In freier Wildbahn hat man dagegen kaum das Glück, die Pferde zu beobachten.

In der Sierra del Sueve wird eine besonders zähe Zwergpferderasse gezüchtet

Llanes ist ein hübsches Fischer- und Ferienstädtchen; auch die Küsten und vorgelagerten Inseln sind schön

52 km **Abzweigung** nach **Gobiendes,** vorromanische Kirche aus dem späten 9. Jahrhundert. Von dort lohnt sich die Fahrt zum **Mirador del Fito** (12 km); schöner Blick auf die **Picos de Europa**.

Am 1. Augustwochenende findet die Fiesta de las Piraguas mit dem traditionellen Kanurennen zwischen Arriondas und Ribadesella statt

69 km **Ribadesella,** ein Fischer- und Badeort an der Mündung des Río Sella. Der Fluß ist durch seinen Reichtum an Lachsen und Forellen bekannt. Er teilt die Stadt in zwei Hälften: Alt-Ribadesella mit dem noch anheimelnden, historischen Stadtbild und Neu-Ribadesella mit modernen Bauten. Zu den erwähnenswerten Bauwerken von Ribadesella zählen einige Adelspaläste wie der Renaissancepalast der Familie **Prieto-Cutre.**

Bedeutend ist die Kalksteinhöhle **Tito Bustillo,** die 1968 entdeckt wurde. In ihr findet man paläolithische Darstellungen von Jagdtieren in den Farben Rot, Ocker und Schwarz.

Man schätzt das Alter der Felszeichnungen auf 15 000 bis 20 000 Jahre. Damit wären sie älter als die Darstellungen in der Höhle von Altamira. 400 Personen können täglich die Höhle besuchen. Im Sommer ist der Andrang wesentlich größer. Man muß also rechtzeitig am Eingang sein.

85 km Aussichtspunkt und Parkplatz, Weg zum **Monasterio de San Antolín de Bedón,** Ruinen eines Benediktinerklosters, das im 11. Jahrhundert gegründet wurde. Die Kirche stammt aus dem 13. Jahrhundert. Schöne Strände erstrecken sich entlang der Küste. Auf der anderen Straßen-

seite, zur **Sierra de Cuera** hin liegt die **Cueva de Lledías** ebenfalls mit paläolithischen Tierdarstellungen.

96 km **Llanes,** kleiner Fischerort mit den Resten eines ehemaligen Kastells (17. Jahrhundert). Die Gegend war bereits in prähistorischer Zeit besiedelt. Unter Alfons IX. erhielt der Ort Privilegien und eine schützende Stadtmauer. Noch heute steht ein großer Teil dieser mittelalterlichen Maueranlage. Interessant ist die spätromanisch-frühgotische Pfarrkirche **Santa María** aus dem 12. Jahrhundert. In der Ortschaft findet man noch Adelshäuser mit Wappenschmuck wie die **Casa de las Sirenas** oder das Haus in der **Calle Mayor**, in dem Karl I. einmal wohnte. Ganz unverfälscht wirkt auch heute noch das Fischerviertel.

Am 16. August zur Fiesta de San Roque kann man viel Folklore erleben

102 km Bei dem Dörfchen **Puertas** führt ein Abzweig landeinwärts zum **Menhir Peña Tú** mit Felszeichnungen wahrscheinlich aus der Bronzezeit.

Im weiteren Verlauf der Küste kommt man an sehr schönen Sandstränden vorbei.

114 km **Colombres** beherbergt in einer alten Villa das **Archivo de Indianos**, in dem die Geschichte der Emigranten nach Lateinamerika dargestellt wird.

Abzweigung zur **Cueva del Pindal,** eine Höhle mit Farb- und Ritzzeichnungen von Jagdtieren an einer Felswand.

Cueva del Pindal: Farb- und Ritzzeichnungen in der Höhle

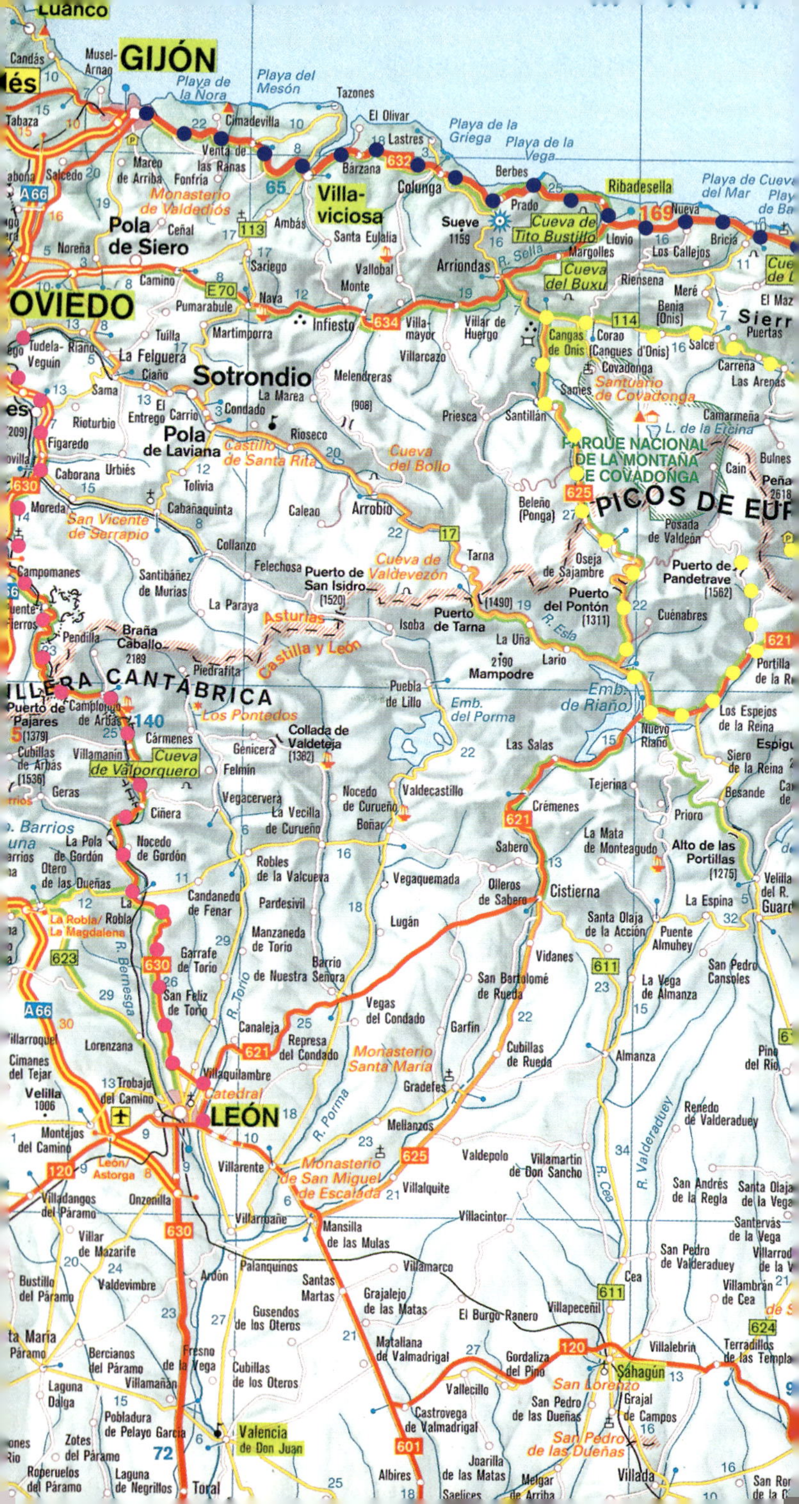
Luanco
GIJÓN
Musel-Arnao
Candás
Playa de la Nora
Playa del Mesón
Tazones
Cimadevilla
Venta de las Ranas
El Olivar
Lastres
Playa de la Griega
Playa de la Vega
Bárzana
Colunga
Berbes
Ribadesella
Playa de Cuevas del Mar
Villaviciosa
Mareo de Arriba
Fonfría
Monasterio de Valdediós
Pola de Siero
Ceñal
Ambás
Santa Eulalia
Sueve 1159
Cueva de Tito Bustillo
Prado
Llovio
Nueva
Bricia
Los Callejos
Noreña
Sariego
Vallobal
Arriondas
R. Sella
Margolles
Cueva del Buxu
Riensena
Camino
Pumarabule
Nava
Monte
OVIEDO
Infiesto
Villamayor
Villar de Huergo
Cangas de Onís
Corao
Benia (Onís)
Meré
Sierra
Puertas
Salce
Carreña
Las Arenas
Tudela-Veguín
Riaño
Tuilla
La Felguera
Martimporra
Melendreras
Villarcazo
Cangues d'Onís
Covadonga
Santuario de Covadonga
Sames
Ciaño
Sotrondio
Sama
La Marea
El Entrego
Carrio
Condado
Rioturbio
Pola de Laviana
Rioseco
Priesca
Santillán
Camarmeña
L. de la Ercina
PARQUE NACIONAL DE LA MONTAÑA DE COVADONGA
Figaredo
Castillo de Santa Rita
Cueva del Bollo
Cain
Bulnes
Peña
Caborana
Urbiés
Tolivia
Caleao
Arrobio
Beleño (Ponga)
PICOS DE EUR
Moreda
Cabañaquinta
San Vicente de Serrapio
Posada de Valdeón
Collanzo
Tarna
Oseja de Sajambre
Puerto de Pandetrave [1562]
Campomanes
Santibáñez de Murias
Felechosa
Puerto de San Isidro [1520]
Cueva de Valdevezón
Puerto del Pontón [1311]
La Paraya
Asturias
Isoba
Puerto de Tarna
[1490]
R. Esla
Cuénabres
Pendilla
Braña Caballo 2189
Castilla y León
La Uña
2190 Mampodre
Lario
Portilla de la Reina
Piedrafita
CORDILLERA CANTÁBRICA
Puebla de Lillo
Emb. del Porma
Emb. de Riaño
Puerto de Pajares [1379]
Camplongo
de Arbas
Los Pontedos
Collada de Valdeteja [1382]
Nuevo Riaño
Los Espejos de la Reina
Cármenes
Las Salas
Siero de la Reina
Cubillas de Arbas [1536]
Villamanín
Cueva de Valporquero
Genicera
Felmín
Tejerina
Besande
Geras
Vegacervera
Nocedo de Curueño
Valdecastillo
Crémenes
Barrios
Ciñera
La Vecilla de Curueño
Boñar
Priorо
La Pola de Gordón
Nocedo de Gordón
Sabero
La Mata de Monteagudo
Alto de las Portillas [1275]
Otero de las Dueñas
Robles de la Valcueva
Vegaquemada
Olleros de Sabero
Cistierna
Velilla del R. Guar
La Robla
Candanedo de Fenar
Pardesivil
Lugán
La Espina
La Robla/La Magdalena
R. Bernesga
Manzaneda de Torio
Santa Olaja de la Acción
Puente Almuhey
Garrafe de Torio
Barrio de Nuestra Señora
Vidanes
San Pedro Cansoles
San Bartolomé de Rueda
La Vega de Almanza
San Feliz de Torio
R. Torio
Vegas del Condado
Villarroquel
Lorenzana
Canaleja
Represa del Condado
Garfín
Cubillas de Rueda
Almanza
Pino del Río
Cimanes del Tejar
Villaquilambre
Monasterio Santa María
Gradefes
Velilla 1006
Trobajo del Camino
Catedral
LEÓN
R. Porma
Renedo de Valderaduey
Montejos del Camino
Mellanzos
Valdepolo
Villamartín de Don Sancho
R. Valderaduey
León/Astorga
Villarente
Monasterio de San Miguel de Escalada
Villalquite
R. Cea
San Andrés de la Regla
Santa Olaja de la Vega
Villadangos del Páramo
Onzonilla
Villarrubane
Villacintor
Santervás de la Vega
Villar de Mazarife
Mansilla de las Mulas
Palanquinos
Villamarco
San Pedro de Valderaduey
Villarrod de la V
Bustillo del Páramo
Valdevimbre
Ardón
Santas Martas
Cea
Villambrán de Cea
Grajalejo de las Matas
El Burgo Ranero
Villapeceñil
Gusendos de los Oteros
Santa María del Páramo
Bercianos del Páramo
Fresno de la Vega
Matallana de Valmadrigal
Gordaliza del Pino
Sahagún
Villalebrín
Terradillos de las Templa
Villamañán
Cubillas de los Oteros
Laguna Dalga
Vallecillo
San Lorenzo
San Pedro de las Dueñas
Grajal de Campos
Pobladura de Pelayo García
Castrovega de Valmadrigal
Zotes del Páramo
Valencia de Don Juan
San Pedro de las Dueñas
Roperuelos del Páramo
Laguna de Negrillos
Toral
Albires
Joarilla de las Matas
Melgar de Arriba
Villada
San Rom de la C
A 66
E 70
632
634
169
114
625
621
630
623
611
601
120
624
140
17
65
113

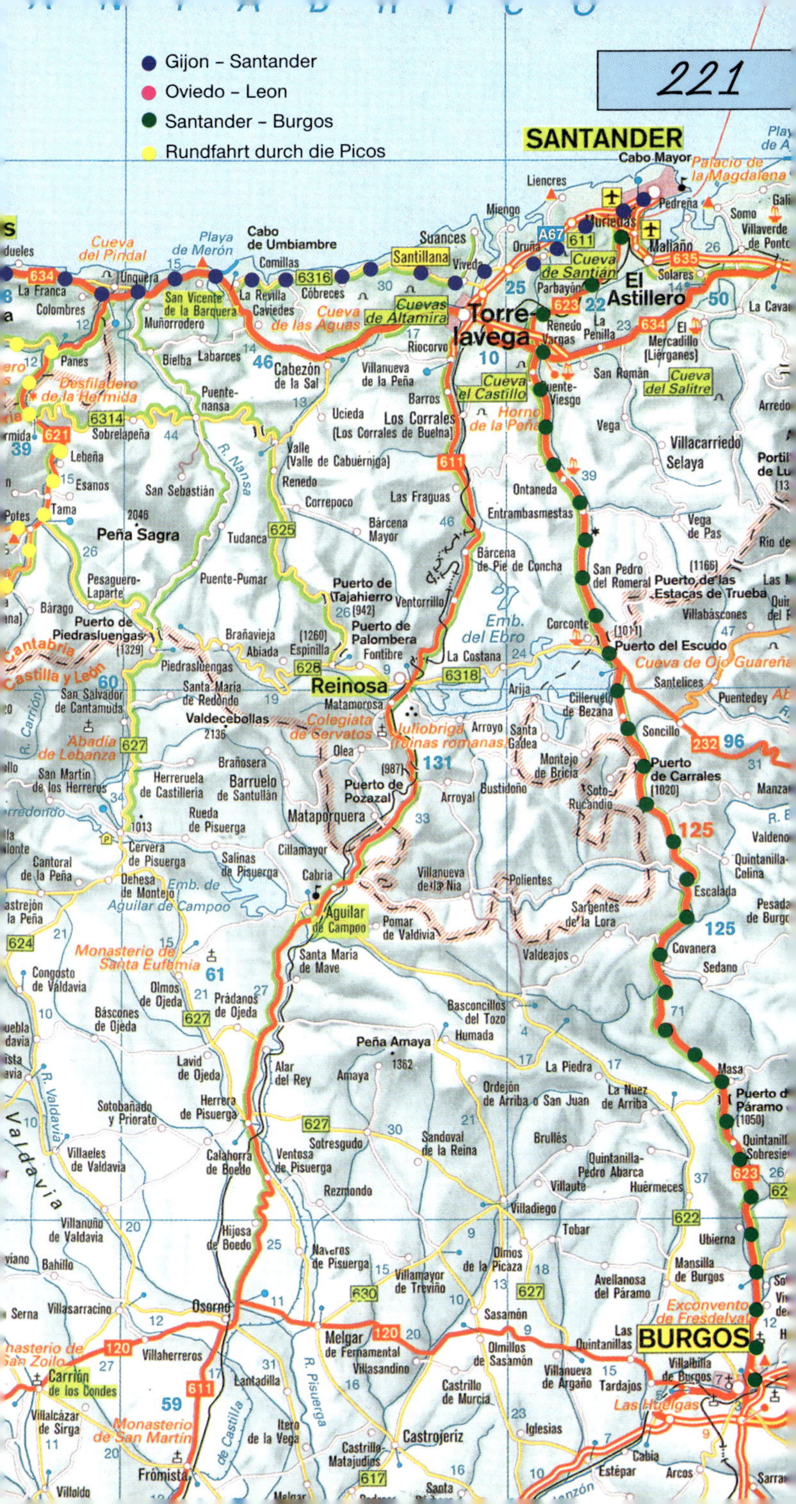
Gijon – Santander
Oviedo – Leon
Santander – Burgos
Rundfahrt durch die Picos
SANTANDER
Cabo Mayor
Palacio de la Magdalena
Liencres
Pedreña
Somo
Villaverde de Pontones
Miengo
Suances
Muriedas
Maliaño
Oruña
Santillana
Viveda
Cueva de Santián
Parbayón
El Astillero
Solares
Cabo de Umbiambre
Playa de Merón
Cueva del Pindal
Comillas
La Franca
Colombres
Unquera
San Vicente de la Barquera
La Revilla
Caviedes
Cóbreces
Cueva de las Aguas
Cuevas de Altamira
Torrelavega
Renedo
Vargas
La Penilla
El Mercadillo (Liérganes)
La Cavada
Muñorrodero
Bielba
Labarces
Cabezón de la Sal
Villanueva de la Peña
Riocorvo
Cueva el Castillo
Puente-Viesgo
San Román
Cueva del Salitre
Arredondo
Panes
Desfiladero de la Hermida
Puente-nansa
Ucieda
Barros
Los Corrales (Los Corrales de Buelna)
Horno de la Peña
Vega
Villacarriedo
Selaya
Sobrelapeña
Lebeña
Esanos
Tama
Potes
San Sebastián
R. Nansa
Valle (Valle de Cabuérniga)
Renedo
Correpoco
Las Fraguas
Ontaneda
Entrambasmestas
Vega de Pas
2046
Peña Sagra
Tudanca
Bárcena Mayor
Bárcena de Pie de Concha
San Pedro del Romeral
Puerto de las Estacas de Trueba
(1166)
Pesaguero-Laparte
Puente-Pumar
Puerto de Tajahierro
(942)
Ventorrillo
Villabáscones
Bárago
Puerto de Piedrasluengas
(1329)
Brañavieja
Abiada
(1260)
Espinilla
Puerto de Palombera
Fontibre
Emb. del Ebro
Corconte
(1011)
Puerto del Escudo
Cantabria
Castilla y León
Piedrasluengas
La Costana
Cueva de Ojo Guareña
Santelices
Reinosa
Arija
San Salvador de Cantamuda
Santa María de Redondo
Matamorosa
Cilleruelo de Bezana
Puentedey
Valdecebollas
2136
Colegiata de Cervatos
Juliobriga (ruinas romanas)
Arroyo
Santa Gadea
Soncillo
Abadía de Lebanza
Olea
Montejo de Bricia
Puerto de Carrales
(1020)
Brañosera
(987)
San Martín de los Herreros
Herreruela de Castillería
Barruelo de Santullán
Puerto de Pozazal
Arroyal
Bustidoño
Soto-Rucandio
Manzanedo
Mataporquera
Rueda de Pisuerga
1013
Cervera de Pisuerga
Cillamayor
Salinas de Pisuerga
Valdenoceda
Cantoral de la Peña
Cabria
Villanueva de la Nía
Polientes
Quintanilla-Colina
Dehesa de Montejo
Emb. de Aguilar de Campoo
Aguilar de Campoo
Pomar de Valdivia
Sargentes de la Lora
Escalada
Pesadas de Burgos
Castrejón de la Peña
Monasterio de Santa Eufemia
Santa María de Mave
Valdeajos
Covanera
Sedano
Congosto de Valdavia
Olmos de Ojeda
Prádanos de Ojeda
Báscones de Ojeda
Basconcillos del Tozo
Humada
Peña Amaya
1362
Lavid de Ojeda
Alar del Rey
Amaya
La Piedra
Masa
Puerto del Páramo
(1050)
R. Valdavia
Sotobañado y Priorato
Herrera de Pisuerga
Ordejón de Arriba o San Juan
La Nuez de Arriba
Brullés
Valdavia
Villaeles de Valdavia
Calahorra de Boedo
Ventosa de Pisuerga
Sotresgudo
Sandoval de la Reina
Quintanilla-Pedro Abarca
Villaute
Huérmeces
Rezmondo
Villadiego
Villanuño de Valdavia
Hijosa de Boedo
Tobar
Ubierna
Naveros de Pisuerga
Villamayor de Treviño
Olmos de la Picaza
Mansilla de Burgos
Avellanosa del Páramo
Bahíllo
Osorno
Sasamón
Exconvento de Fresdelval
Serna
Villasarracino
Melgar de Fernamental
Olmillos de Sasamón
Las Quintanillas
BURGOS
Villaherreros
Villasandino
Villanueva de Argaño
Tardajos
Villalbilla de Burgos
Carrión de los Condes
Lantadilla
R. Pisuerga
Castrillo de Murcia
Las Huelgas
Villalcázar de Sirga
Monasterio de San Martín
Itero de la Vega
Castrillo-Matajudíos
Castrojeriz
Iglesias
Cabia
Estépar
Arcos
Frómista
Villoldo
Canal de Castilla
634
6316
623
635
611
A67
6314
621
625
628
6318
627
232
131
125
624
630
622
120
617

130 km **San Vicente de la Barquera,** Fischerort am Rand einer Landzunge, mit der Ruine des Schlosses der Herzöge von Estrada aus dem 12. Jahrhundert.

Sehenswert ist die festungsähnliche Kirche **Santa María de los Angeles** aus dem 13. bis 16. Jahrhundert, eine Wehrkirche mit romanischem Portal.

Eine lange Brücke aus dem 18. Jahrhundert führt über die Ría.

Das Stadtfest, Fiesta de Comillas findet um den 15. Juli herum statt

141 km **Comillas,** ein sehr netter Badeort mit Herrenhäusern aus dem 16. und 17. Jahrhundert. Es freut sich großer Beliebtheit als Sommerfrische.

Auf dem Hügel wurde im neugotischen Palast der Grafen von **Comillas** eine katholische Universität eingerichtet. Im Park gibt es den Pavillon **„El Caprichi"**, den Antonio Gaudí 1883 bis 1885 errichtet hat.

Antonio Gaudí

Er wurde am 25.6.1852 bei Tarragona geboren. In seinen früheren Bauten ist sowohl der Einfluß des Mudejarstils wie auch der Gotik zu erkennen. Sein wesentliches Werk ist der Neubau der Sagrada Familia in Barcelona, die zunächst in neogotischer Form begonnen worden war. An diesem Bau entwickelte er ganz neue Architekturformen, die er später auch bei anderen Bauten auf dekorativem Gebiet anwandte. Seine wichtigsten Bauten stehen in Barcelona, wo er auch lebte und 1926 starb.

Cueva de Àguas: Felszeichnungen in der Höhle

154 km Abzweigung zu **Cueva de las Àguas**. Auch in diesen Höhlen findet man prähistorische Felszeichnungen.

Am 6. Januar findet die Fiesta del Reyes statt:; berühmt sind die Festspiele mit Laiendarstellern

158 km **Santillana del Mar,** ein kleiner Ort, seit dem Mittelalter fast unverändert. Er steht unter Denkmalschutz. Der Name leitet sich von der heiligen Märtyrerin Juliana von Nikomedien ab. Aus Santa Iliana wurde Santillana. Zunächst war Santillana ein Wallfahrtsort mit Kloster; später kamen Adelspaläste hinzu, die dem Dorf eher den Charakter einer kleinen Residenz gaben. Heute ist in einigen Adelspalästen der **Parador Gil Blas** eingerichtet. Sehenswert ist die Kollegiatskirche, in der nach den Überlieferungen die Reliquien der heiligen Juliana aufbewahrt wurden. Bereits seit dem 10. Jahrhundert gab es hier eine Kirche. Der jetzige Bau wurde im 12. Jahrhundert begonnen. Im Inneren erkennt man romanische und gotische Gebäudeteile. Vom rechten Seitenschiff gelangt man in den romanischen Kreuzgang aus dem Ende des 12. Jahrhunderts, von dem drei Trakte erhalten sind. Die Kapitelle sind mit Figuren reich verziert.

Der Strand von Llanes ist eine reizvolle Mischung von Sand und Felsen

Museum:
Im ehemaligen Kloster **Regina Coeli (de Clarisas)**, 1599 gegründet, befindet sich das Diözeseanmuseum mit einer Sammlung religiöser Kunst.

Umgebung:
In der Nähe befinden sich die Höhlen von **Altamira** (2 km). Sie sind wohl die berühmtesten Höhlen mit paläolithischen Malereien. Die Innentemperatur der Höhlen von höchstens 14 Grad ist für die Erhaltung der Felsbilder von größter Wichtigkeit. Bei einem Ansteigen der Temperatur und einer dadurch bedingten Verringerung der Feuchtigkeit ist der Bestand der Felsenbilder gefährdet. Aus diesen Gründen wird die Besucherzahl stark begrenzt. Nur noch kleine Gruppen können die Höhlen besuchen. Man muß sich dafür mindestens sechs Monate im voraus schriftlich anmelden. Besucht werden kann jedoch das Museum, in dem eine Vielzahl der sehenswerten Funde ausgestellt ist. Die Höhlen wurden 1869 zufällig von einem Jäger entdeckt, die Zeichnungen jedoch erst zehn Jahre später. Heute hält man die Höhlen von Altamira für einen der berühmtesten Fundorte prähistorischer Zeichnungen in Europa. Die mehrfarbigen Fresken (aus der mittleren Magdalenenperiode 14 000 bis 9500 v. Chr.) befinden sich in einem Höhlensaal von neun mal achtzehn Metern. Die roten und ockerfarbigen Darstellungen an den Decken und Wänden haben Bison und Pferd, Wildschwein und Hirsch zum Gegenstand. Interessant ist die Schattenwirkung der Zeichnungen. Sie wurde dadurch erreicht, daß die Zeichnungen den natürlichen Unebenheiten der Felswand angepaßt wurden. Man spricht bei diesem Saal auch von der „Sixtinischen Kapelle der Steinzeit".

Die berühmtesten Höhlen befinden sich bei Altamira

Öffnungszeiten:
Juni bis September Mo-Sa 10 bis 13 Uhr und 16 bis 18 Uhr, So 10 bis 13 Uhr, in den anderen Monaten Mo-Sa 9.30 bis 14.30 Uhr, So 10 bis 13 Uhr

Ein Ausflug in die Picos de Europa führt in eine markante Bergwelt

192 km Über die N 611 erreicht man **Santander.**

Über **Torrelavega** und **Puente Viesgo** erreicht man die **Cuevas el Castillo Pasiega** mit paläolithischen Malereien ähnlich wie die Höhlen von Altamira. Da letztere nicht mehr besichtigt werden können, bieten sich als gute Alternativen die Höhlen von Pasiega an.

Öffnungszeiten: April bis Oktober Di-Sa 10 bis 13 Uhr, 15.30 bis 18.30 Uhr, So 10-13 Uhr; in den anderen Monaten: Di-So 10 bis 13 Uhr; Der Zugang ist auf 300 Personen täglich beschränkt

* **Santander** → S. 328

Die Küche Asturiens

*In Asturien muß man unbedingt die **fabada** versuchen. Sie wird als Konserven bis in die USA geliefert. Wichtigster Bestandteil der fabada sind die weißen Bohnen. Dazu kommen Schweineohren, Schweinepfoten, Schinkenspitzbein, Speck und Blutwurst. Insbesondere die asturische Blutwurst bestimmt den besonderen Geschmack.*

Es gibt natürlich noch mehr Eintöpfe, die auf weißen Bohnen aufbauen. Man verfeinerte sie mit Muscheln, mit Hasenfleisch oder Rebhuhn.

*Ein Fischeintopf steht ebenfalls auf der Speisekarte: **caldereta.** Man verwendet Krustentiere, Schalentiere, verschiedene Fischarten.*

*Berühmt ist **merluza a la sidra** (Seehecht in Apfelwein). Charakteristisch für dieses Gericht ist der leicht säuerliche Apfelwein.*

Es gibt viele Gerichte auf Thunfisch- oder Lachsbasis. Der Lachs kommt aus den Lachsflüssen Nalón und Sella. Er wird in Milch eingelegt, dann gesalzen und mit Zitrone beträufelt, ehe er gegrillt wird.

Als Nachspeise rühmt man den Milchreis, aber auch Torten und Gebäck.

Oviedo – León

115 km, Plan → S. 220/221

Asturien ist vom restlichen Spanien durch das kantabrische Gebirge getrennt, ja abgeschirmt. Die einzige Verbindung nach Süden ist der Pajares- Paß.

0 km Man verläßt Oviedo auf der A 66.

19 km **Mieres** ist einer der wichtigsten Orte Mittelasturiens. Geprägt wird der Ort durch ein Eisenverhüttungswerk, das bereits im 19. Jahrhundert Wachstumsimpulse für die Region gab.

Sehenswert ist die vorromanische Kirche Santa Cristina de Leña

34 km Die vorromanische Kirche Santa Cristina de Leña (→ unter Oviedo).

56 km Die Straße windet sich hoch zum Pajares-Paß; eine grandiose Gebirgslandschaft.

121/115 km * **León** → S. 287

Rundfahrt durch die Picos de Europa

236 km, Plan → S. 220/221

Zwischen Oviedo und Santander liegt 30 km südlich, parallel zur Küste, das höchste Gebirgsmassiv der kantabrischen Kette. Höchster Berg ist der Torre Ceredo, 2648 m. Reißende Sturzbäche haben wildromantische Schluchten gegraben. Die Gebirgswelt kann bei einer Rundfahrt gut entdeckt werden. Wer mehr Zeit hat, kann Spaziergänge oder alpine Wanderungen unternehmen und sogar im Sommer skifahren. Es gibt genügend Schutzhütten, in denen man unterkommen kann.

Die Picos de Europa sind das höchste Gebirgsmassiv der kantabrischen Bergwelt

Ausgangspunkt ist der kleine Ort **Unquera** an der **Ría de Tina Mayor** auf der Küstenstraße N 634, 12 km westlich von San Vicente de la Barquera.

0 km Von **Unquera** zweigt die N 621 südlich in die Bergwelt ab.

12 km **Panes.**

25 km Die Straße führt über 25 km weit durch den Engpaß **Desfiladero de La Hermida,** eine äußerst reizvolle Felsenklamm, durch die der **Río Deva** fließt. Man überquert mehrmals den Fluß.

32 km Bei **Lebeña** befindet sich die kleine mozarabische Kirche **Santa María de Lebeña** aus dem 10. Jahrhundert (930 ?). Im Inneren gliedern Säulen mit korinthischen Kapitellen das dreischiffige Langhaus. Sie tragen auf einer hufeisenförmigen Bogenkonstruktion die Tonnengewölbe.

37 km Bei **Tamá** befinden sich rechter Hand **(Abzweigung** nach **Viñón)** die Kirchen **San Francisco** und **San Roque**, linker Hand **(Abzweigung** nach **Esanos)** die Kirchen **Guadalupe** und **San Miguel**. Die romanischen Gebäudeteile überwiegen.

40 km **Potes** liegt in einer geschützten Lage 2000 m hoch. Ein Festungsturm aus dem 15. Jahrhundert, **Torre del Infantado**, in dem jetzt das Rathaus eingerichtet ist, beherrscht den Hauptplatz, daneben stehen Adelshäuser mit Wappen an den Fassaden. Die Bewohner von Potes schufen sich 1809 durch ihren heldenhaften Widerstand gegen die Truppen Marschall Neys großen Respekt.

Am 2. Mai findet eine Wallfahrt, Romería de la Nuestra Señora de la Luz zu der gleichnamigen Kapelle in der Sierra Peña Sagra statt

Von Potes führt die N 621 25 km durch Wälder und Matten, vorbei an kleinen Dörfern, flußabwärts zur Quelle des Río Deva.

In Covadonga befindet sich die Wiege der spanischen Monarchie

Die Splitter vom Kreuz Christi werden in der Kapelle von Covadonga verehrt

43 km **Abzweigung –** zum Kloster **Santo Toribio de Liébana** (2 km).
Bereits im 6. Jahrhundert bestand ein kleines Kloster. Im 8. Jahrhundert wird es urkundlich erwähnt als eine bedeutende Reliquie (Splitter vom Kreuz Christi) aus Astorga, das von den Mauren eingenommen worden war und deshalb nach Santo Toribio verlegt wurde. Die Gegend der Picos galt auch im 8. Jahrhundert als ver-

hältnismäßig sicher. Man erzählt von einem großen Wunder: Nach der Schlacht von Covadonga (722) zog eine Gruppe von Mauren im Tal des **Río Deva** nach **Santo Toribio.** Ein Erdrutsch vernichtete sie jedoch und bewahrte das Kloster vor der sicheren Zerstörung.

Die heutige Kirche ist gotisch, die beiden romanischen Tore stammen von einem früheren Bau. In der anschließenden plateresken Kapelle (16. Jahrhundert) wird der Splitter vom Kreuz Christi aufbewahrt.

500 m oberhalb des Klosters befindet sich eine Aussichtsterrasse, von der man einen schönen Blick über die Picos de Europa hat.

Im Kloster lebte im 8. Jahrhundert der Mönch Beatus und schrieb 776 seine „Kommentare zur Apokalypse". Er legte zum ersten Mal die Apokalypse schriftlich aus, beschrieb die Bestrafung des sündigen Menschen und die Rettung der Christen vom Bösen. Die Originale sind nicht mehr vorhanden. Aber es gibt in den verschiedensten Museen eine ganze Reihe von Abschriften. Später lebte Beatus als Beichtvater am asturischen Hof.

Sehenswert ist die mozarabische Kirche Santa María de Lebeña

Ausflug nach **Fuente Dé:**
Espinama besitzt alte Häuser mit Wappenschmuck. Der Ort ist Augangspuntk für Wanderungen zur Schutzhütte Aliva (7 km) und von dort durch die Bergwelt der Picos de Europa.

Fuente Dé liegt in einer herrlichen Berglandschaft, in der der Río Deva aus dem Zusammenfluß mehrerer Bergflüsse entsteht. Neben dem Mirador Fuente Dé befindet sich die Station einer Seilbahn, mit der man 800 Meter hoch zur Aussichtsplattform **Mirador del Cable** (1800 m) fahren kann. Von dort hat man einen herrlichen Blick über das Devatal.

Von Fuente Dé kann man mit der Seilbahn in die Bergwelt schweben

Betriebszeiten der Seilbahn: Mai/Juni 10 bis 18 Uhr täglich; Juli-Sept. 9 bis 20 Uhr täglich; in den anderen Monaten nur am Wochenende 10 bis 13 Uhr und 15 bis 18 Uhr

50 km Von **Potes** führt die S 240 nach **La Vega,**

Abzweigung nach **Cucayo;** schöner Ausblick.

78 km Die Straße führt zum **Puerto** (Paß) **de San Glorio** (1609 m) hoch. Kurz vorher Aussichtspunkt **Mirador de Liesba;** schöner Ausblick, insbesondere auf den 2234 m hohen **Coriscao**.

83 km **Llánaves de la Reina** liegt am Eingang der Yuso-Schlucht.

88 km **Portilla de la Reina;**

Abzweigung zum **Puerto** (Paß) **de Pandetrave** (1562 m – 12 km); schöne Aussicht, insbesondere auf den Nationalpark von Riaño.

Von Portilla de la Reina folgt die Straße dem **Río Yuso** bis **Riaño;** herrliche Landschaft.

108 km **Riaño,** Stausee von **Riaño**: Abzweigung nach Norden auf der C 637. Die Straße im Tal des **Río Sella** durchquert den Naturschutzpark von Riaño.

124 km **Puerto del Pontón** (1311 m)

Abzweigung zum **Puerto** (Paß) **de Panderruedas** (1450 m); schöner Ausblick.

136 km Vom **Mirador de Piedrafitas** hat man einen herrlichen Blick auf das Massiv von Oseja (1732 m). In der Nähe befindet sich die **Ermita de San Pedro**. In engen Kehren geht es abwärts in die Sella Schlucht.

Die Straße folgt nun der 10 km langen **Los Beyos**-Schlucht. In der Nähe befindet sich die **Cueva de la Peña** mit Felsmalereien.

159 km **Santillan; Sames**

Abzweigung in die Schlucht des **Río Ponga**; landschaftlich sehr schön (18 km).

Jeden Sonntag ist Markttag: große Auswahl an asturischen Käsen

170 km **Cangas de Onís,** ehemalige Residenzstadt der Könige von Asturien. Zu besichtigen ist die Kapelle **Santa Cruz**, 735 erbaut, 1936 zerstört und neuromanisch wieder aufgebaut. Sie selbst ist heute nicht unbedingt sehenswert. Bedeutsam ist jedoch, daß sie auf einem vorgeschichtlichen Grabhügel steht. Im Inneren kann man Dolmen besichtigen.

Beeindruckend ist auch die hohe „neurömische" Brücke (12. Jahrhundert), die den **Río Sella** überspannt.

Am Ortsausgang liegt das Benediktinerkloster **San Pedro**, im 17. Jahrhundert errichtet. Die romanische Kirche stammt aus dem 12. Jahrhundert.

In **Cangas de Onís** wenden wir uns auf der C 6312 Richtung Panes.

173 km **Abzweigung** zu den Höhlen von **Buxu** (1 km); paläolithische Ritz- und Holzkohlenzeichnungen aus der Magdalenienzeit (max. Besucherzahl: 25 Personen je Tag).

174km **Abzweigung** nach **Covadonga** und weiter zum **Lago Enol** und **Lago de la Ercina.**

Covadonga ist ein kleiner Ort auf einem Felsvorsprung in wunderbarer Lage. Covandonga, die „Wiege der spanischen Monarchie", ist für die Spanier ein Nationalheiligtum. Nachdem der Westgotenkönig Roderich 711 von den Mauren vernichtend geschlagen worden war, eroberten diese weite Teile des Landes. In den Bergen, den Picos de Europa, hielt sich eine Anzahl christlicher Ritter versteckt. Sie wurden von Pelayo, einem Fürsten westgotischer Abstammung, angeführt. 722 kam es zur Schlacht von Covadonga, bei der die christlichen Ritter einen beeindruckenden Sieg über die Mauren erkämpften. Das war der erste größere Sieg über die bis dahin als unbesiegbar geltenden Mauren.

Dabei steht weniger der militärische Erfolg im Vordergrund als vielmehr das psychologische Erfolgserlebnis: auch die gefürchteten maurischen Truppen konnten geschlagen werden. Die siegreichen Christen um Pelayo gründeten das Königreich Asturien, von dem die Reconquista ausging. Zu besichtigen ist heute noch die heilige Höhle Santa Cueva, in der zum Dank für den Sieg ein Altar errichtet worden ist. Aus Cueva Dominiga (Covadominica), das heißt Höhle der Herrin, leitet sich der Name Covadonga ab. In der Höhle (Cueva) werden die Grabmale von Pelayo (737) und seiner Gattin Candiosa viel besucht. Unmittelbar darunter stürzt ein Wasserfall zu Tal. Links davon entspringt eine Quelle, die angeblich Glück oder eine baldige Hochzeit beschert, wenn man von ihrem Wasser trinkt.

Am Fuß der Höhle befand sich einst die Stiftskirche San Fernando. Von ihrem ursprünglichen Bau ist nur noch der Kreuzgang (romanische Grabstätten) erhalten. Die moderne Basilika de las Batallas wurde 1887 bis 1901 im neuromanischen Stil errichtet. Der Kirchenschatz kann besichtigt werden.

Die Straße windet sich durch eine herrliche Gebirgswelt steil bergan. Vom Aussichtspunkt Mirador de la Reina hat man eine wunderbare Aussicht auf die Picos.

Kurze Zeit später erreicht man den Lago Enol und nach einigen weiteren Kilometern den Lago de la Erciña inmitten einer ganz unberührten Bergszenerie. Zwischen den beiden Seen befindet sich das Schutzhaus Entrelagos (Nationalpark von Covadonga).

Am 8. September, am Día de la Satína findet in Covadonga eine Wallfahrt statt

176 km **Abzweigung** zum Palast von **Labra** (2 km) aus dem 17. Jahrhundert.

178 km **Abzweigung** zur romanischen Kirche Santa Eulalia de Abania.

201 km **Las Arenas,** bekannt für die Käseherstellung; die Straße führt durch das Tal des Río Cares.

224 km **Panes**

236 km **Unquera**

Am 25. Juli wird die Fiesta del Pastor gefeiert. Neben einer feierlichen Messe gibt es auch Sportwettbewerbe: Reiten ohne Sattel, Baumklettern und andere „rustikale" Vergnügungen

Vielfältig ist die Region: vorromanische Kirchen (Silo), die Höhlen von Covadonga und der See von Ercina

Die (bewohnte) Kirche von Castro-Urdiales

Von Santander nach Burgos

154 km, Plan → S. 236/237

0 km Man verläßt Santander über die N 623

30 km **Puente Viesgo,** kleiner Kurort in schöner Landschaft.

Abzweigung zu den Höhlen **El Castillo Pasiega.**
In beiden Höhlen findet man Wandzeichnungen aus der Magdalenenperiode.

Öffnungszeiten: April bis Oktober Di-Sa 10 bis 13 Uhr, 15.30 bis 18.30 Uhr, So 10-13 Uhr; in den anderen Monaten: Di-So 10 bis 13 Uhr; Der Zugang ist auf 300 Personen täglich beschränkt

Die Straße führt durch das Tal de **Río Pas**.

62 km **Puerto** (Paß) **de Escudo,** 940 m Höhe, schöner Ausblick.

64 km Man kommt zum Nord-Ost-Ufer des gestauten **Río Ebro, Embalse del Ebro.**

Abstecher:
auf der Straße 6318 zu den Höhlen **de Ojo Guareña** und **de San Bernabé.** Die romanische Ermita de San Barnabé wurde in Felsenhöhlen eingepaßt.

Espínosa de los Monteros: Wirtschaftszentrum, 1006 durch Sancho García gegründet. Sehenswert sind die Pfarrkiche Santa Cecilia (16. Jh.), die Kirche **San Nicolás** (18. Jh.), das Rathaus, 1879 erbaut und der **Palacio del Marqués de Chiloeches** (17. Jh). Weiterhin gibt es noch das **Castillo de los Condestables** (14. Jh.) mit einem beeindruckenden Bergfried.

Leciñana de Mena: Großer, einzeln stehender Turm, Torre de los Velasco, aus dem 15. Jahrhundert.

Vallejo de Mena: Die Kirche **San Lorenzo** mit drei Portalen wurde im 12. und 13. Jahrhundert erbaut.

Siones: Die Templerkirche **Santa María** stammt aus dem 12. Jahrhundert.

Villasana de Mena: Hauptort des Menatals ist ein mittelalterliches Städtchen. Hier ist der **Palacio de Sancho Ortiz de Matienzo** aus dem 16. Jh. zu sehen.

Von **Soncillo** über **Villarcayo** nach **Medina de Pomar** (1894 zur Stadt erhoben): Sehenswert sind die dreischiffige Kirche **Santa Cruz** aus dem 16. Jahrhundert; die gotische, dreischiffige Kirche **Nuestra Señora del Rosario** aus dem 13. und 14. Jahrhundert; die romanische **Ermita de Santa Lucía o San Millán** aus dem 12. Jahrhundert; das 1313 gegründete Kloster **Santa Clara**; das Hospital **de la Veracruz** aus dem 15. Jahrhundert. Weiterhin gibt es noch den **Alcázar de los Velasco o las Torres**, ein wuchtiger Bau mit zwei zinnenbekrönten Türmen aus dem 14. Jahrhundert.

Es war der Wohnort der Familie **Velasco**. Auch Mauerreste aus dem 12. Jahrhundert sind noch erhalten.

92 km Bei **Escalada** erreicht die Straße das tiefeingeschnittene Ebrotal; landschaftlich sehr schön. Im weiteren Verlauf der Straße malerische Dörfer.

120 km **Puerto** (Paß) **de Páramo de Masa** (1050 m)

145 km **Vivar del Cid,** kleine Ortschaft, in der El Cid seine Kindheit verbrachte.

154 km * **Burgos** → S. 256

Der Ort Santillana liegt an einem kleinen Fluß, der dem Land Leben verleiht

Santander - Bilbao - San Sebastian - Hendaye
Azpeitia - Bergana
San Sebastian - Estella
SANTANDER
Cabo Mayor
Palacio de la Magdalena
Playa de Ajo
Cabo de Ajo
Playa de Ris
Isla
Ajo
Tregandín (Noja)
Liencres
Pedreña
Galizano
Santoña
Laredo
Miengo
Muriedas
Somo
Villaverde de Pontones
Beranga
Maliaño
Oruña
Cueva de Santián
El Astillero
Solares
Parbayón
Torrelavega
Renedo
Vargas
La Penilla
Mercadillo (Liérganes)
La Cavada
Solórzano
Cueva del Salitre
San Román
Cueva Castillo
Puente-Viesgo
Horno de la Peña
Vega
Villacarriedo
Selaya
Puerto de Alisas (674)
Arredondo
Riba
Ramales de la Victoria
Asón
Portillo de Lunada (1350)
San Pedro
Veguilla
Ontaneda
Entrambasmestas
Vega de Pas
Puerto de Los Tornos (960)
Río de Trueba
Portillo de la Sía (1160)
Agüera
Los Tornos (920)
Bárcena de Pie de Concha
San Pedro del Romeral
Puerto de las Estacas de Trueba
(1166)
Las Machorras
Quintanilla del Rebollar
Villabáscones
Espinosa de los Monteros
Emb. el Ebro
Corconte
(1011)
Puerto del Escudo
Cueva de Ojo Guareña
Hornillayuso
Baranda
Santelices
Arija
Cilleruelo de Bezana
Puentedey
Abadía de Rueda
R. Nela
Medina de Pomar
Bárcena de Pienza
Santa Gadea
Soncillo
Puerto de Carrales (1020)
Montejo de Bricia
Bustidoño
Soto-Rucandio
Manzanedo
Villarcayo
Convento de Santa Clara
R. Ebro
Incinillas
Valdenoceda
Quintanilla-Colina
Escalada
Quecedo
Trespaderne
Polientes
Sargentes de la Lora
Pesadas de Burgos
Cereceda
Valdeajos
Covanera
Sedano
Hozabejas
Salas de Bureba
Oña
La Aldea del Portillo de Busto
Cornudilla
Poza de la Sal
Cernégula
Lences
Masa
Puerto de Páramo de Masa (1050)
Quintanilla-Sobresierra
La Piedra
Ordejón de Arriba
San Juan
La Nuez de Arriba
Brullés
Quintanilla-Pedro Abarca
Villaute
Huérmeces
Villadiego
Tobar
Ubierna
Rublacedo de Abajo
Olmos la Picaza
Avellanosa del Páramo
Mansilla de Burgos
Temiño
Monasterio de Rodilla
Sotopalacios
Vivar del Cid
Quintanapalla
Exconvento de Fresdelval
Sasamón
Olmillos de Sasamón
Las Quintanillas
BURGOS
Hurones
Villafría/Rubena
Villanueva de Argaño
Tardajos
Villalbilla de Burgos
Cueva de Atapuerca
Castañares
Las Huelgas
Iglesias
Burgos
Ibeas de Juarros
Monasterio de San Pedro de Cardeña
Estépar
Cabia
Arcos
Sarracín
San Juan
Arlanzón
Mazuelo
Orinón
Islares
Cueva Peña del Cuco
Castro-Urdiales
Colindres
Limpias
Ampuero
Sámano
Balbacienta
Ontón
Santa María de Getxo
Zierbena
Portugalete
Bárcena
Udalla
Llaguno
Cueva Venta de la Perra
Cantabria
Euskadi
Arenao
Mercadillo
La Iglesia
Traslaviña
La Matanza
Cueva de Covalanas
Concha
Güeñes
Balmaseda
Mimetiz
Sodupe
Lanestosa
Lanzas Agudas
Emb. de Ordunte
Nava de Ordunte
Zudivilarte
Artziniega
Luxaon
Hornes
Montiano
Menagaray
Villasana de Mena
Cadagua
Castrobarto
Salbantone
Quincoces de Yuso
Castilla y León
Goba
Aundi
Oteo
Villaño
La Cerca
San Pantaleón de Losa
Castillo Tertanga
Criales
Fresno de Losa
Berberana
Quintanilla-Montecabezas
Bóveda
Cebolleros
Nofuentes
San Millán de San Zadornil
Quintana-Martín-Galíndez
Espejo
Frías
Sobrón
Emb. de Sobrón
Convento del Espino
Valderrama
Santa Gadea del Cid
Ameyugo
Cubo de Bureba
Desfiladero Pancorvo
Solduengo
Busto de Bureba
Pancorvo
Vallarta de Bureba
Terrazos
Quintanilla-San García
Treviana
Piérnigas
Briviesca
Santuario de Santa Casilda
Briviesca/Belorado
Cerezo de Riotirón
Bañuelos de Bureba
Castil de Peones
R. Tirón
Redecilla del Camino
Villanasur-Río de Oca
Belorado
Villaescusa la Sombría
Villafranca-Montes de Oca
Eterna
Pradoluengo
Fresneda de la Sierra Tirón
Villorobe
Urrez
Pineda
A67
A1
N1
E 70

Costa Vasca
Cabo Machichaco
San Pelaio
Bermeo
Playa de Laila
Playa de Laga
Basigo de Bakio
Alto de Sollube [340]
Mundaka
Ibarranguelua
Ea
Lekeitio
Santa Elena de Emerando
Cueva de Santimamiñe
Ugaran
Ondarroa
Gernika-Lumo
Aulesti
Mutriku
Deba
Itziar
Zumaia
Getaria
Zarautz
DONOSTIA -SAN SEBASTIÁN
Playa de la Concha
Arriceta
Pasai San Pedro
Pasai Donibane
Hondarri
Irú
Renteria
BILBAO
Zornotza (Amorebieta)
Astelarra
Urrutxua
Markina-Xemein
Deba/Elgoibar
Zestoa/Zumaia
Zarautz/Orio
Orio
Cueva de Altxerri
Hernani
Cuevas
Gerrikaitz
Zornotza
Krutzes
[Galdakao]
Arraibi
A8
Zornotza (Amorebieta)
9 Durango
Ermua
Eibar
Elgoibar
Madariaga
Zestoa
Aia
Andoain
Azkoitia
Azpeitia
Villabona
Euba
Zaldibar
Soraluze
Tolosa
Goizueta
Igorre
Zubialde
Durango
Autopista del Cantábrico
Elbar/Ermua
Santuario de Loiola
Bidegoian
Nuarbe
Berastegi
Puerto de San Antón [490]
Ugarana
Mañaria
Areatza-Billaro
Gallartu
Santuario de S. Antonio
Elorrio
Bergara
Zumárraga
Ibarra
Legorreta
Arrázola
Arrasate-Mondragón
Cueva de Sopelegor
Legazpi
Ordizia
Ormaiztegi
Amezketa
Leiza
Puerto Azpiroz [617]
Puerto de Barazar [604]
Otxandio
Ibarra
Oñati
Beasain
Lazkao
Betelu
Sierra de Aralar
Lecumberri
Ollerías
Legutiano
Aizquirri
Arántzazu
Zegama
Puerto de Etxegarate [640]
Alto de Lizarrusti
Huarte-Araquil
Villanueva de Araquil
Santuario San Miguel
Altube
Murgia
Gopegui
Emb. Urrúnaga
Emb. de Zadorra
Ozeta
Echarri-Aranaz
Alsasua
Lacunza
Lizarraga
Vitoria-Gasteiz/Murgia
Zuazo de Cuartango
Foronda
Arroyabe
Gordoa
Albéniz
Ciordi
Olazagutia
Iturmendi
Puerto de Lizarraga o Usaide
Ulzurrun
Mendoza
Narrazo
N1
Ibarguren
Salvatierra
Gereñu
Santurio de Ntra. Sra. de Estíbaliz
VITORIA-GASTEIZ
Oca
Eguileta
Euskadi
Navarra
Cueva de los Cristinos
Monasterio de Irantzu
Zudaire
Irujo
Puerto de Azaceta [895]
132A
Erroitegi
Larraona
Cueva de Basaura
Gastiáin
Añastro
Treviño
Castilla y León
Arlucea
Maeztu
Pierola
Viloria
Amillano
Abárzuza
Ganuza
Estella
Armiñon
Armentia
Miranda/Zambrana
Zambrana
Albaina
Sta. Cruz de Campezo
R. Ega
Ancin
Acedo
Zufia
Villatuerta
Mendigo
Peñacerrada
Cabredo
Aguilar de Codés
Ntra. Sra. de Codés
Oco
Luquin
Oteiza
Briñas
Labastida
Rivas de Tereso
Lagran
Bernedo
Pipaón
Dicastillo
Rioja Alavesa
Lanciego
Ntra. Sra. del Poyo
Los Arcos
Arróniz
Allo
San Bartolomé
Gimileo
S. Vicente de la Sonsierra
Laguardia
Torres del Río
Viana
Berbi
Briones
Elciego
Cenicero
Oion
LOGROÑO
Lazagurria
Sesma
Lerín
San Asensio
Euskadi
La Rioja
Fuenmayor
Agoncillo
Mendavia
Basílica la Virgen
Nájera/Navarrete
Huércanos
Navarrete
Logroño
Lardero
Alberite
Murillo de Río Leza
Alcanadre
Lodosa
R. Ega
Cárcar
Sartaguda
Andosilla
Nájera
Badarán
Albelda de Iregua
Entrena
Ausejo
Pradejón
San Adrián
Calahorra
San Millán de la Cogolla
Baños de Río Tobía
Islallana
Castroviejo
Clavijo
Ribafrecha
Nalda
Ocón
El Villar de Arnedo
Calahorra/Arnedo
Soto en Cameros
Robres del Castillo
Anguiano
Torrecilla en Cameros
R. Iregua
Cameros
Arnedillo
Arnedo
Quel
Autol

Santander – Bilbao

159 km, Plan → S. 236/237

11 km **El Astillero,** Industriestadt

16 km **Heras**

Abzweigung:
Eine steile Straße führt auf den **Peña Carbarga**. Auf dem Gipfel des 569 m hohen Berges steht ein Denkmal, das den Eroberern der Neuen Welt gewidmet ist. Von dort oben hat man einen herrlichen Ausblick.

Das Mineralwasser von Solares wird in ganz Spanien getrunken

19 km **Solares,** Thermalbad. Das Mineralwasser des Ortes wird in ganz Spanien getrunken.

33 km **Beranga**

Abzweigung nach **Ajo;**
Kirche Santa María im romanischen Stil (12. Jh.), Taufbecken aus dem 11. Jh.

In Santoña wird Carneval besonders ausgiebig gefeiert

38 km **Abzweigung** nach **Santoña;**
rechter Hand der Convento de Mote Hano. Santoña ist Fischereihafen und liegt geschützt am Eingang einer natürlichen Bucht. Die romanische Pfarrkirche **Nuestra Señora del Puerto** wurde im 18. Jh. wesentlich umgestaltet. Einige romanische Teile sind noch übrig geblieben. Es bietet sich ein Abstecher nach **Noia** (Tregandín) und **Isla** an, sehr beliebt als Sommerfrische. Die schönen Badebuchten sind während der Ferienzeit ziemlich überlaufen.

46 km **Colindres**

Abzweigung nach **Limpias** (Kirche **Santo Cristo de la Agonía**) und **Ampuero.**
Von Ampuero aus erreicht man die Wallfahrtkirche **de la Bien Aparecida**. Von Ampuero aus kann man sich auch nach **Ramales** wenden. Dort gibt es mehrere Höhlen mit prähistorischen Felsenzeichnungen. Sehenswert sind die **Cuevas Cullalverá, Covalanas** und **La Haza.**

Nach Süden überquert man den **Portillo de la Sóa, die Montes de Ordunte** und erreicht **Medina de Pomar.** Benachbart ist die Stadt **Villarcayo,** eine gern besuchte Sommerfrische. Nach der Überquerung des **Río Ebro** hält man sich südlich und erreicht **Burgos** (ca. 145 km).

49 km **Laredo,** ein Fischerhafen und Badeort mit langem Strand. In der Altstadt sind Häuser und Gassen noch gut erhalten und bieten das typische Bild eines größeren Fischerstädtchens.

In der Altstadt etablierten sich viele Restaurants, die um die Gunst der Kunden wetteifern. Die Kirche Santa María wurde in romanischer Zeit begonnen und später durch Anbauten ergänzt. Früher einmal war die Stadt durch Maueranlagen geschützt, von denen heute nichts übrig geblieben ist. An der Plaza Mayor steht die elegante Casa Consistorial aus dem 16. Jahrhundert.

Fest: Am letzten Freitag im August findet die Blumenschlacht, Batralla de las Flores, statt

64 km Bei **Nocina** folgt die Straße der Ría zum Meer (schöner Sandstrand).

77 km **Castro-Urdiales** gilt als die älteste Stadt an der kantabrischen Küste. Man geht davon aus, daß dieser Ort identisch mit dem römischen Flaviobriga ist. Optisch dominieren die Burganlage auf der äußersten Felsnase und die danebenliegende mächtige gotische Kirche. Die Burg Santa Ana hat fünf Rundtürme, heute ergänzt mit einem Leuchtturm. Die strategisch wichtige Stelle war seit der ersten Besiedelung Asturiens befestigt. Die bestehende Burg soll einst den Templern gehört haben. Die Kirche Nuestra Señora de la Asunción stammt aus dem 14. Jahrhundert. Sie ist größtenteils gotisch ausgestaltet, doch findet man auch ein romanisches Portal, das vielleicht von einem Vorgängerbau stammt. Integriert in den Kirchenbau ist eine Mesnerwohnung, die auch heute noch bewohnt ist. Im Inneren der Kirche fallen die hohen, eng gegliederten Säulen auf.

Castro-Urdiales ist die älteste Stadt an der kantabrischen Küste

Die Fiestas del Coso Blanco (wechselnde Termine in den Sommermonaten) werden ausgelassen mit Prozession, Feuerwerk und viel Folklore gefeiert

Der Ort selber zieht sich entlang der Promenade hin; schöne Häuser, Jachthafen, am Ende der Promenade der Strand Playa de Castro.

Die kurvenreiche Straße führt an der Küste entlang. Man bemerkt bereits an der Siedlungs-, aber auch an der Verkehrsdichte, daß man sich im Einzugsbereich von Bilbao befindet.

112 km Über die Autobahn erreicht man

* **Bilbao** → S. 251.

Bilbao – San Sebastián

118 km, Plan → S. 236/237

0 km Man verläßt Bilbao über die Autobahn bis **Amorebieta,** biegt dann nach **Guernica** ab und erreicht schließlich die Küste.

Man kann allerdings auch Bilbao nach Nordwesten verlassen, erreicht **Algorta,** einen Industrievorort, dann **Plentzia,** ein Sommerurlaubszentrum. Auf engen Straßen kann man

Schöne kleine Strände schmücken die Küste

der Küste folgen und erreicht über **San Pelayo** (San Pelayo: Kirche; **Abzweigung** nach **San Juan de Gaztelugatxe,** eine romantische Felseninsel) **Bermeo.** Insbesondere die Strecke von San Pelayo nach Bermeo ist landschaftlich wunderschön.

23 km Amorebieta

Erlebenswert ist die Feria de Gernika am ersten und letzten Montag im Oktober (Handwerksmarkt)

Die **Basken** sind zweifelsohne durch die ETA bekanntgeworden. In vielen Zeitungsberichten begegnet man den drei Buchstaben. Dabei werden sie in Verbindung gebracht mit Terror und Bombenanschlägen. Die drei Buchstaben stehen für die Losung **„Baskenland und Freiheit" (Euskadi ta Askatusuna).** So berechtigt manche Forderungen auch waren und sind, so sehr hat der Terror die Basken insgesamt in Mißkredit gebracht. Dabei lehnen von der Bevölkerung über 90 % den bewaffneten Kampf ab. Wer sind die Basken? Man geht davon aus, daß sie eines der ältesten Völker Europas sind und daß sie seit mehr als zehn Jahrtausenden in dieser Region leben. Viele Völker und viele Herrscher zogen im Lauf der Geschichte durch ihr Siedlungsgebiet und zwangen dem kleinen Volk ihre Zwangsherrschaft auf. Aber niemals opferten die Basken dabei ihre Identität und ihr Selbstbewußtsein. In der Geschichte gab es nie eine Nation der Basken. Es handelte sich um unabhängige Dorfgemeinschaften, mit jeweils einer Stimme in der Landesversammlung, die einer allgemeiner Ältestenrat war. Ihr Tagungsort war Guernica unter der heiligen Eiche.

37 km **Guernica y Luno** ist die heilige Stadt der Basken. Sie wurde im Jahre 1366 gegründet. Schon bald erhielt die Ortschaft weitgehende Gerichtsrechte. Alle zwei Jahre trat der Gerichtsrat unter einer alten Eiche zusammen. Der Stumpf dieser Eiche steht geschützt im Hof der **Casa de Juntas** unter einem Pavillon und kann noch besichtigt werden. Sehenswert ist auch der mit Bildern ausgestattete Versammlungsraum. Der Bau der Kirche **Santa María** wurde 1418 in Angriff genommen. Das Gotteshaus hat ein gotisches Figurenportal.

Sprachkurs in „baskisch"

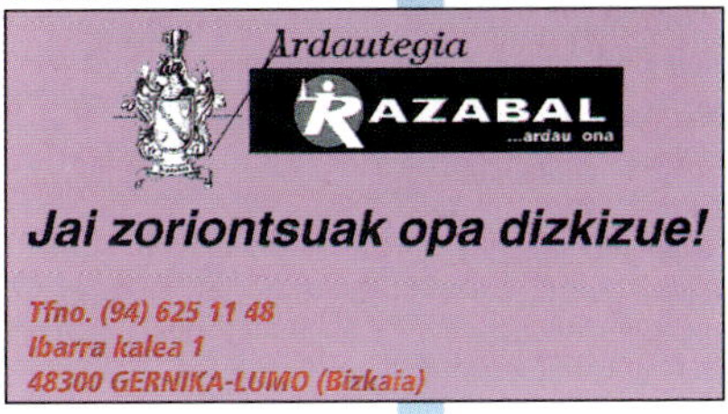

Im Bürgerkrieg litt die Stadt unter dem Bombenterror der deutschen Legion Condor, welche unter spanischer Oberhoheit auf Seiten der aufständischen Francomilitärs kämpfte. Der berüchtigte Luftangriff auf Guernica war von Franco befohlen worden. Er richtete sich angeblich nur gegen eine Brücke am Stadtrand von Guernica, um den flüchtenden republikanischen Truppen den Weg abzuschneiden. Man hatte andererseits bereits von Anfang an als Alternative auch die Bombardierung der Stadt erwogen. Es ist nicht mehr zu rekonstruieren, warum es zu dem Angriff auf die Stadt kam. Tatsache ist jedenfalls, daß die Brücke völlig unbeschädigt blieb, die Stadt jedoch zerstört wurde. Besonders verheerend wirkten sich dabei die abgeworfenen Brandbomben aus, die die Stadt in ein Flammenmeer verwandelten. Der Angriff auf Guernica ging als erster Terrorangriff auf die Zivilbevölkerung in die Geschichte ein. Pablo Picasso malte unter dem Eindruck der Geschehnisse sein berühmtes Bild „Guernica"; es hängt im Prado in Madrid. Sehenswert ist das **Museo de Allegría**, das einen guten Einblick in die baskische Volksseele erlaubt. Geschichte und Gegenwart werden gut dargestellt.

In einer Ausstellung wird der Angriff auf Gernika dokumentiert

Öffnungszeiten: Di-Sa 10 bis 14 Uhr und 16 bis 18 Uhr

Abstecher nach **Bermeo** (14 km):
Bermeo ist ein bedeutender Hafen der Hochseefischerei. Der Ort, in dem viele wohlhabende Herrenhäuser mit Wappen zu finden sind, schmiegt sich eng an die steile Küste. Die Kirche **Santa Euphemia** stammt aus dem 13. Jahrhundert. Zum Franziskanerkloster, das 1357 gegründet wurde, gehört eine Kirche aus dem 16. Jahrhundert mit einem Kreuzgang. Ferner gibt es Reste der Stadtbefestigung mit drei Türmen.

Am 16. September findet die Fiesta de Santa Euphemia statt

Cuevas de Santimamiñe: Tropfsteinbildungen

43 km **Arteaga,** Burg der Familie Arteaga, schöner Ausblick. In der Nähe befinden sich die **Höhlen von Santimamiñe,** Tropfsteinbildungen.

Fiesta de San Pedro vom 28.6.-1.7. Fiesta de San Antolín vom 1.-8.9.

60 km Auf kurvenreicher Straße durch eine reizvolle Landschaft erreicht man **Lekeitio,** einen Fischereihafen (Thunfischfang). Die Kirche **María de la Asunción** wurde 1287 geweiht.

Die heutige Kirche stammt aus dem späten 15. Jahrhundert. Sie wurde nach einem Brand spätgotisch erbaut. Die ausgesprochen hübsche Altstadt hat in ihren engen Gassen mit vielen Musikbars ein angenehmes Flair behalten.

72 km **Ondárroa,** kleiner Fischerort, an schöner Bucht gelegen. Die wehrhafte Kirche **Santa María** stammt aus dem 15. Jahrhundert. Das Straßenbild wird durch bunt bemalte Balkons aufgelockert.

76 km **Mutriku,** kleines Fischerstädtchen.

80 km **Deva** oder Deba, Fischerort, Strand. Die gotische Kirche **Santa María** stammt aus dem 14. Jahrhundert, im 17. Jahrhundert wurde sie umgebaut. Das Portal und der gotische Kreuzgang sind hervorzuheben. Kleiner Strand.

Öffnungszeiten: 6.1-15.9. Mi-So 16 bis 20 Uhr

95 km **Zumaia,** kleiner Fischer- und Hafenort. Sehenswert ist die gotische Pfarrkirche mit einem Votivbild aus dem 15. Jh. Im Ort fallen die alten Adelspaläste auf. Im **Zuloaga-Museum** werden Werke von **El Greco, Goya** und **Zuloaga** ausgestellt.

Francisco José de Goya
Er wurde am 30. 3. 1746 in Funetedos in Aragonien geboren. In Madrid und Rom studierte er, wurde 1754 stellvertretender Direktor der Akademie von San Fernando in Madrid, 1799 erster Hofmaler des Königs. Seit 1824 lebte er in Frankreich und starb am 16. 4. 1828 in Bordeaux. Themen seiner Bilder sind das Elend, die Not und der Krieg der damaligen Zeit; sie decken unerbittlich die Schwächen der Gesellschaft auf. Er gilt als Wegbereiter der Impressionisten.

Abstecher nach Süden:
Azpeitia, alte Häuser und Paläste, die gotische Kirche **San Sebastián** mit einer Fassade aus dem Jahre 1767.

Über **Azkoitia** erreicht man das **Santuario de San Ignacio de Loyola.**

Ein riesiger Bau ist das Santuario de San Ignacio de Loyola

Zu besichtigen ist heute das Santuario, ein prachtvoller Bau mit einer Kirche, die eine Rotunde als Grundriß hat. Man kann auch den Wohnturm besichtigen, die **Santa Casa,** in dem Ignatius geboren wurde. Der Geburtsraum wie auch der Krankenraum sind heute in kleine Kapellen verwandelt. Das Santuario ist ein vielbesuchter Wallfahrtsort.

Ignacio de Loyola
Der Heilige Ignatius (von Loyola) wurde wahrscheinlich 1491 auf Schloß Loyola geboren. Er begann die Offizierslaufbahn und trat in die Dienste des Vizekönigs von Navarra. Bei der Belagerung von Pamplona wurde er am 20. 5. 1521 von den Franzosen am Bein verletzt. Diese Verwundung war der äußere Anlaß seiner Bekehrung. Ignatius beendete seine Offizierslaufbahn und begab sich auf den Montserrat. Dort entwarf er 1521 die Grundzüge der Exerzitien. 1523 wallfahrtete er nach Palästina. Er studierte in Paris und promovierte 1535 zum Magister Artium. In dieser Zeit sammelte er die ersten gleichgesinnten Gefährten um sich und legte zusammen mit ihnen 1534 ein Gelübde der Armut und Keuschheit ab. Die Priesterweihe erhielt er 1537 in Venedig. Es dauerte eine ganze Weile, bis er sich mit der Gründung eines neuen Ordens durchsetzen konnte. 1540 genehmigte Papst Paul III. das Statut des Jesuitenordens. Erster Generaloberer wurde Ignatius von Loyola. Bis zu seinem Tod, 1556, blieb Ignatius in Rom, erarbeitete die Verfassung der Societa Jesu und leitete den Orden. 1622 wurde er heilig gesprochen.

In **Azkoitia** gibt es eine Kirche aus dem 16. Jahrhundert. Über **Elosa** erreicht man **Bergara** mit der Kirche **San Pedro** aus dem 17. Jahrhundert. Sehenswert sind die mittelalterlichen Paläste, die dem Ort sein charakteristisches Aussehen verleihen. Hier wurde am 31. 8. 1839 mit einem Vertrag der erste Carlistenkrieg beendet.

Von hier aus kann man nach **Vitoria** weiterfahren.

Fiesta de San Salvador am 6. August mit Reiterumzug zur Erinnerung an den Weltumsegler Sebastían de Elcano

100 km **Getaria,** ein auf einer Halbinsel gelegenes Fischerdorf. Ein Damm führt zur vorgelagerten Insel **San Antonio**.

Besiedelt war das Gebiet wohl schon relativ früh; die überlieferte Geschichtsschreibung beginnt 1209, als der Ort Rechte zugeschrieben bekam und ein wirtschaftlicher Aufschwung begann. Sehenswert ist die Kirche **San Salvador** aus dem 13. und 14. Jahrhundert. Portal und Turm wurden erst im Jahr 1605 hinzugefügt. Ein Denkmal ist dem berühmtesten Sohn des Ortes gewidmet: **Sebastián de Elcano** wagte zusammen mit Magellán 1519 bis 1522 die erste Weltumsegelung. Während Magellán auf den Philippinen ermordet wurde, erreichten Sebastián de Elcano und 18 Mann mit seinem Schiff „Victoria" wieder Spanien.

Am 9. September findet das baskische Folklorefest Euskal Jaiak statt

105 km **Zarautz** gilt zu Recht als einer der schönsten Badeorte an der baskischen Küste. Der wirtschaftliche Aufschwung begann mit der Vergabe von Rechten (1237).

Man spezialisierte sich schon bald auf den Schiffsbau und fertigte unter anderem auch die Victoria, mit der Sebastián de Elcano die Welt umsegelte. Sehenswert sind die Kirche **Nuestra Señora de la Asunción** (18. Jh.), der eindrucksvolle Wehrturm **Lucea** (14. Jh.) und der mit Ecktürmen geschmückte Palast des **Marqués de Narros** (15. und 16. Jh). Glanzzeit in Zarautz war 1833 bis 1868, als Königin Isabella in Zarautz die Sommermonate verbrachte.

Diese Tatsache zog auch viele vornehme und adelige Familien zur Sommerfrische nach Zarautz und bescherte der Stadt einen wirtschaftlichen Aufschwung. Einige der herrschaftlichen Häuser stammen noch aus dieser Zeit. Schön ist die Strandpromenade.

Die Küche im Baskenland

*An erster Stelle ist der **bacalao** (Klippfisch) zu nennen: bacalao a la vizcaína und bacalao al pil-pil ist zu empfehlen. In der ersten Variante wird der Klippfisch nur mit Paprika und Zwiebeln angerichtet, in der zweiten Variante dominiert der Knoblauch.*

*Auch der Tintenfisch ist beliebt. Man sollte einmal die schwarze Tintensoße versuchen, mit der der Tintenfisch serviert wird **(calamares en su tinta).***

*Große Bedeutung besitzt der Seehecht. Besonders zu empfehlen: **merluza al pil-pil.** Eine Delikatesse sind die winzigen Kiemenbacken des Seehechts: **kokotxas.***

*Beliebt sind **besugo** (Graubarsch) und **angulas** (Glasaale). Letztere werden nur kurz in siedendes, mit Knoblauch und Gewürzen angereichertes Öl getaucht und mit Holzgabeln gegessen.*

*Nicht vergessen sollte man den Thunfisch. **Marmitako** ist ein einfaches Fischergericht: Thunfisch und Kartoffeln.*

*Man muß bei der Vielfalt von Fischgerichten eigentlich gar nicht auf Fleisch zu sprechen kommen. Dennoch werden die **chuletones** (Koteletten) gerühmt und natürlich gibt es Geflügel in den verschiedensten Variationen.*

118 km Über die Autobahn erreicht man

* **San Sebastián** → S. 326.

Von San Sebastián nach Estella

116 km, Plan → S. 236/237

Eine Variante des Pilgerwegs führt von San Sebastián über **Tolosa, Besain** nach **Burgos.** Für den Autotouristen ist diese Route nur schwer zu verfolgen. Der hier beschriebene Weg ist mit dem Pilgerweg nicht identisch.

22 km **Tolosa** liegt im Tal des **Río Agaunza**, Industriestadt. Sehenswert ist die Kirche **Santa María** mit ihrer Statue Johannes des Täufers über der Hauptfront; sehenswerte Altstadt.

39 km **Besain**

68 km **Alsásua**
3 km außerhalb (Nordosten) befindet sich das Santuario de San Pedro, in dem 717 García Jiménez zum ersten König von Navarra gewählt wurde. Über eine kurvenreiche, aber landschaftlich sehr schöne Straße erreicht man

116 km * **Estella** → S. 268.

San Sebastián – Hendaye (Grenze)

25 km, Plan → S. 236/237

20 km **Irún,** Industriestadt

Abstecher – nach **Hondarribía** mittelalterliche Altstadt mit malerischen Gassen und Adelspalästen. Die Kirche **Nuestra Señora de Assunción** stammt aus dem 16. Jahrhundert. Von der Stadtmauer (15. Jh.) ist noch das Marientor erhalten. Der ehemalige Königspalast, ursprünglich im 12. Jahrhundert erbaut, stammt aus dem 15. und 16. Jahrh. und beherbergt einen Parador.

25 km **Hendaye,** Grenzort

Vielfalt der Wegekreuze

14 000 Einwohner,
870 m ü. M.,
Provinz León

Caminho de Santiago

Orte und Städte

ASTORGA

Astorga liegt im Tal des Río Tuerto, auf einem Vorsprung des Manzanalgebirges.

Geschichte

Zur Römerzeit war Astorga unter dem Namen Asturcia Augusta eine stark befestigte, weit gerühmte Stadt. Hier kreuzten sich Heer- und Handelsstraßen (Sevilla-Mérida-Salamanca und Tarragona-Zaragoza). Seit apostolischer Zeit soll Astorga Bischofssitz gewesen sein (nachweisbar seit dem 3. Jahrhundert). 714 wurde die Stadt von den Arabern erobert, die Überlebenden zogen sich zunächst in die unzugänglichen Berge zurück, bauten ihre Stadt jedoch bald wieder auf. Im 10. Jahrhundert litten sie abermals unter den Raubzügen Almansors. Seit dem 9. Jahrhundert ist Astorga Station der Jakobuspilger. Nach der Zerstörung der alten Basilika begannen 1069 die Bauarbeiten für eine neue Kathedrale. Im 12. Jahrhundert gab es in der Stadt über 25 Hospitäler.

Besichtigung

Bedeutendstes Bauwerk der Stadt ist die **Kathedrale Santa María (1).** Schon früh stand eine Kirche an ihrer Stelle. Erste urkundliche Hinweise stammen aus dem Jahre 1069, als nach der Zerstörung durch Almansor auf den Trümmern neu gebaut wurde. Im 13. Jahrhundert wurde eine neue Kirche im romanischen Stil errichtet. Auch von ihr blieb nichts erhalten. Der heute bestehende Bau wurde 1471 begonnen, aber erst im 18. Jahrhundert vollendet. Die Kathedrale zeigt daher auch eine Vielzahl von Stilrichtungen: platereske Gotik, Renaissance und Barock. Die Hauptfassade wird durch drei plateréske, reich ornamental geschmückte Portale gegliedert. Die Reliefs zeigen Szenen aus dem Leben Christi. Zwei Türme schließen die Fassade ein, wobei der nördliche Turm erst im 20. Jahrhundert endgültig fertig gestellt wurde. Der Innenraum mit seinen Bündelpfeilern und dem Netzgewölbe wirkt spätgotisch. Hervorzuheben ist der Hauptaltar mit Figuren, die Muscheln als Pilgerzeichen tragen.

Das Retabel am Hochaltar stammt vom Bildhauer Gaspar Becerra (1558 bis 1562). Das kunstvoll geschnitzte Chorgestühl schuf der Künstler Hans von Köln im Jahr 1551. In der Sakristei kann der wertvolle Kirchenschatz besichtigt werden. Der gotische Kreuzgang aus dem 15. Jahrhundert wurde 1780 erneuert.

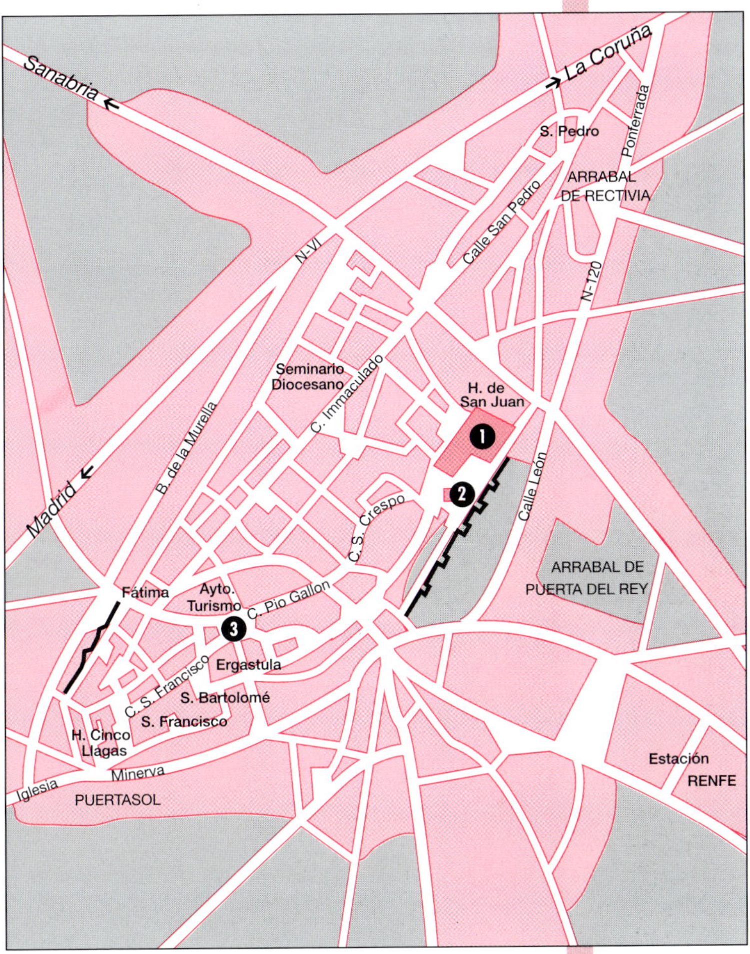

1 Kathedrale Santa María
2 Palacio Episcopal
3 Plaza Mayor

Vor der Kathedrale erhebt sich die barocke **Kirche Santa Marta** mit der gotischen **Kapelle San Esteban** (16. Jahrhundert). Der Bischofspalast **Palacio Episcopal** (2) befindet sich südlich der Kathedrale. Er macht viel eher den Eindruck einer mittelalterlichen Burg als eines Palastes. Im Jahre 1889 konzipierte und begann ihn der katalanische Architekt Antonio Gaudí (1852 bis 1926). Fertiggestellt hat ihn bis 1913 Ricardo Guereta. Insbesondere die Ecktürme muten recht eigenwillig an. Der Bau ähnelt einer Jugendstilburg und unterstreicht einmal mehr die besondere Schaffensfreude von Gaudí. Die von Gaudí verwendete und beeinflußte gotische Stilform gilt als Vorwegnahme des Jugendstils.

Öffnungszeiten Kathedrale und Palacio Episcopal: Mo-Sa 10-14 Uhr und 16-18 Uhr; im August auch So

Astorga:
Der verspielte
Bischofspalast

Bodenständge Bevölkerung

Kunstvolle Kapitelle und Wandmalereien geben dem Inneren eine besondere Note. Im ersten Stock gibt es eine neugotische Kapelle mit modernen französischen Glasfenstern. Im Bischofspalast ist ein sehenswertes Museum des Pilgerweges eingerichtet.

Neben dem Bischofspalast befindet sich das im 10. Jahrhundert gegründete **Hospital San Juan.** Der Fassade merkt man den Umbau in der Barockzeit an. Zur Pilgerzeit war das Hospital weiblichen Insassen vorbehalten. Man vermutet, daß es sich dabei um Prostituierte gehandelt haben könnte. Es galt als eines der wichtigsten Hospitäler des Mittelalters in Astorga.

Ein besonderer Anziehungspunkt ist die **Plaza Mayor** (3), von arkadengeschmückten Häusern umgeben. Hier steht die barocke Casa Consistorial (Rathaus) aus dem 17. Jahrhundert. Die Fassade schmückt eine Uhr, deren Figuren die Stunden anschlagen.

Zu erwähnen ist ein noch gut erhaltenes Teilstück der alten Stadtmauer mit Halbrundtürmen. Sie stammt wohl ursprünglich aus dem 3. Jahrhundert, wurde jedoch mehrfach (13. Jahrhundert) restauriert und erhöht.

Museen – Im *Diözesanmuseum* der Kathedrale (Museo Diocesano Catedralico) werden arabische und christlich-religiöse Kunstgegenstände gezeigt (Arbeiten aus dem 11. bis 13. Jahrhundert).

Im Bischofspalast befindet sich das *Museo de los Caminos,* das Museum des Jakobweges. Man zeigt Zeugnisse aus der Geschichte des Jakobweges, Dokumente, Berichte, Bücher, aber auch Gebrauchsgegenstände.

Beispielhaft sind Pilgerkleidung und Pilgerausrüstungen ausgestellt. Wer sich für die Geschichte und Entwicklung des Pilgerweges interessiert, sollte dieses Museum auf jeden Fall besuchen.

Öffnungszeiten → S. 247

Feste – Im August *ferias* mit Stierkampfveranstaltungen

Informationen – Plaza Arquitecto Gaudí

Umgebung – Nordwestlich von Astorga erstreckt sich ein Gebiet, das **Maragatería** genannt wird, ein wildes, karges Land, vom Volksstamm der Maragatos bewohnt. Sie stammen angeblich von einem Berberstamm ab, der mit den Arabern ins Land gekommen ist. Großen Wert legen sie auf ihre eigenen Bräuche und Sitten. Lange Zeit heirateten sie auch nur konsequent untereinander.

An Festtagen kann man ihre Tracht bewundern. Heute ist die Maragatería ein eher entvölkertes Gebiet. Die jungen Leute ziehen in die Städte und so wirken die Dörfer recht verlassen. Sehr eindrücklich kann man die Maragatería erleben, wenn man der Strecke über den Rabanal-Paß folgt.

BILBAO

Hauptstadt der baskischen Provinz Vizcaya. Bilbao liegt etwa 15 km vom Meer entfernt an den Ufern des Río Nevi.

440 000 Einwohner, 20 m ü. M., Provinz Vizcaya

Geschichte

In römischer Zeit befand sich an dieser Stelle ein Hafen mit dem Namen Aman Portus. Der Hafen war bedeutsam, weil parallel zur Küste eine Römerstraße verlief. Die Gründung des modernen Bilbao schreibt man zunächst einem gewissen Diego López de Haro zu, der dem Ort Privilegien zusprach, ihn von Abgaben befreite und damit zu seinem wirtschaftlichen Aufschwung wesentlich beitrug. Heute noch erinnert das

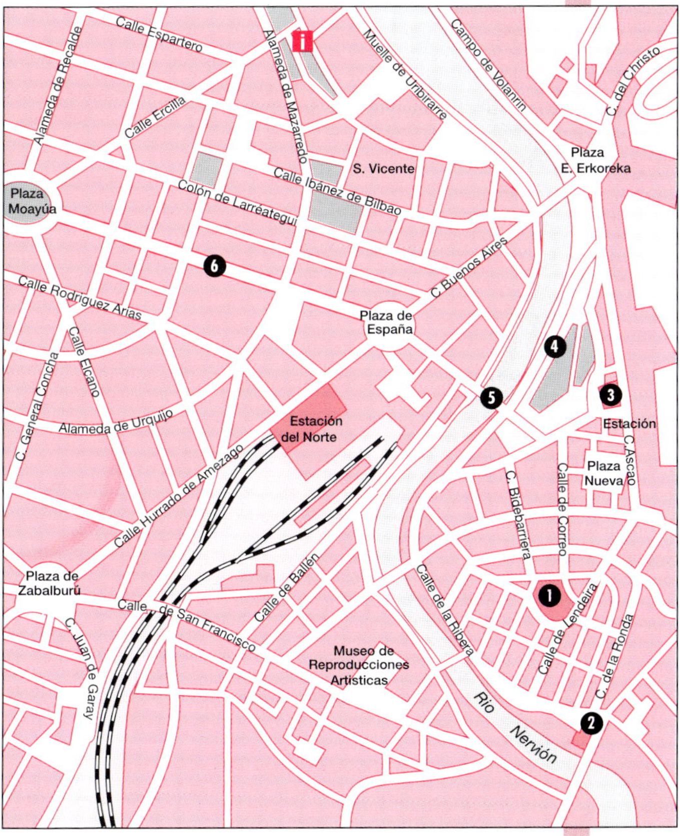

1 Jakobuskathedrale
2 San Anton
3 San Nicólas de Bari
4 Passeo del Arenal
5 Puente del Arenal
6 Gran Via de López de Hara

Bilbao hat eine sehenswürdige Kathedrale und altehrwürdige Bürgerhäuser

Wappen von Bilbao an Diego López de Haro: es enthält zwölf Wölfe (Wolf = lobo oder López). Später wurde die Stadt noch ein zweites Mal gegründet, nämlich nach dem Tod von de Haro am 25. Juni 1310 durch seine Nichte María, Herrscherin der Biskaia. Sie verlieh der Stadt ein zweites Mal das Stadtrecht. 1315 entwickelte Alfons XI. die Stadt zu einem wichtigen Handelsplatz. Damit schränkte er das bisherige Vorrecht von Bermeo ein, der einzige wichtige Handelshafen der Biskaia zu sein. Bilbao breitete sich an der rechten Seite des Meeresarmes aus, zuerst mit einer, dann zwei, bis es schließlich „sieben Straßen" waren. Sie bilden auch heute noch das Zentrum, die Altstadt. Darüber hinaus konnte sich die Stadt jedoch nicht richtig entfalten, denn die Adelsgeschlechter der Stadt trugen untereinander heftige und erbitterte Kämpfe aus, was natürlich der Entwicklung des Ortes nicht gerade förderlich war. Sehr lebhaft ging es auf dem Prangerplatz zu. Hier verurteilte und enthauptete, wie berichtet wird, 1415 der Stadtherr Alfonso Fernandez de León eigenhändig seine Gegner.

Auch die ständige Bedrohung durch Piraten und Seeräuber war dem gewünschten wirtschaftlichen Aufschwung nicht gerade förderlich. So hatte, typisches Beispiel für die Stagnation, der Stadtrat bis in die Mitte des 16. Jahrhundert keine eigenen Räumlichkeiten. Man tagte in Privathäusern. Erst im 19. Jahrhundert begann der ersehnte Aufschwung. Der Seehandel trug zu dieser positiven Entwicklung bei, aber auch die Eisenerzindustrie, die sich in der Region etablierte. Die Neustadt mit ihrer großzügigen Stadtplanung stammt aus dem 19. Jahrhundert.

Heute sind die Einwohner von Bilbao recht selbstbewußt. Stolz ist man auf die vier „l“: *linaje* = Abstammung, *lengua* = Sprache, *ley* = Gesetz und *libertad* = Freiheit. Seinen Erfolg verdankte Bilbao eindeutig der Industrialisierung. Sie hat die Stadt aber auch verändert, sie zur Maske erstarren lassen: Ein Vorort gleicht dem anderen. Die Stadt wäre für Touristen nicht anziehend, gäbe es nicht noch das historische Zentrum, eben jene „sieben Straßen“.

Besichtigung

Die Besichtigung konzentriert sich auf die Altstadt, die „sieben Straßen". Mittelpunkt ist die Kathedrale. Schon vor dem Bau der sieben Straßen gab es an dieser Stelle bereits ein Gotteshaus. Die heutige, dreischiffige **Jakobuskathedrale** (1) aus dem 14. Jahrhundert ist sehenswert. 1571 vernichtete ein großer Brand wesentliche Teile. So dominiert heute eher der Barockstil. 52 Meter lang und 26 Meter breit ist die Kathedrale, sie besitzt 24 Altäre, 18 davon in der Kirche selbst und 6 im anschließenden gotischen Kreuzgang aus dem 15. Jahrhundert.

Nahe dem Río Nervión, an der Plaza del Mercado steht die Kirche **San Antón** (2), im Jahr 1433 erbaut. Ihre Innenausstattung ist spätgotisch. Das Portal stammt aus dem 17. Jahrhundert, der barocke Glockenturm aus dem 18. Jahrhundert. Gegenüber dieser Kirche erstreckt sich der Platz der heiligen Juanes. Hier gibt es noch ein ehemaliges Pilgerhospital, in dem heute eine Meisterschule untergebracht ist. Im Norden der Altstadt befindet sich die Kirche **San Nicólas de Bari** (3), ein Zentralbau (15. Jh.), der 1756 völlig umgebaut wurde. Im Inneren findet man wertvolle Schnitzarbeiten am Altar.

Vor der Kirche erstrecken sich ein Park und der **Passeo del Arenal** (4), eine von Bäumen gesäumte Esplanade, das Herz und das neuralgische Zentrum der Stadt. Hier rauscht der Verkehr vorbei und promenieren die Bürger, hier steht auch das älteste Bankgebäude von Bilbao (1857 gegründet).

Die Häuser an der Plaza Hueva und um die Kathedrale herum sind das Ziel aller Besucher

Zur Neustadt gelangt man über die **Puente del Arenal** (5). Von der Brücke hat man einen schönen Blick auf den Fluß. Die Brücke mündet in die **Gran Vía de López de Hara** (6) ein, die 1600 Meter lange Prachtstraße durch die Neustadt.

Museen – In der Altstadt befindet sich das *Museo Arqueológico y Etnologico,* untergebracht im Gebäude des ehemaligen Jesuitenkollegs. Es zeigt archäologische Fundstücke der Umgebung, insbesondere iberische und römische Funde, aber auch baskische Volkskunst, Möbel sowie romanische und gotische Plastiken.

Öffnungszeiten: Di-Sa 10-13.30 Uhr, und 16-19 Uhr, So 10-13.30 Uhr

Das kunsthistorische Museum, *Museo de Bellas Artes* findet man im Stadtpark. Es zeigt flämische Malschulen, frühe spanische und katalanische Kunst sowie iberische Kleinplastik, weiterhin Gemälde von Goya, Velásquez und El Greco.

Öffnungszeiten: Di-So 10-13.30 Uhr und 16-19.30 Uhr, So 10-14 Uhr

Gleich daneben befindet sich ein *Museum für moderne und zeitgenössische Kunst.*

Feste – Im August gibt es eine *Festwoche,* während der auf der Plaza Vista Alegre Stierkämpfe stattfinden. Bereits im Jahr 1577 erlaubte der königliche Rat von Kastilien, daß in Bilbao Stierwettläufe abgehalten wurden. Diese Leidenschaft ist bis heute ungebrochen. Aber darüber hinaus wird auch in den Straßen der Altstadt gefeiert.

Semana Grande, die turbulente Festwoche

Information – Plaza de Arriaga

Umgebung – In der Nähe, 2 km nach Norden, befindet sich das Wallfahrtsheiligtum **Nuestra Señora de Begoña** aus dem 16. Jahrhundert (schöne landschaftliche Lage). Verehrt wird ein Madonnenbild (13. Jh).

Die Kathedrale ist das wichtigste Gebäude in Burgos

160 000 Einwohner, 860 m ü. M., Provinz Burgos.

BURGOS

Burgos liegt in der fruchtbaren Hochebene an den Ufern des Río Arlanzón. Die Stadt ist den kalten Winden aus den Bergen ausgesetzt.

Geschichte

Die Geschichte von Burgos beginnt in frühester Zeit. Dokumente hierfür sind die Felsmalereien in den Höhlen von Barcina und Atapuerca. Später wurde die Provinz von den Römern geprägt, und

Der Paseo ist der Weg zum Flanieren – auch wenn die Sonne auf die Stadt brennt

In der Geschichte der Stadt spielte El Cid eine große Rolle. Daher setzte man ihm das Denkmal

noch heute entdeckt man hier und da römische Ruinen. Auch aus westgotischer Zeit erhielten sich Monumente. Das mittelalterliche Burgos wurde 884 von einem kastilischen Grafen namens Diego Rodriguez Porcelos als Bollwerk gegen die Mauren errichtet. Kurze Zeit später, 951 erhob man Burgos zur Hauptstadt der Grafschaft Kastilien, 1037 schließlich zur Hauptstadt der Vereinigten Königreiche León, Asturien und Kastilien. 1080 fand in Burgos ein Konzil statt. 1377 und 1392 tagte die Cortes in Burgos. 1492 verlegten die Könige ihre Residenz und Hauptstadt nach Valladolid. Die wirtschaftliche Entwicklung wurde davon nicht beeinträchtigt. Im 16. Jahrhundert änderte sich jedoch alles schlagartig: die Stadt litt

In der Altstadt rückt die Kathedrale immer wieder in den Blickpunkt

unter Überschwemmungen, Pestepidemien und kriegerischen Überfällen. 1808 besiegten die Franzosen die Spanier bei Burgos. Erst 1812 befreite Wellington die Stadt wieder. Während des Bürgerkrieges war Burgos Sitz der nationalen Regierung, der Moviemento Nacional (1936 bis 1939). Am 1. Oktober 1936 wurde in Burgos Francisco Franco zum Regierungschef und Generalissimo ausgerufen.

Wichtigster Sohn der Stadt ist aber El Cid (1043 bis 1099). Cid (arabisch Siddi = Herr) war der maurische Beiname des spanischen Nationalhelden Rodrigo Diaz. Auch die Spanier verliehen ihm einen Heldennamen: El Campeador, der Kämpfer. Sein Geburtsdatum weiß man nicht genau: etwa um das Jahr 1043 in Vivar bei Burgos; gestorben ist er in Valencia am 10. 7. 1099. Rodrigo Díaz, Sohn eines kastilischen Granden, diente König Sancho II. von Kastilien. Er stand ihm auch in der Auseinandersetzung mit Alfons VI. von León bei. Als Sancho II. 1072 ermordet wurde, ließ sich Rodrigo Díaz in die Ritterschar des neuen Herrn von Kastilien, eben jenes Alfons VI. von León, aufnehmen. Er heiratete sogar Jimena, eine Base des Königs. Insgeheim machte er jedoch Alfons für die Ermordung von König Sancho verantwortlich und gab seine Vermutung im Laufe der Zeit so offen zu erkennen, daß er schließlich 1081 verbannt wurde. Nach der Standessitte seiner Zeit blieb ihm nichts anderes übrig, als eine Art Raubritterdasein zu führen, um sich und seine Mannen zu ernähren. Er verdingte sich daher auch am Hof des Maurenfürsten von Zaragoza und kämpfte für diesen gegen christliche Heerscharen. Schließlich erhielt er die Gunst Alfons VI. zurück und trat wieder in dessen Dienste ein. 1094 eroberte er das Maurenreich von Valencia, das er bis zu seinem Tod gegen die vorrückenden Almoraviden auch erfolgreich verteidigte. Seine Witwe verteidigte die Stadt noch weitere drei Jahre, ließ sie dann aber, als ein weiterer Kampf aussichtslos war, niederbrennen und kehrte in ihre Heimat zurück. El Cid und seine Frau Jimena sind im Kloster San Pedro de Cardeña bei Burgos beigesetzt. Um die Gestalt des Cid spannen sich schon bald spanische Heldensagen. Das älteste Gedicht ist das „Poema del Cid“ oder der „Cantar del mio Cid“. Es entstand wahrscheinlich gegen 1140 in der Provinz Soría. Im 14. Jahrhundert wurden romanhafte Erzählungen über die Taten des Cid verfaßt. Im 17. Jahrhundert entstand das Drama „Las Mocedades del Cid (1618). Auch neuere Autoren nahmen sich dieses Stoffs an.

Besichtigung

Öffnungszeiten: täglich von 9.30 bis 13 Uhr und von 16 bis 19 Uhr

Die **Kathedrale** von Burgos (1) ist nach der von Sevilla und Toledo dic drittgrößte Kathedrale Spaniens. Sie gilt zu Recht als eine der eindrucksvollsten gotischen Kirchen.

Die Grundsteinlegung fand im Jahr 1221 durch Ferdinand II. statt. Der Bau selbst erfolgte in zwei großen Bauabschnitten: im 13. Jahrhundert entstanden die Schiffe, die Portale und der Chor, im 15. Jahrhundert (bis 1539) die Türme der Westfassade. In der Hauptfassade dominiert die Puerta Principal und die prächtige Fensterrose.

Man betritt die Kathedrale durch die gotische Puerta del Sarmental (a) (13. Jahrhundert), an der Plaza del Rey San Fernando gelegen. Unter der Vierung (b), zwischen dem Coro und der Capilla Mayor befindet sich unter schlichten

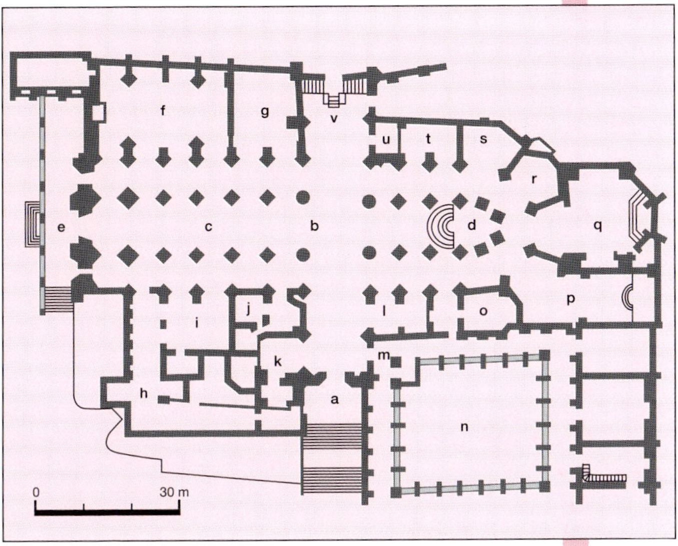

Kathedrale Burgos

a) Puerta del Sarmental
b) Vierung
c) Chorgestühl des Coro
d) Hochaltar
e) Kapelle bei der Puerta Principal
f) Kapelle Santa Tecla
g) Kapelle Santa Ana
h) Kapelle des heiligen Christus
i) Kapelle de la Presentación
j) Kapelle de San Juan de Sahagún
k) Kapelle de la Visitación
l) Kapelle de San Enrique
m) Eingang
n) zum Kreuzgang
o) Sakristei
p) Kapelle de Santiago
q) Kapelle de Condestable
r) Kapelle San Gregorio
s) Kapelle de la Anunciación
t) Kapelle de la Natividad
u) Kapelle San Nicolás
v) Treppe do Coronería

Platten das Grabmal von El Cid, Campeador, und seiner Frau Jimena, der Tochter des Grafen Díaz de Oviedo. Die Vierungskuppel in 65 m Höhe ist wie ein kunstvoller Stern konstruiert. Sehenswert ist das hohe, 103sitzige, aus Nußbaumholz geschnitzte Chorgestühl des Coro (c). Den Hochaltar (d) schmückt ein Renaissanceretabel. Um Hochaltar und Coro sind eine Vielzahl von Kapellen angeordent. Beginnt man mit der Besichtigung der Kapellen bei der Puerta Principal (e), die zur Plaza de Santa María hinausführt, gelangt man auf der linken Seite zu den Kapellen Santa Tecla (1736) (f) und Santa Ana (1477 bis 1488) (g) mit einem spätgotischen Grabmal. Auf der anderen Seite sieht man in der Kapelle des heiligen Christus (h) eine Christusfigur, die von einer Büffelhaut überzogen ist. Nach der Überlieferung wurde sie vom heiligen Nikodemus bei der Kreuzabnahme modelliert. Es schließt sich die Kapelle de la Presentación (auch Consolación) (1519) (i) mit dem Grabmal ihrers Stifters

Das wuchtige Stadttor wacht über den Zugang zur Innenstadt

Philipp von Burgund an. Nach der Kapelle de San Juan de Sahagún (j) folgt die Kapelle de la Visitación (1435 bis 1456) (k) mit dem Grab von Alonso de Cartagena. Neben der Kapelle de San Enrique (l) ist der Eingang (m) zum Kreuzgang (n) zu finden, ein gotischer, zweigeschossiger Bau au dem 14. Jahrhundert. Es folgen die neue Sakristei (o) und die Kapelle de Santiago (p) (1524 bis 1534). In den dahinterliegenden Räumen werden der Kirchenschatz und viele liturgische Geräte aufbewahrt. Auch seltene Dokumente sind zu sehen, unter anderem der Ehevertrag des Cid. Es folgt die Kapelle de Condestable (q), ein überaus prunkvoller, von einer Kuppel überwölbter Raum. In der Mitte dominiert das Grabmal des Stifters aus Cararamarmor. Hinter der Kapelle führt eine Tür in die Sakristei, in der die Maria Magdalena von Leonardo da Vinci hängt. Es folgen die Kapellen San Gregorio (r) (gotische Grabmale aus dem 14. Jahrhundert), de la Anunciación (s) und de la Natividad (t) (schöner Renaissancealtar aus dem 14. Jahrhundert). Schließlich erreicht man die Kapelle San Nicolás (u), die aus der ersten Hälfte des 13. Jahrhunderts stammt und als älteste Kapelle gilt. Zu erwähnen ist noch die Treppe do Coronería (v), eine doppelläufige, platereske Schöpfung von Diego de Siloé aus dem 16. Jahrhundert.

Die Bausubstanz ist gut erhalten: alte Kirchenbauten, Häuserfassaden und Brunnen lösen sich ab

Der historische **Arco de Santa María** (2) gegenüber der Kathedrale ist ein Bau aus dem Jahre 1534. Der Stadtrat ließ ihn als Wachturm und Stadttor am Fluß zu Ehren von Karl V. errichten. Mit den eigenwillig geformten Zinnen und seitlichen Türmchen wirkt er für einen Festungsbau recht verspielt.

Hoch über der Kathedrale erreicht man über steile Treppen die kleine gotische Kirche **San Nicolás** (3), die aus dem Jahre 1408 stammt und 1911 erneuert wurde. Ihr wertvollstes Schmuckstück ist der prächtige Hauptaltar mit Alabasterreliefs, 1505 von Franz von Köln erbaut.

Dahinter liegt die dreischiffige, gotische Kirche **San Esteban** (4) (1280 bis 1350) mit einem figurenreichen Westportal und einer schönen Fensterrose. Der dazugehörige Kreuzgang ist frühgotisch. Im Inneren fallen die Renaissancekapellen auf.

Hinter dieser Kirche erhebt sich der **San Esteban-Torbogen** (5) mit einem gut erhaltenen Mauerstück.

Unterhalb des 1736 durch eine Feuersbrunst zerstörten **Castellos (6)** (schöne Aussicht) befindet sich der **Solar del Cid** (7), das Stammhaus des Cid. Daneben steht der turmbekrönte **Arco de San Martín** im Mudejarstil.

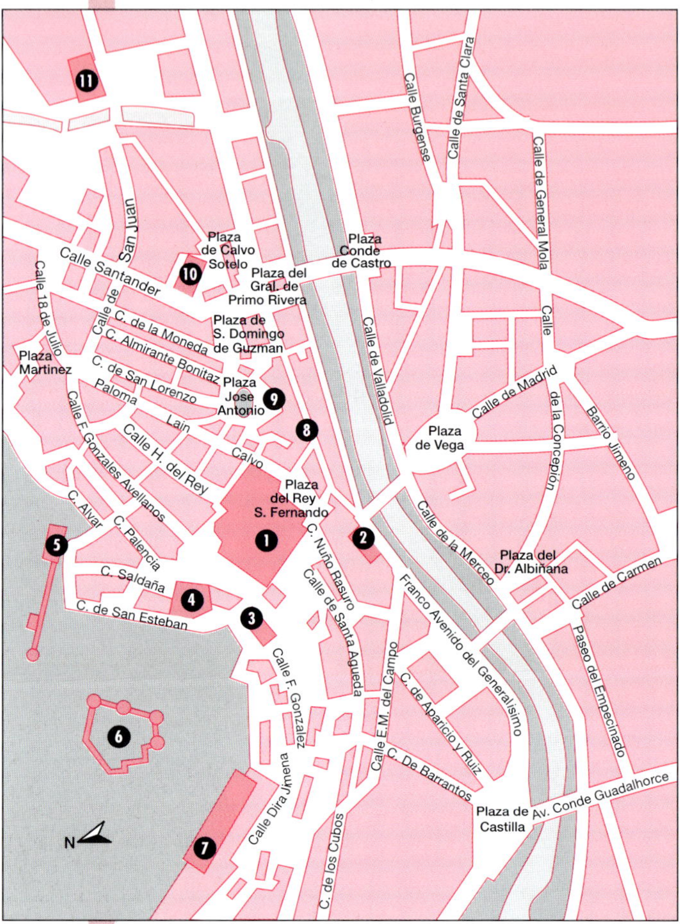

Burgos

1 Kathedrale
2 Arco de Santa María
3 San Nicolás
4 San Esteban
5 San Esteban-Torbogen
6 Castellos
7 Solar del Cid
8 Paseo del Espolon
9 Plaza Mayor
10 Casa del Cordón
11 Kirche San Lesmes

Sehr schön ist der **Paseo del Espolón** (8), eine baumbestandene Promenade, die neben dem Río Arlanzón hinführt und zum Promenieren wie geschaffen ist. Dahinter trifft man auf die Plaza de José Antonio (9) oder **Plaza Mayor,** von Häusern mit Arkaden eingerahmt. Sie ist der Mittelpunkt von Burgos. Hier finden viele Feste, Umzüge und Ausstellungen statt. An der Südseite steht das 1791 erbaute Ayuntamiento, das Rathaus. Über die Plaza de Santo Domingo de Gúzman erreicht man die **Casa del Cordón** (10), die 1482 als Palast des Konnetabels von Kastilien erbaut wurde und ihren Namen der steinerenen Kordel verdankt, der Gürtelschnur der Franziskanermönche, die das Portal einfaßt. In diesem Haus wurde Kolumbus nach der Rückkehr von seiner zweiten Amerikareise von den Katholischen Königen empfangen. Karl V. hielt nach der Schlacht von Pavia 1526 Franz. I. hier gefangen. Durch die Calle de la Puebla erreicht man die gotische Kirche **San Lesmes** (11) aus dem 14. Jahrhundert mit einfacher Fassade und einem kleinen Glockenturm. Im Inneren spätgotische Altäre und Grabmäler.

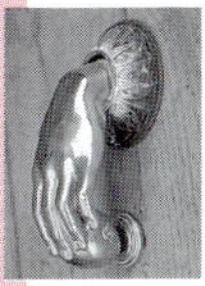

Museen – Das *archäologische Museum* ist im Palacio de Angulo (16. Jahrhundert) und in der Casa de Miranda (1545) untergebracht (linkes Ebroufer). Insbesondere der Innenhof der Casa de Miranda ist interessant in seiner Gestaltung. Das Museum enthält eine reichhaltige Sammlung archäologischer Fundstücke, beginnend mit Gegenständen aus der römischen und westgotischen Zeit, ebenso mozarabische und Mudejárfunde. Die wertvollsten Gegenstände des Museums stammen jedoch aus der Gotik und Renaissance: Grabmäler, Skulpturen, Gemäldesammlungen (Öffnungszeiten: Mo-Fr 10-13 Uhr und 16.45-19.15 Uhr).

Marceliano Santa María Museum, in einem alten Hospital neben der San Lesmes Kirche: Es werden impressionistische Gemälde von Marceliano Santa María (1866 bis 1952), einem Sohn der Stadt, ausgestellt.

Feste – Zu Ehren der *Heiligen Peter und Paul* (29. Juni) finden in Burgos mehrtägige Feste und Märkte statt, Festas de San Pedro y San Pablo. Stierkämpfe, Umzüge, Folkloredarbietungen und Sportwettkämpfe bereichern das Festprogramm. Eine Prozession, *corpillos* genannt, wird am Tag nach Fronleichnam im Kloster Las Huelgas veranstaltet.

Trophäen, die bei der Schlacht von Las Navas de Tolosa 1212 erbeutet wurden, werden in der Prozession mitgeführt.

Information – Plaza Alonso Martínez

Umgebung – In unmittelbarer Nähe der Stadt befindet sich das **Monasterio Las Huelgas,** ursprünglich ein Lustschloß der kastilischen Könige. Alfons VIII. ließ es im Jahr 1187 in ein Zisterzienserinnenkloster umbauen. Es nahm Töchter aus den vornehmsten Adelsfamilien auf und erhielt dadurch große Schenkungen, die ihm Reichtum und Einfluß einbrachten. Der Gerichtsbarkeit des Klosters unterstanden zeitweilig mehr als 50 Ortschaften und über 100 Nonnen lebten darin. Alfons VIII. hatte es zu Alterssitz und Begräbnisstätte der kastilischen Könige bestimmt, dementsprechend großzügig unterstützte er die Zisterzienserinnen.

Öffnungszeiten: Di-Sa 11-13.15 Uhr und 16-17.15 Uhr, So 11-13.15 Uhr

Das wuchtige Monasterio de Las Huelgas

Die romanisch-gotische Kirche wurde 1248 erbaut. Man betritt sie im nördlichen Querschiff, das wie eine große gotische Halle wirkt. Hier befinden sich einige Sarkophage. Vor dem Hochaltar knien, in Stein gehauen, Alfons VIII. und seine Gemahlin. Mit schönen Stuckarbeiten wurden die Kapellen Santiago de la Asunción und del Salvador, beide im Mudejarstil, ausgestattet. An die Kirche schließt ein wunderbarer, romanischer Kreuzgang an. Unter dem Putz entdeckte man Stuckarbeiten im Mudejarstil. Im Kapitelsaal ist eine maurische Fahne ausgestellt, Beutestück aus der Schlacht von Las Navas de Tolosa. Die vielen Umbauten lassen die Klosteranlage etwas unübersichtlich erscheinen.

Nur einen knappen Kilometer nordwestlich des Klosters gründete Alfons VIII. ebenfalls im 12. Jahrhundert das Hospital del Rey, eine Pilgerherberge. Das platereske Portal, Puerta de Romeros, stammt aus dem Jahre 1526.

Neben den gotischen Bauten, die in Burgos dominieren, taucht in der Umgebung etwas Neues auf: der isabellinische Stil. Die Kartause von Miraflores ist ein besonders gut gelungenes Beispiel für diesen Baustil. Sie ist 4 km vom Stadtzentrum entfernt und auf dem Paseo de Quinta, einem von Pappeln und Ulmen gesäumten Spazierweg zu erreichen. Die aus früherer Zeit stammenden Gebäude einer Palastanlage (14. Jahrhundert) wurden Mitte des 15. Jahrhunderts zur Kartause umgebaut, die einschiffige Kirche 1498 fertiggestellt. Im

Innenraum erkennt man drei Bereiche: früher war der erste Teil den Gläubigen zugänglich, der zweite den Laienbrüdern und der dritte den Mönchen. Im mittleren Teil sieht man das berühmte Renaissancechorgestühl, im Teil der Mönche ein gotisches Chorgestühl. Hervorzuheben ist auch der Altar in der Capilla Mayor von Gil de Siloé, Ende des 15. Jahrhunderts. Auf dem Altaraufsatz erblickt man eine große, vergoldete Rosette. Das Gold dafür soll nach Überlieferung von einer der ersten Goldladungen aus der Neuen Welt stammen. Kostbarkeiten von großer Schönheit sind die Grabmäler König Johannes II. und seiner Gemahlin Isabella von Portugal sowie des Infanten Don Alfonso. Gil de Siloé schuf sie aus zerbrechlich wirkendem Alabaster.

Von der Kartause aus kommt man zum Kloster **San Pedro de Cardeña** (9 km). Man fährt den gleichen Weg, den einstmals auch El Cid einschlug, als er sich zu Doña Jimena begab, um sich von ihr zu verabschieden und in die Verbannung zu ziehen. Es handelt sich dabei um eines der ältesten Benediktinerklöster in Spanien. Es wurde im 9. Jahrhundert gegründet, jedoch im Laufe der Zeit mehrmals umgebaut. Die gotische Kirche stammt aus dem 15. Jahrhundert, die meisten Gebäude des Klosters sind sogar aus dem 17. Jahrhundert. In der Klosterkirche sind der sogenannte Kreuzgang der Märtyrer und die Kapelle des Cid hervorzuheben.

In Briviesca verläßt man die N 1 und fährt durch eine wunderbare Landschaft nach Cornudilla. Von hier zweigt eine Straße nach **Pozo de la Sal** ab.

CARRIÓN DE LOS CONDES

3000 Einwohner,
700 m ü. M.,
Provinz Palencia

Caminho de Santiago

Carrión de los Condes liegt in einer fruchtbaren Ebene am Fluß Carrión.

Geschichte

Carrión de los Condes war schon seit dem 5. Jahrhundert bewohnt. Zur Blütezeit der Jakobswallfahrten hatte der Ort eine große Bedeutung. Im 13. Jahrhundert wurden in Carrión de los Condes sogar Synoden abgehalten.

Besichtigung

Aus den glorreichen Zeiten des Mittelalters blieben nur wenige Bauten erhalten. Die Pilgerstraße setzt sich im Ort in der Carretera de Frómista fort. Linker Hand trifft man auf das **Monasterio de Santa Clara** (1) und die Kirche **San Francisco** (2). Die Straße führt genau auf die Kirche **Santa María del Camino** (3) zu. Sie stammt aus dem 12. Jahrhundert, wurde aber im 17. Jahrhundert grundlegend renoviert.

In der Ortsmitte ist die weitgehend unauffällige Kirche **Santiago** (4) aus dem 12. Jahrhundert zu sehen mit einem eindrucksvollen Figurenfries über dem Rundbogenportal.

Ansonsten ist von der ursprünglich romanischen Kirche nicht mehr viel erhalten.

In der Ortsmitte, auf einer Anhöhe, steht die Kirche **San Andres** (5).

Verläßt man Carrión de los Condes auf dem Pilgerweg über die alte Brücke, über die heute auch die Straße führt, kommt man zum Kloster **San Zoilo** (6), einem ehemaligen Benediktinerkloster aus dem 11. Jahrhundert, das in der Renaissancezeit jedoch umgestaltet wurde. Interessant und sehenswert ist der Kreuzgang aus dem 16. Jahrhundert. In der Kirche befindet sich das Grabmal der Stifterin, Doña Teresa de Léon.

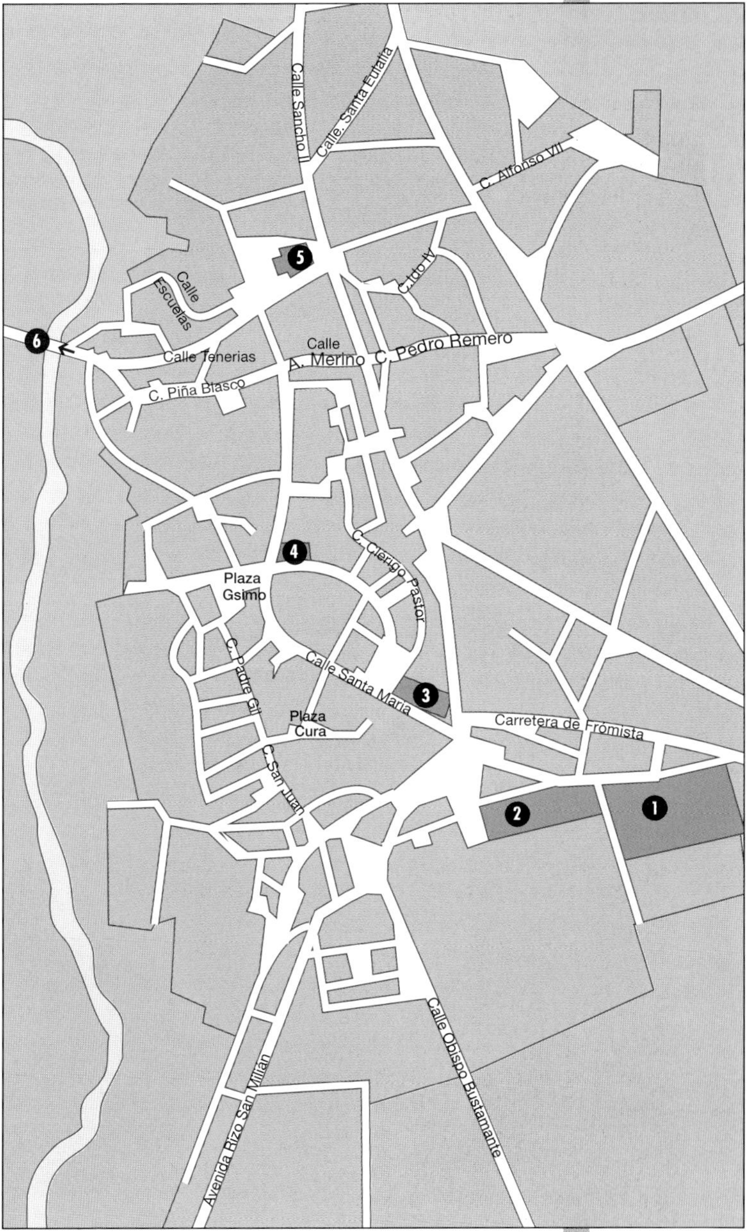

1 Monasterio de Santa Clara
2 Kirche San Francisco
3 Kirche Santa María del Camino
4 Kirche Santiago
5 Kirche San Andres
6 Kloster San Zoilo

ESTELLA

13 000 Einwohner,
480 m ü. M.,
Provinz Navarra.

Caminho de Santiago

Estella liegt auf den Hügeln beiderseits des Río Ega.

Geschichte

Bereits in römischer Zeit wurde Estella erwähnt. Die neuzeitliche Gründung der Ortschaft fand im Jahre 1091 statt, als König Sancho I. Ramírez hier am Río Ega Südfranzosen ansiedelte. Schon bald wurde Estella eine wichtige Etappenstation auf dem Jakobsweg. Dazu trug auch die Erscheinung der „Virgen del Puy" bei, zu deren Gedenken eine Basilika errichtet wurde. Die Pilger nannten die Stadt „Estella la bella". Im 14. Jahrhundert bekämpften sich die Einwohner der Stadt heftig. Zwischen Franken, Navarrenern und Juden gab es ständig Zwistigkeiten. Diese Spannungen hemmten die weitere Entwicklung des Ortes.

Besichtigung

Die Stadt wirkt heute noch sehr mittelalterlich mit ihrer Vielzahl von gut erhaltenen Kirchen und Palästen. 1956 wurde das Viertel **San Pedro de la Rúa** zum Kunstdenkmal erklärt. Es liegt an der Straße, auf der auch die Pilger nach Santiago entlang zogen.

Man beginnt die Besichtigung am besten mit der ältesten Kirche von Estella, der Kirche **San Pedro de la Rúa** (1), ein Bau aus dem 12. und 13. Jahrhundert. Sie erhebt sich auf einem Felsen, auf dem sich bereits früher eine Kapelle befand. Über eine steile Treppe steigt man nach oben. Das reich verzierte Portal der sonst schmucklosen Kirche zeigt Skulpturen von Sirenen, Drachen und Fabeltieren. Die Kirche besteht aus drei kurzen Schiffen und einem auffallend

Estella, die alte Stadt übt ihren ganz besonderen Reiz auf die Besucher aus. Sie ist lebendige Geschichte

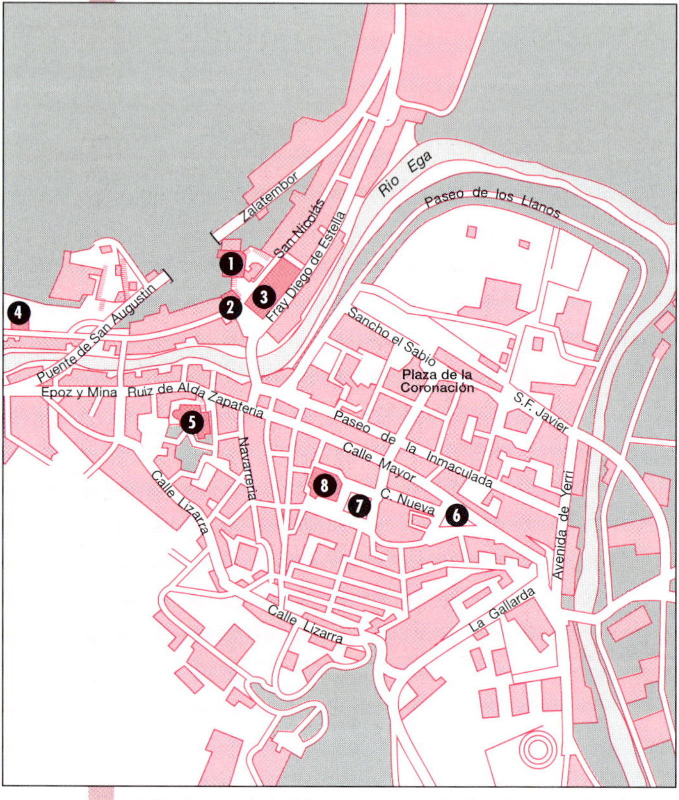

1 San Pedro de la Rúa
2 Altes Rathaus
3 Palast der Könige von Navarra
4 Santo Sepulcro
5 San Miguel Arcángel
6 Plaza de Santiago
7 Plaza de los Fueros
8 San Juan Bautista

hohen Turm. Als Besonderheit gilt, daß jedem Spitzbogen als letzter ein Zackenbogen angefügt ist, ein deutliches Indiz für den islamischen Einfluß. Der hohe Kirchenraum mündet in einen weiten Chor ein, der von drei kleinen Kapellen begrenzt ist. Die Seitenschiffe werden durch halbrunde Apsiden verlängert. Vom rechten Seitenschiff aus gelangt man in den romanischen Kreuzgang, von dem zwei Trakte erhalten geblieben sind. Die beiden anderen wurden im 16. Jahrhundert bei einer Sprengung der benachbarten Burg zerstört. Die Kapitelle des Nordflügels schmücken Bildhauerarbeiten, die Szenen aus dem Leben Jesu darstellen. Im anderen Flügel erkennt man Pflanzen- und Tierornamente.

Am Beginn der Treppe, die zur Kirche San Pedro de la Rúa hochführt, erhebt sich linker Hand das **Alte Rathaus** (2). An dieser Stelle versammelten sich im 11. Jahrhundert die ersten ausländischen Siedler, Franken, die sich auf Geheiß des Königs in Estella angesiedelt hatten. Das heutige Spätrenaissancehaus stammt aus dem 16. Jahrhundert.

Ihm gegenüber befindet sich der **Palast der Könige von Navarra** (3) (das Turismobüro und ein Museum sind darin untergebracht). Er ist einer der seltenen Profanbauten, die aus romanischer Zeit erhalten sind. König Sancho gab Ende des 12. Jahrhunderts dazu den Auftrag. An der Fassade ist rechts oben ein Kapitell mit Plastiken von Ungeheuern und Verdammten zu sehen, links unten ein anderes, das Szenen des Kampfes zwischen Roland und dem Riesen Ferragut zeigt. Folgt man auf dieser Seite des Flusses der Calle de la Rúa, stößt man nach Überquerung der Umgehungsstraße auf die Kirche **Santo Sepulcro** (4) mit einer schönen gotischen Fassade. Sie wurde wahrscheinlich 1328 von den im Viertel ansässigen Kaufleuten gestiftet. Insbesondere das tief gegliederte Portal ist beeindruckend. Die einschiffige Kirche mit einer halbrunden Apsis stammt aus dem 12. Jahrhundert.

Überquert man auf der Puente de la Cárcel den Río Ega, stößt man auf die Kirche **San Miguel Arcángel** (5), zu der eine lange Treppenanlage hochführt. Der Bau stammt aus dem Jahre 1175 und zeigt sehr eindrucksvoll den Stilübergang zur Gotik. Die Kirche ist schlicht – ausgenommen das monumentale, figurenreiche Nordportal im romanischen Stil. Sie hat drei Schiffe, drei gekrümmte und zwei flache Apsiden und ist in Form eines lateinischen Kreuzes angelegt.

Durch die malerische Calle Mayor mit schönen Herrschaftshäusern erreicht man die dreieckige **Plaza de Santiago** (6). Hier wird der Markt abgehalten.

Wendet man sich zurück, kommt man zur **Plaza de los Fueros** (7), dem Hauptplatz des Ortes. Hier erhebt sich die Kirche **San Juan Bautista** (8), eine gotische Kirche mit geometrischen Ornamenten am Nordportal (1562). Sie wurde während der Regierungszeit von König Sancho im Jahr 1187 gegründet. Von der ehemals romanischen Bauweise ist kaum mehr etwas erkennbar. In der Kirche wird die schöne Statue „Virgen de las Antorchas" aus dem 13. Jahrhundert aufbewahrt.

Museen – Im Palacio de los Reyes de Navarra befindet sich ein *Gemäldemuseum* mit Exponaten von Gustavo de Maeztu.

Feste – Ab dem Freitag vor dem ersten Sonntag im August wird das Patronatsfest gefeiert mit Dudelsackmusik, Tanz und „encierros" bzw. Stierkämpfen. Am 25. 5. und 30. 11. finden Märkte zu Ehren von San Andrés statt.

Information – Im Palacio de los Reyes de Navarra.

Umgebung – 15 km nördlich von Estella (zu erreichen über **Abárzuza**) befindet sich das Zisterzienserkloster **Iranzu.** Es wurde 1287 erstmals urkundlich erwähnt. 1962 wurde die Anlage renoviert. Die Bauzeit fiel in den Übergang von der Romanik zur Gotik, aber die Klostergebäude sind ganz schmucklos, wie es die Regeln des Ordens vorschrieben. Diese Strenge der Gesamtanlage beeindruckt. Der Chor der Kirche hat drei Fensteröffnungen, die die Dreifaltigkeit symbolisieren. Hervorzuheben sind ein romanisches Portal und ein romanisch-gotischer Kreuzgang (13. und 14. Jahrhundert). Typisch für die Bauweise der Zisterzienser sind die Fenster des Kreuzgangs, die nicht mit Maßwerk ausgefüllt sind. Bei einem Rundgang gelangt man auch in die Klosterküche mit einem überdimensionalen Herd und Kamin in der Mitte des Raumes. Hier wurde einst für alle Mönche, Pilger und Gäste gekocht. Am Beispiel der Ausmaße dieser Kochgelegenheit kann man auch heute noch nachvollziehen, welch einen Massenandrang einst die Pilgerbewegung mit sich brachte.

GIJÓN

Gijón liegt am Strand von San Lorenzo zwischen zwei geschützten Buchten am kantabrischen Meer. Sie wird Hauptstadt der Grünen Küste (Costa Verde) genannt.

260 000 Einwohner, Meereshöhe, Provinz Asturias

Geschichte
Römische Thermen beweisen, daß Gijón bereits zu römischer Zeit ein wichtiger Siedlungsplatz war. Das mittelalterliche Gijón wird 857 das erste Mal urkundlich erwähnt. Erst im 15. Jh. berichtet man von einem Aufschwung des Ortes. Im spanischen Bürgerkrieg (1933/36) wurde Gijón fast vollständig zerstört. Deshalb gibt es auch kaum kunsthistorische Sehenswürdigkeiten. Man hat die Stadt großzügig wieder aufgebaut. Gijón entwickelte sich zur lebhaften Hafen- und Industriestadt, zur größten Stadt Asturiens und besitzt den drittgrößten Ausfuhrhafen Spaniens (Kohle und Eisenerz).

Besichtigung
Lohnenswert ist eine Fahrt entlang des Strandes von **San Lorenzo** mit dem Blick hinüber zur Skyline von Gijón. Am Ende des Strandes erhebt sich der Felsen **Santa Catalina,** um den sich eng das alte Fischerviertel drängt. Gemütlich und einladend wirken die engen, gepflasterten Straßen, alten Häuser und die vielen Bars.

Es gibt in Gijón nicht mehr viel alte Bausubstanz zu besichtigen

Am Ende des Campo Valdés erhebt sich unmittelbar am Steilfelsen die Kirche **San Pedro.** Das erste Gotteshaus wurde Ende des 14. Jh. durch einen Brand vernichtet, im Jahre 1400 wieder aufgebaut, im Bürgerkrieg zerstört und 1945 erneut aufgebaut.

Nördlich des Fischerviertels erreicht man den **Monte de Santa Catalina.** Von der Anhöhe hat man einen schönen Ausblick bis zum Cabo de Peñas und zu den Picos de Europa.

Mittelpunkt der modernen Stadt ist die **Plaza del 6 de Agosto** mit einem Denkmal von Melchor de Jovellanos (1744-1811), ein Kleriker, Diplomat, Dichter und Mathematiker. Er hat sich um die Stadt sehr verdient gemacht.

Museen – Im Instituto Jovellanos, ein Palast aus dem 16. Jahrhundert, in dem auch der Staatsmann Jovellanos geboren wurde, ist ein *Museum für asturische Malerei* untergebracht.Öffungszeiten: Di-Fr 10-13 Uhr und 16-20 Uhr, Sa 11-13 Uhr und 16-20 Uhr.

Museo Internacional de la Gaita: In der städtischen Bibliothek, einem Palast aus dem Jahr 1811, auf der Plaza Mayor, befindet sich das angeblich einzige Dudelsackmuseum der Welt.

Feste – Im Juni *Patronatsfest,* im September *Fiestas de la Soledad* im Stadtteil Cimadevilla.

Information – Marqués de San Esteban 1

Umgebung – Empfehlenswert ist ein Ausflug zum **Cabo de Peñas** mit schönem Blick auf die Atlantikküste. Unterwegs erreicht man das Fischerdorf **Candás de Correno.** In der Kirche San Felix steht ein Christusbild (16. Jh.) aus Irland.

HUESCA

44 000 Einwohner, 490 m ü. M., Provinz Huesca

Huesca liegt an einem Hügel über dem Río Isuela in einem fruchtbaren Landstrich.

Geschichte

Zur Zeit der Iberer war der Ort bereits besiedelt und trug den Namen Osca. Im 1. vorchristlichen Jahrhundert, während des römischen Bürgerkrieges, residierte hier der Rebell Quintus Sertorius (Gegenspieler von Sulla). Er konnte sich nicht lange halten und wurde von Sulla bereits nach einigen Jahren vertrieben. Er gründete jedoch eine Lateinschule, die später zur Universität ausgebaut wurde. So blieb sein Name mit der Stadt verbunden.

Die Mauren nannten die Stadt Vechca. Die Kalifen von Córdoba bauten sie zu einer starken Festung aus. Von der Verteidigungsmauer mit ihren 90 Türmen ist nur noch ein einziger Festungsturm erhalten.

Der christliche König Sancho Ramírez V. (1063-1094) versuchte (erfolglos) die Stadt einzunehmen. Schließlich fiel er während der Kämpfe. Zwei Jahre später (1096) eroberte sein Sohn Peter I. die Stadt. Er erhob Huesca zu seiner Residenz, der Hauptstadt von Aragonien. 22 Jahre blieb sie es, bis Alfons I. 1118 Zaragoza eroberte und die Hauptstadt dorthin verlegte. 1354 erhob Peter IV. die Lateinschule zur Universität. Sie existierte bis zum Jahre 1835.

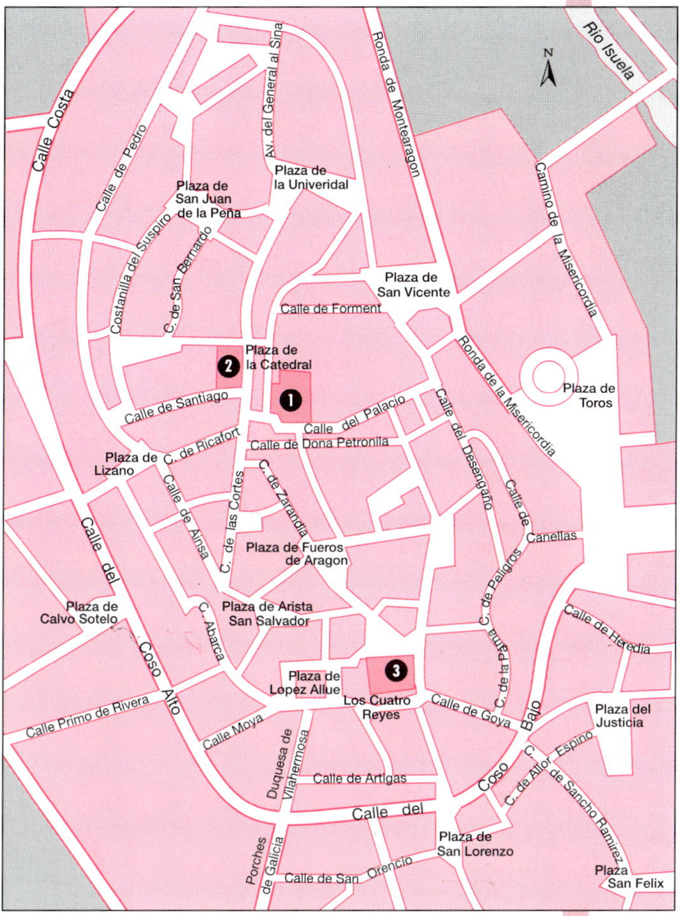

1 Kathedrale
2 Rathaus
3 San Pedro el Viejo

Besichtigung

Am wichtigsten ist zweifelsohne die **Kathedrale** (1). An dieser Stelle erhob sich bereits eine Moschee, davor ein römischer Tempel und weiter zurück vielleicht ein noch älteres Bauwerk.

Nachdem Peter I. die Stadt eingenommen hatte, wurden die Gottesdienste lange Zeit in der Moschee gefeiert. Das war nicht etwa eine Verlegenheitslösung, sondern eine überlegte, religiös-politische Demonstration. Ende des 13. Jahrhunderts begann man mit dem Bau der ersten christlichen Kirche. Die heutige gotische Gestaltung stammt von einem Umbau in den Jahren 1497 bis 1515. An der Hauptfassade flankieren 14 Figuren in Lebensgröße den Eingang. Im Tympanon wird Maria mit dem Jesuskind dargestellt. Der fast quadratische Innenraum besteht aus drei Schiffen, einem Querschiff und fünf Apsiskapellen. Auch in den Seitenschiffen befinden sich einige Kapellen. Besonders schön ist das Retabel des Hochaltars (1520-1533), ein Alabasterwerk mit Passionsszenen, in dem Gotik und Renaissance verschmelzen. In der Sakristei kann der wertvolle Kirchenschatz besichtigt werden. Der Kreuzgang ist älter als die Kirche. Er weist außer gotischen auch romanische Stilelemente auf.

Gegenüber der Kathedrale befindet sich das Rathaus (2), die **Casa Consistorial,** ein Renaissancebau (1577-1612). Sehenswert ist die Eingangshalle. Im Ratssaal hängen die Bilder der Könige von Aragonien. Von der Kathedrale gelangt man auf der Calle Alfonso de Aragón und der Calle de los Mozarabes zur frühromanischen Kirche **San Pedro el Viejo** (3). Die Kirche wurde im Jahr 1117 begonnen. Sie besteht aus drei Schiffen und drei Apsiden sowie einem schönen romanischen Kreuzgang. Vom ursprünglichen Bau sind ein reliefgeschmücktes Portal und der Glockenturm erhalten. In der Kapelle San Bartolomé liegen die aragonesischen Könige Ramiro II. und Alfons I. begraben.

Immer wieder sieht man die alte Kathedrale über den Dächern der Stadt. Huesca ist reich an alten Adelspalästen

Museen – Das *archäologische Landesmuseum* ist in der ehemaligen, von Peter IV. 1354 gegründeten Universität untergebracht. Die Gebäude wurden im 16. Jahrhundert grundlegend renoviert. Sehenswert ist die Barockfassade. Im Museum werden gotische Fresken gezeigt, ebenso verfügt man über eine große Gemäldesammlung aus dem 15. und 16. Jahrhundert. Zu besichtigen ist auch der Gewölbesaal aus dem 12. Jahrhundert, der zum ehemaligen Palast der Könige von Aragonien gehörte. Mit diesem Bau wird auch die Geschichte der Glocke von Huesca in Verbindung gebracht: 1136 lud Ramiro II. aufsässige Edelleute zu einem Versöhnungsfest ein. 16 von ihnen nahm er gefangen und richtete sie hin. Ihre Köpfe ließ er dann so anordnen, daß 15 im Kreise lagen, während der 16. wie ein Klöppel in der Mitte schwang. Dies sollte die Glocke sein, die man in Aragón zu vernehmen hatte.

Das *Bischöfliche Museum* befindet sich in der Kathedrale. Es werden Wandgemälde im romanisch-gotischen Übergangsstil, gotische Altaraufsätze und Gold- und Silberschmiedearbeiten ausgestellt.

Feste – Am 23. April wird eine Wallfahrt zur Kapelle San Jorge veranstaltet.

Vom 9. bis 15. August finden zu Ehren von *San Lorenzo* Feste mit Stierkämpfen, Sportwettbewerben, Folkloredarbietungen und Umzügen statt. Eine Prozession wird veranstaltet, bei der auch typische Tänze aufgeführt werden.

Information – Coso Alto, 23

Umgebung – 70 km östlich von Huesca erhebt sich die Burg von **Monzón** auf einem steilen Hügel. Einige Mauerringe ziehen sich stufenförmig bis zur Festung empor. Die Anlage stammt aus dem 10. und 12. Jahrhundert. Die Burg war ab dem 12. Jahrhundert im Besitz des Templerordens. Als dieser im 14. Jahrhundert aufgelöst wurde, verschanzte sich eine Anzahl Ordensritter in der Burg; sie konnten erst nach monatelanger Belagerung zur Aufgabe gezwungen werden.

Der Bergfried ist arabisch, die Kirche romanisch, die Türme sind je nach ihrer Entstehungszeit arabisch oder gotisch. Im Inneren wurden einige Räume später im Renaissancestil renoviert. Die Kapelle im byzantinischen Stil beeindruckt durch ihr hoch angelegtes Gewölbe.

Fest: In Monzón wird am 19. April eine *Wallfahrt* zur Kapelle Nuestra Señora de la Alegria veranstaltet. Im Prozessionszug führt man geschmückte Karren mit.

JACA

14 000 Einwohner, 820 m ü. M., Provinz Huesca

Caminho de Santiago

Jaca liegt auf einem Hügel über dem Río Aragón und wird vom Bergmassiv Peña de Oroel überragt.

Geschichte

Gegen 200 v. Chr. eroberten die Römer das Gebiet und siedelten sich in Jaca an. Später ließen sich auch die Westgoten an dieser Stelle nieder. Ihnen folgten die Mauren, die man gegen Ende des 8. Jahrhunderts wieder vertrieb. Von einer Schlacht im Jahre 760 berichtet die Legende. Das Volk, insbesondere die Frauen, verteidigten tapfer den Ort. Zu Ehren der heldenhaften Verteidiger feiert man dieses Ereignis jedes Jahr mit einem Laienspiel. Die vier Köpfe im Stadtwappen von Jaca werden auch mit diesem Ereignis begründert: Es sind die Köpfe der vier maurischen Anführer, die bei dem Kampf getötet wurden. Um 824 errichtete Aznar I. Galindez eine kleine Grafschaft, die er nach dem Fluß Aragón benannte. Ende des 10. Jahrhunderts fiel sie durch eine Heirat an das Königreich Navarra, wurde jedoch 1035 auf dem Erbwege ein selbständiges Königreich mit der Hauptstadt Jaca. Die Herrscher widmeten sich mit Vehemenz der Eroberung der maurischen Gebiete, so daß sich das Herrschaftsgebiet von Aragón stark vergrößerte. 1096 wurde Huesca und 1118 Zaragoza erobert. Allerdings mußte Jaca 1096 im Rahmen der neuen Eroberungen die Hauptstadtwürde an Huesca abgeben.

Besichtigung

Vom Somportpaß kommend, folgt man der Avenida de Francia. Auf der rechten Seite erkennt man, nicht zu übersehen, die **Zitadelle** (1). Sie wurde während der Regierungszeit von Philipp II. (1556-1598) erbaut und ist noch immer militärisch genutzt. Will man sie besichtigen, muß man beim Posten am Tor vorsprechen und wird dann von einem Offizier durch die Zitadelle geführt. Ehe die Zitadelle erbaut wurde, befand

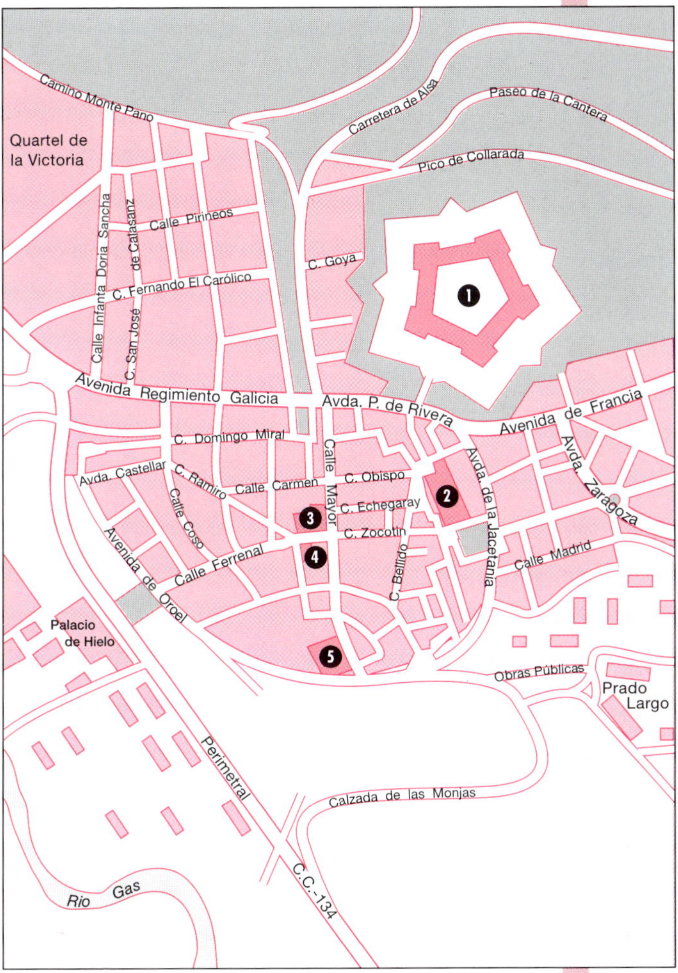

1 Zitadelle
2 Kathedrale
3 Ayuntamiento
4 Torre del Reloj
5 San Salvador y San Ginés

sich etwa in diesem Gebiet das Ausländerviertel Burgo Nuevo. König Sancho Ramírez V. (1063-1094) hatte den Bewohnern von Jaca weitgehende persönliche Freiheiten eingeräumt, die auch für Ausländer galten. So wurde Jaca beliebter Aufenthaltsort von französischen Zuwanderern.

Gegenüber der Zitadelle, einige Straßenzüge entfernt, gelangt man zur bedeutenden **Kathedrale** (2) von Jaca. Sie gilt als eine der ältesten romanischen Kathedralen in

Beim Kirchenbesuch sind die Menschen gut gekleidet

Spanien (1040-1063) und war stilbestimmend für viele Kirchen entlang des Jakobweges. Manche Baumeister legten absichtlich in Jaca einen Halt ein, um die Architektur der Kathedrale zu studieren. Vom ursprünglichen Bau blieben nur der viereckige Turm, das Hauptportal und die Außenmauern erhalten. Der gedrungene, quadratische Turm und die drei gestaffelten Apsiden haben nichts von ihrer Ausdruckskraft verloren. Das Mittelschiff besaß ursprünglich vermutlich ein Tonnengewölbe. 1598 wurden jedoch überall gotische Kreuzrippengewölbe eingezogen. Dieses wie auch die platereske Ausstattung vieler Altäre bilden im Inneren einen harten Kontrast zu der ansonsten nüchternen, romanischen Gestaltung. Sehenswert sind die Fresken im Chor, die platereske Kuppelkapelle der Heiligen Dreifaltigkeit und das platereske Portal der San Miguel Kapelle (mit Alabasterfiguren).

Linker Hand der Kathedrale, Zugang durch den Kirchenraum, befindet sich das Diözesanmuseum, ebenso der Kreuzgang.

Hinter der Kathedrale an der Plaza Biscos stehen schöne, alte Häuser, die alle enge Balkone mit schmiedeeisernen Gittern haben. Folgt man der Calle Ramón y Cajal Zocotín, erreicht man nach Überquerung der Calle Mayor das Rathaus, das **Ayuntamiento** (3) mit einer schönen, plateresken Fassade (1546).

Im engen Gewirr der Gassen erreicht man die Kathedrale

Schräg gegenüber findet man an der Stelle eines ehemaligen Königspalastes den Uhrturm, **Torre del Reloj** (4) mit gotischen Fenstern aus dem 15. Jahrhundert.

Am Ende der Calle Mayor stehen ein Benediktinerinnenkloster und die Kirche **San Salvador y San Ginés** (5) aus dem 12. Jahrhundert. Hauptsehenswürdigkeit ist der Sarkophag von Doña Sancha (Tochter von Ramirol I., dem ersten König von Aragonien).

Museen – Neben der Kathedrale sind im *Diözesanmuseum* romanische Fresken und Wandmalereien, weiterhin romanische Malerei des Pyrenäengebiets zu sehen. Öffungszeiten: Mo-Sa 11-12.30 Uhr, im Sommer auch 16.30-18 Uhr.

Feste – Am ersten Dienstag im Mai wird *„Moros y Cristianos“*, ein Laienspiel aufgeführt, das an den Sieg der Christen über die Mauren (Schlacht am Río Aragón) erinnern soll. Dazu findet eine Wallfahrt statt. Dieses Fest wird seit über 1000 Jahren ohne Unterbrechnung in der gleichen Art und Weise begangen.

Im Juni findet die *Fiesta de Santa Orosia* mit einer Prozession zu Ehren der Schutzpatronin statt.

Information – Avenida Regimiento Galicia; (unterhalb des Gran Hotels)

Umgebung – Schön ist die Aussicht vom **Puerto de Oroel,** 1080 m hoch gelegen. Über den Paß erreicht man auf einer schönen Rundfahrt das Monasterio de San Juan de la Peña.

LA CORUÑA

235 000 Einwohner, Meereshöhe, Provinz La Coruña.

La Coruña, die größte Stadt Galiziens, liegt im äußersten Nordwesten Spaniens auf einer Landzunge zwischen zwei Buchten an der Küste des Atlantiks.

Geschichte

Das Gebiet von La Coruña war bereits zu iberischer Zeit besiedelt. Später befand es sich in phönizischem Besitz. Von den Römern erhielt die Siedlung den ersten nachweisbaren Namen: Flavium Brigantium. Unter Kaiser Trajan wurde sie stark erweitert. Im 2. Jahrhundert erbauten die Römer den Herkulesturm, der heute noch besichtigt werden kann: Er ist der älteste funktionierende Leuchtturm der Welt. 713 besetzte der Emir von Córdoba die Stadt. Im 10. Jahrhundert wurde sie von Almansor zerstört. Karl V. schiffte sich 1250 in La Coruña ein, um nach Deutschland zu reisen, wo er zum Kaiser gekrönt wurde. 1589 mußten die Bewohner der Stadt unter den Angriffen der Engländer leiden, nachdem 1588 die „unbesiegbare" Armada geschlagen worden war. Die Bevölkerung konnte sich zwar erfolgreich verteidigen, aber weite Stadtgebiete wurden in Brand geschossen. Auch im Unabhängigkeitskrieg gegen Napoleon mußte die Bevölkerung der Stadt einen hohen Blutzoll bezahlen. 1809 wurde La Coruña eingenommen, nachdem ein englisches Heer in der Schlacht von Elvina (in der Nähe) geschlagen worden war. Noch einmal, 1823, wurde sie von französischen Truppen belagert und eingenommen.

In einem alten galizischen Sprichwort heißt es: Vigo arbeitet, Pontevedra schläft, Santiago betet – und La Coruña? La Coruña tanzt

La Coruña war für die Jakobuspilger, die aus England kamen, von großer Bedeutung. Hier legten ihre Schiffe an, und dann begann für sie der Pilgerweg zu Land.

Besichtigung

La Coruña kann man in drei Stadtteile gliedern: das alte Stadtviertel, das im 18. Jahrhundert seinen Höhepunkt hatte, der moderne Stadtteil, auch La Pescadería genannt, der sich im Laufe des 19. Jahrhunderts entfaltete und die sogenannte Stadterweiterung, die im 20. Jahrhundert dazu kam. Die Altstadt liegt auf einem Hügel und war bis zum Jahr 1840 durch eine feste Stadtmauer geschützt.

Die Verkehrsader Los Cantones markiert das heutige Zentrum der Stadt. Über die Calle Real erreicht man die Altstadt. Am Ende dieser Gasse, heute Fußgängerzone, stößt man auf den Riego de Agua (mit dem Theater Rosalía de Castro) und erreicht die **Plaza de María Pita** (1), die von Säulengängen umgeben ist. Hier dominiert der Palacio Municipal, das Rathaus, ein Gebäude von beträchtlichen Ausmaßen. Die weitläufige, herrschaftliche Fassade wird durch drei Türme mit Kuppeln gekrönt, zur Straße hin gliedern Säulengänge den Bau. Im Rathaussaal zeigen Reliefs Szenen aus der Legende und Geschichte der Stadt. Im Rathaus ist ein Uhrmuseum untergebracht.

Östlich der Plaza de María Pita liegt auf einer Anhöhe die eng gebaute Altstadt. Ihr Mittelpunkt ist die Plaza de la Harina.

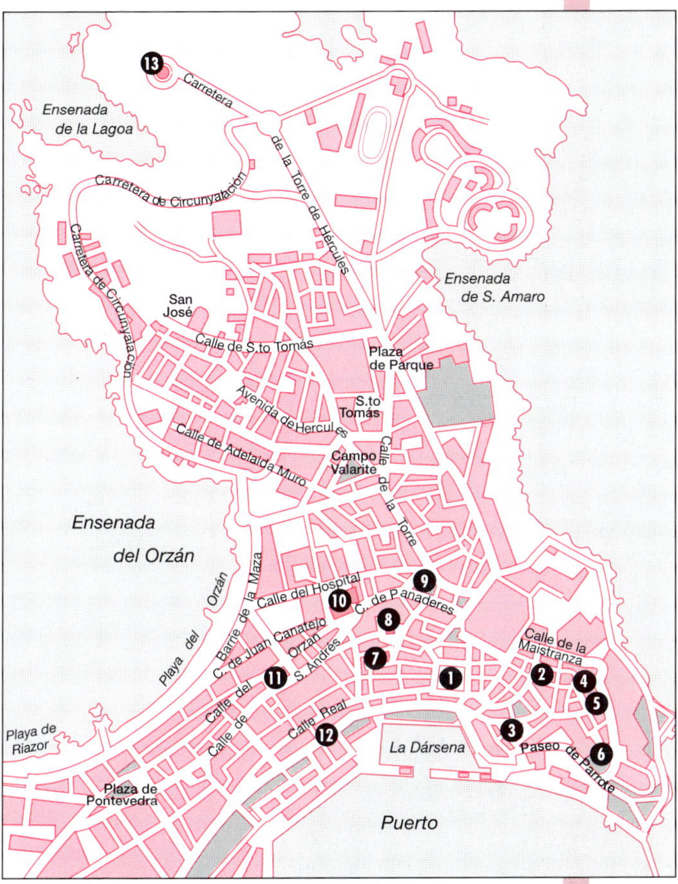

1 Plaza de María Pita
2 Santa María del Campo
3 Santiago Kirche
4 Santa Bárbara
5 Santo Domingo
6 Park San Carlos
7 San Nicolás
8 San Jorge
9 Plaza España
10 Madres Capuchinas
11 San Andrés
12 Avenida de la Marina
13 Torre de Hércules

Die Kirche **Santa María del Campo** (2) wurde 1256 im romanischen Stil begonnen, dann im gotischen Stil fortgesetzt. Die dreischiffige Kirche besitzt eine romanische Apsis mit einem Rosettenfenster darüber. Der Glockenturm aus dem 14. Jahrhundert ist gotisch.

Die einschiffige **Santiago** Kirche (3) ist die älteste Kirche der Stadt. Sie ist im 12. Jahrhundert im romanischen Stil erbaut worden, besitzt aber aufgrund späterer Umbauten auch gotische Elemente in der Fassade. Interessant ist die Darstellung des heiligen Santiago als Reiter im Giebelfeld.

Zum Ruf der Stadt haben die miradores beigetragen, verglaste Häuserfronten

Am gleichnamigen Platz liegt das Kloster **Santa Bárbara** (4), das im 15. Jahrhundert gegründet wurde. Die Fassade der gotischen Kirche trägt ein kunstvolles Flachrelief.

Der stille Platz Santa Bárbara ist von alten Häusern umgeben. In der Mitte erhebt sich ein hübscher Kreuzbogen.

Sehr interessant ist die barocke Kirche **Santo Domingo** (5) aus dem 17. Jahrhundert mit den Säulen und Bogen einer gotischen Kapelle.

Ein anderes wichtiges Monument der Stadt ist das Kloster von **San Francisco,** wohin Karl I. 1520 die Cortes einberief.

Am Ende der Altstadt befindet sich der **Park San Carlos** (6) an Stelle einer alten Festungsanlage aus dem 14. und 15. Jahrhundert. Dieser romantische Garten wurde 1834 angelegt. Hier kann man das Grab des britischen Generals Sir John Moore besuchen, der 1809 in der Schlacht bei Elvina in der Nähe von La Coruña gegen die napoleonischen Truppen fiel. Vom Park hat man einen schönen Überblick über den Hafen.

Die moderne Stadt, **La Pescadería** beginnt bei der Pfarrkirche **San Nicolás** (7). Man erreicht sie von der Calle Real über die Calle Bailén. Die Pfarrkirche hat eine glatte Fassade, eine Eigenart der galizischen Barockarchitektur. In ihrer Nähe, am Platz von San Martín, stehen ein Wegkreuz aus Stein und die Kirche **San Jorge** mit Barockfassade, bestehend aus drei großen Schiffen (8).

Die **Plaza España** (9) wurde früher Galgenfeld, später Brennholzfeld genannt. Jahrhunderte hindurch war sie die Richtstätte.

Das Rathaus von La Coruña

Herkulesturm, Leuchtturm aus römischer Zeit

Über die Calle de Panaderas erreicht man das Kloster **Madres Capuchinas** (10), gegen Ende des 17. Jahrhunderts gegründet. Der Barockbau selbst stammt aus dem 18. Jahrhundert. Gerühmt wird die Fassade, ein bewundernswertes Beispiel für architektonische Harmonie.

Die Hauptverkehrsader der Pescadería ist die Calle de San Andrés. In dieser Straße steht die Kapelle **San Andrés** (11), auf den Ruinen eines alten Hospitals erbaut.

Zur Stadterweiterung „El Ensanche" führt die Hafenpromenade **La Marina** mit ihren hellen und verglasten Galerien. Sie haben der Stadt auch den Namen „Kristallstadt" eingebracht. Die verglasten Häuserfronten bieten Schutz vor Regen und Wind **(Avenida de la Marina)** (12).

Im Gebiet der Stadterweiterung befinden sich der Hafen und der Fischmarkt.

Öffnungzeiten im Sommer Di-So 11-14 Uhr und 16-19 Uhr; im Winter: 11-15 Uhr

Unbedingt zu besichtigen ist der Leuchtturm **Torre de Hércules** (13), der noch aus römischer Zeit stammt. Vermutlich wurde er im 2. Jahrhundert gebaut. Als sich gegen Ende des 15. Jahrhunderts die Irmandinos gegen den galizischen Adel erhoben, wurde die gewundene Zugangsrampe zum Turm zerstört. König Karl III. ließ 1785 die Innentreppe einbauen, so erhielt der Turm seine heutige Viereckform. Der Leuchtturm ist 104 Meter hoch. Von ihm hat man einen schönen Ausblick auf die Stadt und die Küste.

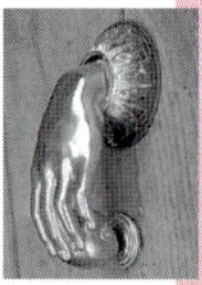

Museen – Sehenswert ist das *Museo Provincial de Bellas Artes,* das kunsthistorische Landesmuseum, untergebracht im Real Consulado del Mar auf der Plaza del Pinto Sotomayor. Es zeigt Werke galizischer und spanischer Künstler, insbesondere von Vélasquez, Ribera, Morales, aber auch Werke flämischer, französischer und italienischer Meister.

Öffnungzeiten: 10-14 Uhr und 16.30 bis 19.30 Uhr

Im Castillo de San Antón, einem Festungsbau aus dem 16. Jahrhundert (1779 vollkommen restauriert), ist das *historische und archäologische Museum* untergebracht: Es zeigt Funde aus der Vorgeschichte und dokumentiert die geschichtliche Entwicklung der Stadt. Von dem Festungsbau hat man einen schönen Ausblick auf die Stadt.

Im Kloster Santo Domingo ist das galizische *Volkskundemuseum,* Museo do Povo Galego, eingerichtet.

Im Rathaus befindet sich ein sehenswertes *Uhrenmuseum.*

Feste – Im Juli feiert man die *Fiesta Virgen del Carmen* mit einer Schiffsprozession. Im August wird die *Fiesta de María Pita* mit Stierkämpfen, Wettkämpfen, Folkloredarbietungen veranstaltet.

Information – Dársena de la Marina

LEÓN

León liegt am Zusammenfluß von Río Torio und Río Bernesga in einer fruchtbaren Ebene im westlichen Teil des innerspanischen Hochlandes (auch Meseta genannt), am Südabhang des kantabrischen Gebirges. León ist Provinzhauptstadt und Bischofssitz.

130 000 Einwohner, 820 m ü. M., Provinz León

Caminho de Santiago

Geschichte

León existierte bereits in iberischer Zeit. Die Iberer errichteten eine Festung, die sie Lancia nannten. 68 n.Chr. ließ der römische Kaiser Galba ein Truppenlager einrichten. Daher leitet sich der heutige Name der Stadt ab: von legio = Legion. Die Legion VII Gemina war eine Zwillingslegion; sie zählte 10 Kohorten mit 6000 Infanteriesoldaten, 120 Kavalleristen und Hilfstruppen mit Steinschleudern.

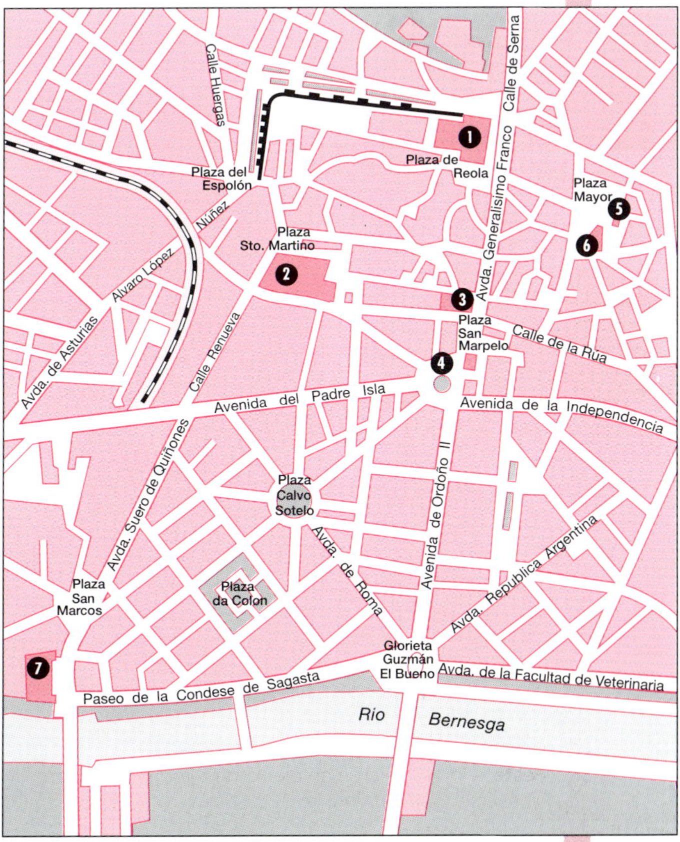

1 Santa María de Regia
2 San Isidoro
3 Palast de Los Guzmanes
4 Casa de Botines
5 Consistoria Antiguo
6 San Martin
7 San Marcos

Die Kathedrale von Leon – Schönheit im Ganzen und im Detail

Das römische Lager war rechteckig angelegt und maß 550 mal 380 Meter. Außerhalb des Lagers ließen sich Zivilisten und die Familien der Soldaten nieder. Zwei Steinplatten aus den Jahren 163 und 184 erinnern noch an die Gründung der Legion. Die Römer hielten sich fast 500 Jahre. 540 wurde die Stadt von den Westgoten erobert, 717 vertrieben die arabischen Heerscharen die Westgoten. Schon 25 Jahre später wurde León zurückerobert und gehörte seitdem zum Kernland von Aragón. Die historische Rolle Leóns begann mit dem Tod von Alfons III. Sein Erbe erhob León zur Hauptstadt. 983 zerstörte Almansor die Stadt. Alfons V. baute sie wieder auf und bevölkerte sie erneut. Im Jahre 1200 verkündigte er die Buenos Fueros, besondere Stadtrechte. Auch der Pilgerführer berichtet über León:

Pilgerführer:
Dann muß man in der Stadt León die ehrwürdigen Reliquien des heiligen Bischofs, Bekenners und Doktors Isidor besuchen, der eine fromme Regel für die Kleriker schuf, das spanische Volk mit seinen Lehren erfüllte und die ganze heilige Kirche mit seinen Früchte tragenden Büchern erfreute.

Der heilige Isidor hatte sich 1063 in León eingerichtet und der Stadt zu kirchlichem Ruhm verholfen. 1230 wurde Asturien-León mit Kastilien vereinigt. Damit verlor León seine Stellung als Hauptstadt und seine politische Bedeutung. In der neueren Geschichte hat León einen bemerkenswerten Aufschwung genommen. Das liegt sowohl an den reichen Kohle- und Eisenerzlagerstätten, die in den Berg- und Hüttenwerken verarbeitet werden als auch am Stausee im Eslatal, dessen Kraftwerk die ganze Umgebung mit Energie versorgt.

Besichtigung

Öffnungszeiten: 9.30-13 Uhr und 16-18.30 Uhr Das Museum (und der Kreuzgang) Sa nachmittag und So geschlossen

Die Kathedrale **Santa María de Regla** (1) gilt als eine der schönsten frühgotischen Kirchen Spaniens. Große Kathedralen wie jene in Reims, Amiens und Chartres dienten als Vorbild. Das Gotteshaus ist 51 m lang. An der mit den Portalen geschmückten Westfassade erheben sich zwei mächtige Glockentürme, die 85 beziehungsweise 68 m hoch sind. Sie wurden im 13. Jh. begonnen. Die Portale sind reich mit Skulpturen aus dem 13. Jh. und mit einer großen Fensterrose geschmückt. Die Türme der Kathedrale wurden nicht in die Schiffe integriert, daher kann man die Strebebogen der Hauptfassade gut bewundern. Die Nordfassade ist architektonisch am reinsten erhalten. Die Südfassade beeindruckt durch die drei Portale, wobei das mittlere Tor durch das große Giebeldach besonders auffällt.

Das harmonisch gestaltete Innere der Kathedrale wird noch unterstrichen durch die großen Buntglasfenster mit insgesamt 1800 Quadratmetern. Die Bemalung der 31 Kirchenfenster und 74 Fenster im Triforium stammt aus dem 13. bis 15. Jahrhundert Die schönsten Glasmalereien sind im nördlichen Querschiff und in der Capilla Mayor. Dazu zählen auch die drei großen Fensterrosetten. Der Chor ist mit einem prachtvollen geschnitzten Gestühl aus dem Ende des 15. Jahrhundert ausgestattet. Die Capilla Mayor schmückt ein gotisches Retabel mit Gemälden aus dem 15. Jh. und ein schönes, platereskes Gitter. An den Chorumgang schließen sich fünf sechseckige Kapellen mit verschiedenen Grabmälern an. Unter den vielen Kapellen sind besonders die der Virgen del Carmen mit dem Grab von Bischof Don Rodrigo und die Calvario-Kapelle sehenswert. In der Kapelle der Virgen Blanca kann man ein Bild der Schutzheiligen sehen. Vom nördlichen Teil ist der platereske Kreuzgang zu betreten, der im 14. Jahrhundert erbaut, im 15. Jahrhundert umgestaltet wurde. In seinen Nebengebäuden ist ein Museum untergebracht.

Öffnungszeiten im Sommer: Mo-Sa 9.30-13.30 Uhr und 16-20 Uhr So 10-13.30; im Winter: Di-Sa 10-13.30 Uhr und 16-18.30 Uhr; So 10-13.30 Uhr

Die Basilika **San Isidoro** (2) wurde an die alte römische Stadtmauer angebaut, die einst ein Rechteck von 705 m Länge und 380 m Breite beschrieb. Sie nimmt den Platz eines Klosters ein, das Mitte des 9. Jahrhunderts zu Ehren von Johannes dem Täufer erbaut worden war. Möglicherweise existierte davor sogar noch ein heidnischer Tempel des Gottes Merkur. Die heutige Kirche wurde 1063 errichtet mit der Bestimmung, die sterblichen Überreste des heiligen Isidoro aufzunehmen. San Isidoro gilt als größter Kirchenlehrer der westgotischen Kirche und war Erzbischof von Sevilla. Die Arbeiten für den heutigen Bau dauerten bis ins 12. Jahrhundert. Die Südfassade und das Chorhaus wurden während der Gotik umgestaltet, auch während der Renaissance kamen weitere Umbauten hinzu. Besonders schön sind die schlichten, romanischen, der Plaza de San Isidoro zugewandten Portale. Aufmerksamkeit verdient der Haupteingang, die Lammtüre (del Cordero) mit Giebeldach und Skulpturengruppe, die die Opferszene Isaaks darstellt. Die sogenannte Vergebungstür (del Perdón) ist im romanischen Stil gehalten. Das Hauptschiff der Kirche hat Rundgewölbe, die Seitenschiffe haben Rippengewölbe. Das Kreuzschiff ist deutlich maurisch beeinflußt.

Im Inneren der Kirche San Isidoro befindet sich die Königsgruft (eigener Eingang, Museum). Dieses königliche Pantheon schmückt ein Kreuzgratgewölbe mit Säulenkapitellen. Beeindruckend ist die Verzierung mit pflanzlichen Motiven, die im mozarabischen Stil ausgeführt sind. Die romanischen Fresken (Mitte des 12. Jahrhunderts) zeigen Szenen aus dem Leben der Heiligen Jungfrau und von Jesus Christus sowie der Apokalypse. Die phantasievollen Darstellungen wirken in ihrer Lebendigkeit für die damalige Zeit sehr fortschrittlich. Vom königlichen Pantheon aus kann man auch den Kreuzgang und das Museum besuchen.

Die Diputación ist in dem alten vornehmen **Palast de los Guzmanes** (3) untergebracht; er gehört zu den eleganten Bürgerhäusern der Stadt und wurde im Stil der spanischen Frührenaissance 1559 erbaut. Die ältesten Teile sind die Fassade an der Plaza de Botines und der Innenhof. Das Portal

Marktplatz von León

der Hauptfassade beeindruckt durch seine Ausgewogenheit. Die Galerie des Innenhofes stützt sich auf vier Gänge mit ionischen Säulen.

Gleich gegenüber hat der Architekt Gaudí die **Casa de Botines** (4), eines seiner sehr eigenwilligen Werke, geschaffen. Es hat einen quadratischen Grundriß und ist ganz im neugotischen Stil gehalten. Vier Türme ziehen sich an den Ecken über alle Stockwerke hinauf.

An der Plaza Mayor erhebt sich die klassische **Consistoria Antigua** (5). Die Fassade stammt aus dem Jahr 1677.

In der Nähe befindet sich die Kirche **San Martín** aus dem 12. Jahrhundert (im 16. und 18. Jahrhundert umgebaut) (6).

Etwas außerhalb, am Nordwestrand der Stadt, am Río Bernesga findet man das ehemalige Kloster **San Marcos,** heute ein Hotel (7). An dieser Stelle stand im 12. Jahrhundert das Stammhaus des Ritterordens Santiago. Im 16. Jahrhundert (1533) wurde dann der heutige Bau errichtet, die Westhälfte allerdings mit dem Portal erst zwischen 1708 und 1716 fertiggestellt. Die etwa 100 m lange, prunkvolle Fassade zeigt eine erstaunliche Stileinheit und gilt als Meisterwerk der spanischen Renaissance. Nur die Frontgiebel sind barock. Ganz rechts schließt sich an das Gebäude die unvollendet gebliebene Kirche an. Ihre Fassade ist mit Jakobsmuscheln bedeckt.

Museen – Im ehemaligen Kloster San Marcos wurde in der Sakristei, dem Kreuzgang und den angrenzenden Kapitelsälen das *Museo Arqueológico Provincial* eingerichtet. Die wertvollsten Stücke der Sammlung sind Skulpturen aus der

Das Kreuz ist das Zeichen von León

Romanik und der Gotik. Eine Kostbarkeit ist der Christus am Kreuz von Carrizo, eine romanische Elfenbeinschnitzerei mit deutlich erkennbarem byzantinischen Einfluß aus dem 11. Jahrhundert.

In der Kirche San Isidora kann man den *Kirchenschatz* besichtigen. Er enthält seltene Stücke aus romanischer Zeit.

In der Kathedrale befindet sich ein *Kirchenmuseum* mit einer Gemälde-, Skulpturen- und Handschriftensammlung, darunter eine mozararbische Bibel aus dem 10. Jahrhundert.

Feste – Das Hauptfest feiert man in León am 24. und 29. Juni, den Tagen des *heiligen Johannes und des heiligen Petrus.* Dann finden Stierkämpfe statt.

Am 2. Sonntag nach Ostern wird das Fest Las Cabezadas mit großen Feierlichkeiten in der Basilika San Isidoro begangen.

Im September und Oktober wallfahrten die Menschen der Umgebung zu der 6 km entfernten Kapelle der Virgen del Camino (Trachten und Folklore).

Information – Plaza de Regla, 4

Umgebung – Auf der Straße von León nach **Navatejera** nach Norden im Tal des Río Toríol erreicht man nach 36 km das durch seine Bergengen berühmte **Vegacervera.** Man durchquert eine Schlucht; die Felswände erreichen auf beiden Seiten eine Höhe von über einhundert Metern. In der Nähe befinden sich auch die Höhlen von **Valporquero:** Stalaktiten, Stalagmiten, unterirdische Seen und Wasserläufe sind zu sehen.

LOGROÑO

110 000 Einwohner, 390 m ü. M., Provinz La Rioja

Logroño liegt am Ufer des Río Ebro und ist das Zentrum der wegen ihres Weines bekannten Provinz Rioja.

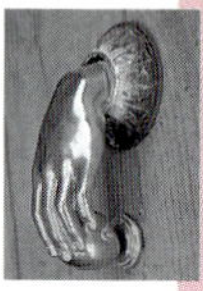

Geschichte

Bereits in römischer Zeit befand sich hier der Ort Varea Lucrosus. Die Mauren besetzten die Siedlung Anfang des 8. Jahrhunderts. Im Jahre 923 wurde sie von den Königen von Navarra und León zurückerobert. Zu Beginn des 12. Jahrhunderts erbaute San Juan de Ortega eine zwölfbogige Brücke über den Ebro, um den Santiagopilgern den Weg zu erleichtern. Sie ersetzte eine bereits existierende kleinere Brücke. Dieser Ebrobrücke verdankte die Stadt schon frühzeitig ihre strategische Bedeutung, worunter allerdings die Einwohner auch leiden mußten. 1092 wurde Logroño von El Cid zerstört. Auch die Truppen Napoleons eroberten und brandschatzten Logroño.

Besichtigung

Die Kaiserkirche **Santa María del Palacio** (1) war ehemals ein Palast von König Alfons VII. von Kastilien (1126-1157). Vom ursprünglichen romanischen Bau blieb nichts übrig. Die Umbauten stammen aus dem 13., 16. und 18. Jahrhundert. In der Capilla Mayor steht ein monumental wirkender Renaissancealtar aus der Mitte des 16. Jahrhunderts.

Die gotische Kirche **Santa María la Redonda** (2) ist erst seit 1959 Kathedrale; sie wurde um 1500 erbaut und im 18. Jahrhundert umgebaut. Ihr Name erinnert an die frühere runde Grundrißform. Heute beeindruckt sie noch durch ihre Barocktürme. Im Chor blieb ein sehenswertes Renaissancechorgestühl aus dem 16. Jahrhundert erhalten.

Die romanische Kirche **San Bartolomé** (3) ist eine früher von den Santiagopilgern gerne besuchte Wallfahrtskirche. Bemerkenswert sind das gotische Portal aus dem 14. Jahrhundert, der romanische Glockenturm (11. Jahrhundert) und die romanische Apsis (12. Jahrhundert).

Feste – Am 11. Juni wird das Patronatsfest *„Fiesta de San Bernabé"* mit Wallfahrt und Umzügen gefeiert.

Am 21. September gibt es die *Fiesta de San Mato.*

Information – Miguel Villanueva, 10

Umgebung – Der kleine Ort **Clavijo,** 16 km südlich der Stadt, wird überragt von dem majestätisch auf einem Felsengrat liegenden Castillo de Clavijo. Hier schlug Ramiro I. im Jahr 844 die Mauren. Zu dieser Schlacht war es angeblich gekommen, weil der König sich geweigert hatte, den Tribut von 100 Jungfrauen an die Mauren zu entrichten. In der Basilica del Monte Laturce erinnert ein großes Gemälde an diese Schlacht. Am dritten Sonntag im Mai findet die Romería de la Virgen de Hermedaña statt. Weiß gekleidete Frauen veranstalten eine Wallfahrt. Sie erinnern dabei an den verweigerten Tribut der 100 Jungfrauen.

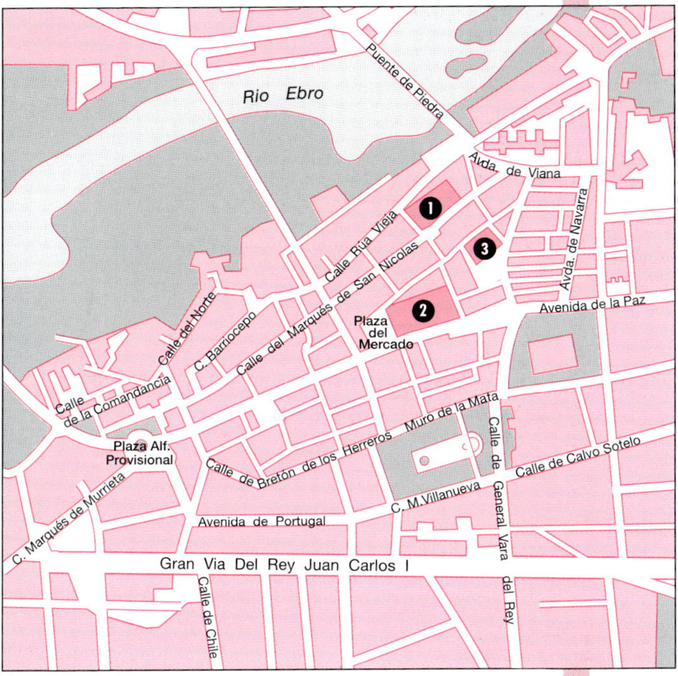

1 Santa María del Palacio
2 Santa María la Redonda
3 San Bartolomé

48 km südöstlich liegt **Calahorra,** eine geschichtlich sehr bedeutsame Stadt. Die Iberer siedelten hier, dann eroberten die Römer die Ansiedlung und ließen sich nieder. Die Kathedrale, ein Renaissancebau, der jedoch gotisch konzipiert war, ist zu einem Stilmischmasch verkommen, da immer neue Anbauten hinzugefügt wurden und in den Jahren 1680 bis 1704 noch eine neue Fassade vorgesetzt wurde.

Weiterhin gibt es die gotische Kirche San Andrés und die Santiagokirche aus der Renaissancezeit.

Im Altertum mußten die Bewohner unter schlimmen Belagerungen leiden. Wiederholt waren die Eingeschlossenen gezwungen, sich von Menschenfleisch zu ernähren, wie die Chroniken berichten. Als 71 v.Chr. die Truppen von Pompeius die Stadt belagerten, erzählt man sich die Geschichte von einer alten Frau, die jede Nacht in den Straßen der Stadt verschiedene Feuer unterhielt, um den Feind über die Anzahl der verbliebenen Einwohner zu täuschen. Als die Soldaten schließlich in der Stadt einrückten, fanden sie nur noch die alte Frau. Sie briet sich gerade einen menschlichen Arm. 1878 wurde ihr ein Denkmal gesetzt. Es steht am Passeo de Marcadal.

In der letzten Augustwoche wird in Calahorra ein Patronatsfest zu Ehren der Märtyrer San Celedonio und San Emeterío gefeiert. Natürlich gibt es dabei Stierkämpfe zu sehen.

*Logroño,
die Pilgerstadt
und ihre Pilger*

LUGO

74 000 Einwohner,
485 m ü. M.,
Provinz Lugo

Lugo liegt mitten im Bergland von Galizien am oberen Río Miño und ist Hauptstadt der gleichnamigen Provinz Lugo wie auch Bischofssitz.

Geschichte

In der Umgebung von Lugo gab es bereits keltische Kultstätten; man fand Grabhügel aus jener Zeit. Der Name könnte ebenfalls von den Kelten stammen: Lu ist ein keltischer Feuergott. Von den Römern wurde der wichtige Verkehrsknotenpunkt, in dem bereits ein Bischof amtierte, Lucus Augusti genannt. Im 5. Jahrhundert eroberten die Sueben die Stadt und zerstörten sie. Kurz darauf wurden sie ihrerseits von den Westgoten vertrieben, die sich in Lugo niederließen. 559 und 560 fanden in Lugo Konzile statt. Die Mauren nahmen die Stadt 714 ein, wurden jedoch bereits 755 von Alfons I. wieder vertrieben. Unter Alfons III. (866-911) erhielt Lugo die Stadtrechte. 969 wurde die Stadt von den Normannen erobert und 997 von Almansor. Im Mittelalter trugen Kirche und Adel den Konflikt um die Vorherrschaft mit Waffengewalt aus. Die Kriege hemmten die weitere Entwicklung der Stadt. 1809 wurde die Stadt von den Franzosen eingenommen.

1 Santa María
2 Plaza Mayor
3 San Francisco

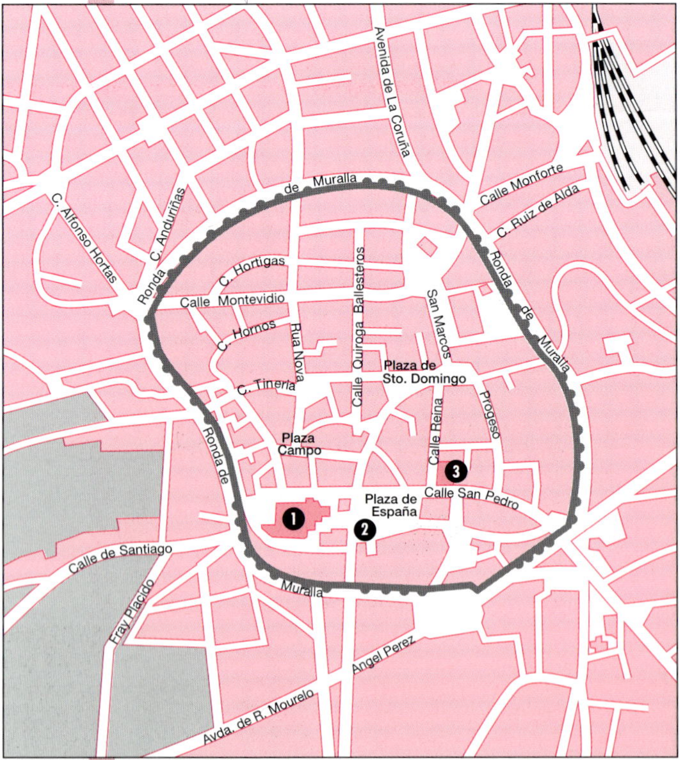

Besichtigung
Besonders reizvoll ist ein Rundgang auf der alten, 3 bis 4,50 m breiten Stadtmauer, die aus dem 3. Jahrhundert nach Christus stammt; im 14. Jahrhundert wurde sie weiter verstärkt. Sie existiert heute noch in ihrer ursprünglichen Länge von etwa 2000 m und ist 10 bis 15 m hoch. Die im Mittelalter durchgeführten Umbauarbeiten beeinflußten weder ihr Aussehen noch die solide römische Struktur. Die Mauern sind aus den dunklen Schiefersteinen der Umgebung hergestellt. Noch heute kann man folgende Tore, aus Quadersteinen errichtet, besichtigen: Puerta del Carmen (gilt als das älteste Tor), Puerta Nueva, de San Pedro, de Santiago, la Falsa, del Obispo Izquierdo, de San Fernando, de la Estación, del Obispo Aguirre und das Tor des Bischofs Odoario. Der Zugang zur Mauer ist an mehreren Stellen möglich, besonders gut über die Puerta de Santiago gegenüber der Kathedrale (1).

Mittelpunkt der Stadt ist die Plaza de España, auch **Plaza Mayor** (2) genannt. Hier erhebt sich an der Ostseite das 1700 erbaute **Ayuntamiento,** das Rathaus mit einer schönen Rokokofassade.

Gegenüber steht die romanisch-gotische Kathedrale **Santa María** (1). Der Ursprungsbau stammt aus dem 8. Jahrhundert, von dem jedoch nur die Vorhalle erhalten ist. Sie betritt man von der Plaza de España aus. 1129 wurde eine neue Kirche erbaut, deren Vorbild ursprünglich die Kathedrale von Santiago sein sollte, im Grundriß – das lateinische Kreuz mit drei Schiffen – trifft dies zu. Die Arbeiten zogen sich aber bis 1798 hin, so daß man heute sehr verschiedene Stilrichtungen findet. Besonders interessant ist das gotische Nordportal mit einem Turm. Als einzige Kathedrale in Spanien besitzt sie ein Halbrundgewölbe. Die neuklassische Hauptfassade hat zwei Türme. Im Innern ist das schön geschnitzte Chorgestühl von 1625 zu erwähnen. Hinter dem Chor beginnt der romanische Teil der Kathedrale. In der Capilla Mayor befindet sich ein Retabel im Rokokostil. Der anschließende barocke Kreuzgang stammt aus dem 18. Jahrhundert. Verläßt man die Kirche durch das Nordportal, kommt man zur Plaza de Santa María, an der sich das Bischofspalais, ein einstöckiger Quaderbau aus dem 18. Jahrhundert, erhebt.

Im einschiffigen gotischen Kloster **San Francisco** (3) ist das Provinzmuseum untergebracht. Es hat drei Apsiden mit hohen Fenstern.

Weiterhin sind zu erwähnen die ebenfalls gotische Kirche **Santo Domingo** und die Kirche **A Nova,** eine Mischung aus Neuklassik und Barock.

Museen – In der Pfarrkirche San Pedro (ehemal. Kloster San Francisco), die aus dem 13. bis 15. Jahrhundert stammt, ist das *Museo Provincial* untergebracht. Im romanischen Kreuzgang werden archäologische Sammlungen ausgestellt:

In Lugo hat der Heilige Jakob einen Platz in der Stadtmauer gefunden

Öffnungszeiten: Mo-Fr 10.30 bis 14 Uhr und 16.30 bis 20.30 Uhr, Sa 10.30 bis 14 Uhr

Mosaiken, römische Altäre, Sarkophage, Sonnenuhren. Das Museum besitzt eine bedeutende numismatische Sammlung, unter anderem mit Münzen aus der Römerzeit. Im „romantischen" Saal kann man eine original galizische Küche besichtigen. Weiterhin ist noch die Gemäldesammlung mit Werken von Corredoira, Fierros, Minguillón, Grandío und anderen galizischen Künstlern zu nennen.

Feste – Im Oktober werden die *Fiestas de San Froilán* gefeiert. Bei der *Feria del Pulpo* (auch Oktober) werden insbesondere leckere Gerichte aus Pulpos (Tintenfische) angeboten.

Information – Plaza de España, 27

Umgebung – Unter der Kirche **San Eulalia de Bóveda,** 15 km westlich von Lugo, hat man eine Art Krypta entdeckt. Sie besteht aus einem Vorraum und einem rechteckigen Hauptraum mit Becken und Rundbogennische. Vermutlich handelt es sich um eine römische Kultstätte, die später als frühchristliche Kirche Verwendung fand. In den Wandmalereien deutet man christliche Symbole.

Lugo: Der Alltag findet in den alten musealen Gemäuern statt

In der Umgebung: Kornspeicher

ORENSE

96 000 Einwohner, 125 m ü.M., Provinz Orense.

Orense liegt im Tal des Río Miño inmitten bewaldeter Berge.

Geschichte

Orense wurde als Aquae Urentes bereits von den Römern besiedelt. Ihnen waren die heiligen Schwefelquellen bekannt. Bereits im 4. Jahrhundert gab es in Orense einen Bischof. Im 6. und 7. Jahrhundert residierten hier suebische Könige. 716 wurde die Stadt von den Mauern erobert und zerstört, 910 von Alfons III. wieder aufgebaut, jedoch kurz darauf von Almansor erneut zerstört.

Die Wiederbesiedelung fand zur Regierungszeit Sancho II. statt. Orense erhielt die Stadtrechte auf Betreiben des Prälats Diego. Im weiteren Verlauf der Geschichte brachen erbitterte Kämpfe zwischen Klerus und Adel um die Vorherrschaft aus. Besonders stark tobten sie im 15. Jahrhundert.

Der Name der Stadt stammt wahrscheinlich von dem sagenhaften Gold des Río Miño, das bereits von den Römern aus dem Fluß gewaschen wurde. (Orense könnte von oro = Gold ableitbar sein.)

Besichtigung

Die Altstadt lockt mit vielen kleinen und großen Plätzen, die mit Arkadengängen umgeben sind. Schöne Balkongitter schmücken die Häuser.

Mittelpunkt der Stadt ist die **Plaza Mayor** (1), an der sich der bischöfliche Palast befindet, ein romanischer Bau.

Im Kreuzgang der Kathedrale befindet sich das Diozesanmuseum. Öffnungszeiten: Di-So von 10.30 bis 13 Uhr und 16 bis 19 Uhr

In der Nähe erhebt sich die romanisch-gotische **Kathedrale** (2), die dem heiligen Martin von Tours geweiht ist. Sie wurde im 12. und 13. Jahrhundert an der Stelle einer suebischen Basilika erbaut. Nach Erdbebenschäden im 16. und 17. Jahrhundert wurde sie weitgehend erneuert. Der Bau ist dreischiffig und hat ein Querschiff – im Grundriß ein lateinisches Kreuz. Beachtenswert ist die reich, romanische Plastik an der Paradiespforte und an den Seitenportalen. Der Pórtico del Paradiso ist eine Nachahmung des Pórtico de la Gloria der Kathedrale von Santiago de Compostela. Diesen Eindruck verstärken die sehr ähnlich wirkenden Vorhallen. Im Inneren ist ein spätgotischer Flügelaltar von 1521 zu erwähnen und das im 16. Jahrhundert geschnitzte Chorgestühl von Diego de Siloé.

Von einem ländlich wirkenden Vorhof ist die romanische Kirche **de la Trinidad** umgeben. Die Fassade fügt sich zwischen zwei zylindrische Türme ein, die mit einer Galerie verbunden sind (13. Jahrhundert). Die Kirche diente früher wohl zu Verteidigungszwecken. Die einschiffige Kirche besitzt eine mehreckige Apsis aus dem 16. Jahrhundert und eine Säulenvorhalle mit gotischen Bögen.

Die Kirche **Santa María** stammt aus dem 18. Jahrhundert. Zuvor stand an diesem Platz eine einfache, romanische Kathedrale aus dem 11. Jahrhundert.

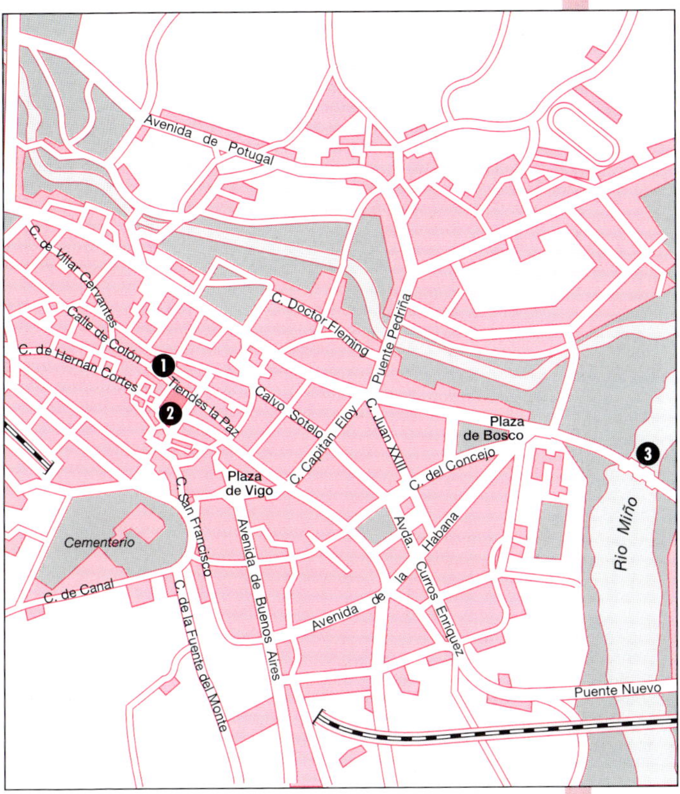

1 Plaza Mayor
2 Kathedrale
3 Puente Viejo

Über den Río Miño führt die **Puente Viejo** (3), die alte Brücke. Sie wurde 1230 auf römischen Fundamenten erbaut, ist aber in der Zwischenzeit wohl mehrmals erneuert worden. Sie besteht aus sieben Bögen, deren mittlerer sich 38 m über den Fluß erhebt und dessen Spannweite 44 m beträgt.

Museen – Im Kreuzgang der Kathedrale ist das *Diözesanmuseum* untergebracht. Es zeigt u. a. wertvolle Emailearbeiten aus dem 13. Jahrhundert.

Im bischöflichen Palast befindet sich das *Museo Provincial* mit Funden aus der Vorgeschichte (Gegenstände aus der Bronzezeit, vorrömische und römische Fundstücke), eine numismatische Sammlung und religiöse Kunst (u.a. ein geschnitzter Kreuzweg aus dem frühen 17. Jahrhundert).

Information – Avda. Curros Enríquez, 1 (Hotel San Martín)

Feste – Die Fiesta de Orense findet in der zweiten Junihälfte statt. Es ist ein Fest der Blumen. Bei den Fiestas de los Remedios am 8. September findet eine Wallfahrt statt. Bei der Fiesta de los Magostos am 11. September kommt man in den Genuß von Schlachtfesten und der junge Wein wird probiert.

Umgebung – Allariz: schönes Städtchen am Arnoia-Fluß mit Adelspalais, engen Gassen und alten Bauwerken. Es sind Reste der Stadtmauer erhalten. Sehenswert ist die romanische Santiago Kirche. 4 km vor dem Ort befindet sich das romanische Heiligtum Santa Mariña de Aguas Santas.

Celanova: schönes, weitgehend mittelalterlich wirkendes Städtchen. Wichtigstes Bauwerk ist das Benediktinerkloster San Salvador aus dem 10. Jahrhundert. Aus dieser Zeit stammt noch die mozarabische Kapelle des Heiligen Michael. Das heutige Kloster wurde im 16. bis 18. Jahrhundert erbaut. Die Kirche hat den Grundriß eines lateinischen Kreuzes, drei Schiffe, Rippengewölbe.

Ribadavia: Hauptstadt der Weingegend Ribeiro del Avia. König García I. von Galizien besaß hier einst eine Residenz. Heute steht an dieser Stelle das Kloster Santo Domingo. Ferdinand II. von León verlieh dem Ort in der 2. Hälfte des 12. Jahrhunderts die Stadtrechte. Sehenswert ist heute noch das frühere Dominikanerkloster aus dem 14. Jahrhundert. Die Kirche besteht aus drei Schiffen mit Apsiden, die plateresk ausgestaltet sind. Daneben sind noch weitere Kirchen und die Überreste einer Burganlage zu sehen.

Oviedo ist das Zentrum der vorromanischen Kirchen: Basilika Santullano

OVIEDO

Oviedo liegt 30 km von der spanischen Nordküste entfernt an den Ausläufern des Monte Naranco.

190 000 Einwohner, 230 m ü. M., Provinz Asturias

Geschichte

Etwas ungenau berichten verschiedene Quellen von der Existenz eines antiken Ovetum. Als die Christen 718 bei Covadonga einen ersten Sieg über die Mauren errangen, wurde in dem von den Picos de Europa wirkungsvoll geschützten Gebiet ein eigenständiges, christliches Fürstentum gegründet, von dem die Bewegung der Reconquista ausging. 761 ließ der Abt Fromestano ein Benediktinerkloster erbauen. Um dieses Mönchskloster entwickelte sich eine Siedlung, die bald Mittelpunkt des Fürstentums wurde. Zunächst konnte man sich erfolgreich gegen die Mauren wehren, bis diese die Ansiedlung 789 eroberten und zerstörten. 810 verlegte Alfons II., nachdem er die Stadt zurückerobert hatte, die Hauptstadt Asturiens nach Ovetum, das man nun Oviedo nannte. Er umgab die Stadt mit einem festen Mauerring. Oviedo blieb die Hauptstadt des asturischen Reiches, bis Asturien ins Königreich Kastilien eingegliedert wurde. 1388 setzte die Cortes fest, daß Asturien ein Fürstentum im Königreich Kastilien sei. Alfons VI. verlieh Oviedo die Stadtrechte, Alfons VII. ernannte es zur freien Stadt. Im Mittelalter spielte die Stadt in religiöser und kultureller Hinsicht eine recht bedeutende Rolle. Wichtig war für ihre Entwicklung im 14. Jahrhundert der Baubeginn der Kathedrale und im 17. Jahrhundert die Gründung der Universität.

Kirche San Miguel de Silo

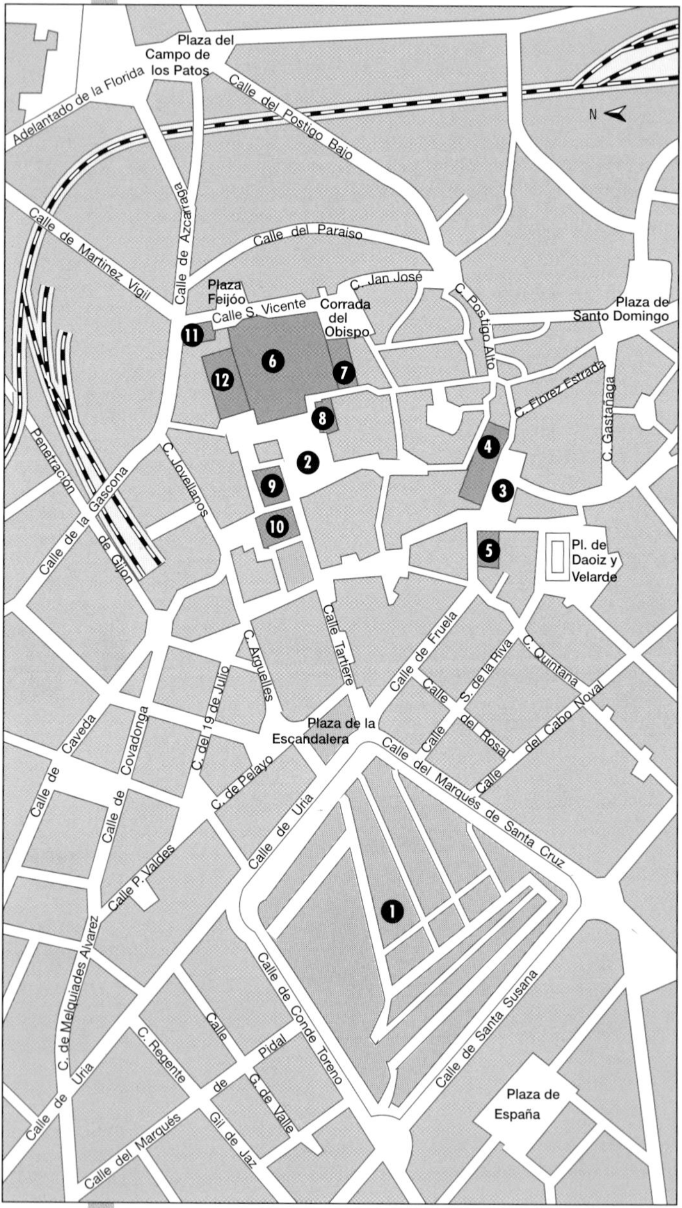

1 Parque de San Francisco
2 Plaza de Alfonso II.
3 Plaza Mayor
4 Rathaus
5 San Isidoro
6 Basilica del Salvador
7 Bischöflicher Palast
8 San Tirso
9 Heredia
10 Camposagrado
11 María la Real de la Corte
12 San Pelayo

Besichtigung
Mitten in der Stadt liegt der riesige **Parque de San Francisco** (1). Östlich davon erstreckt sich die mittelalterliche Stadt mit der **Plaza de Alfonso II.** (2) und der **Plaza Mayor** (3). An der Plaza Mayor erhebt sich das **Rathaus** (4), das 1622 errichtet, 1780 umgebaut und 1881 sowie 1939 nochmals verändert wurde. Trotzdem blieb der ursprüngliche Grundriß im wesentlichen erhalten. Aus dem langen Säulengang hebt sich der Bogen des großen Mitteltores hervor, darüber ragt der mehrstufige, quadratische Turm auf. Sehenswert ist der alte Sitzungssaal.

Auf der Plaza de Daoiz y Velarde findet am Sonntag (nur im Sommer) Flohmarkt statt. Ganz in der Nähe (Calle Fontán) findet Mo-Sa Markt statt: gute Auswahl asturischer Wurst und Käse

Ebenfalls an diesem Platz steht die Kirche **San Isidoro** (5), 1578 bis 1681 erbaut. Der viereckige Turm ist 39 m hoch.

Von der Plaza Mayor gelangt man auf der Calle la Rúa zu der gotischen Kathedrale (6), der **Basilica del Salvador.** Seit 757 befand sich an dieser Stelle bereits ein Kirchenbau, der jedoch mehrmals zerstört und neu aufgebaut wurde. Die heutige Kathedrale wurde 1388 begonnen und Ende des 15. Jh. fertiggestellt. Sie ist ein bemerkenswerter, gotischer Bau mit mächtigem Mittelteil. Der 82 m hohe Turm wurde 1539 vollendet. Aufgrund der reichen gotischen Verzierungen zählt er zu einem der schönsten Kirchtürme Spaniens. Es lohnt sich, hinaufzusteigen und den schönen Rundblick zu genießen. Das Innere der Kirche wirkt durch seine klare Gliederung harmonisch. Durch eine Vorhalle betritt man das dreischiffige Langhaus. Da kein Coro die Kirche ausfüllt, wirkt sie weiträumig. In den Seitenschiffen sind mehrere Kapellen untergebracht. An das südliche Querschiff schließt sich ein Kreuzgang aus dem 9. Jh. an, der im 15. Jh. baulich ergänzt wurde. Vom rechten Querschiff führen Treppen hoch zur Cámara Santa, der ursprünglichen Capilla San Miguel. Sie ist eines der ersten Gebäudeteile, die Alfons II. errichten ließ, eine Palastkapelle, in der die Heiligenreliquien aufbewahrt wurden. Sehenswert sind zwei romanische Bildhauerarbeiten, die Kreuzigungszene und die Apostelgruppe.

Öffnungszeiten: Mo-Sa 10-13 Uhr und 16-19 Uhr

In der Nähe der Kathedrale befinden sich der **bischöfliche Palast** (7) aus dem 16. bis 18. Jahrhundert und die Kirche **San Tirso** (8). Sie wurde im 9. Jahrhundert von Alfons II. gegründet, 1521 jedoch durch einen Brand, der in weiten Teilen der Stadt wütete, zerstört und im 17. Jahrhundert weitgehend erneuert.

An der Plaza de Alfonso II. stehen der Palast **Heredia** (9) und der Palast **Camposagrado** (10), sehenswerte Profanbauten.

Nördlich schließen sich an die Kathedrale die Kirche **Santa María la Real de la Corte** (11), ein Renaissancebau aus dem Jahre 1592, und das Kloster **San Pelayo** (12) (9. Jh., im 18. Jh. erneuert) an.

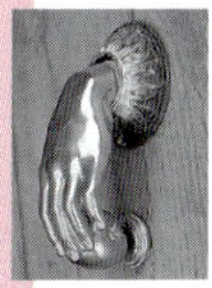

Museen – In der *Cámara Santa* der Kathedrale wird der kostbare Reliquienschatz ausgestellt.

Santa María de Naranco

Im Palacio de Velarde nahe der Kirche San Tirso befindet sich das *Kunstmuseum* mit Werken aus Renaissance und Barock sowie Bildern von zeitgenössischen asturischen Künstlern. Öffnungszeiten: Di-Sa 11-13 Uhr und 16-19 Uhr.

Das *Provinzialmuseum* ist im Kloster San Vicente untergebracht (781 ge-gründet, 1493 renoviert). Es werden vorromanische und romanische Kunstgegenstände präsentiert. Außerdem gehört zum Museum eine Sammlung mit römischen und vorgeschichtlichen Funden.

Feste – Die *Fiesta de San Mateo* wird im September gefeiert (Folklore, Stierkämpfe).

Information – Plaza del Alfonso II, 6

Umgebung – In der Umgebung von Oviedo findet man viele frühromanische Kirchen. Unter dem Begriff **Frühromanik** versteht man eine Kunstepoche zwischen dem 5. und 11. Jh. Sie fällt in eine Zeit des radikalen Wandels, des Übergangs von der klassischen, römisch geprägten Welt zur christlichen Zivilisation. Die frühromanischen Monumente in der Umgebung von Oviedo sind größtenteils noch gut erhalten und sehr einrucksvoll. Man ordnet die Bauten generell zwei Entwicklungsphasen zu. Die erste Phase kann man Mitte des 9. Jh. ansetzen. Die Bauten dieser Epoche sind relativ einfach. In der zweiten Phase, zur Regierungszeit der Könige Alfons II. und Ramiro I. erreicht der Baustil seinen künstlerischen Höhepunkt. Es entstehen die bedeutendsten Kirchen. Allen Bauten sind die eleganten, harmonsich abgestimmten Proportionen zu eigen, die Verwendung von Rundbogen, die völlige Überwölbung der Kirchenschiffe und ein dreiteiliger Chor.

Nur 2 km nordwestlich liegt am Abhang des Monte Naranco die Kirche **Santa María de Naranco,** Teil des ursprünglichen Palastes des asturischen Königs. 850 wurde der Bau in ein Gotteshaus umgewandelt. Die Kirche entstand in der Regierungszeit Ramiros, also in der zweiten vorromanischen Phase. Sie weist zwei übereinanderliegende Stockwerke auf. Der große Saal wurde in drei Zonen unterteilt und mit getrennten Tonnengewölben überbaut. Das untere Stockwerk ist ebenfalls in drei Räume gegliedert: sie dienten vermutlich als Kapelle, Bad und Pferdestall.

Nur 100 m entfernt steht die Kirche **San Miguel de Lino** oder **Lillo.** Der Bau zählte früher zu den königlichen Gebäuden und war wahrscheinlich die Hofkirche. Er stammt aus dem 9. Jh., und wird der zweiten Entwicklungsperiode der Vorromanik zugeordnet. Er wurde im 13. Jh. zerstört, im 17. Jh. aber wieder aufgebaut. Auf Säulen ruhende Bögen trennen die Schiffe voneinander. Über dem Säulengang liegt eine Art Tribüne mit vier halbbogenförmigen Türen.

Öffnungszeiten: Mo-Sa 10-13 Uhr und 15-19 Uhr (15.10 - 30.4. bis 17 Uhr) So 10-13 Uhr

An der Ausfallstraße nach Gijón befindet sich die Kirche **San Julián de los Prados,** auch Basilika **Santullano** genannt. Sie ist das älteste (erbaut: 812-842) und am besten erhaltene asturische Bauwerk dieser Zeit. Die dreischiffige Kirche ist mit Holz ausgekleidet. An die Kirchenschiffe schließen sich drei Kapellen mit Tonnengewölben an. Die Wände schmücken zum Teil gut erhaltene Malereien.

Die Kirche **Santa Cristina de Lena** erreicht man auf dem Weg über den Puerto de Pajares nach León. Sie wird der Epoche Ramiros I. zugeschrieben, eine kleine Wallfahrtskapelle, die auf einem Hügel neben der Strecke liegt. Im Volksmund wird sie die „Kirche der Ecken" genannt. Sie besteht aus einem einzigen rechteckigen Schiff. An den vier Seiten des Schiffes sind die Fassaden aufgesetzt, der Gesamtbau mit einer Wölbung bedeckt. Es gibt eine Besonderheit im Inneren: die dreitürige, mit Ikonen bedeckte Wand, die Altar- und Gemeinderaum trennt.

Die Kirche **San Pedro de Nora** ist 13 km von Oviedo entfernt, am Ufer des Río Nora gelegen. Sie wird der Epoche Alfons II. zugerechnet und erinnert an die Kirche San Julián de los Prados.

Baden kann man an den Stränden in den Buchten, ansonsten überwiegen Felsstrände

PALENCIA

75 000 Einwohner, 700 m ü. M., Provinz Palencia

Palencia liegt auf der Hochebene der Meseta, der Tierra de Campos, am linken Ufer des Río Carrión. Eine moderne Christusstatue, der Cristo del Otero, überblickt von der Anhöhe das Land.

Geschichte

Bekannt ist Palencia als Paladia der Vakkäer, ein Stamm, der im 6. Jahrhundert vor Christus aus dem Norden eingewandert sein soll und sich mit den ansässigen Iberern vermischte. Hannibal kämpfte vergeblich gegen sie, erst die Römer konnten sie unterwerfen und ihre Ansiedlung zerstören. Die Römer nannten den Ort Pallantia. Seit dem 1. Jahrhundert n. Chr. war die Stadt Bischofssitz. 457 wurde sie durch den Westgoten Theoderich zerstört. Neu aufgebaut, bestimmte er sie zur Hauptstadt seines Reiches. Die Mauren eroberten und brandschatzten erneut die Stadt. Alfons I. befreite das Gebiet und baute die Ansiedlung wieder auf. Alfons VIII. gründete in Palencia eine der ersten Universitäten Spaniens (1208).

Besichtigung

Die Hauptstraße ist die von Nord nach Süd verlaufende Calle Mayor. Sie beginnt am Post- und Telegrafenamt in der Nähe des Bahnhofs und endet beim Tourismusbüro in der Nähe des Río Carrión. An der Calle Mayor liegt auch die **Plaza Mayor** (1) mit arkadengesäumten Bürgerhäusern und dem Rathaus. Dahinter die Kirche **San Francisco** (2).

Vorbei am archäologischen Museum gelangt man in die Calle Burgos, in der sich die Kirchen **San Lazaro** und **Santa Clara** (3) befinden. Letztere gehörte zu einem Klosterbau aus dem Jahr 1378 und besitzt ein schönes, spätgotisches Portal. Im Inneren Gräber von kastilischen Admirälen. Hier wird eine liegende Christusfigur verehrt. Man vermutet, daß sie im 14. Jahrhundert gearbeitet wurde. Es könnte sich jedoch auch um eine Mumie handeln.

Wendet man sich zum Río Carrión, erreicht man den Dom **Nuestra Señora de la Calle** (4). Er gehört zu den wichtigsten gotischen Sakralbauten in Spanien. Ursprünglich hatten die Westgoten an dieser Stelle im siebten Jahrhundert für den heiligen Antolín eine Grabkapelle errichtet, die jedoch von den Mauren zerstört wurde. Im 11. Jahrhundert entstand eine neue Kirche. Die heutige Kirche stammt aus den Jahren 1321 bis 1516, wobei der Südturm unvollendet geblieben ist. Von ihm hat man eine weite Rundsicht. Die Kirche ist 130 m lang und 28 m hoch und setzt sich im Mittelschiff aus zwei Abschnitten zusammen: Der vordere Teil im romanischen Stil aus dem 11. Jahrhundert, der hintere Teil noch von der westgotischen Basilika des 7. Jahrhunderts, deren Überreste man in den Bau einfügte. Das Portal am Südquerschiff aus dem 15. Jahrhundert, die Puerta del Obispo, wurde besonders reich verziert.

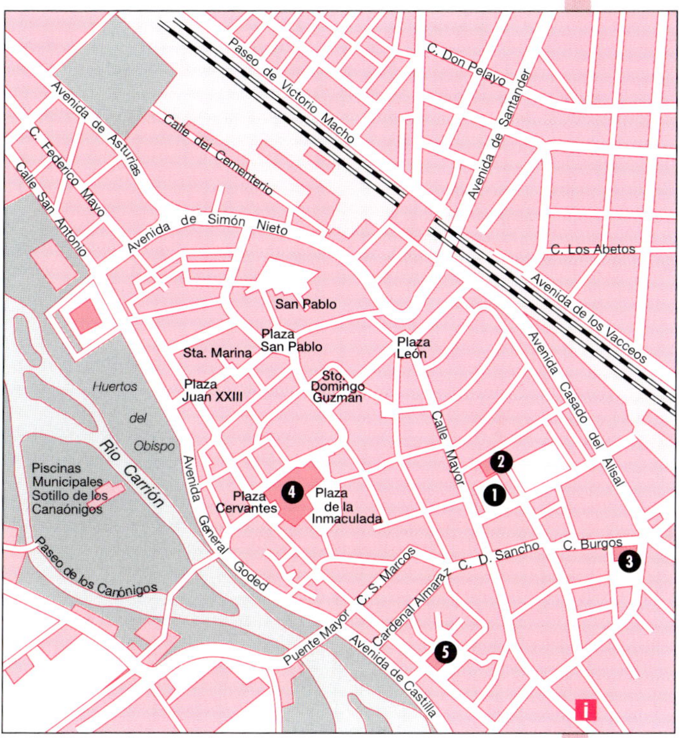

1 Plaza Mayor
2 San Francisco
3 San Lazaro/Santa Clara
4 Dom Nuestra Señora de la Calle
5 San Miguel

In der Kirche steht der Sarkophag von Königin Doña Urraca. Der hinter dem Chor gelegene Raum wurde spätgotisch ausgelegt. Weiterhin ist auf die Capilla Mayor mit einem prachtvollen Hochaltar hinzuweisen, an dem verschiedene Künstler zwischen 1504 und 1530 gearbeitet haben.

In der ehemaligen gotischen Pfarrkirche **San Miguel** (5) aus dem Anfang des 13. Jahrhunderts, ebenfalls in der Nähe des Río Carrión, fand die Hochzeit von El Cid mit Jimena statt. Beeindruckend sind der mächtige mit Zinnen versehene gotische Verteidigungsturm und das romanische Portal.

Museen – Im Kapitelsaal, in der Sakristei und in Teilen des Kreuzgangs der Kathedrale ist ein *Kunstmuseum* untergebracht. Es zeigt flämische Gobelins, Gemälde von El Greco sowie Skulpturen und Grabmäler.

Das *Museo Arqueológico* befindet sich in der Diputación Provincial, in der Calle de Burgos. Es zeigt eine wertvolle Sammlung iberischer und römischer Funde.

Palencia wird geprägt von seinen Kirchenbauten

Das *Diözesanmuseum* für sakrale Kunst ist im Palacio Episcopal eingerichtet. Es verfügt über romanische und gotische Kreuzwegsarbeiten, Bilder von Berruguete, Flandes und Borgona.

Feste – Im April finden große *Wallfahrten* zum Cristo del Otero statt, im Mai eine *Feria* mit Viehmarkt.

Information – Calle Mayor, 105

Umgebung – Nördlich der Stadt, auf einem Hügel, steht die kleine Ermita **Cristo del Otero,** eine Wallfahrtskapelle aus dem 12. Jahrhundert. Eine 20 m hohe Christusstatue aus Beton (1931) weist von Ferne den Weg.

Villamuriel de Cerrato: eine befestigte Templerkirche von Anfang des 13. Jahrhunderts mit einem großen, romanischen Turm.

San Isidoro de Pisuerga: ein im 10. Jahrhundert von Benediktinermönchen gegründetes Kloster mit stattlicher, romanischer Kuppelkirche, im Inneren ein geschnitztes Retabel aus dem 16. Jahrhundert. Das Kloster ist heute Sitz des Trapistenordens.

PAMPLONA

Pamplona liegt am Westrand der Pyrenäen, am linken Ufer des Río Arga.

190 000 Einwohner, 450 m ü. M., Provinz Navarra.

Geschichte

Man geht allgemein davon aus, daß sich die Kelten als erste in dieser Gegend ansiedelten; einige Historiker vertreten die Meinung, daß Pompejus im Jahr 68 v. Chr. eine Stadt namens Pompejopulus gegründet habe. Doch dies ist nicht nachweisbar. Die Westgoten unter ihrem König Eurich haben sich 465 niedergelassen. 542 eroberten fränkische Könige die Siedlung. 738 bis 750 war sie in maurischem Besitz und 750 folgten die Basken. Sie stellten sich unter den Schutz Karls des Großen. Dieser ließ jedoch die Mauern der Stadt bei seinem Rückzug von Zaragoza schleifen. Die Basken legten daraufhin bei Roncesvalles einen Hinterhalt und vernichteten die Nachhut unter der Führung von Roland. Um 905 wurde die Stadt unter Sancho Hauptstadt des Königreiches Navarra. 1512 wurde Pamplona von Kastilien annektiert und gehört seitdem zum Stammland Spaniens. Philipp II. erbaute die große Zitadelle. Als die Franzosen 1521 die Stadt belagerten, wurde der Hauptmann Iñigo López de Recalde schwer verwundet. Der Nachwelt ist dieser Hauptmann unter dem Namen Ignatius von Loyola bekannt, Gründer des Jesuitenordens.

Auf baskisch heißt die Stadt Iruñea

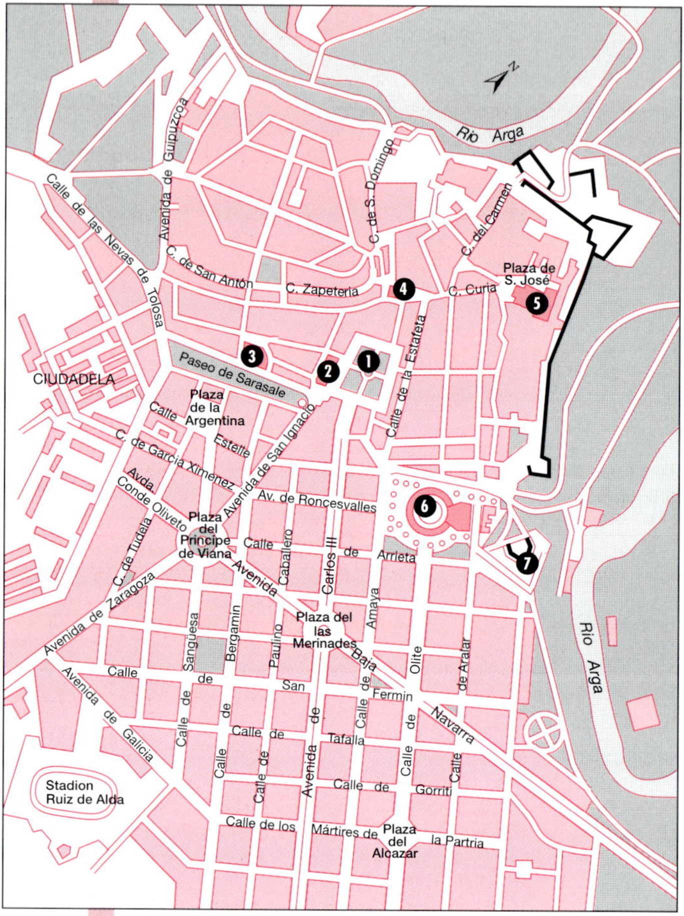

1 Plaza del Castillo
2 Diputación Foral
3 San Nicolás
4 San Saturnino
5 Kathedrale
6 Stierkampfarena
7 Bollwerke El Redin, Labrit, Luneta de San Bartolomé

Besichtigung

Im Café „Iruña" pflegte sich Hemingway niederzulassen

Den Mittelpunkt der Stadt bildet die große, baumbestandene **Plaza del Castillo** (1). In der Südwestecke befindet sich der **Palast Diputación Foral** (2), ein im vergangenen Jahrhundert entstandenes klassizistisches Gebäude, das 1934 erweitert und umgebaut wurde. Hier tagt das Provinzparlament. Sehenswert ist der Ratssaal mit den Portraits der Könige von Navarra. Daran schließt das Archiv von Navarra an, ein ebenfalls moderner klassizistischer Bau. In ihm werden die Urkunden von Navarra aufbewahrt. Von der Plaza del Castillo führt die Hauptpromenade, Paseo de Sarasate (Sarasate war ein berühmter, in Pamplona geborener Geiger, 1844-1908), zur festungsartigen Kirche **San Nicolás** (3). Sie wurde Anfang des 13. Jahrhunderts ursprünglich romanisch als Wehrkirche erbaut. Das Nordportal wird von einer Brustwehr mit Schießscharten geschützt. Die kleinen Altäre stammen aus der Barockzeit.

Nordwestlich der Plaza del Castillo befindet sich in der Nähe der **Plaza Consistorial,** dem Mittelpunkt der Altstadt, die Kirche **San Saturnino** (4). Die Backsteintürme stammen aus der Romanik. Das Gewölbe und die Vorhalle wurden im 13. Jahrhundert im gotischen Stil erbaut.

Nördlich, über die Calle de Mercadores und die Calle Curia zu erreichen, befindet sich an der Stadtmauer die mächtige **Kathedrale** (5), die von 1397 bis 1525 erbaut wurde; 1783 setzte Rodrígez Ventura eine klassizistische Fassade vor, so daß die gotische Gesamtanlage verborgen wird. Der Turm an der Nordseite trägt die zweitgrößte Glocke Spaniens. Sie wiegt 12 000 Kilogramm und wurde im Jahr 1584 gegossen. An der Stelle der Kathedrale befand sich wahrscheinlich einstmals das römische Kapitol, 1124 wurde bereits eine erste romanische Kirche geweiht. Das Kircheninnere des Nachfolgebaus, gegen Ende des 14. Jahrhundert begonnen, gilt als gutes Beispiel der navarresischen Gotik. Die sonst schmucklosen Wände werden durch weite Spitzbogenarkaden gegliedert. Im Hauptschiff steht das prachtvolle Alabastergrabmal von König Karl III. und seiner Gemahlin, das dieser 1416 in Auftrag gegeben hatte. Das Chorgestühl wurde in der zweiten Hälfte des 16. Jahrhunderts geschnitzt. Auf dem Hochaltar wird die Virgen del Sagrario oder auch Santa María la Real verehrt. Vor ihrem Bildnis wurden die Könige von Navarra gekrönt. Aus dem südlichen Querschiff gelangt man durch ein gotisches Portal in den Kreuzgang und in das einstige Refektorium, das heutige Diözesanmuseum. Der Kreuzgang zeichnet sich durch hohe, kunstvolle Maßwerkfenster aus. Im Ostflügel findet man die Kapelle von Bischof Barbazán mit schönem Sterngewölbe aus dem 14. Jahrhundert.

Victor Hugo über den Kreuzgang: „Alles ist schön an ihm, die Ausmaße und Proportionen, die Formen und die Farben, das Gesamtbild und die Details ..."

Östlich der Plaza del Castillo, an der Calle de Ameia, befindet sich an der Plaza de Toros (6) die **Stierkampfarena,** davor ein Denkmal des bekannten amerikanischen Schriftstellers Ernest Hemingway. Im nördlichen Teil hat Pamplona seinen Festungscharakter rein bewahrt. Erhalten sind die Bollwerke **El Redín, Labrit** und **Luneta de San Bartolomé** (7). Die Festungsanlagen wurden während der Regierungszeit Philipps II. im Vaubanschen Stil errichtet. Die Zitadelle selbst ist eine gewaltige sternförmige Verteidigungsanlage, die im 16. Jahrhundert von Italienern errichtet wurde. Sie ist heute in einen öffentlichen Park umgewandelt.

Das Rathaus befindet sich im Zentrum der Altstadt

Museen – In der Kathedrale, vom Kreuzgang aus zugänglich, ist das *Diözesanmuseum* eingerichtet; sehenswert: die große Küche, die Fresken des Refektoriums, eine Sammlung gotischer Skulpturen (13. bis 16. Jahrhundert), Goldschmiedekunst, sakrale Kunstgegenstände.

Das *Museum von Navarra* ist in einem ehemaligen Hospital aus dem 16. Jahrhundert untergebracht, das sich bereits durch seine platereske Fassade aus dem Jahre 1556 hervorhebt. Das Museum enthält wertvolle archäologische Funde aus der Römerzeit, romanische und gotische Skulpturen, romanische Reliefs und Kapitelle, Malerei der Gotik und Renaissance, Numismatik.

Öffnungzeiten: Di-Sa 10-14 Uhr und 17-19 Uhr So 11-14 Uhr

In der Nähe liegt Artajona, eine mittelalterliche Ansiedlung

Feste – Bekannt sind die *Ferias de San Fermín* vom 6. bis 14. Juli zu Ehren des heiligen Firmian. Dieses rauschende Volksfest lockt Tausende von Besuchern an. Am beliebtesten sind die „encierros" vor den Stierkampftagen. Die Kampfstiere, die für die Arena vorgesehen sind, werden am Vorabend in einen Stall am Portal de la Rochapea eingesperrt. Um sieben Uhr morgens verkündet eine Rakete, daß die Stalltüren geöffnet werden. Die Stiere rasen nun durch eine von Holzzäunen abgetrennte Gasse. Um ihren Mut zu beweisen, laufen Jugendliche den Stieren entgegen. Diese Atmosphäre hat Hemingway in seinem Buch „Fiesta" unübertroffen beschrieben.

Wer Pamplona nicht besuchen kann, findet ähnliche Fiestas (mit encierros) u.a. in Tudela (24.-30.7.), Puenta la Reina (24.-31.7.), Tafalla (15.-20.8.)

Ernest Hemingway ist verantwortlich. „Sonntag mittag, den 6. Juli, brach die Fiesta aus. Es gibt keinen anderen Ausdruck dafür". So beginnt die Beschreibung Hemingways in „Fiesta" oder im Originaltitel „The Sun also Rises". Er hat die Fiesta damit so bekannt gemacht, daß sich in dieser Zeit die Einwohnerzahl von Pamplona verdreifacht. Das Fest ist nun keine ausgelassene lokale Angelegenheit, sondern ein internationales Fest mit allen negativen Begleiterscheinungen: Gedränge, hohe Preise, Taschendiebe. Gedacht war das Fest als eine Ehre für den heiligen Fermín, den Stadtpatron Pamplonas. Er stammt zwar aus der Stadt, fand aber in Amiens als Märtyrerbischof sein Grab. Erst im 12. Jahrhundert gelangten die ersten Reliquien nach Pamplona. Seit 1591 feiert man das Fest, wobei dies zunächst einmal ein Viehmarkt war. Nur zu diesen Viehmärkten, den ferias, durften Stierkämpfe abgehalten werden. So dreht sich heute das Fest auch mehr um die Stiere als um den Heiligen. Ein Prozessionszug mit der Reliquienstatue quält sich im Schneckentempo die kurze Strecke zwischen San Cernín und San Lorenzo dahin. Riesige Pappmachéfiguren werden im Zug mitgeführt. Sie symbolisieren Könige und Mauren, heute auch Persönlichkeiten der Stadtgeschichte. Zum Fest sind die Einheimischen weiß gekleidet mit roten Schärpen, Halstüchern und Baskenmützen. Die freudig gestimmte Menschenmenge tanzt ausgelassen durch die engen Straßen der Stadt. Die Bota, ein mit Rotwein gefüllter Lederschlauch macht seine Runde. Sieben Tage dauert das Fest. Hinterher sind die Kliniken mit Alkoholopfern überfüllt. Im Ausland bekannt sie die „encierros". Jeden Morgen um acht Uhr rasen die Kampfstiere auf einer 825 Meter langen Strecke durch die Altstadt. Und für die jungen Männer, Einheimische und Fremde, ist es anscheinend Ehrensache, an dem Stierlauf teilzunehmen. Ursprünglich blieb dies robusten Metzgerburschen vorbehalten, die die Stiere zur Arena treiben mußten. Heute messen sich Leichtsinnige und Betrunkene gleichermaßen; so ist es auch nicht zu verwundern, daß es immer wieder Verletzte, machmal auch Tote bei dem Spektakel gibt. Die Stierkämpfe, die „corridas" finden am Nachmittag statt. Meistens sind die Plätze jedoch im Voraus ausverkauft.

Am 14. Juli um Mitternacht endet das Fest, dann klagen die Feiernden auf dem Rathaus, wie es alter Brauch ist: „Weh, mir Armen". Aber die nächste Fiesta kommt mit Sicherheit. Wer sich den Streß von Pamplona nicht antun will, kann „encierros" auch in Tudela, Puente la Reina, Estella und Tafalla erleben (24.-31.7.).

Information – C. Duque de Ahumada, 3

Umgebung – 23 km südöstlich (über Urroz) liegt **Artaiz** mit einer kleinen romanischen Kirche. Das Portal, das der Kirche vorgebaut ist, scheint gar nicht so recht dazuzugehören.

PONFERRADA

Ponferrada liegt auf einer Anhöhe am Zusammenfluß von Río Sil und Río Boeza.

52 000 Einwohner, 540 m ü. M., Provinz León.

Caminho de Santiago

Geschichte

Für die Römer besaß das antike Interamnium Flavium große Bedeutung, da im Río Cavo Gold gewaschen wurde. Die ausgegrabenen antiken Goldschürfanlagen sind jedoch nicht mehr zu besichtigen. Sie wurden vom Stausee von Pulmar überflutet.

Die heutige Ortschaft verdankt ihren Namen der Eisenbrücke Pons Ferrata, die im 11. Jahrhundert für die Jakobuspilger erbaut wurde. Von ihr ist jedoch nichts mehr erhalten geblieben.

Die Entwicklung des kleinen Anwesens begann im 12. Jahrhundert als der Templerorden die beeindruckende Burg erbaute und sich in Ponferrada niederließ. Bis 1312 residierten sie auf der Burg. Dann wurde der Orden aufgelöst und die Ritter mußten auch die Burg von Ponferrada verlassen. Der Ort wechselte nun mehrmals den Besitz, bis er 1486 in das Eigentum des Königs überging. Im 16. Jahrhundert wuchs die Stadt und wurde ein Zentrum auf dem Jakobsweg. Die Stadt ist heute eine Industriestadt geworden, was man natürlich bereits im Stadtbild erkennt.

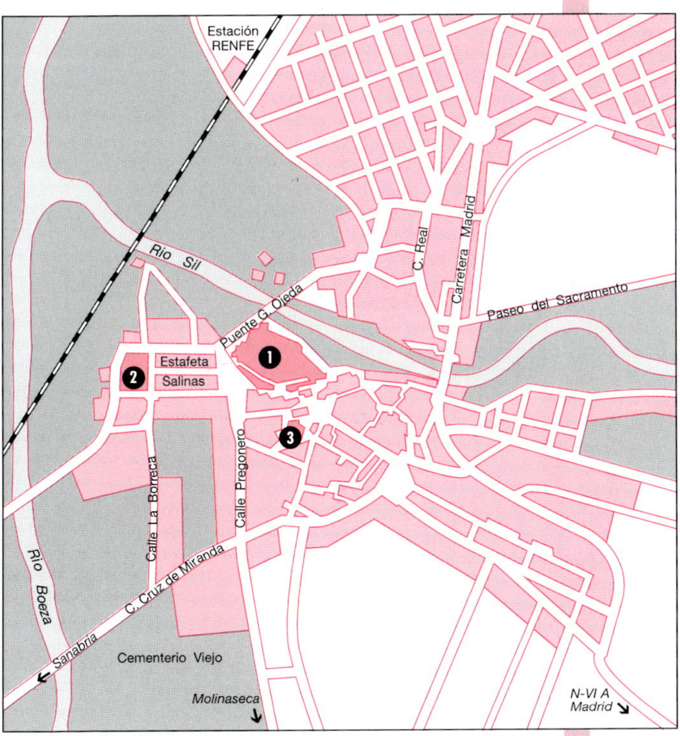

1 Castillo de los Templarios
2 Hospital de la Reina
3 Nuestra Señora de la Encina

Besichtigung

Der Río Sil trennt die Stadt in zwei Teile, die durch eine Brücke verbunden sind. Der älteste Teil, das Stadtviertel „Arriba“ oder „La Encina“ zieht sich über einen Hügel hin, der von den Flüssen Sil und Boeza auf beiden Seiten eingeschlossen wird. Hier sind die Baudenkmäler von Ponferrada zu finden. Die Stadt wird überragt vom **Castillo de los Templarios,** einer alten Templerburg (1) aus dem Jahre 1178. Eindrucksvoll ist bereits die Vorburg. Über eine Rampe gelangt man zum Portal und dann in die eigentliche Burganlage (162 x 91 m). Im wesentlichen sind ein Gebäude und ein viereckiger Turm erhalten geblieben. Diese Festung war die letzte Zufluchtsstätte der Templer in Spanien, nachdem Papst Clemens V. den Orden auf dem Vienner Konzil 1312 aufgelöst hatte. In den Sommermonaten werden im weitläufigen Burggelände Ritterturniere abgehalten.

Mo geschlossen

1498 gründete Isabella der Katholischen das **Hospital de la Reina** (oder Hospital de Santa Ana) (2). Es wurde im Laufe der Zeit mehrmals umgebaut und diente währenddessen ganz unterschiedlichen Zwecken.

Die Stadtmauer blieb teilweise erhalten. Ein Tor befindet sich in der Nähe der **Kirche Nuestra Señora de la Encina** (3), einer gotischen Kirche, die 1577 erbaut, im 17. Jh. doch stark verändert wurde. Hervorzuheben ist das geschnitzte Retabel aus dem 17. Jh. Im Jahre 1958 erklärte Papst Pius XII. die Kirche zur Kathedrale.

Etwas außerhalb des Ortes befindet sich die Kirche **San Tomás de las Ollas,** eine mozarabische Kirche aus dem 10. Jahrhundert, die ehemals zum Benediktinerkloster San Pedro de Montes gehörte. Aus dieser Periode stammt noch die Capilla Mayor mit ovalem Grundriß und mehreckigem Gewölbe. Das Portal wurde im 12. Jahrhundert errichtet, das einschiffige Langhaus im 17. Jahrhundert restauriert.

Feste – Ponferrada feiert vom 6. bis 12. September ein Fest zu Ehren seiner Schutzpatronin, der **Virgen de la Encina.** Es werden Wettkämpfe, folkloristische Darbietungen, Umzüge und Wallfahrten veranstaltet.

Information – Avenida de la Puebla, 1

PONTEVEDRA

Pontevedra, boa villa, liegt im Delta der Flüsse Lérez, Alba und Tomeza an der sogenannten Ría de Pontevedra.

65 000 Einwohner, 20 m ü. M., Provinz Pontevedra

Geschichte

Pontevedra war einst ein bedeutender Hafenplatz, der angeblich von den Griechen unter Teucro, einem Sohn des Telamon, gegründet worden sein soll. Die Römer lösten diese ab und nannten die Ansiedlung Ad duo pontes. Im Mittelalter hieß der Ort Ponte Veteri. Als wichtigster Hafenort wurde Pontevedra bald ausgesprochen wohlhabend. So konnte es nicht ausbleiben, daß die Stadt häufig angegriffen wurde. Englische Piraten machten gerne Beute (1386 Herzog von Lancaster, später Francis Drake). 1835 erhielt Pontevedra die Stadtrechte. Seit dem 18. Jahrhundert versandete allmählich der Hafen und die Bedeutung des Ortes ging zurück.

Nicht nur die Stadt, auch die Strände von Pontevedra sind einen Besuch wert

Besichtigung
Die gotische **Basilica Santa María la Mayor** stammt aus dem 16. Jahrhundert (1500-1559). Im Inneren gotische Sarkophage. Die einschiffige Kirche **San Francisco** hat ein frühgotisches Portal aus dem Jahre 1229. Im Inneren findet man gotische Grabmäler. Zu erwähnen ist auch die Kapelle **de la Peregrina Iglesia** am Herrería-Platz mit einer konvexen Fassade und zwei Türmen. 1778 wurde der eigenartige Rundbau errichtet. Die Kapelle gilt als eines der schönsten Beispiele des galizischen Barocks. Ein Bilderbuchplatz ist die Plaza de la Leña. Sie wird umgeben von historischen Steinhäusern mit Arkadenbögen. In der Mitte steht ein Pilgerkreuz.

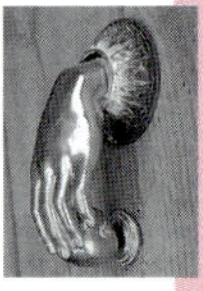

Museen – Das *Provinzmuseum* von Pontevedra nimmt drei Gebäude in der Calle de la Pasantería ein: das „Castro Monteagudo", 1760 erbaut, den Palast der „García Flórez", Ende des 18. Jahrhunderts errichtet, und das Haus von Don José Fernández López, das 1965 eingeweiht wurde. Hier hat man die verschiedensten Sammlungen zusammengetragen: Gemälde, Bernsteine, keltische Funde, Keramik, Musikinstrumente, Möbel und vieles mehr.

Von der Kirche Santo Domingo sind nur Ruinen übrig geblieben: die zentrale Apsis, die vier seitlichen gotischen Fenster und eine kunstvolle Rosette. Sie bilden den Rahmen für das *archäologische Museum*. Es werden Funde aus der römischen und mittelalterlichen Zeit ausgestellt.

Feste – Zu Ehren der Peregrina-Madonna, der Schutzheiligen der Pilger, werden im August *Wallfahrten* und Festlichkeiten veranstaltet.

Information – General Mola, 3

Kirche von Pontevedra

Umgebung – In der Nähe von Pontevedra befindet sich das Benediktinerkloster **San Juan de Poyo.** Anscheinend wurde es von San Fructuoso im 7. Jahrhundert gegründet. Von Doña Urraca erhielt es verschiedene Schenkungen. Auch erwiesen viele Könige dem Kloster Gnadenerweise. Die zweischiffige Kirche im Barockstil fällt durch die beiden barocken Türme auf. An die Kirche schließt sich ein Kreuzgang aus dem 16. Jahrhundert an; in der Mitte der Gartenanlage befindet sich ein Brunnen. Die Haupttreppe führt zu den oberen Kreuzgängen und der Bibliothek, die zu einer der wichtigsten in Galizien zählt.

SAHAGÚN

Sahagún liegt am Río Cea.

3400 Einwohner,
840 m ü. M.,
Provinz León

Caminho de Santiago

Geschichte

Bereits zu römischer Zeit war die Gegend besiedelt. Die Ortschaft trug den Namen Camala. Während der Herrschaftszeit von Diokletian erlitten die Christen Fagundo und Primitivo den Märtyrertod.

Ihnen zu Ehren entstand bereits während der Westgotenzeit das Kloster San Facundo. Es wurde jedoch von den Mauren unter Almondir zerstört. 904 bauten es Mönche aus Córdoba wieder auf. Nochmals, 1002 unter Almansor, wurde die Siedlung zerstört und abermals neu aufgebaut.

Die Siedlung des Mittelalters trug den Namen San Facundo. Ab 1079 wurde es Zentrum des Clunyazenserordens in Kastilien. Im 12. Jahrhundert erhielt die Stadt eine Mauerbefestigung.

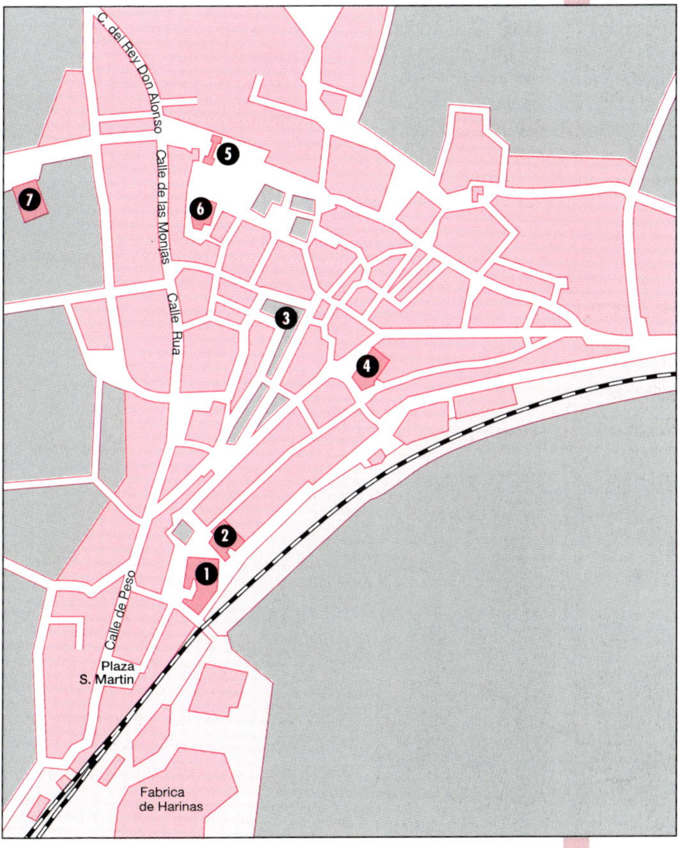

1 de la Trinidad
2 San Juan de Sahagún
3 Plaza Mayor
4 San Lorenzo
5 Arco de San Benito
6 San Tirso
7 La Peregrina

Das Wahrzeichen von Sahagún ist die Kirche San Lorenzo

Besichtigung

Schon der Pilgerführer erwähnte Sahagún:

Der Pilgerführer:

Der Pilgerführer empfiehlt einen Besuch der von Karl dem Großen erbauten Basilika, in der die heiligen Märtyrer Facundus und Primitivus ihre letzte Ruhestätte gefunden haben.

Man überquert zunächst die Eisenbahnlinie und sieht rechter Hand die Kirche **de la Trinidad** (1) und die Kirche **San Juan de Sahagún** (2), beide weitgehend zerfallen. In der Ortsmitte trifft man auf die **Plaza Mayor** (3) mit dem Rathaus und arkadengesäumten Häusern. Etwas bergauf erhebt sich die Kirche **San Lorenzo** (4) mit einem hohen, viereckigen romanischen Chorturm aus Backsteinen. Im Inneren ein Barockaltar.

Schon stadtauswärts erreicht man vor dem monumentalen **Arco de San Benito** (5) die romanische Kirche **San Tirso** (6), ein Backsteinbau, nach Mudejarart des 12. Jahrhunderts verziert. Beeindruckend ist der hohe viereckige Vierungsturm mit den dreistöckigen Arkaden.

Weiterhin gibt es etwas außerhalb das Franziskanerkloster **La Peregrina** (7) auf einem Hügel. Es ist ein Mudejarziegelbau. Die Reste eines Kreuzgangs befinden sich an der Nordseite.

Museen – Im Benediktinerkloster, in der Nähe der Kirche San Tirso ist das *Stadtmuseum* untergebracht. Es werden Objekte aus der Stadtgeschichte gezeigt.

SAN SEBASTIÁN

176 000 Einwohner, Meereshöhe, Provinz Guipúzcoa

San Sebastián liegt am Golf von Biscaya, an der Mündung des Río Urumea. Berühmt ist seine Lage an dem wie eine Muschel geformten Strand Playa de la Concha, der sich an der gleichnamigen Bucht zwischen den Hügeln Igueldo und Urgull ersteckt.

Geschichte

1014 wird San Sebastián erstmals urkundlich erwähnt. Vorher gab es anscheinend nur eine Einsiedelei. Im 12. Jahrhundert erhielten die Einwohner von Alfonso VIII. besondere Privilegien, die einen ersten wirtschaftlichen Aufschwung begünstigten. Zu Anfang des 13. Jahrhunderts kam der Ort zu Kastilien. Man befestigte ihn mit einem Mauerring. 1476 und 1512 verteidigten sich die Einwohner der Stadt tapfer gegen die Franzosen. 1709 wurde die Stadt jedoch von den Engländern erobert. 1662 erhielt San Sebastián die Stadtrechte. Verheerende Brände im 13., 14. Jahrhundert und insbesondere 1813 während des napoleonischen Krieges vernichteten große Teile der Stadt, so daß es heute kaum mehr historische Gebäude gibt.

Besichtigung

Die Stadt schmiegt sich an die Bucht La Concha, die Muschel

Das Stadtbild wird durch den Río Urumea und den Strand, **Playa de la Concha,** bestimmt. Zwischen beiden liegt die enge Altstadt. In der Alameda de Boulevard reihen sich Geschäftshäuser, Restaurants und Cafés aneinander. Am Westende der Straße befindet sich der **Parque Alderdi-Eder,** ein Platz mit weiten Gartenanlagen an der Bucht. Dort erhebt sich die klassizistische **Casa Consistorial** (1), dahinter dehnt sich der Fischerhafen aus.

Zum Monte Urgull hin erreicht man die Kirche **San Vicente** (2), die älteste Kirche der Stadt: 1507 wurden sie geweiht, 1570 umgebaut. Im Inneren der drei dunklen gotischen Schiffe ist ein vergoldeter Renaissancehochaltar aus dem Ende des 16. Jahrhunderts zu sehen.

Dahinter steht das ehemalige Kloster **San Telmo** (3) aus dem 16. Jahrhundert mit dem Stadtmuseum und auch dem baskischen Provinzmuseum.

Casa Consistorial, das klassizistische Rathaus der Stadt

Unterhalb des Monte Urgull findet man die **Basílica de Santa María del Coro** (4), einen großen dreischiffigen Bau aus der Mitte des 18. Jahrhunderts mit reicher barocker Ausstattung.

Auf dem **Monte Urgull** erhebt sich das **Castillo de Santa Cruz de la Mota** (5). Auf dem Berg selbst führt ein Rundgang, – der Weg ist teilweise in die Felsen eingesprengt (Paseo de José Antonio, 2,5 km) –, bis hin zum Museum für Meereskunde.

In die entgegengesetzte Richtung zur Neustadt hin liegt die neugotische **Kathedrale buen pastor.**

Der **Paseo de la Concha** führt am Strand entlang. Hier präsentiert sich San Sebastián von einer sehr attraktiven Seite.

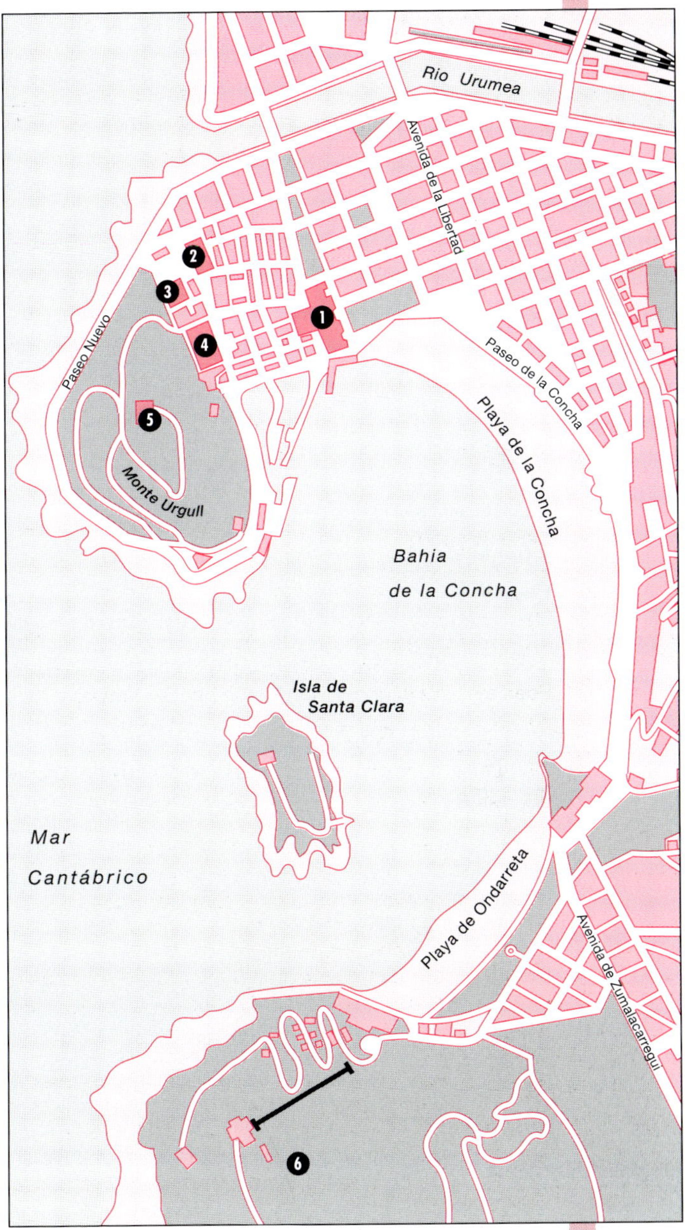

1 Casa Consistorial
2 San Vincente
3 San Telmo
4 Basílica de Santa María del Coro
5 Castillo de Santa Cruz de la Mota
6 Monte Igueldo

Betriebszeiten der Seilbahn: im Sommer bis 22 Uhr, sonst 20 Uhr

Zum **Monte Igueldo** (6) gelangt man entweder über eine Mautstraße oder mit der Seilbahn aus dem Jahr 1912. Auf dem Berg laden ein bekanntes Terrassenrestaurant und ein viel besuchter Vergnügungspark zum Verweilen ein. Man hat einen herrlichen Blick auf die Stadt, die Küste und das baskische Bergland.

Museen – *Museum San Telmo,* im gleichnamigen Kloster: baskische Grabsteine und Stelen aus dem 14. Jahrhundert, Gemäldesammlung. In diesem Gebäude ist ebenfalls das *baskische Völkerkundemuseum* untergebracht, das baskische Volkskunst zeigt.

Museum für Meereskunde auf dem Monte Urgull: Sammlungen aus allen Gebieten der Meereskunde, ein reich bestücktes Aquarium.

Feste – Im Januar findet die *Tamborada* statt, ein Trommlerumzug mit Maskenträgern. Es wird an diesem Tag auch der Schutzheilige der Stadt *San Sebastián* geehrt.

Im August gibt es die *Semana Grande* mit Stierkampf, Sportveranstaltungen, Folkloredarbietungen und Volksfest.

Information – C. Reina Regente (Nähe Zurriola)

Umgebung – Vom **Monte Ulía** (Richtung Irún, 10 km) hat man einen herrlichen Blick auf die steilen Klippen und die Stadt San Sebastián.

Vom Hafen kann man mit einem Boot zur **Isla de Santa Clara** fahren (10 km), am Eingang der Bucht gelegen; schöner Blick auf San Sebastián.

SANTANDER

180 000 Einwohner, 15 m ü. M., Provinz Cantabria

Santander liegt an der Südseite einer Landzunge, die eine reizvolle und geschützte Bucht bildet. Nicht weit davon befinden sich die höchsten Erhebungen des kantabrischen Gebirges, die Picos de Europa.

Der Strand von Santander

Geschichte

Man vermutet, daß Santander bereits in römischer Zeit besiedelt war und es einen regen Hafen gab: Portus Splendia (oder Portus Blendium). In frühester christlicher Zeit siedelten sich Seeleute um ein bereits bestehendes Kloster an.

Einen Aufschwung erhielt der Fischerort erst unter Alfons VIII. (1148-1215), der den Hafen vergrößern und befestigen ließ. Er baute ihn als Flottenstützpunkt aus. Daraufhin begann die wirtschaftliche Expansion. Von Santander aus beherrschte man den Seehandel nach Norden. Die Handelsverbindungen reichten bis nach Amerika. Dennoch zählte Santander zu diesem Zeitpunkt nicht einmal 2000 Einwohner. Pater Francisco Rábago, dem Beichtvater von Fernando VI., ist es zu verdanken, daß Santander am 29. Juni 1755 zur Stadt ernannt wurde. Er erreichte auch die Ernennung der Stadt zum Bischofssitz. Santander nahm erneut einen wirtschaftlichen Aufschwung; die Einwohnerzahl wuchs sprunghaft. Im 19. Jh. war Santander die Sommerresidenz des königlichen Hofes und gleichzeitig intellektueller Treffpunkt und Fremdenverkehrszentrum. Eine Katastrophe ereignete sich am 15. Februar 1941. Während eines schweren Sturmes brach ein verheerender Brand aus, der sich nicht löschen ließ. Ihm fiel fast die ganze Altstadt zum Opfer. Deswegen findet man heute nur noch wenige historische Bauten.

Besichtigung

Die Kathedrale ist praktisch ein Neubau, der nach dem Brand von 1941 errichtet wurde. Einst stand hier die 791 erbaute Kirche Santísmo Cristo. Vom ursprünglichen Bau sind nur Krypta und Kreuzgang (romanischer-gotischer Stil) erhalten.

Hauptanziehungspunkt von Santander ist der schöne Strand **El Sardinero.**

Museen – Das Stadtmuseum, *Museo Municipal de Bellas Artes,* befindet sich in der Calle Rubio: Gemäldesammlung mit Werken italienischer, flämischer und spanischer Künstler, unter anderem ein Bildnis von Ferdinand VII., von Goya gemalt.

Das *Prähistorische Museum* im Untergeschoß der Diputación Provincial in der Calle de Juan de la Cosa zeigt vorgeschichtliche Funde aus der Umgebung.

Feste – Die *Ferias de Santiago* in Santander findet in der letzten Juliwoche statt: Stierkämpfe, Festveranstaltungen.

Information – Plaza Porticada, 1

Umgebung – 3 km nördlich befindet sich am **Cabo Mayor** ein Leuchtturm. Nicht weit entfernt ist der Puente Forado, eine natürliche Kalkfelsbrücke.

In **Muriedas** (10 km Richtung Burgos) ist in einem Adelshaus aus dem 17. Jh. das *Völkerkundemuseum* der kantabrischen Region eingerichtet.

94 000 Einwohner,
260 m ü.M.,
Provinz La Coruña

SANTIAGO DE COMPOSTELA

Santiago de Compostela liegt am Zusammenfluß von Río Sar und Río Sarela.

Geschichte

Das Gebiet um die heutige Stadt Santiago war wohl schon zu keltischer Zeit besiedelt. Dort, wo heute die Kathedrale steht, fand man bei Ausgrabungen die Überreste einer keltischen Siedlung. Es wurden 182 Gräber aus mehreren Epochen gefunden, aus keltischer, suebischer und mittelalterlicher Besiedelung. Ebenfalls entdeckte man bei dieser Gelegenheit die Grundmauern der ersten Basilika, die Alfons III. im 9. Jahrhundert hatte erbauen lassen. (Die Ausgrabungen in der Kathedrale können mit besonderer Erlaubnis des Domkapitels besichtigt werden.)

Die Gründung der modernen Stadt ist in dem Dickicht von frommen Legenden wohl nicht mehr mit Sicherheit zu fixieren. Auch über den Ursprung des Namens gibt es verschiedene Meinungen. So interpretieren die einen Historiker, daß sich der Name Compostela von campus stellae ableite, Feld der Sterne. Es spielt auf die Lichterscheinung an, die das Vorhandensein des Jakobusheiligtums angezeigt haben soll. Andere leiten den Namen von „la bien compuesta", die Schöngebaute ab. Sie beziehen sich auf die „neue" Stadt, die Bischof Diego Peláez wieder aufbauen ließ, nachdem sie 997 von Almansor zerstört worden war. Am wahrscheinlichsten ist, daß Compostela von compostum herrührt, was ganz einfach Friedhof bedeutet.

Die Gebeine des heiligen Jakobus wurden 813, zur Regierungszeit Alfons II., der den entstehenden Jakobuskult auch nachhaltig unterstützte, gefunden. Er unternahm als erster König eine Pilgerreise nach Santiago und ließ die erste Kirche erbauen, die 829 feierlich eingeweiht wurde. Er beauftragte die Benediktinermönche mit der Pflege und dem Schutz von Santiago. Diese erbauten schon bald darauf ein Oratorium und ein kleines Kloster. In den nächsten Jahrzehnten kamen noch drei Klosteranlagen hinzu. Die Nachricht vom Funde der Jakobusgebeine ging wie ein Lauffeuer durch die christliche Welt und zog die ersten Wallfahrer an. Das Marmorgrab in Santiago war das Ziel vieler Pilger und Gläubigen. Schnell erwies sich die Kirche in Santiago für den Pilgeransturm als viel zu klein. Im Jahr 896 wurde die neue Kirche eingeweiht, die Alfons III. hatte erbauen lassen. 997 nahm Almansor die Stadt ein und zerstörte sie. Auch die Kirche wurde dem Erdboden gleichgemacht, die Glocken von christlichen Gefangenen nach Córdoba geschleppt. Almansor fegte wie ein Racheengel durch das christliche Spanien. Er war Reichsverweser des spanischen Omajadenkalifen Hishun II. Aus kleinen Verhältnissen zu großer Macht gelangt, ließ er die Christen seine ganze Willkür spüren. Als er am 10. 8. 1002 starb, atmete die Christenheit erleichtert auf.

Die Stadt wurde in den Folgejahren wieder aufgebaut und mit Mauern befestigt. 1095 bestätigte Papst Urban II. den heutigen Namen der Stadt: Santiago de Compostela. Auch die geraubten Glocken erhielt man wieder zurück. Als Ferdinand III. 1236 Córdoba eroberte, ließ er, nunmehr von arabischen Gefangenen, die Glocken nach Santiago schleppen.

Bald stieg Santiago nach Rom und Jerusalem zum drittwichtigsten Wallfahrtsort der Christenheit auf.

1589, als der englische Seeräuber Francis Drake die Stadt bedrohte, wollte man die Reliquie nach Orense verlagern. Dabei verschwand sie angeblich und blieb bis 1789 verloren. Bei Umbauten fand man sie unter dem Hochaltar.

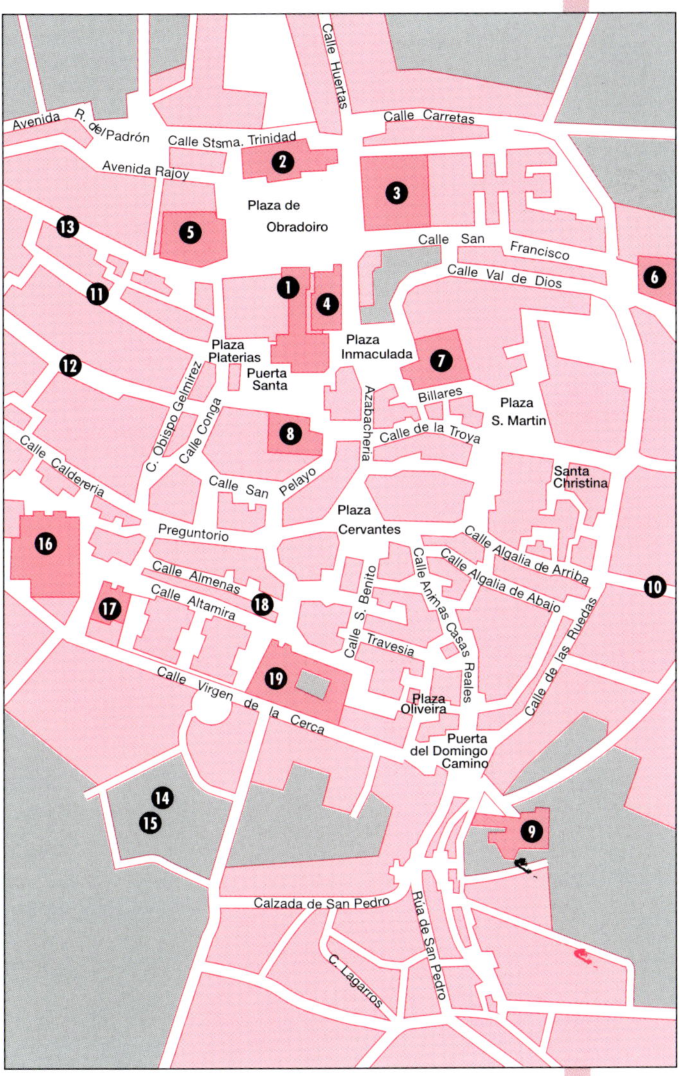

1 Kathedrale
2 Palacio de Rajoy
3 Hospital Real
4 Palacio de Arcobispo
5 Colegio San Jerónimo
6 San Francisco
7 San Martín Pinario
8 San Pelayo
9 Santo Domingo
10 Santa Clara
11 Rúa del Vilar
12 Rúa Nueva
13 Calle del Franco
14 Plaza del Toral
15 Paseo de la Herradura
16 Universität von Santiago
17 San Félix
18 Markthallen
19 San Agustín

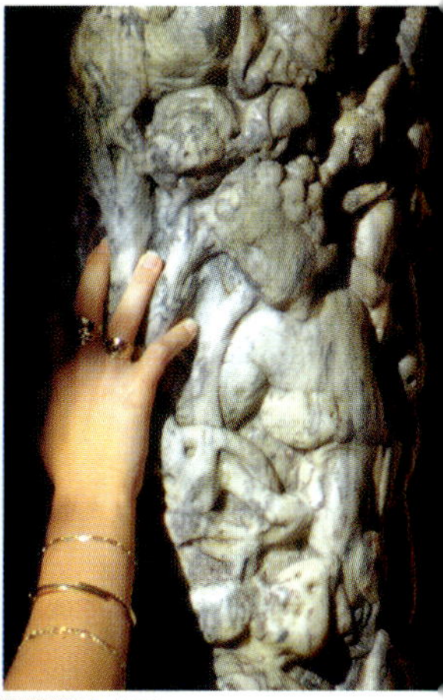

Die Kathedrale von Santiago; an die Mittelsäule des Gnadentores legen die Pilger ihre Hände

W. Somerset Mangham: Sie (die Kathedrale) erobert einen im Sturm. Sie bleibt in Gedanken als dauerhafter Besitz

Besichtigung

Bei der Besichtigung ziehen wir den historischen Pilgerführer zu Rate, der der Stadt ein ganzes Kapitel gewidmet hat.

Absoluter Mittelpunkt der Stadt Santiagos ist die **Kathedrale** (1) an der Plaza del Obradoiro (a). Von allen Seiten dominiert der gewaltige dreitürmige Bau.

Das erste Gotteshaus (noch relativ bescheiden) wurde 813 bis 829 erbaut. Im Jahr 896 ließ Alfons III. eine Basilika errichten, die von den Mauren 997 zerstört wurde. Im Jahr 1075 begann man mit dem neuen Bau. Ein Teil der Kirche (Apsis und Querschiff) wurde 1105 von Bischof Diego Gelmírez geweiht. Die Bauarbeiten gingen jedoch unvermindert weiter. Die Weihe des Gesamtbaus fand 1211 statt. Die Kathedrale hat den Grundriß eines lateinischen Kreuzes. Das Hauptschiff ist 97 m lang und 10 m breit, die Seitenschiffe messen je 5 m. Das Querschiff ist 66 m lang.

Der Pilgerführer:

Der Pilgerführer gibt die genauen Maße der Basilika an: In der Breite hat sie neununddreißig „Mannslängen". Man zählt sie von der Porta Francigena bis zum Südportal. In der Länge hat sie dreiundfünfzig „Mannslängen". Man zählt sie vom Westportal bis zum Altar des Heiligen Erlösers. Die Innenhöhe schließlich schätzt man auf vierzehn „Mannslängen".

Für den Bau der romanischen Kathedrale wurde hauptsächlich der harte Granit der Umgebung verwendet. Obwohl die Mauern bis zu 3 m dick sind, wirkt der Bau nicht plump. Dazu tragen die Glasfenster bei, die gotischen Ursprungs sind. Sie stammen aus dem 13. Jahrhundert. Die Maueröffnungen der Fenster erweitern sich nach innen, damit möglichst viel Licht in die Kirche dringt.

Der Pilgerführer:

Der Autor des Pilgerführers zählt dreiundsechzig Glasfenster. Drei Glasfenster hat jeder Altar im Chorumgang, über dem Jakobusaltar befinden sich fünf Fenster und in den Emporen gibt es insgesamt dreiundvierzig Glasfenster.

Die Decke des Hauptschiffes ist von einem Tonnengewölbe, die Seitenschiffe sind von Kreuzgewölben überspannt. Die gotische Kuppel stammt aus dem 15. Jh.

Der Pilgerführer:

Der Autor des Pilgerführers ist von dem Bau der Basilika begeistert. Er findet keine Risse oder Brüche im Mauerwerk, sie ist „wunderbar gearbeitet". Sie wirkt auf ihn groß, geräumig, hell und harmonisch in ihren Ausmaßen. Nicht nur von unten aus dem Kirchenschiff hat man den Eindruck der Vollkommenheit. Es wird auch der Blick von den Emporen empfohlen. Der Besucher wird „fröhlich und glücklich" werden, wenn er die „vollkommene Schönheit dieses Gotteshauses" gesehen hat.

Die Westfassade mit dem Westportal mündet auf die Plaza del Obradoiro.

Der Pilgerführer:
Der Pilgerführer beschreibt das Westportal als das Schönste. Es übertrifft die anderen Portale in Gestaltung und Ausprägung, Schönheit, Größe und Reichtum.

Das Westportal, das im Pilgerführer beschrieben wird, existiert nicht mehr. Es wurde im 12. Jahrhundert durch den Pórtico de la Gloria ersetzt. Davor baute man die *Obradoiro* (nach *obreiros* = Arbeiter) genannte Vorfassade (1738-1750) (b). Sie erscheint wie ein monumentaler Altaraufsatz. Eine breite Freitreppe aus dem Jahr 1606 ist ihr vorgebaut. Der heute verdeckte *Pórtico de la Gloria* (c) besteht aus drei großen Rundbögen mit Darstellungen der Herrlichkeit Christi (Mitte), rechts Christus unter den Heiden, links unter den Juden und auf den Säulen die Propheten. Bemerkenswert ist das Lächeln des Propheten Daniel – angeblich die erste lächelnde Skulptur der Romanik. Bis dahin kannte man nur den feierlichen und ernsten Ausdruck. An die Mittelsäule des Gnadentores legen die Pilger ihre Hände, um den Apostel Jakobus zu ehren. An dieser Stelle entstanden glatte Vertiefungen. Auf der Rückseite des Gnadentors ist der Baumeister Mateo dargestellt, wie er sein Werk dem Allmächtigen anbietet.

Das bedeutendste Portal ist die *Puerta de los Platerías,* das Südportal (d). Als einziges Portal können wir es heute noch so betrachten, wie es der Pilgerführer beschreibt.

Museen in der Kathedrale Öffnungszeiten: im Sommer 10-13 Uhr und 16-19.30 Uhr; im Winter 11-13 Uhr und 16-18 Uhr

Der Pilgerführer:
Das Südportal hat zwei Eingänge und vier Türen. In der Fassade des rechten Eingangs ist der „Verrat des Herrn" dargestellt, darüber wird die Mutter Maria gezeigt und die drei Könige (aus dem Morgenland), die dem Kind ihre Gaben schenken. Über dem linken Eingang sieht man die „Versuchung des Herrn". Ungeheuer versuchen, den Herrn auf Abwege zu bringen, Engel wachen jedoch über ihn.

Rechts und links des jeweiligen Eingangs stehen auf den inneren Pfeilern zwei Apostel, die Torwächtern gleichen. Der Autor des Pilgerführers zeigt sich von der Darstellung der vier Apostel beeindruckt.

Außerdem unterstützen noch vier Löwen die Apostel bei der Überwachung des Portals.

Das Portal wird insgesamt von elf Säulen getragen. Einige sind aus Marmor, andere aus Stein, aber alle sind sie fein gearbeitet, gekonnt behauen, geschmückt mit Bildern von Blumen, Tieren und Menschen.

In die Ostfassade ist die *Puerta Santa* (e) integriert. Sie wird nur in Jubeljahren geöffnet.

Die Kathedrale überragt alle anderen Kirchen von Santiago

Der Pilgerführer:

Der Autor des Pilgerführers hat genau die Türme der Basilika durchgezählt: Zwei Türme befinden sich über dem Portal mit den Brunnen davor, zwei über dem Südportal, zwei über dem Westportal, zwei über den Wendeltreppen und einer, der größte, über der Vierung in der Mitte der Basilika. Insgesamt zählt er damit neun Türme. Sie sind weithin ein Wahrzeichen der Basilika und rühmen den Bau.

Auch heute schmückt die Kathedrale eine Vielzahl von Türmen. Über dem Pórtico de la Gloria fallen der Torre de la Carraca (f) (links) und der Torre de las Campanas (g) (rechts) auf. Ihre Grundmauern sollen aus römischer Zeit stammen. Erbaut wurden sie von 1448 bis 1675 und 1725 noch erhöht. Rechts neben der Puerta de los Platerías befindet sich der dritte höhere und damit bestimmte Turm (72 m hoch), ein massiver Uhrturm, Torre del Reloj (h), der zwischen 1316 und 1680 entstand. Er hält eine der größten Glocken der Welt (2,5 m Durchmesser; ihren Klang soll man 20 km weit hören).

Ballonstart auf der Plaza de Obradoiro

Die Kirche hat drei Schiffe. Ihre Kuppel ist an der Vierung 32 m hoch. Dort hängt auch der Dornenkronenleuchter (Alcachofa) von der Decke herunter. Bei besonders feierlichen Anlässen wird er mit einem monumentalen Weihrauchgefäß ausgetauscht, dem Botafumeiro (54 kg schwer).

Der Hauptaltar (Capilla Mayor) (i) ist ein Geschenk des mexikanischen Erzbischofs. Die Arbeit stammt aus dem 17. Jahrhundert. Unter dem Hauptaltar befindet sich die Krypta (j), zu der man hinabsteigen kann. Hier birgt eine Urne die sterblichen Reste des Apostels Jakobus und seiner beiden Schüler Atanasius und Theodorus. Die Urne ist ganz aus Silber gearbeitet und wiegt 85 Kilogramm. Sie soll genau an der Stelle stehen, an der im Jahr 813 das Grab des Apostels gefunden wurde. Zum Santiagobesuch eines frommen Pilgers gehört es, den Mantel des Heiligen zu küssen. Hinter dem Altar führt ein Treppchen zu ihm hoch.

Hinter dem Hauptaltar befindet sich der Chorumgang (k), der zu den einzelnen Kapellen führt. Auf der rechten Seite beginnt man den Rundgang mit der Kapelle unserer lieben Frau auf dem Pfeiler (Capilla del Pilar) (l), einer barocken Kapelle. Nach der Capilla de Mondragón (m) (Terrakotta-Altar) aus dem Jahre 1527 und der Capilla de San Pedro (n) oder Kapelle von Doña Mencia de Andrade, die hier begraben liegt. Schon zu Lebzeiten gab sie einen Großteil ihres Geldes der Kirche. Es folgt das Heilige Tor (e), auch Tor der Verzeihung genannt. Es wird nur am 31. Dezember vor einem Heiligen Jahr geöffnet.

Das Heilige Jahr wird in Santiago gefeiert, wenn der 25. Juli, der Feiertag des Apostels, auf einen Sonntag fällt. Das nächste Heilige Jahr fällt auf das Jahr 1999. Bei einer Pilgerfahrt im Heiligen Jahr werden ganz besondere Gnaden gewährt, die die Päpste Calixtus II. und Alexander III. einführten. Derzeit werden bei einem Besuch der Kathedrale und der Teilnahme an einer liturgischen Handlung der Beichte und Kommunion im Heiligen Jahr folgende Gnaden gewährt: völliger Ablaß der Sünden der Toten; Freispruch von jedem Tadel, Nachlaß und Änderung von Gelübden ohne Vorbehalt und Dienstfreistellung für alle Pilger für den Pilgeraufenthalt.

Capilla de San Salvador (o): Mit dieser Kapelle wurde im Jahr 1075 der Bau der Kathedrale begonnen. Durch ihre Mitte geht die Achse der Kathedrale. Sie ist mit einer Vierungskuppel ausgestattet, ähnlich einer kleinen Kapelle mit einem Hufeisenbogen als Grundriß. Das schmiedeeiserne Gitter stammt aus dem 16. Jahrhundert. In dieser Kapelle wurden die Compostela-Urkunden als Bestätigung für die Wallfahrt verliehen.

Die Capilla de la Corticela (p) aus dem 12. Jahrhundert war eine ehemalige Pfarrkirche. Sie wurde beim Bau der Kathedrale in das Gotteshaus integriert (romanisches Portal aus dem 13. Jahrhundert).

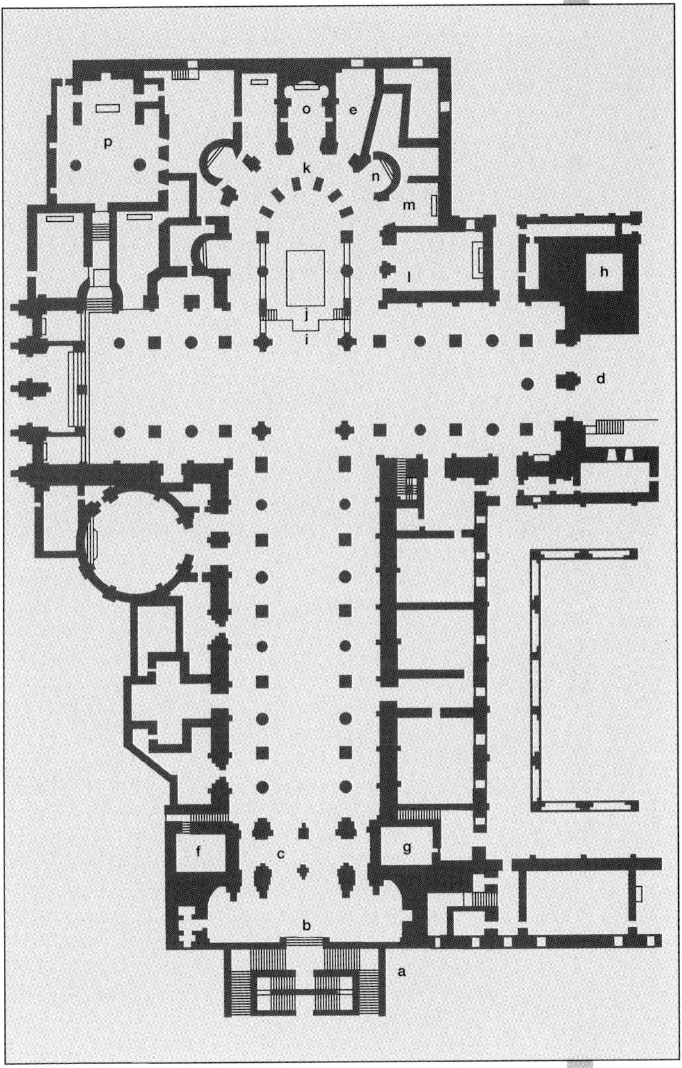

Grundriß der Kathedrale

a Plaza del Obradoiro
b Vorfassade (1738-1750)
c Pórtico de la Gloria
d Südportal
e Puerta Santa
f Torre de la Carraca
g Torre de las Campanas
h Torre del Reloj
i Hauptaltar (Capilla Mayor)
j Krypta
k Chorumgang
l Capilla del Pilar
m Capilla de Mondragón
n Capilla de San Pedro
e Heiliges Tor
o Capilla de San Salvador
p Capilla de la Corticela

Die Unterkirche: Am Fuß der Freitreppe vor der Obradoiro-Fassade ist der Eingang zu einer Krypta zu finden, die im 11. Jahrhundert, also zur Bauzeit der ältesten Teile der Kathedrale entstand. Sie besitzt schöne romanische Säulenkapitelle. Die Kathedrale steht an der Plaza del Obradoiro, auch Plaza de España genannt. Gegenüber der Kathedrale befindet sich der 1777 erbaute mächtige **Palacio de Rajoy** (2), das klassizistische Rathaus, auch Palacio de Consistoral.

An der Nordseite des Platzes ist das alte **Hospital Real** (3) zu sehen. Es wurde 1489 von den katholischen Königen Isabella und Ferdinand gegründet. Von hier aus konnten die begüterten Pilger bequem den am Platz abgehaltenen Feiern beiwohnen. Heute ist ein Hotel darin untergebracht: Hostal de los Reyes Católicos. Das wappengeschmückte platereske Portal entspricht ganz dem Glanz der Innenräume. Die Fassade wurde 1678 restauriert. Der Grundriß hat die Form eines Kreuzes, das in ein Quadrat eingepaßt ist und damit vier Innenhöfe bildet. Den genauen Mittelpunkt bildet eine Kapelle im isabellinischen Baustil.

Vielfältig sind die Eindrücke, die man aus der „heiligen" Stadt mitnehmen kann

An der Ostseite neben der Kathedrale erhebt sich der unauffällige **Palacio de Arcobispo** (4), der erzbischöfliche Palast (Durchgang zur Plaza Inmaculada).

An der Südseite befindet sich das ehemalige **Colegio San Jerónimo** (5). Das romanisch-gotische Figurenportal stammt aus dem Jahr 1490. Das Haus diente einst als eine Art Internat für mittellose Studenten. Dahinter liegt das 1544 errichtete **Colegio de Fonseca** mit einem zweigeschossigen Patio. Zur Plaza Fonseca hin besitzt es ein schönes Renaissanceportal.

Die große Kathedrale ist nicht die einzige Kirche von Santiago. Das konnte schon der Pilgerführer berichten:

Der Pilgerführer:

Der Pilgerführer berichtet von zehn Kirchen: Die erste liegt in der Stadtmitte. Sie ist dem Apostel Jakobus Zebedäus gewidmet. Die zweite Kirche gehört zu einer Mönchsabtei und ist dem Apostel Petrus gewidmet. Die dritte ist die Kirche des Heiligen Michael, die vierte ist die des Heiligen Martin, die fünfte ist der Heiligen Dreifaltigkeit geweiht. Die siebte Kirche ist dem Märtyrer Felix geweiht, die achte dem Heiligen Benedikt, die neunte dem Märtyrer Pelagius und die zehnte Kirche schließlich ist der Jungfrau Maria vorbehalten.

Das Kloster **San Francisco** (6) geht auf eine Wallfahrt des heiligen Franz von Assissi im Jahre 1214 zurück. Er initiierte den Bau des Klosters, das von den Benediktinern bewirtschaftet wurde. Das heutige Kloster stammt aus dem 18. Jahrhundert. Vor der Kirche hat man Franz von Assissi ein steinernes Denkmal gesetzt.

Die Fassade des Klosters **San Martín Pinario** (7) an der Plaza de la Inmaculada wird von mächtigen Säulenpaaren bestimmt. Auch der dahinter liegende Kreuzgang wirkt recht monunemtal in seiner Gestaltung. Ganz im Gegensatz dazu steht die Martinskirche aus dem 17. Jahrhundert. Der Renaissancebau wirkt eher fein gegliedert; im Inneren jedoch überrascht er durch seine Geräumigkeit. Der Grundriß hat die Form eines lateinischen Kreuzes mit sehr kurzen Armen. Der Hauptaltar ist sehenswert.

Die Jacobsmuschel ist das Zeichen von Santiago

Das Kloster **San Pelayo** (8) stammt aus dem 15. Jahrhundert. Die bestehenden Bauten, insbesondere die Kirche, wurden jedoch im 18. Jahrhundert errichtet.

Das Kloster **Santo Domingo** (9) hat eine schöne gotische Kapelle.

Am Kloster **Santa Clara** (10) kann man eine barocke Fassade bewundern, sie gilt als bedeutendstes Werk des compostelanischen Barocks.

Über all den Kirchen darf man nur ja nicht die Straßen, Gassen, Plätze vergessen, sie sind einen Bummel wert. Die meisten Häuser stammen aus dem 17. und 18. Jahrhundert und sind vom Barockstil beeinflußt. Der Granit der Umgebung ist das häufigste Baumaterial. Durch Regen und Feuchtigkeit nahmen die Häuser eine gleichmäßige graue Farbe an. Die typischste Straße ist die **Rúa del Villar** (11) mit ihren Kolonaden. Parallel dazu verläuft die ebenso schöne **Rúa Nueva** (12). Die **Calle del Franco** (13) liegt nahe der Rúa del Villar. Nach einem besonderen Privileg waren alle, die in dieser Straße wohnten, von Steuern und Abgaben befreit. Ganz in der Nähe verläuft die **Calle de la Reiña,** die ihren Namen der Tatsache verdankt, daß Königin Isabella von Portugal sie auf ihrer Wallfahrt durchschritt.

Einer der verkehrsreichen Plätze ist die **Plaza del Toral** (14). Hier findet man Häuser mit hübschen Säulengängen, unter anderen den Palast der Bendanas aus dem 18. Jahrhundert. Vom **Paseo de la Herradura** (15), der schattigen „Hufeisenpromenade" hat man einen wunderbaren Blick auf die Stadt. (Vielleicht sieht man von hier alle 114 Kirchtürme von Santiago!).

Die **Universität von Santiago** (16) wurde im 18. Jahrhundert im neuklassischen Stil erbaut. Gegründet wurde sie als Jesuitenkolleg bereits 1501. Man besucht die Kreuzgänge, den großen Festsaal und die Bibliothek. Die barocke Universitätskirche wurde 1673 von den Jesuiten erbaut, eine dreischiffige Kirche mit einem Retabel aus dem Jahre 1727.

Nicht weit entfernt erhebt sich die Kirche des heiligen **Félix** (17). Bereits im 12. Jh. stand hier eine Kirche, die jedoch im Laufe der Zeit zerstört wurde. Im 18. Jh. wurde sie wieder rekonstruiert. Gleich daneben schließen sich die **Markthallen** an (18).

In der Nähe liegt das Kloster mit der Kirche **San Agustín** (19), eine Gründung der Augustinermönche aus dem 17. Jahrhundert.

Noch einen besonderen Ruhm hat Santiago de Compostela: Sie ist die regenreichste Stadt in ganz Spanien. Wenn man Santiago ganzheitlich erleben will, darf man auf den Nieselregen nicht verzichten.

Museen – In den Sälen der Kathedrale, die zum Kreuzgang gerichtet sind, befinden sich diverse Museen. Im Erdgeschoß ist die *Bibliothek* untergebracht; dort kann man auch das Weihrauchfaß (Botafumeiro) besichtigen. Im *Kapitelsaal* sind Wandteppiche ausgestellt. In zwei Untergeschossen stellt man die Ausgrabungsfunde der Kathedrale aus.

In der Calle Miguel Nr. 4 befindet sich, zum Teil in einem gotischen Turm, zum anderen in einem modernen Gebäude daneben, das *Museo de las Peregrinaciones*. Es stellt die Geschichte des Pilgerweges dar.

Feste – *Das Heilige Jahr* wird gefeiert, wenn der 25. Juli, das Namensfest des heiligen Jakobus, auf einen Sonntag fällt. Auch wenn dies nicht zutrifft, ist der 25. Juli der höchste Feiertag der Stadt.

Eine alte Tradition, die bis ins Mittelalter zurückreicht, ist „la Tuna". Darunter versteht man die Spaziergänge der Studenten in ihren malerischen weiten Umhängen mit einer zwölfsaitigen Bandura im Arm. Sie pflegen der Geliebten ein Ständchen darzubringen. Wenn das Lied erfolgreich war, erhielten sie von der Angebeteten als Zeichen der Gunst ein Band mit den Farben der Fakultät. Im Juli und August kann man abends die Tuna-Gesänge in der Altstadt hören, wenngleich diese natürlich nicht mehr den Geliebten gelten, sondern den Touristen. Auf der Plaza Obradoiro stehen während des ganzen Tages Studenten und leer verkaufen Kassetten mit ihren Liedern.

Information – Rúa del Villar, 43

Die Pilger wanderten noch weiter zum Cabo de Finisterre

SANTO DOMINGO DE LA CALZADA

Santo Domingo de la Calzada liegt am Ufer des Río Oja und besaß für die Pilgerbewegung große Bedeutung. Der Name weist noch darauf hin: Calzada bedeutet, wie auch Camino, Straße oder Weg, gemeint ist der Pilgerweg.

6000 Einwohner, 640 m ü.M., Provinz La Rioja

Caminho de Santiago

Santo Domingo de la Calzada
Der heilige Domingo wurde in einem kleinen, nahe gelegenen Ort namens Viloria geboren. Später studierte er in der Abadía de Valvanera und im Kloster von San Millán. Hier faßte er auch den Entschluß, sein Leben den Pilgern zu widmen. Er zog dann in den Ort, der heute seinen Namen trägt. Er baute 1044 die Brücke über den Río Oja. Außerdem baute er eine Pilgerherberge und ein Hospital. Im Pilgerführer steht, daß er den Weg von Nájera nach Redecilla del Camino erbaut hat. 1109 starb er und wurde in seinem Ort beerdigt.

Der „Hühneraltar" von Santo Domingo de la Calzada

Geschichte
Die Legende berichtet, daß der heilige Domingo de Viloria im Jahre 1044 in dieses Gebiet zog und sich niederließ. Dies nimmt man als Gründungsdatum des Ortes. Der heilige Domingo war ein bekannter Brücken- und Wegebauer. Schon zu seinen Lebzeiten wurde er als Heiliger verehrt. Über den Río Oja baute er eine 24bogige Brücke, damit die Pilger gefahrlos den Fluß überqueren konnten. Neben der Brücke errichtete er noch ein Krankenhaus und eine Pilgerherberge. Heute ist in der Herberge ein Parador untergebracht. 1089 wurde auf Veranlassung des heiligen Domingo mit dem Bau einer Kirche begonnen. 1109 starb er. In der Kirche wurde er erst 1158 beigesetzt, als diese erweitert worden war, um Platz für sein Grab zu schaffen. Im Jahre 1232 wurde die Stadt Bischofssitz und die Kirche zur Kathedrale erhoben.

Das lebende Huhn

Von Santo Domingo de la Calzada berichtet die folgende Legende: Ein Ehepaar war mit seinem Sohn auf Pilgerfahrt. Die Familie übernachtete in einem Wirtshaus von Santo Domingo. Die Wirtstochter verliebte sich in den Jüngling, der aber gar nicht auf sie achtete. Als die Familie weiterziehen wollte, steckte die Wirtstochter einen silbernen Becher in das Reisegepäck des Jungen und zeigte diesen des Diebstahls an. Der Becher wurde entdeckt und der Jüngling zum Tod durch den Strang verurteilt. Das Ehepaar reiste voller Trauer nach Santiago weiter und betete zu allen Heiligen um Hilfe. Als sie nach Santo Domingo zurückkamen, fanden sie den Sohn noch lebend am Galgen hängen. Sie schnitten ihn herunter und gingen zum Richter, um ihm von diesem Wunder zu berichten. Der saß gerade bei einem Hühnerbraten und hörte sich ungläubig ihre Geschichte an. So wahr diese gebratenen Hühner nicht mehr fliegen können, sagte er, so ist eure Geschichte erlogen. Kaum hatte er dies gesagt, flogen die gebratenen Hühner durch das offene Fenster hinaus.

In Gedenken an diese Legende kann der Besucher bis auf den heutigen Tag in der Kathedrale einen Hühnerkäfig vorfinden, der über einem Seitenalter angebracht ist und tatsächlich ein lebendes weißes Huhn und einen weißen Hahn beherbergt. Es wird darauf geachtet, daß der Hahn besonders krähfreudig ist, so daß sein fröhliches Kikeriki häufig durch die Kirche schallt.

Besichtigung
Wichtigster Bau ist die **Kathedrale.** Grundsteinlegung war 1098, die Weihe erfolgte 1106. Im 12. Jahrhundert wurde sie umgebaut. Die Basilika hat drei Schiffe, einen Chorumgang und eine romanische Apsis. Der Hauptaltar besitzt ein vergoldetes Retabel aus dem 16. Jahrhundert. Gleich rechter Hand beim Betreten der Kirche ist das Grabmal des heiligen Domingo zu sehen, das bis in die Krypta hinabreicht. Der spätgotische Aufbau stammt aus dem Jahr 1513. Das Grab ist von einem Eisengitter umgeben. Sehr schön ist auch die Capilla Romanica, eine rein romanische Kapelle, die hinter dem Chorumgang genau in der Achse der Kirche liegt.

Der 69 m hohe Turm steht einige Meter von der Kirche getrennt; er stammt in seiner barocken Gestaltung aus den Jahren 1762 bis 1765. Man kann ihn über 243 Treppen ersteigen und wird mit einem schönen Blick über die Stadt belohnt. Gegenüber befindet sich im alten Pilgerhospital ein Parador. Nicht weit entfernt ist die Plaza Mayor mit dem Rathaus, ein gedrungener Bau mit vielen Arkadengängen.

Weiterhin gibt es in der Stadt noch das Kloster **San Francisco,** im Jahre 1569 erbaut, und das Kloster von Bernardas aus dem Jahre 1609.

Museum – In der Kathedrale befindet sich ein interessantes Pilgermuseum, das die Geschichte des Pilgertums entlang des Jakobsweges schildert.

Feste – Vom 10. bis 15. Mai wird das *Patronatsfest* mit Folkloredarbietungen und Wettkämpfen gefeiert.

Kathedrale von Santo Domingo de la Calzada

Information – Plaza del Beato, C. Zumalacárregui, 282

Umgebung – 20 km weiter im Norden liegt die mittelalterlich anmutende Stadt **Haro.** Vom Castillo de Santa Lucía hat man einen schönen Blick über die Stadt. Die Kirche Santo Tomás wurde Anfang des 16. Jahrhunderts errichtet (schöne platereske Fassade). Die Basilika Nuestra Señora de la Vega ist ein barocker Bau. Sehenswert ist auch noch das Rathaus aus dem Jahre 1775 an der Plaza de la Paz.

Hazo ist das Weinanbauzentrum der Rioja Alta. Hier verarbeiten eine ganze Reihe von Bodegas den edlen Traubensaft. Viele Kellereien können auch besichtigt werden.

SORIA

32 000 Einwohner, 1060 m ü. M., Provinz Soria

Soria liegt am rechten Ufer des Río Duero in einem rauhen Hochtal.

Geschichte

Die Ursprünge der Stadt sind nicht ganz geklärt. Es ist jedoch erwiesen, daß sie unter arabische Herrschaft kam und von König Alfons I. von Aragonien zurückerobert wurde. Soria war lange Zeit ein wichtiger Vorposten im Kampf gegen die maurische Invasion. Daran erinnert noch der Wappenspruch der Stadt „Soria pura, cabeza (Kopf, Vorhut) de Extremadura..." Die Christen errichteten in der Umgebung nach und nach einige Burgen, mit deren Hilfe entlang des Duero eine Verteidigungslinie aufgebaut wurde. 1350 versammelte Juan I. in Soria die Cortes.

Besichtigung

Sehenswert ist die Altstadt. Einen Spaziergang beginnt man an der **Plaza Ramón y Cayal** (1), wo sich auch die Tourismusinformation befindet. Man erreicht die Kirche **San Juan de Rabanera** (2) aus dem 12. Jahrhundert, ein besonders gelungenes Beispiel der kastilischen Romanik. Die Kirche weist auch byzantinische Einflüsse sowie klassische Stilelemente auf. Die Kirche hat als Grundriß ein lateinisches Kreuz mit einer Vierungskuppel darüber. Die Spitzbogenansätze zeigen bereits den Übergang zur Gotik an. Interessant ist das aus der Kirche San Nicolás stammende Retablo.

Die romanische Kirche **Santo Domingo** (3) aus der zweiten Hälfte des 12. Jahrhunderts hat ein reich mit Skulpturen geschmücktes Portal mit einer sehenswerten Fensterrose. Im dreischiffigen Innern entdeckt man einen gotischen Altarraum. Eine Blütezeit besonderer Art war das 16. Jahrhundert, in dem sich die „Mesta" auf dem Höhepunkt ihrer Macht befand. Die Mesta wurde im 13. Jahrhundert gegründet, als sich die großen Schafzüchter zusammenschlossen, um wirtschaftliche Macht auszuüben. Die Mesta funktionierte wie ein Kartell, das besonders im 16. Jahrhundert allmächtig war und bis 1830 bestand. Aus dieser Zeit stammen viele der Adelspaläste, insbesondere der großartige **Palast der Grafen von Gómara** (4) (1592), ein architektonisches Kleinod im Renaissancestil mit langer, zum Teil durch Loggien und Fenster harmonisch gegliederten Fassade. Der elegante, viereckige Turm beherrscht die Silhouette der Stadt. Auf der **Plaza Mayor** (5) stehen das Gerichtsgebäude **„La Audien- cia"**, ein schlichter Bau im Renaissancestil (1759), das Renaissancerathaus und die Kirche Nuestra Señora de la Mayor mit elegantem romanischem Portal (16. Jahrhundert).

Die Nebenkathedrale **San Pedro** (6), eine dreischiffige Kirche mit fast gleich hohen Schiffen, liegt in unmittelbarer Nähe des Río Duero. Sie wurde 1152 im romanischen Stil errichtet und zwischen 1544 und 1548 gotisch umgebaut.

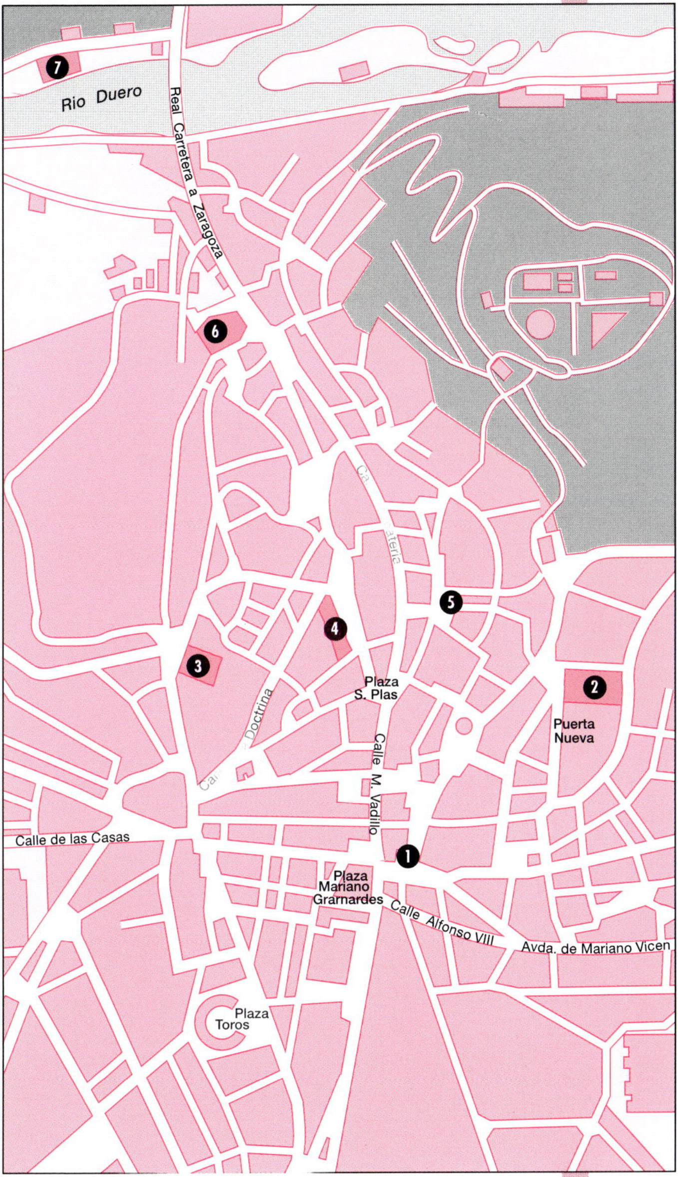

1 Plaza Ramón y Cayal
2 San Juan de Rabanera
3 Santo Domingo
4 Palast der Grafen von Gómara
5 Plaza Mayor
6 San Pedro
7 San Juan de Duero

Sie gilt heute als typisch für die spanische Gotik des 16. Jahrhunderts. Von einer Vorgängerkirche sind im Kreuzgang drei romanische Flügel erhalten. In der Kapelle San Saturio wird das wertvollste Bildwerk Sorias aufbewahrt, ein flämisches Triptychon aus dem Jahr 1559, das die Kreuzigung darstellt.

Außerhalb der Stadt erhebt sich am linken Flußufer die Kirche **San Juan de Duero** (7), ein sehenswertes romanisches Bauwerk. Von dem ehemaligen Templerkloster sind noch Säulenreihen und der romanisch-gotische Kreuzgang aus dem 12. und 13. Jahrhundert erhalten. Er wirkt mit seinem romanischen Rundbogen und den ineinander verschlungenen Spitzbogen recht eigenwillig. Der große Formenreichtum verrät maurischen Einfluß.

Folgt man dem linken Flußufer, gelangt man zur Kapelle **San Saturio,** die dem Schutzheiligen der Stadt geweiht ist. Sie erhebt sich auf einem Felsen über dem Fluß.

In Soria findet man überall Kirchenbauten. Zu erwähnen sind die Kirche **Santa María la Mayor** und **Nuestra Señora de la Merced.**

Museen – Das *Museo de Soria* liegt in einem modernen Pavillon am Paseo del General Yagüe. Man zeigt prähistorische, keltisch-iberische, römische und westgotische Funde. Auch Ausgrabungen aus Numantia werden ausgestellt.

Im Hospitaliterkloster San Juan de Duero ist in der Kirche ein kleines Museum mit römischen Mosaiken eingerichtet.

Feste – Ab Donnerstag nach dem 24. Juni wird das **Fest des heiligen Johannes** gefeiert. Der Haupttag ist der Sonntag. Es werden Wallfahrten, Stierkämpfe sowie Prozessionen veranstaltet und folkloristische Darbietungen gezeigt.

Information – Plaza Ramón y Cayal, 2

Umgebung – Zum Parque Natural de la Dehesa del Moncayo: Auf der N 122 erreicht man nach 50 km **Ágreda.** Das Städtchen wird Castillo de la Muela beherrscht.

Die Kirche Nuestra Señora de la Peña mit zwei gleichförmigen Schiffen wurde im romanischen Stil erbaut. Die Kirche San Miguel ist von einer Mischung aus gotischem und platereskem Stil geprägt.

Von Ágreda aus kann man einen herrlichen Ausflug in die Sierra del Moncayo unternehmen und die herrliche, unberührte Bergwelt genießen.

VALLADOLID

Valladolid liegt in der fruchtbaren Ebene des Río Pisuerga, kurz vor dessen Einmündung in den Río Duero. Das umgebende Land ist flach und gleichförmig.

330 000 Einwohner, 690 m ü. M., Provinz Valladolid

Geschichte

Obwohl das Gebiet um Valladolid bereits zu vorgeschichtlichr Zeit besiedelt war, beginnt die eigentliche Geschichtsschreibung der Stadt 1074, nachdem Alfons IV. Valladolid (Balad Walid – Stadt des Gouverneurs) von den Mauren zurückerobert hatte. Im 13. Jahrhundert wurde sie dann Residenz der Könige von Kastilien. Zwei Mal, 1215 und 1351, wurde die Cortes nach Valladolid einberufen. 1346 gründete man die Universität. Die für Spanien so bedeutsame Hochzeit Ferdi-nands von Aragonien mit Isabella von Kastilien fand 1469 in Valladolid statt. Noch ein anderer wichtiger Zeitgenosse lebte in den Mauern der Stadt: 1506 starb hier nach zweijährigem Aufenthalt Kolumbus verbittert und enttäuscht.

Philipp II. verlegte 1560 die Hauptstadt des Reiches nach Madrid; 1601 bis 1621 wurde die Stadt nochmals vorübergehend Hauptstadt. 1808 nahmen die Franzosen Valladolid ein und Napoleon richtete 1809 in der Stadt sein Hauptquartier ein.

Besichtigung

Mittelpunkt von Valladolid ist die **Plaza Mayor** (1), ein schöner Arkadenhof, der 1561 entstanden ist. An seiner Nordseite befindet sich das 1908 erbaute Ayuntamiento, das Rathaus, mit einer eleganten klassizistisch angelegten Fassade. Philipp II. ließ hier 1559 das erste Autodafé abhalten, heute wird der Platz ab und zu noch als Stierkampfarena verwendet.

Hinter dem Rathaus in der Calle de San Benito erhebt sich die 1499 bis 1504 erbaute monumentale gotische Kirche **San Benito** (2) mit geräumiger Vorhalle und schönem Gittertor. Sie gehörte zu einem Kloster, das 1388 von Juan I. gegründet wurde. Die Kirche besteht aus drei gleichen Schiffen.

In Valladolid läßt sich der Formenreichtum der Barockkunst und des isabellinischen Stils (hier: Universität, Colegio de Santa Cruz) gut studieren

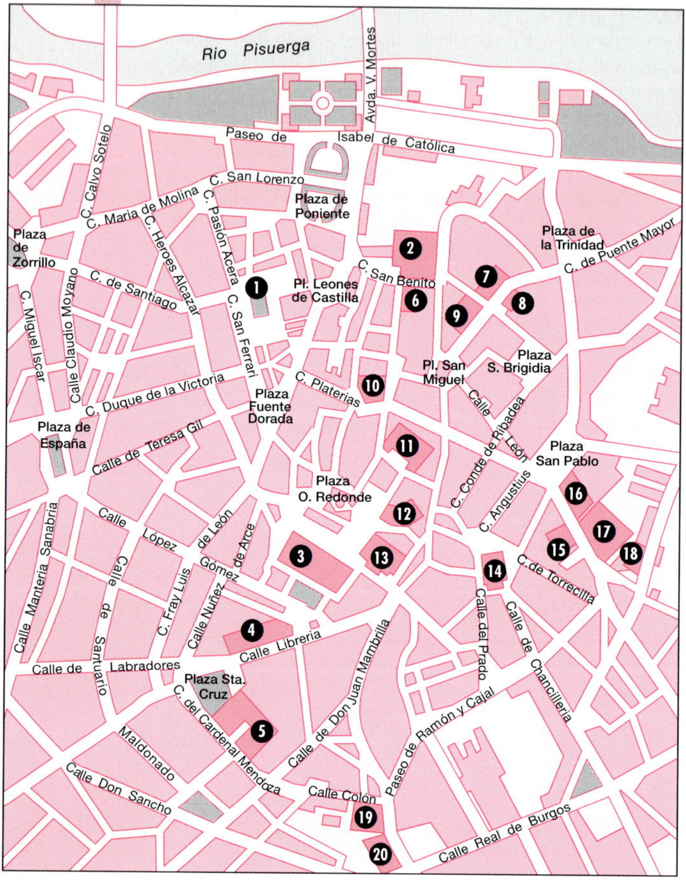

1 Plaza Mayor
2 San Benito
3 Kathedrale
4 Universität
5 Colegio de Santa Cruz
6 Haus von Berruguete
7 Palast vom Marquis de Valverde
8 Palast von Fabio Nelli
9 San Miguel
10 La Cruz
11 Erzbischöflicher Palast
12 Las Angustias
13 Santa María la Antigua
14 San Martín
15 Haus des Marqués de Villena
16 San Pablo
17 San Gregorio
18 Casa del Sol
19 La Magdalena
20 Kloster Las Huelgas Reales

Etwa 500 m östlich der Plaza Mayor erhebt sich die **Kathedrale** (3). 1585 beauftragte Philipp II. Juan de Herrera, den Schöpfer des Klosters El Escorial, anstelle der alten Kathedrale aus dem 11. Jahrhundert eine neue zu erbauen. Die Kathedrale wurde in gewaltigen Ausmaßen geplant und begonnen, nach dem Tod des Königs mußten die Arbeiten jedoch vorübergehend eingestellt werden. Erst 1730 vollendete Alberto de Churriguera, ein Meister der Barockkunst, die Fassade. Bis heute konnte die Kathedrale nicht vollendet werden. Lediglich den Bau des Südturmes schloß man ab. Dieser stürzte 1841 ein, wurde aber wieder aufgebaut.

Von dem einstigen Projekt Herreras stammen außen lediglich die zweiteilige Hauptfassade mit dorischer Säulenordnung und die Fassade des Querschiffes.

Der Innenraum ist schmucklos und streng. Lediglich in der Capilla Mayor fällt ein Renaissancealtar auf. Das Chorgestühl stammt aus dem 17. Jahrhundert, der Hochaltar wird von einem herrlichen Retabel aus dem Jahr 1572 geschmückt.

Östlich hinter der Kathedrale kommt man zur Plaza de la Universidad und der 1346 gegründeten **Universität** (4). Sie ist im Barockstil erbaut. Nach einem Brand im Jahre 1939 blieb nur die Fassade erhalten. 1809 wohnte in ihr Joseph Bonaparte.

Südöstlich der Universität befindet sich das ehemalige **Colegio de Santa Cruz** (5), erbaut 1479 bis 1491 im isabellinischen Stil. In der Vorhalle rechts eine Kapelle. Der Bau gehört noch zur Universität, so auch die Bibliothek mit ungefähr 52 000 Titeln.

Noch weitere Sakralbauten, aber auch Adelspaläste sind in Valladolid von Bedeutung: Gegenüber der Kirche San Benito befindet sich das ehemalige **Haus von Berruguete** (6) (Ecke Calle de San Benito und Calle General Almirante).

In der Verlängerung der Calle de San Benito stößt man auf die zwei Paläste von **Marquis de Valverde** (7) und von **Fabio Nelli** (8), in dem heute das archäologische Museum untergebracht ist.

Begibt man sich zur Plaza San Miguel, kommt man rechter Hand an der Kirche **San Miguel** (9) vorbei, einem Bau vom Ende des 16. Jahrhunderts.

Geradeaus kommt man zur Kirche **La Cruz** (10) aus dem späten 15. Jahrhundert und zum **Erzbischöflichen Palast** (11).

Dann erreicht man die alte Kirche **Las Angustias** (12), von 1597 bis 1604 erbaut. In ihr findet man einen Hochaltar von Velásquez.

Weiter nördlich stößt man auf die Kirche **Santa María la Antigua** (13); sie zeigt eine interessante Mischung aus romanischen und gotischen Elementen. Dahinter befindet sich die Kirche **San Martín** (14).

Nach dem **Haus des Marqués de Villena** (15) erreicht man die Kirche (15. Jh.) **San Pablo** (16), die zu einem Dominikanerkloster gehört. Ihre platereske Fassade wirkt wie ein Spitzenvorhang aus Stein. Im Inneren ein schönes Kreuzrippengewölbe.

Das anschließende Colegio **San Gregorio** (17) (1448-1496) hat eine besonders eindrucksvolle Fassade im isabellinischen Stil, die wie ein Altar gestaltet wurde. In dem Gebäude ist das Nationalmuseum für Skulptur untergebracht.

In der Nähe befindet sich die **Casa del Sol** (18), heute ein Kloster mit schönem, plateresken Portal, ehemals ein Palast der Grafen von Gondomar.

Die Kirche **La Magdalena** (19) hat eine strenge klassizistische Fassade.

In der Nähe das Kloster **Las Huelgas Reales** (20) mit einer Kirche aus dem 16. Jahrhundert.

Museen – Das *Museo Nacional de Escultura* befindet sich im Colegio de San Gregorio. Es zeigt eine außergewöhnlich reiche und sehenswerte Sammlung vorwiegend polychromer spanischer Bildwerke (16. und 17. Jh).

Unweit des ehemaligen Palacio Real liegt in südwestlicher Richtung der Palacio de Fabio Nelli, ein stattlicher Renaissancepalast aus dem Jahre 1594 mit einem hübschen Säulenhof. Hier ist das *Museo Arqueológico Provincial* untergebracht. Es verfügt über umfangreiche Sammlungen der prähistorischen, iberischen und römischen Epoche.

Neben der Kathedrale befindet sich das *Diözesanmuseum*. Es zeigt eine große Sammlung sakraler Kunstgegenstände.

In der Casa de Cervantes wohnte der Dichter Miguel de Cervantes Saavedra von 1603 bis 1606. Dort schrieb er wahrscheinlich den ersten Teil des Don Quijote. Im Inneren und in zwei Nachbarhäusern wurde das *Cervantes-Museum* eingerichtet.

In der Kirche de la Pasión befindet sich das *Museo de la Pintura*. Es bietet eine Gemäldesammlung spanischer Maler des 16. und 17. Jh.

In der Casa de Colón ist ein *Museum über Kolumbus* untergebracht. In diesem Haus starb Kolumbus am 20. Mai 1506.

Feste – Im September werden die traditionellen Feste zu Ehren von San Mateo veranstaltet. Berühmt sind die Stierkämpfe.

Im April gibt es eine Internationale Filmwoche, im Oktober Spanienfestspiele mit Theater- und Opernvorführungen, Konzerten und Liederabenden.

Information – Plaza de Zorrilla

Gewaltig ist die Burganlage von Torrelobatón

Umgebung – Nach Nordwesten: **Medina de Rioseca** ist Landwirtschaftszentrum der Tierra de Campos. Schön ist die Calle Mayor mit arkadengesäumten Häusern. Dort erhebt sich die spätgotische Kirche San Francisco (16. Jh.) Östlich der Calle Mayor befindet sich die Kirche Santiago mit einer Renaissancefassade und einem plateresken Portal, ganz in der Nähe Santa María de Mediavilla, eine gotische Kirche (15. und 16. Jahrhundert) mit drei Schiffen und schönen Kreuzrippengewölben. In **Villalón** findet man ein prächtiges Hospital im gotisch-plateresken Stil.

Nach Westen: 25 km entfernt liegt die Burg **Torrelobatón,** eine der am besten erhaltenen Burgen Kastiliens. Die Burg wurde im 15. Jahrhundert errichtet. Sie ist quadratisch angelegt und durch einen Graben geschützt. Drei gewaltige Rundtürme und der mächtige Bergfried, der auf halber Höhe von acht Mauertürmchen geschmückt ist, dominieren. Man muß erwähnen, daß es auf dieser Burg keine Zinnen gibt.

In der Nähe befindet sich **Wamba.** Hier starb 672 der Westgotenkönig Rekkeswinth. Die Kirche Santa María mit den deutlich mozarabischen Elementen stammt aus dem 13. Jahrhundert.

Nach Osten: 35 km entfernt liegt die Burg **Peñafiel.** Ihr Grundriß ist außerordentlich lang (221 m) und schmal (23 m). Die romanische Burganlage unterscheidet sich von allen übrigen kastilischen Burgen durch ihre schlanken und eleganten Linien. Sie wird von einem doppelten Mauerring mit dreißig Türmen umgeben. Eine erste Burganlage erbauten die Mauren. Im 11. Jahrhundert wurden sie von König Sancho vertrieben, der dann die heutige Burg errichten ließ.

Nach Süden: 43 km entfernt liegt die Burg **Mota** bei **Medina del Campo.** Sie wurde im 15. Jahrhundert aus einem alten Maurenkastell erschaffen. Die Anlage ist vieleckig und besteht aus Backstein. Die Mauern sind mit Wachtürmen und Schießscharten gesichert. Den Burghof schützt eine vorgelagerte Mauer. Von der früher einmal reichen Innenausstattung ist nichts mehr erhalten.

VIGO

260 000 Einwohner, 25 m ü. M., Provinz Pontevedra

Im äußersten Westen Spaniens liegt Vigo am Südufer der gleichnamigen Ría.

Geschichte

Vigo war bereits zur Keltenzeit und zur Römerzeit besiedelt. Letztere nannten den Ort Vicus Spacorum. Schon zu dieser Zeit war Vicus ein bedeutender Hafen. Wie alle Küstenorte hatte auch Vicus/Vigo sehr unter den Angriffen der Normannen zu leiden. Später wurde der Ort von Almansor zerstört, kurz darauf wieder aufgebaut. Man befand sich mit Santiago in einem gewissen Wettbewerb um die Vorherrschaft, den Santiago im 12. Jahrhundert und später zu seinen Gunsten entschied. Im 14. Jahrhundert litt Vigo unter einer verheerenden Pestepidemie. Im 16. Jahrhundert gründeten die Franziskaner ein Kloster. Die Blütezeit Vigos reichte vom 16. bis ins 18. Jahrhundert hinein. Man spezialisierte sich auf den Handel mit Südamerika. In dieser Zeit mußte man einige Angriffe der Engländer über sich ergehen lassen. 1589 eroberte Sir Franics Drake sogar die Stadt. 1702 griffen holländische und englische Kriegsschiffe die spanische Armada in den Gewässern vor Vigo an. Von 1820 bis 1823 führte Vigo den Titel einer Provinzhauptstadt und hatte die Besetzung von französischen Truppen zu ertragen. Für den heldenhaften Widerstand erhielt Vigo später den Stadttitel. Seit Mitte des 19. Jahrhunderts wuchs die Stadt zu dem heute sehr wichtigen industriellen Zentrum Galiziens heran.

Vigo ist bekannt für seine Viveros (oder bateas). Das sind die Muschelbänke, die im Meer vor der Stadt liegen

Besichtigung

Auf dem 125 m hohen Burghügel liegt der **Castillo del Castro** (1). Von dort oben hat man eine sehr schöne Fernsicht und kann die Stadt gut überblicken. Der Burghügel

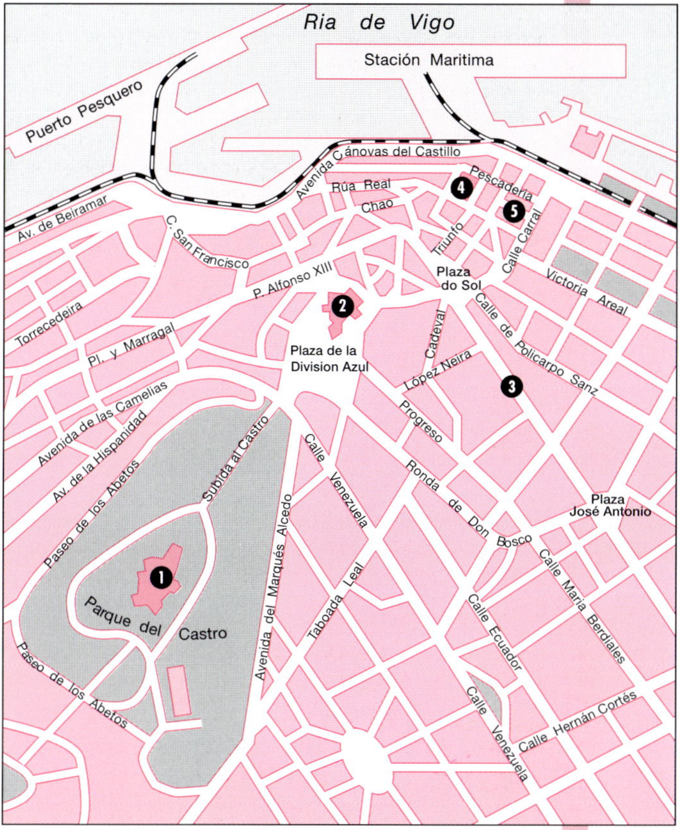

1 Castillo del Castro
2 Castillo de San Sebástian
3 Calle de Príncipe
4 Santa María
5 Berbés-Viertel

Castro ist heute eine Parkanlage inmitten der Stadt. Einige Ausgrabungen auf dem Castro konnten die Spuren vorgeschichtlicher Bewohner nachweisen. Im Mittelalter wurde das Castillo als Militärfestung ausgebaut. Das Schloß, das Drake 1589 eroberte, ist noch erhalten. Nach einem verheerenden türkischen Einfall in der Gegend von Vigo im Jahr 1617 befestigte Philipp IV. den Castro neu. Damit konnte man bis 1869 alle Gegner fernhalten.

Unterhalb befindet sich der **Castillo de San Sebastián** (2) aus dem 10. Jahrhundert.

Dreh- und Angelpunkt der Stadt ist die **Calle del Príncipe** (3). Hier kann man gemütlich spazierengehen. Es gibt Geschäfte aller Art, Cafeterías und Restaurants.

Wichtigstes Bauwerk ist die Kirche **Santa María** (4), die von Drake angezündet, später von den Bewohnern wieder aufgebaut wurde. Die heutige Kirche mit den soliden Mauern ist neuklassisch.

Die Steingewölbe stützen sich auf zwölf großformatige zylindrische Säulen. In der Kirche wird eine Christusstatue „O Cristo da sal" verehrt, so genannt, weil sie angeblich von einer Galeone, die Salz transportierte, gefunden worden war.

Das alte malerische **Berbés-Viertel** (5) wird fast ausschließlich von Fischern und Seeleuten bewohnt. In den engen Gassen laden viele Bars und kleine Restaurants zum Verweilen ein. Unter den Bogengängen der Häuser werden Fische gesalzen und getrocknet. Die Hauptgasse heißt Calle Real. Ganz in der Nähe des Berbés-Viertels ist rechter Hand ein einzigartiger Markt zu finden, A Pedra (Stein) genannt. Austernverkäufer bieten ihre lebend-frische Ware an. Dazu gibt es selbstgebrautes Bier.

Die Stadt hat sich mittlerweile sehr ausgedehnt. Die Neustadt mit modernen Hochhäusern, breiten Alleen und Parkanlagen verläuft im Osten des Burghügels.

Museum – Das *städtische Museum* im Parque Quiñones de Léon: Möbel- und Skulpturensammlung, Gemäldegalerie, archäologische Abteilung.

Feste – Im Juli findet die *Fiesta del Carmen* mit einer Schiffsprozession statt. Im August wird eine *Wallfahrt* zum Monte de Santa Tecla durchgeführt.

Information – Jardines de las Avenidas s/n.

Umgebung – In unmittelbarer Nähe, nur 1 km nordöstlich, befindet sich der **Mirador de la Guia** mit der gleichnamigen Eremitage. Von hier hat man einen schönen Ausblick auf Stadt, Hafen und Bucht.

VILLAFRANCA DEL BIERZO

Der reizvoll angelegte Ort Villafranca del Bierzo liegt in der fruchtbaren Ebene der Landschaft Bierzo. Die alten, engen Gassen, die Paläste und Herrenhäuser lassen noch etwas von vergangener Bedeutung erahnen.

5000 Einwohner, 500 m ü.M., Provinz León

Geschichte

Der Ort geht auf eine Gründung von französischen Santiagopilgern zurück, die sich im 11. Jahrhundert hier ansiedelten.

Besichtigung

Am Ortseingang trifft man auf den **Palast der Grafen von Villafranca** (1), um 1490 erbaut, mit mächtigen Mauern und Rundtürmen versehen.

Sehenswert ist die **Iglesia de Santiago** (2), ein einschiffiger Bau mit West- und Nordportal aus dem 12. Jahrhundert. Früher gehörte noch ein Hospital dazu, das jedoch nicht mehr vorhanden ist. Für die Pilger war wesentlich, daß

In der Santiagokirche von Villafranca del Bierzo empfingen kranke Pilger die Absolution

Die Stadtanlage von Villafranca del Bierzo

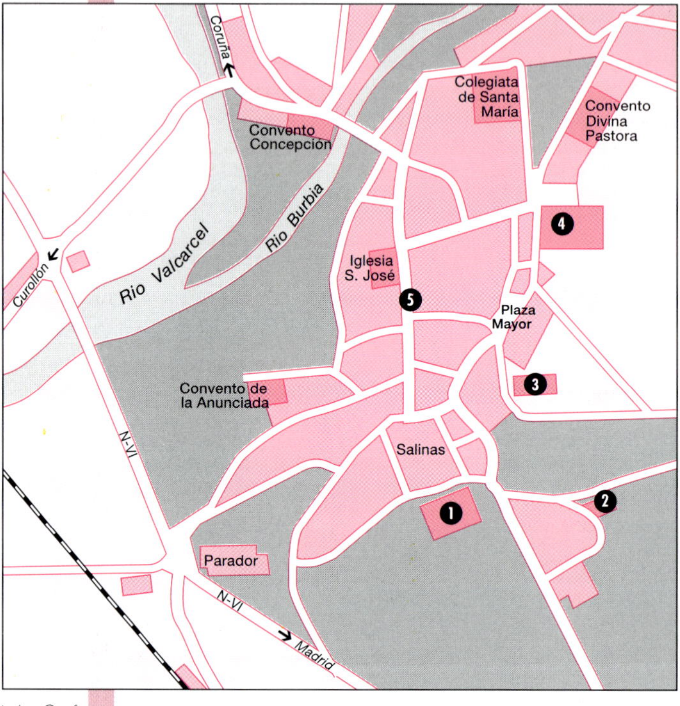

1 Palast der Grafen von Villafranca
2 Santiago
3 San Francisco
4 San Nicolás
5 Calle del Agua

diejenigen, die aus Krankheitsgründen ihre Pilgerfahrt abbrechen mußten, in dieser Kirche an der Puerta del Perdón, die Generalabsolution empfangen konnten, was sonst nur Santiago vorbehalten blieb.

In Sichtweite der Iglesia de Santiago befindet sich die Kirche **San Francisco** (3) (von der Plaza Mayor zu erreichen). Das romanische Portal stammt aus dem 13. Jahrhundert. Das Kirchenschiff weist Verzierungen im Mudejarstil auf.

Im Ort fällt das barocke Jesuitenkloster mit der Kirche **San Nicolás** (4) allein durch seine Ausmaße auf. Der anschließende Kreuzgang ist ebenfalls barock ausgestattet.

Der Pilgerweg, der durch den Ort führt, ist identisch mit der **Calle del Agua** (5). Sie ist heute mit ihren vornehmen Herrenhäusern die schönste Straße durch den Ort.

Umgebung – 4 km südlich: **Curollón** mit einer Festungsruine und der Kirche San Sebastián aus dem 12. Jahrhundert.

12 km entfernt: **Carracedo del Monasterio,** die Ruinen eines Zisterzienserklosters mit einer Kirche aus dem 18. Jahrhundert (romanische Stilelemente). Daneben die ziemlich verfallenen Reste eine königlichen Palastes aus dem 9. Jahrhundert.

VITORIA

Vitoria liegt am Fuß der Montes de Vitoria in einer Ebene. Sie ist die Hauptstadt der Provinz Alava und Bischofssitz.

195 000 Einwohner, 525 m ü. M., Provinz Alava

Geschichte

Wahrscheinlich haben die Westgoten einen Ort mit Namen Gasteiz gegründet. Davon leitet sich der heutige baskische Namen Gazteiz ab. Der Ort wurde 1181 von Sancho dem Weisen erobert und in das Königreich Navarra eingegliedert. In Anspielung auf diesen Sieg erhielt der Ort den Namen Vitoria (Sieg). Der König erhob den Ort zur Stadt und befestigte sie. Aber bereits im Jahr 1200 eroberte sie König Alfons VIII. zurück und fügte sie wieder in den Herrschaftsbereich von Kastilien ein. Obwohl der Stadt im Mittelalter durchaus Bedeutung zukam, blieb sie relativ klein. Erst im 19. Jahrhundert wuchs sie über den Mauerring um die Altstadt hinaus.

Der baskische Name ist Gazteiz

Besichtigung

Die Altstadt liegt etwas erhöht auf einem Hügel. Die Straßenzüge passen sich dem Hügel an und führen in einem Oval darum herum. Am Ende der höchst gelegenen Straße, der Calle Santa María, befindet sich die **Kathedrale Santa María** (1). Sie wurde im 14. Jahrhundert auf den Resten einer romanischen Vorgängerkirche erbaut. Das Hauptportal wird von einer spätgotischen Vorhalle überwölbt, die mit einem sternförmigen Rippengewölbe ausgestattet ist. Dann folgt ein dreibogiges Figurenportal. Der nördliche Teil der Kathedrale wirkt wie eine Wehrkirche. Im Inneren der dreischiffigen Kirche ist die Capilla Mayor mit einem Hochrelief hervorzuheben. In den Seitenkapellen hängen teilweise wertvolle Gemälde, unter anderem Werke von Rubens und van Dyck. Am anderen Ende der **Calle Santa María** (2) erheben sich die Kirchen **San Miguel** (3) und **San Vicente**. Die dreischiffige Kirche San Miguel stammt ebenfalls aus dem 14. Jahrhundert. Das gotische Portal ist stark figürlich ausgearbeitet. Große Pfeiler trennen die Schiffe. Im Chor ein Retabel aus dem 17. Jahrhundert. In einer Nische an der Außenseite der Vorhalle steht eine bemalte spätgotische Figur der Virgen Blanca, der Schutzheiligen der Stadt. Die Kirche San Vicente ist ebenfalls gotisch und stammt aus dem 14. Jahrhundert.

Malerisch ist das Stadtviertel El Campillo, das zwischen der Kathedrale und den Kirchen San Miguel und San Vicente liegt. Es lohnt sich, langsam durch das Viertel zu schlenden. Der schönste Platz ist die **Plaza Virgen Blanca** mit der Kirche. Die sie umgebenden Fassaden der Häuser sind verglast. Diese Miradores geben dem Platz ein helles, freundliches Aussehen. Direkt daneben erreicht man durch eine Passage die schöne Plaza de España. Häuser mit Lauben-gängen, wie sie im 18. Jahrhundert typisch waren, umgeben sie.

Im südlichen Teil der Stadt befindet sich die weitläufige Neustadt, in der auch die im Jahre 1969 geweihte **Neue Kathedrale** steht.

Öffnungszeiten aller Museen: Di-Fr 11-14 Uhr, Sa/So 11-14 Uhr und 17-19 Uhr

Museen – Das *archäologische Museum* befindet sich an der Plaza de Santo Domingo gegenüber der Casa del Portalón, einem Handelshaus aus dem 15. Jh., das in der alten Form renoviert wurde. Im Museum werden römische Funde, keltische Grabbeigaben und Grabstelen gezeigt.

Das *Kunstmuseum* oder *Provinzmuseum* ist in der Casa de Alava untergebracht und stellt zeitgenössische, meist baskische Malerei aus. Gegenüber des Kunstmuseums befindet sich das *Baskische Museum* mit seiner baskischen Malerei und Grafik aus dem 19. und 20. Jh.

1 Kathedrale Santa María
2 Calle Santa María
3 San Miguel

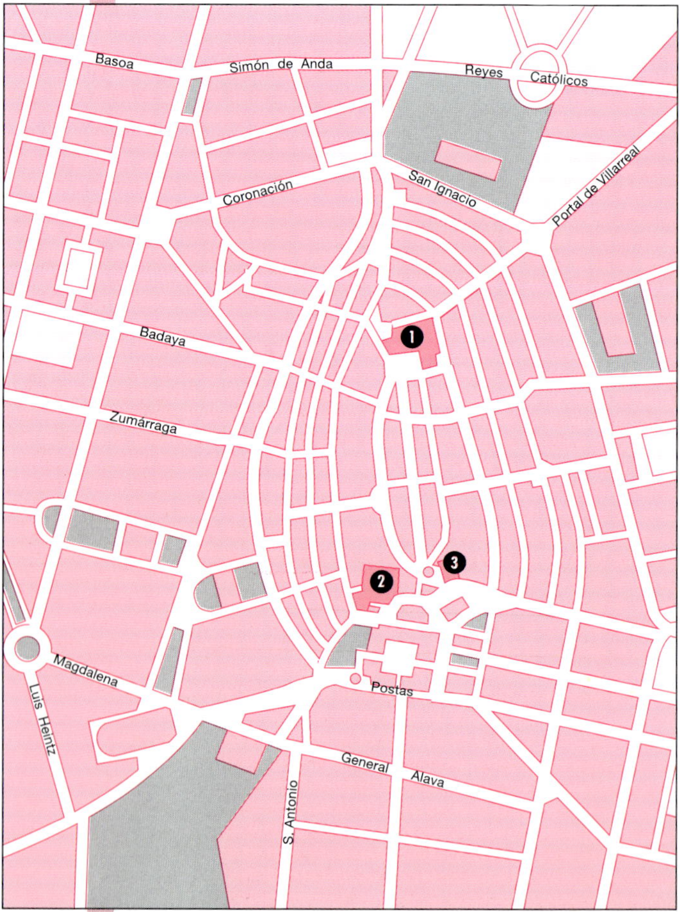

Feste – Im April wird die *Fiesta de San Prudencio* gefeiert. Das größte Fest findet im August statt, das *Fest der Schutzpatronin, der Virgen Blanca.* Es beginnt am 4.8. genau um 18 Uhr auf der Plaza Virgen Blanca. Als äußeres Zeichen wird die Caledón-Puppe an einem Regenschirm von der Kirche herabgelassen. Die Besucher gönnen sich nach der Überlieferung zu dieser festlichen Stunde eine Zigarre und ein Glas Sekt. Bis zum 9.8. wird mehr oder weniger durchgefeiert. Dazu gehören Stierkämpfe, folkloristische Umzüge und eine Laternenprozession (Procesión de la faroles).

In der 3. Juliwoche gibt es ein Festival de Jazz

Im September gibt es eine *Wallfahrt* nach Olárizu.

Information – Parque de la Florida (bei der Neuen Kathedrale)

Umgebung – Südöstlich, 9 km **Argandoña** mit einer romanischen Pfarrkirche.

Südwestlich: **Armentia,** nach der Überlieferng Geburtsort des heiligen Prudencio, des Schutzheiligen von Alava; romanische Kirche San Prudencio aus dem 12. Jahrhundert.

ZAMORA

Zamora liegt auf einer Felskuppe am rechten Ufer des Duero, nur etwa 50 km flußaufwärts von der portugiesischen Grenze entfernt.

60 000 Einwohner, 660 m ü. M., Provinz Zamora

Geschichte

Zamora wurde erstmals durch Viriathus bekannt, dem in vielen Schlachten gegen die Römer siegreichen Führer der Lusitanier (149-139 v. Chr.). In der Umgebung von Zamora hatte er sein Hauptquartier aufgeschlagen. Letztendlich blieb der Widerstand jedoch vergeblich. Die Römer nahmen Zamora ein und schlugen damit auch die Lusitanier. Sie nannten den Ort Ocellum Duri und bauten ihn zu einer Festung aus, um die Straße nach Merida zu sichern.

712 eroberten die Mauren den Ort und gründeten ein neues Anwesen. Man geht davon aus, daß die heutige Stadtanlage auf diese maurische Siedlung zurückzuführen ist. 748 eroberte sie Alfons I. zurück. Wie viele andere Städte wurde auch Zamora 988 von Almansor zerstört. Ferdinand I. nahm sie für die Christenheit wieder in Besitz. Er gab sie seiner Tochter Urraca zum Lehen. Doch zunächst kam es zum Geschwisterkrieg. Bruder Sancho II. wollte das Lehen seiner Schwester in Besitz nehmen und ein großes spanisches Reich aufbauen. Er starb jedoch während der Belagerung. Auf diesem Ereignis beruht das spanische Sprichwort: „Zamora wurde nicht in einer Stunde erobert.“ Zamora ist auch die Stadt El Cids. Viele der in den Heldenepen besungenen Ereignisse spielten sich vor den Mauern Zamoras ab. Vor dem Altar der Kirche de los Caballeros wurde der Überlieferung zufolge der Cid zum Ritter geschlagen.

Die Kathedrale von Zamora hat einen mächtigen Turm

Besichtigung
Sehenswert ist die Altstadt, die noch von alten Befestigungsanlagen und Stadttoren umgeben ist. Nicht umsonst wurde die Stadt im Mittelalter auch die „Mauerumschlossene" genannt.

Die **Kathedrale** (1) liegt am äußersten Ende der Altstadt über dem Duero. Ihr wuchtiger Turm erhebt sich über Fluß und Stadt. Sie ist ein größtenteils schlichtes romanisches Bauwerk mit viereckigem Turm, schöner Kuppel und beachtenswerten Seitenportalen. Der Bau wurde unter Alfons VII. 1135 begonnen und 36 Jahre später vollendet. Der Stil ähnelt der Bauweise der Kathedrale von Poitiers, ein Zeichen dafür, daß am Bau französische Baumeister beteiligt waren. Der Chor wurde im 15. Jahrhundert neu erbaut. Nach einem großen Brand im Jahr 1591 mußte sowohl der Kreuzgang als auch die Nordseite der Kirche – nun im klassizistischen Stil – erneuert werden. An der Südseite ist die harmonisch gegliederte Fassade mit der Puerta del Obispo zu sehen. Die wunderbare Kuppel im serbisch-byzantinischen Stil ist der charakteristische Teil des Bauwerks. Der Unterbau weist Spitzbögen und vier kleine Kuppeln mit unverkennbar orientalischem Einfluß auf. Die Kirche ist dreischiffig und hat ein kaum hervortretendes Querschiff. Beachtenswert sind das Chorgestühl (1480) und ein schönes Retabel (1467) in der Capilla Mayor. Der Kreuzgang aus dem 17. Jahrhundert ist spätgotisch.

Feingestaltete Fassaden

Von der einstigen Bedeutung der Stadt zeugt auch noch die alte **Festungsanlage** (2) ganz in der Nähe der Kathedrale. Erhalten geblieben sind die wuchtigen Türme der Stadtbefestigung: Puerta de Zambranos und Puerta de Olivares.

Zamora hat den Ruf, ein romanisches Museum zu sein. Sie hat in der Tat eine Vielzahl von sehenswerten romanischen Kirchen:

Santa María la Nueva (3), deren ursprünglicher Bau wahrscheinlich aus dem 7. Jahrhundert stammt, wurde im 12. Jahrhundert nach einem Brand neu erstellt. Die Apsis wird von Strebepfeilern gestützt. Die Kapitelle weisen reichen Figurenschmuck auf. Bemerkenswert ist im Inneren eine liegende Christusfigur.

Die kleine romanische Templerkirche **Santa Magdalena** (4) aus dem 12. Jahrhundert ist mit einem prächtigen Bogenportal ausgestattet, darüber eine Rosette. Im Inneren ein reich gearbeitetes Grabmal aus dem 13. Jahrhundert.

Südlich davon steht die Kirche **San Ildefonso** (5) aus dem 13. Jahrhundert. Sie wurde renoviert. In der Sakristei befindet sich ein flämisches Tryptichon.

Die im Stadtzentrum gelegene, dreischiffige Kirche **Santiago del Burgo** (6) wurde zur gleichen Zeit wie die Kathedrale errichtet.

Im Osten erhebt sich an der kleinen Plaza de Canovas die romanische Kirche **San Cipriano** (7), 1025 erbaut, später mehrfach umgebaut.

Feste feiert man gerne

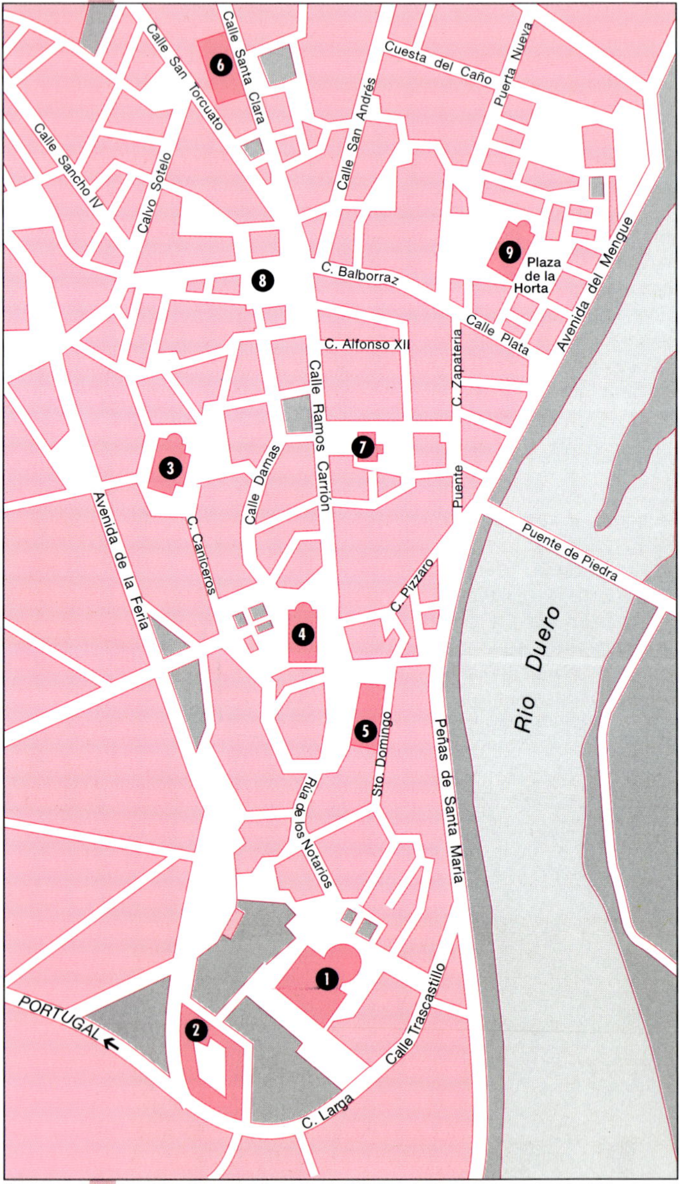

1 Kathedrale
2 Festungsanlage
3 Santa María la Nueva
4 Santa Magdalena
5 San Ildefonso
6 Santiago del Burgo
7 San Cipriano
8 Plaza Mayor
9 Santa María de la Orta

An der **Plaza Mayor** (8) befinden sich das Ayuntamiento, das Rathaus aus dem Jahre 1504 und die spätgotische Kirche San Juan. Sie wurde 1200 als dreischiffige Kirche erbaut. Im 16. Jahrhundert wurde sie zur heutigen Hallenkirche umgestaltet.

Südöstlich der Plaza Mayor findet man die Kirche **Santa María de la Orta** (9) (12. Jh.) mit stattlichem Turm und schönem Portal.

Es gibt noch manche weiteren sehenswerten romanischen Kirchen, Paläste und Adelshäuser. Zu nennen wären die **Casa del Cordón** oder **Puno en Rostro** am reizvollen Platz Santa Lucía.

Der Palast **Los Momos** ist heute Justizpalast, ein gutes Beispiel für die gotische Profankunst. Das gilt auch für das Rathaus und für den Palast der Grafen von **Alba de Aliste** aus dem 15. Jahrhundert. Heute ist darin ein Parador eingerichtet.

Von der alten **Duerobrücke,** Puente Viecho, hat man eine schöne Aussicht.

Museen – Das *Museo Provincial de Bellas Artes* (Calle de Santa Clara), das Landesmuseum, zeigt iberische bis mittelalterliche Funde aus der Umgebung.

Im *Museum der Kathedrale* sind sakrale Kunstgegenstände ausgestellt. Außerordentlich wertvoll ist eine Sammlung flämischer Gobelins, die die Familie Alba de Aliste der Kirche im Jahre 1608 schenkte.

Information – Santa Clara, 20

Umgebung – 20 km nordwestlich befindet sich bei **El Campillo** die Kirche San Pedro de la Nave Almendra, ein westgotisches Heiligtum aus dem 7. Jahrhundert. Von einem Staudamm bedroht, wurde es Stein für Stein abgetragen und an dieser Stelle neu errichtet.

ZARAGOZA

600 000 Einwohner, 200 m ü.M., Provinz Zaragoza

Zaragoza (auch Saragossa geschrieben) liegt am rechten Ufer der Río Ebro im Zentrum des Ebrobeckens.

Geschichte

Im Tal des Ebro siedelten bereits die Iberer. In der von ihnen gegründeten Ansiedlung Salduba wurden schon Münzen geprägt. Die Römer legten das Militärlager Caesaraugusta im Jahre 24 v. Chr. an. Sie brachten das Christentum mit und in Zaragoza bildete sich eine der ersten christlichen Gemeinden in Spanien. Im 4. und 5. Jh. kam es schon zu Christenverfolgungen.

452 wurde die Stadt von den Sueben erobert, 476 nahmen es die Westgoten ein. 533 bis 537 belagerten die Franken vergeblich die Stadt. 713 nahmen die Mauren sie ein. Unter ihrer Herrschaft hieß die Stadt Sarakosta. Sie errichteten den herrlichen Palast Aljafería. Zunächst sollte Zaragoza ein Gegengewicht zum Califat von Córdoba werden, wurde aber später in dieses eingegliedert. 778 belagerte Karl der Große die Stadt, mußte die Belagerung jedoch abbrechen, um einen Aufstand der Sachsen niederzuschlagen. 1118 eroberte Alfons I. nach einer neunmonatigen Belagerung die Stadt. Er erhob sie zur Hauptstadt von Aragonien.

Nach der Heirat von Ferdinand II. von Aragonien mit Isabella von Kastilien wurde die gemeinsame Hauptstadt nach Kastilien verlegt.

1473 eröffnete man in Zaragoza die erste spanische Druckerei.

Berühmt wurde auch die heroische (aber erfolglose) Verteidigung der Einwohner während des spanischen Befreiungskrieges 1808 gegen die Franzosen. Fast die Hälfte der Bewohner fand dabei den Tod.

Besichtigung

Die Hauptverkehrsstraße von Zaragoza ist die Calle del Coso, die vom Justizpalast bis in die Nähe des San Miguel Turmes führt und dort zum Ebro hin abbiegt. Den Mittelpunkt bildet die Plaza de España. Die wichtigsten Sehenswürdigkeiten befinden sich in unmittelbarer Nähe am Ebroufer.

Seitlich der Plaza del Pilar erhebt sich die fünfschiffige gotische Kathedrale, **La Seo** (1). Seo heißt Kathedrale; der Name leitet sich vom lateinischen sedes = Sitz ab. Ursprünglich befand sich hier eine maurische Moschee. Auf ihren Ruinen wurde kurz nach der Befreiung von den Mauren 1119 mit dem Bau der Kathedrale begonnen. Bis zum 14. Jahrhundert entstand die dreischiffige gotische Kirche. Ende des

15. Jahrhunderts kamen zwei weitere Schiffe hinzu. Im 16. Jahrhundert wurden diese verlängert. Die Hauptfassade, von einem achteckigen Turm beherrscht, wurde im 17. Jahrhundert errichtet, das Hauptportal 1795. Die Vierungskuppel stammt aus dem Jahre 1520 und der Glockenturm aus dem Jahr 1686. Der fast quadratische Grundriß läßt noch heute auf die ehemalige Hauptmoschee schließen. Man betritt die Kathedrale durch den Eingang an der Plaza de La Seo. Die fünf Schiffe werden von drei Reihen schöner, hoch aufragender, gotischer Säulen gegliedert. Interessant sind die schwarzen und weißen Linien, die in den Marmorboden eingelegt sind und dem Verlauf der Kreuzrippen des Deckengewölbes entsprechen. Sehenswert sind auch die 14 kleinen Kapellen, die die Seitenschiffe schmücken.

Zwischen der Plaza del Pilar und dem Ebroufer liegt die zweite Kathedrale Zaragozas, die **Basilica Nuestra Señora del Pilar** (2), auch Virgen del Pilar genannt, ein rechteckiger Bau mit großer Mittelkuppel, zehn kleinen Azulejokuppeln und vier hohen Ecktürmen. Sie gilt als älteste Marienkirche der Christenheit: Die erste Kapelle soll der Legende nach vom Apostel Jakobus an eben der Stelle erbaut worden sein, an der ihm am 2. Januar 40 n. Chr. die Mutter Gottes erschienen war. Später errichtete man eine romanische Kirche, deren Tympanon in der Kirchenfassade noch erhalten ist. 1515 gab der Erzbischof den Auftrag, eine einschiffige gotische Kirche zu erbauen. 1681 schließlich begann man mit dem Bau der heutigen Kirche. Vollendet wurde sie erst im zwanzigsten Jahrhundert. Das geräumige Innere (130 x 65 m) ist klassizistisch ausgestattet. Die ovale Marienkapelle wurde genau an dem Ort der Marienerscheinung errichtet. Die Fresken wurden 1793 von Velásquez gemalt. Die Fresken der kleineren Kuppeln wurden ab 1771

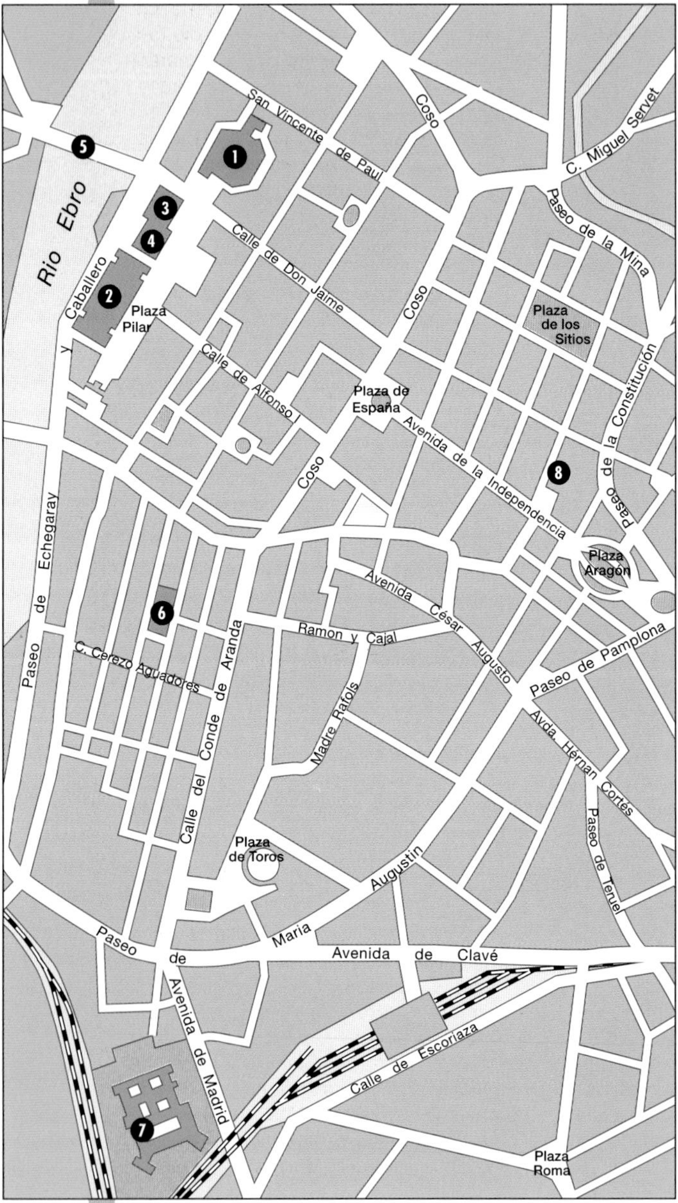

1 La Seo
2 Basilica Nuestra Señora del Pilar
3 Lonja (Börse)
4 Ayuntiamento (Rathaus)
5 Puente de Piedra
6 San Pablo
7 Castillo de la Aljafería

von Goya und seinem Schwager Ramón Bayeu geschaffen. Unter der Kapelle befindet sich eine Krypta, in der die Erzbischöfe bestattet wurden. Den Westteil der Kathedrale nennt man die „Neue Kathedrale". Hier ist ein Alabasteraltar hinter dem Hochaltar zu sehen. Im Chor befindet sich ein schönes Gitter aus dem Jahre 1574, ein prächtiges, plateraskes Gestühl (1548) und ein gotischer Retabel. Im Turm an der Nordwestecke gibt es einen Fahrstuhl, der den Besucher bis zur Plattform bringt. Von dort hat man einen schönen Ausblick auf die Stadt.

Zwischen den beiden Kathedralen liegt an der Plaza del Pilar die ehemalige **Lonja** (Börse) (3) (1541-1557), ein stattlicher Renaissancebau. Daneben das **Ayuntamiento,** das Rathaus (4) mit sehenswerten Innenräumen. Davor ein Denkmal, das Goya gewidmet ist (1960).

Nördlich der Lonja führt die siebenbogige **Puente de Piedra** (5) über den Río Ebro, weiter flußaufwärts befindet sich die moderne **Puente de Santiago.**

Vom linken Ebroufer bietet sich der beste Blick auf die Stadt mit den beiden Kathedralen.

Im westlichen Teil der Altstadt steht die romanisch-gotische Kirche **San Pablo** (6) mit einem achteckigen, 60 m hohen Turm im Mudejarstil. Die Kirche wurde 1259 erbaut, der Turm im 14. Jahrhundert ergänzt. Sie ist mit Backsteinen und grünen und weißen Azulejos verziert. Im Inneren befindet sich ein sehenswerter, vergoldeter Holzaltar.

Am Westrand der Stadt erhebt sich das **Castillo de la Aljafería** (7). 864 baute der maurische König Aben Alfage eine römische Villa in ein Lustschloß um. Im 11. Jahrhundert wurde es grundlegend renoviert und zu einem mächtigen Kastell erweitert. Als Alfons I. die Stadt erobert hatte, übergab er den Palast den Benediktinern, die darin ein Kloster einrichteten. Im 14. und 15. Jahrhundert war es die Residenz der Könige von Aragonien. Ferdinand der Katholische ließ 1492 den Palast umbauen. In den folgenden Jahren tagte darin das Inquisitionsgericht. 1809 wurde der Palast stark zerstört. Dann diente er zeitweise als Kaserne; mittlerweile wurde er aber vorbildlich restauriert. Er ist heute der bedeutendste gotische Profanbau aus dem 15. Jahrhundert in Spanien. Wichtig sind die spätgotische Ehrentreppe (Kassettendecke), der Thronsaal (Gran Salón) aus dem Jahre 1492 mit der prachtvollen Decke, zum Teil auch mit schönem Azulejosschmuck und das Alkorenzimmer. Man berichtet, daß das Gold, mit dem dieser Saal verziert und geschmückt wurde, aus der ersten Schiffsladung stammen soll, die Kolumbus aus der Neuen Welt nach Spanien schickte.

Bemerkenswert ist auch die Kirche **Santa Engracia** (8) am Plaza de Santa Engracia, im 15. und 16. Jahrhundert im plateresken Stil erbaut. Insbesondere der Turm weist schönen Mudejarschmuck auf. 1809 wurde sie fast vollständig zerstört, aber 1898 renoviert. Sie ist heute ein Nationalmuseum. In der fünfschiffigen Krypta befinden sich zwei frühchristliche Sarkophage.

Museen – Das *Museo de Bellas Artes* an der Plaza de José San Antonio befindet sich in einem Bau der Jahrhundertwende, geprägt vom Stil der aragonesischen Renaissance. Es werden archäologische Sammlungen, römische Mosaikbilder, Gemälde von Goya, El Greco, Ribera und anderen gezeigt.

Im *Ethnologischen Museum* werden Trachten und Keramiken aufbewahrt.

Feste – Im Oktober feiert Zaragoza ein Fest zu Ehren seiner Schutzpatronin *Nuestra Señora del Pilar* mit Umzügen.

Im Mai finden die Frühlingsfeste *„Fiestas de Primavera"* mit verschiedenen Ausstellungen statt.

Information – Torreón de la Zuda, Glorieta de Pío XII.

Umgebung – Von Zaragoza erreicht man über die N 330 **Muel,** ein Zentrum des Töpferhandwerks.

In **Cariñena** steht eine Pfarrkirche, ein Backsteinbau im Barockstil mit mächtigem Polygonalturm aus dem 13. Jahrhundert.

Daroca ist von einem 3 km langen Mauerring aus dem 12. bis 16. Jh. umgeben, der von etwa einhundert arabisch anmutenden Türmen geschmückt ist. Zu den Sehenswürdigkeiten der Stadt zählen: Casa de la Cadeña, die gotische Kirche Santiago, die romanische Kirche San Pedro mit arabischen Verzierungen und die Stiftskirche Santa María (13. bis 16. Jh.) mit einem Barockaltar.

Der Pilgerweg war das Thema, somit trifft unweigerlich zu: Der Pilgerweg ist der „Weg“

Die Burgen sind die steinerne „Geschichte“

Die Kirchen sind beides: „Weg“ und „Geschichte“

Adressen

Informationen

Spanische Fremdenverkehrsämter

10707 Berlin,
Kurfürstendamm 180,
Tel.: 030/8826543

40210 Düsseldorf,
Graf-Adolf-Str. 81,
Tel.: 0211/370467

60323 Frankfurt,
Myliusstr. 14,
Tel.: 069/725038

80051 München,
Postfach 151940,
Tel.: 089/5301585

Spezielle Informationen für Pilger

Deutsche St.-Jakobus-Gesellschaft,
Wilhelmstr. 50-52,
52070 Aachen,
Tel.: 0241/4790127

Los Amigos del Camino de Santiago
(Spanische Jakobusgesellschaft),
Apartado de Correos 20,
E-31200 Estella

In fast allen spanischen Städten gibt es *Tourismusbüros*. Im Rahmen der Städtebeschreibungen wurden die entsprechenden Adressen angegeben. Sie sind leicht zu finden, da sie meistens ausgeschildert sind. Ein Besuch ist zu empfehlen. Man erhält Informationsmaterial über den Ort (häufig auch in Deutsch) und bei allen touristischen Problemen (Unterkunftssuche) wird freundlichst geholfen.

Diplomatische Vertretungen

Botschaft der Bundesrepublik Deutschland

Calle Fortuny 8, Madrid 4,
Tel.: 91/3199100 und 3199150

Generalkonsulat der Bundesrepublik Deutschland

Las Arenas-Bilbao,
Tel.: 94/4641877

Botschaft der Schweizer Eidgenossenschaft

Calle Nunez de Bilbao 35,
Edificio Goya, Madrid 1,
Tel.: 91/4313400

Botschaft der Republik Österreich

Paseo de la Castellana 91,
Madrid 16,
Tel.: 91/5565315 und 5565403

Einkäufe und Souvenirs

Das spanische Kunsthandwerk hat eine lange Tradition. Im ganzen Land findet man wunderschöne Keramik. Ebenso sind Korbwaren weit gerühmt. Zu erwähnen sind auch noch Lederwaren und Spitzenarbeiten. Wer mehr kulinarische Reiseandenken bevorzugt, sollte Wein und spanischen Brandwein wählen.

Essen und Trinken

In Spanien hat das Frühstück keine große Bedeutung. Selbst in guten Hotels läßt es häufig zu wünschen übrig. Den Kaffee nimmt der Spanier mit sehr viel Milch. Wer dies nicht mag, muß ausdrücklich cafe solo verlangen. Dazu gibt es im allgemeinen Brot, Butter und Marmelade.

Das Mittagessen ist nicht sehr reichhaltig und stellt eher eine Zwischenmahlzeit dar.

Erst das Abendessen wird ausgiebig zelebriert. Es beginnt sehr spät, meistens gegen 21 Uhr. In den letzten Jahren hat sich zwar ein gewisser Wandel vollzogen. Man nimmt vom üppigen Abendessen etwas Abstand und versucht, ausgeglichener zu essen. Dennoch ist noch immer – zumindest an Sonn- und Feiertagen – die Tradition des reichhaltigen Familienabendessens weit verbreitet.

Man beginnt mit einem *Aperitif.*

Anschließend folgenden *Vorspeisen,* entremeses: zum Beispiel ensalada y aceitunas (Salat und Oliven). Die grünen Oliven werden oft mit Anchovis oder roten Paprikas gefüllt. Als entremeses gelten auch Wurst und Schinkenscheiben, Käsewürfel, Thunfisch in Öl, Tintenfisch mit viel Knoblauch und diverse Muscheltiere, große Miesmuscheln und Austern.

Zur *zweiten Vorspeise* gibt es Spiegeleier mit Wurst und Tomaten oder eine Komposition aus der großen Auswahl von Omelettes (tortillas), die mit Spargel, Muscheln, Käse, Schinken, Wurst, Thunfisch, Krabben oder Eiern gefüllt sind. Daneben reicht man auch Nudelgerichte, wie Maccaroni und Spaghetti.

Suppen sind nicht ganz verbreitet, dennoch ist die Gazpacho hervorzuheben, eine Kaltschale aus Tomaten, Zwiebeln, Pfefferschoten, Knoblauch und anderen Gemüseeinlagen. Knoblauchsuppen sind besonders in Kastilien und im Baskenland beliebt. Weit verbreitet ist auch die Gemüsesuppe, sopa de verduras.

An der Atlantikküste wird als *Hauptgang Fisch* gereicht: zum Beispiel Merlan (merluza), gebackene Brasse (besugo al horno), Tintenfische in den verschiedensten Zubereitungen (calamares), Krabben. Eine Spezialität sind calamares en su tinta, Tintenfisch in der eigenen Tinte. Eine geschmacklich beeindruckende Mischung ist der Fischeintopf, suquillo. Er besteht aus verschiedenen Fischen und Schalentieren, ähnlich einer Boullabaisse, wird jedoch ohne Brühe serviert. Weitere Besonderheiten sind Stockfisch (bacalao) oder Aalbrut (angulas).

Nicht gerade zu Nordspanien gehört Valencia, aber die mit diesem Ort verbundene paella kennt und liebt man auch in Nordspanien. Das Gericht wurde relativ spät „erfunden", nämlich zu Beginn des 19. Jh. Wichtig ist die Beschaffenheit des Reises. Er muß lose, trocken und weich zugleich sein. Überraschenderweise gibt es für die paella kein Rezept: Sie wird stets improvisiert. Für den Geschmack verantwortlich sind dann die Zutaten: Hähnchen, Schweinefleisch, Schalentiere, Krustentiere, Aale, Tintenfische, grüne Bohnen, Erbsen, Artischoken, Paprika oder was die Küche sonst gerade zu bieten hat. Charakteristisch für die paella ist die gelbe Farbe. Sie wird durch eine kräftige Brise Safran erreicht.

Als *Fleisch* wird gerne Kalbfleisch gegessen (ternera), entweder geröstet (asado) oder als Steak (bistec). Auch Rindfleisch (vaca), ist als Steak zu empfehlen. Als Spezialität gilt filete de toro, Steak vom Kampfstier. Lamm (cordero) und Spanferkel findet man am häufigsten in Kastilien. Nicht immer leicht verdaulich, weil sehr fetthaltig, ist der cozido, ein Eintopf aus Kohl, Kartoffeln, Schweinswurst, Speck, Rindfleisch und scharfem Gewürz. Vorzüglich werden auch Innereien von Kalb und Lamm zubereitet.

Beliebt ist Geflügel: Huhn wird in vielfacher Form serviert, zum Beispiel vom Rost (a la prilla) oder gebacken (al forno). Nicht gerade billig, aber delikat: Fasan und Rebhuhn.

Als Wildbret werden Kaninchen und Hasen bevorzugt.

Nur wenig Gemüsearten werden angeboten, obwohl eine Vielzahl davon in Spanien wächst. Das ganze Jahr über gibt es grüne Bohnen, häufig auch Blumenkohl und Auberginen. Darüber hinaus ist Gemüse nicht sehr verbreitet.

Als *Nachtisch* wird Obst gereicht, Orangen, Pampelmusen, Mandarinen, Eis mit Schlagsahne oder mit eingemachten Früchten. Ein beliebtes Dessert ist der flan, ein kleiner Pudding aus Milch, Zucker, Eiern.

Zum Essen trinkt man im allgemeinen Wein. Er gehört zu den spanischen Lebensgewohnheiten. Bevorzugt wird der offene Landwein (viño del pais) oder der Hauswein (viño de la casa).

Es gibt eine Vielzahl von ausgezeichneten spanischen *Weinbrandsorten.* Sie tragen die offizielle Bezeichnung Brandy. Im Geschmack sind sie weicher als die französischen Cognacs. Beliebt sind auch die spanischen Liköre, die häufig leichter Anisgeschmack auszeichnet.

Der *Kaffee* ist in Spanien stärker gebrannt als in Deutschland und wird vielfach als Espresso serviert. Schwarzer Kaffee wird im allgemeinen mit Milch getrunken. Will man ihn ohne Milch haben, muß dies extra bestellt werden: *cafe solo.*

Kleine Weinkunde

(Herkunftsbezeichnung, Charakteristika, Aroma)

Cariñena (Zaragoza)
Rotwein, 12,5 - 14 % Alkohol
Serviertemp.: 13 - 17°
Lagerfähigkeit: 5 - 8 Jahre
Farbe: Purpurrot
Aroma: wohlriechend
Geschmack: kräftig, stark

Borja (Zaragoza)
Rotwein, 13 - 15 % Alkohol
Serviertemp.: 13 - 17°
Lagerfähigkeit: 3 - 5 Jahre
Farbe: Intensivrot
Aroma: wohlriechend
Geschmack: vollmundig, gehaltvoll

Valdejalón (Zaragoza)
Rotwein, 13 - 15 % Alkohol
Serviertemp.: 13 - 16°
Lagerfähigkeit: 3 - 5 Jahre
Farbe: Intensivrot
Aroma: wohlriechend
Geschmack: kraftvoll, leicht süßlich

Somontano (Huesca)
Rotwein, 11 - 13 % Alkohol
Serviertemp.: 13 - 16°
Lagerfähigkeit: 5 - 8 Jahre
Farbe: Rubinrot
Aroma: leicht
Geschmack: leicht süßlich bis kraftvoll

Ebro

Rioja Alta (Logroño)
Rotwein, 11,5 - 12,5 % Alkohol
Serviertemp.: 15 - 18°
Lagerfähigkeit: 10 - 15 Jahre
Farbe: brillantes Rubinrot
Aroma: intensiv
Geschmack: angepaßt

Rioja Alavesa (Alava)
Rotwein, 12 - 12,8 % Alkohol
Serviertemp.: 13 - 16°
Lagerfähigkeit: 2 - 4 Jahre
Farbe: intensives Rot
Aroma: bodenständig
Geschmack: streng bis kräftig

Ribera Alta (Navarra)
Rotwein, 12 - 13 % Alkohol
Serviertemp.: 14 - 17°
Lagerfähigkeit: 4 - 8 Jahre
Farbe: brillantes Rubinrot
Aroma: süßlich
Geschmack: ausgeglichen

Ribera Alta (Navarra)
Rotwein, 12 - 13 % Alkohol
Serviertemp.: 8 - 10°
Lagerfähigkeit: 2 - 3 Jahre
Farbe: brillantes Rosarot
Aroma: süßlich
Geschmack: fruchtig

Valdizarbe de (Navarra)
Roséwein, 12 - 12,8 % Alkohol
Serviertemp.: 10 - 12°
Lagerfähigkeit: 2 - 4 Jahre
Farbe: rosa- bis zwiebelfarben
Aroma: fruchtig
Geschmack: fruchtig

Rioja Baja (Navarra)
Rotwein, 12 - 14 % Alkohol
Serviertemp.: 15 - 18°
Lagerfähigkeit: 5 - 8 Jahre
Farbe: Granatrot
Aroma: natürlich
Geschmack: ausgeglichen

Riberja Baja (Navarra)
Rotwein, 12,5 - 14 % Alkohol
Serviertemp.: 15 - 18°
Lagerfähigkeit: 5 - 8 Jahre
Farbe: Granatrot
Aroma: natürlich
Geschmack: ausgeglichen

Galizien

Rosal (Pontevedra)
Weißwein, 9 - 11 % Alkohol
Serviertemp.: 8 - 9°
Lagerfähigkeit: 2 Jahre
Farbe: klar
Aroma: fruchtig und blumig
Geschmack: frisch und fruchtig

Cambados (Pontevedra)
Weißwein, 9,5 - 11,5 % Alkohol
Serviertemp.: 8 - 9°
Lagerfähigkeit: 2 Jahre
Farbe: klar
Aroma: fruchtig und blumig
Geschmack: groß, fruchtig

Ribeiro (Orense)
Rotwein, 9 - 11,5 % Alkohol
Serviertemp.: 12 - 15°
Lagerfähigkeit: 2 - 3 Jahre
Farbe: Dunkelrot
Aroma: fruchtig
Geschmack: charakteristisch

Ribeiro (Orense)
Weißwein, 10 - 12 % Alkohol
Serviertemp.: 8 - 9°
Lagerfähigkeit: 2 - 3 Jahre
Farbe: blaß bis zwiebelfarben
Aroma: fruchtig
Geschmack: regelmäßig

Valdeorras (Orense)
Rotwein, 9,5 - 12,5 % Alkohol
Serviertemp.: 12 - 16°
Lagerfähigkeit: 2 - 3 Jahre
Farbe: kräftiges Rot
Aroma: frisch und fruchtig
Geschmack: etwas kräftig

Valle de Monterrey (Orense)
Rotwein, 10,5 - 13 % Alkohol
Serviertemp.: 14 - 18°
Lagerfähigkeit: 2 - 3 Jahre
Farbe: Rubinrot
Aroma: frisch und neutral
Geschmack: rund

Condado de Salvatierra (Pontevedra)
Rotwein, 9 - 11 % Alkohol
Serviertemp.: 13 - 16°
Lagerfähigkeit: 2 - 3 Jahre
Farbe: Rubinrot
Aroma: fruchtig
Geschmack: fruchtig

Duero

Bierzo (León)
Rotwein, 11 - 12,5 % Alkohol
Serviertemp.: 14 - 18°
Lagerfähigkeit: 10 Jahre
Farbe: brillantes Granatrot
Aroma: fruchtig
Geschmack: rund, vollkommen

Valdevimbre Los Oteros (León)
Roséwein, 11 - 13 % Alkohol
Serviertemp.: 8 - 10°
Lagerfähigkeit: 2 - 3 Jahre
Farbe: frisches Rosa
Aroma: gleichmäßig
Geschmack: frisch und fruchtig

Cigales (Valladolid)
Roséwein, 12 - 13,5 % Alkohol
Serviertemp.: 6 - 8°
Lagerfähigkeit: 2 - 3 Jahre
Farbe: zwiebelfarben
Aroma: frisch
Geschmack: fruchtig

Rueda (Valladolid)
Weißwein, 12 - 13,5 % Alkohol
Serviertemp.: 6 - 8°
Lagerfähigkeit: 2 - 3 Jahre
Farbe: gelblich
Aroma: gleichmäßig
Geschmack: frisch und fruchtig

La Ribera (Burgos)
Roséwein, 11,5 - 13 % Alkohol
Serviertemp.: 8 - 10°
Lagerfähigkeit: 2 - 3 Jahre
Farbe: Rosa
Aroma: fruchtig, sehr angenehm
Geschmack: frisch, voll

Feiertage

1. Januar
Neujahrstag, *Año Nuevo*

6. Januar
Drei-Königs-Tag, *Reyes Magos*

19. März
St. Joseph, *San José*

1. Mai
Tag der Arbeit, *Dia de Trabajo*

24. Juni
Namenstag des Königs, *San Juan*

29. Juni
Peter und Paul,
San Pedro y San Pablo

25. Juli
Sankt Jakobus, *Santiago*

15. August
Mariä Himmelfahrt, *Maria Asunción*

12. Oktober
Entdeckung Amerikas,
Dia de Hispanidad

1. November
Allerheiligen, *Todos los Santos*

6. Dezember
Verfassungstag, *Constitución*

8. Dezember
Mariä Empfängnis,
Inmaculada Concepción

25. Dezember
Weihnachten, *Natividad del Señor*

Weiterhin gibt es noch folgende bewegliche Feiertage

März, April
Karfreitag, *Viernes Santo*

Mai
Christi Himmelfahrt
(Cristi) Asunción

Juni
Fronleichnam, *Corpus Cristi*

Ostermontag, Pfingstmontag und zweiter Weihnachtsfeiertag werden nur in einzelnen Regionen gefeiert. Es gibt noch weitere lokale Feiertage, die meistens dem jeweiligen Schutzpatron gewidmet sind.

Feste

Im folgenden sind die wichtigsten Feste aufgeführt. Weitere Feste werden im Beschreibungsteil aufgeführt. Die angegebenen Daten beziehen sich auf das Jahr 1990; in den Folgejahren liegen die Termine ähnlich.

6. Januar
Das Fest der Heiligen Drei Könige wird in ganz Spanien groß gefeiert. An diesem Tag (und nicht zu Weihnachten) findet die traditionelle Bescherung statt.

20. Januar (am Abend vor und am Tag des Schutzheiligen)
San Sebastián, Guipúzcoa Tamborrada (Trommelparade) de San Sebastián

28. Januar (letzter Januarsonntag)
Guarrate, Zamora
Rekrutenfest: Rekruten auf Pferden jagen einen Hahn durch den Ort.

29.-30. Januar (Montag und Dienstag nach dem letzten Januarsonntag) Ituren und Zubieta, Navarra Nachbarschaftsfeier zwischen den beiden Orten mit folkloristischem Umzug.

11. Februar
(Tag der Schutzheiligen Agueda)
Vitoria, ebenso Pamplona
Ronda de Santa Agueda

12. Februar
Escatrón, Zaragoza
Prozession des gesegneten Brotes

Februar, März (Wochenenden)
Burgos de Osma, Soria
Schlachtfest

22. - 25. Februar
Santoma, Kantabrien
Karneval

8. - 15. April
Die Semana Santa wird in ganz Spanien mit großer Inbrunst begangen. In vielen Orten werden Passionsspiele veranstaltet, insbesondere in Valladolid, Bercianos de Aliste, Zamora, León, Finisterre

8. - 15. April (Ostern)
Aranda de Duero, Burgos
Peñafiel, Valladolid
Tudela, Navarra
La bajada del Angel
(Der Engel schwebt herunter)

Die Feierlichkeiten zur Karwoche (Semana Santa) bilden den Höhepunkt des spanischen Kirchenjahres. Das mittelalterliche Religionsverständnis stellt das religiöse Spektakel in den Vordergrund. Bruderschaften (eher geselligen Männervereinen vergleichbar) bereiten bereits Wochen vorher Gottesdienste und Prozessionen vor. Bei den nächtlichen Umzügen wird der Leidensweg Christi mit Laienschauspielern sehr plastisch dargestellt. Bei den Prozessionen werden Heiligenfiguren durch die Straßen getragen. Die ganze Bevölkerung der Region folgt dem Zug. In vielen Städten werden auch Passionsschauspiele aufgeführt. Hat man die Gelegenheit, zu dieser Zeit in Spanien zu verweilen, darf man sich die Feierlichkeiten auf keinen Fall entgehen lassen. Hier lernt man die Seele des Spaniers am besten kennen.

15. - 16. April
Áviles, Asturien, Fiesta del bollu

16. April
Finisterre, La Coruña
Mysterienspiel „Tag Christi"
Portomarín, Lugo
Tag des Schnapses

16. April
Portomarín, Lugo
Tag des Schnapses

17. April
Pola de Siero, Asturien
Fiesta de los Huevos Pintos

30. April
Tafalla, Navarra
Wallfahrt „Zwölf Apostel"
zur Kapelle von Ujué

Ende April
Ribadavia, Orense
Weinfest
Tauste, Saragossa
romerías (Wallfahrten
auch andernorts)

Anfang Mai
Laza, Orense
Mysterienspiel
„El sacrificio de Isaac"

4. Mai
Jaca, Huesca
Fest des ersten Freitags im Mai

10. - 15. Mai
Santo Domingo de la Calzada,
Rioja
Patronatsfest

Anfang Juni (Pfingsten)
romerías (Wallfahrten)

4. Juni (Pfingstmontag)
Miranda de Ebro, Burgos
San Juan del Monte

14. Juni (Fronleichnam)
Puenteaereas, Pontevedra
Corpus Cristi

17. Juni
Castrillo de Murcia, Burgos
Fiesta del Colacho

23.-24. Juni
San Pedro Manrique, Soria
Gang durch das Feuer, las Mondidas

24. Juni
Baños de Cerrato, Palencia
Johannesfest
San Pedro Manrique, Soria
El Paso del Fuego, Johannesfest

27. Juni - 2. Juli
Soria
Johannes und Mutter Gottes Fest

29. Juni
Cudillero, Asturien
Haro, Rioja
St. Peter Fest mit Wallfahrt

29. Juni - 8. Juli
Burgos,
St. Peter und Paul Fest,
Dia de las Peñas

30. Juni
Irún, Guipúrcou
El Alarde de San Marcial

6. Juli
Castro-Urdiales, Kantabrien
Fiesta del Coso blanco

7.-8. Juli
San Lorenzo Sabucedo -
La Estrada, Pontevedra
A Rapa das Bestas

1. Juli (Erster Sonntag)
Lena, Asturien – Lammfest
Vivero, Lugo
A Rapa das Bestas

6.-14. Juli
Pamplona
San Fermín Feste (Volksfest)

11. Juli
Pontevedra
Fest des Heiligen Benitino de Lerez

14. - 15. Juli
Nava, Asturien
Apfelweinfest

21.-23. Juli
Anguianao, Rioja
Maria Magdalena Fest

24.-30. Juli
Tudela, Navarra
Patronatsfest der Heiligen Johanna

25. Juli
Cangas de Onis, Asturien –
Hirtenfest

29. Juli (letzter Sonntag)
Luarca, Asturien
Vaqueiros de Alzada

Jaca, Huesca
Alle zwei Jahre wird das Pyrenäenfolklorefestival veranstaltet.

3. - 9. August
Estella, Navarra
Patronatsfest

4. August
Ribadesella, Asturien
Internationaler Kanuwettbewerb

5. August (erster Sonntag)
Cambados, Pontevedra
Weinfest

5. August
Gijón, Asturien
Asturientag

5. August (erster Sonntag)
Ribadeo, Lugo
Fest des Heiligen Kreuzes

10. August
Foz, Lugo
Patronatsfest des heiligen Lorenzo

10. August
Huesca
Patronatsfest des heiligen Lorenzo

12. August (zweiter Sonntag)
Cabezón de la Sal, Kantabrien
Tag des Gebirges
Carballino, Orense
Tintenfischfest

14. - 19. August
Sada, La Coruña
Patronatsfest, San Roque
Betanzos, La Coruña
Patronatsfest, San Roque

15. August
Alar del Rey, Palencia
Internationaler Kanuwettbewerb

16. August
Llanes, Asturien
Patronatsfest, San Roque

19. August
Torrelavega, Santander
Blumenfest

26. August
Cadavedo, Asturien
Fest La Regalina
Vivero, Lugo
Fest El Naseiro

31. August
Laredo, Santander
Blumenschlacht

8. September
Leanes, Asturien
Fiesta de la Guia

11. September
Tordesillas, Valladolid
Toro de la Vega

12. - 15. September
Graus, Huesca
Schutzpatronatsfeste

14. September
Candas – Careño, Asturien
Stierfest am Meer

19. September
Oviedo
Amerikatag in Asturien

20. - 24. September
Logroño
Weinfest der Rioja-Weine

26. - 27. September
Mieres, Asturien
Wallfahrt

30. September
Reinosa, Santander
Dia de Campo

6. - 14. Oktober
Zaragoza
Fest zu Ehren der Virgen de Pilar

14. Oktober (Zweiter Sonntag)
El Grobe, Pontevedra
Meeresfrüchtefest

18. Oktober
Mondoñedo, Lugo
Fest von San Lucas

11. November
Moreda – Aller, Asturien
Fest von San Martín

Festspiele

Juli, August
Santander, *Internationale Festspiele*

September
San Sebastián,
Internationale Filmfestspiele

Oktober
Valladolid, *Internationale Filmwoche*

Fotografieren

Alle gängigen Filmarten sind in Spanien zwar erhältlich, dennoch sollte man genügend Filmmaterial einpacken. Insbesondere in der Provinz kann es vorkommen, daß die Qualität der Filme aufgrund längerer Lagerzeiten nicht immer ausreichend ist.

Es bestehen keine generellen Fotografierverbote. Lediglich in den Kirchen sollte man während der Gottesdienste nicht fotografieren.

Geld, Devisen

Die spanische Währungseinheit ist die Peseta (Pta.). Die Untergliederung in Centimos ist nicht mehr gebräuchlich. Es gibt Münzen zu 1, 2, 5, 10, 25, 50, 100, 200 und 500 Ptas sowie Banknoten zu 1000, 2000, 5000 und 10 000 Ptas.

Für den Reisenden ist es empfehlenswert, Travellercheques, Eurocheques oder Kreditkarten mitzuführen. Am einfachsten ist der Gebrauch von Eurocheques. Bei fast allen Banken kann damit ein Gegenwert von bis zu 400 DM abgehoben werden. Verliert man die Chequekarte oder die Eurocheques, so muß man die Chequekarte oder Cheques sperren lassen. Telefon: 07 (Pfeifton abwarten) 49/69/740987.

Die Rufnummer kann man rund um die Uhr anrufen. Ebenso verfährt man beim Verlust von Travellercheques oder Kreditkarten. Man meldet den Verlust dem entsprechenden Institut.

Vom Postsparbuch kann man bei der spanischen Postsparkasse Caja Postal de Ahorros bis zu 1000 DM täglich abheben. Alle Hotels, größere Restaurants sowie gehobene Läden akzeptieren Kreditkarten.

Höhlen

Cueva de Santiamiñe, Provinz Vizcaya, 4,5 km nordöstlich von Guernica.

Cueva de Covalanas, Provinz Cantabria, 36 km südöstlich von Santander. (C 629, Anfahrt von Ramales de la Victoria).

Cueva del Castillo, Provinz Cantabria, 22 km südwestlich von Santander (Anfahrt von Puente Viesgo).

Cueva de la Mata (Pasiega), Provinz Cantabria, südwestlich von Santander (Anfahrt von Puente Viesgo).

Cuevas de Altamira, Provinz Cantabria, 2 km südwestlich von Santillana del Mar (kann zur Zeit nicht besichtigt werden!).

Cueva del Pindal, Provinz Asturias, 59 km südwestlich von Santander (N 634, Anfahrt von Unquera).

Cueva de Cándamo,
Cueva de San Román, Provinz Asturias, 20 km nordwestlich von Oviedo (C 632).

Cuevas de Arbedales, Provinz Asturias, 20 km nordöstlich von Oviedo (Anfahrt von Avilés).

Höhle von Covadonga

Klima, Reisezeit

Hinweise zur Kleidung

Die geeignete Reisezeit für Nordspanien ist Ende Mai bis Oktober. Im Monat August kann es zumindest im Inland relativ heiß werden, in der Küstenregion weht vom Atlantik her fast immer eine kühle Brise. Im Frühjahr und Herbst muß man teilweise mit heftigen Niederschlägen rechnen. Nordspanien gehört zu der ozeanisch gemäßigten Zone. Die täglichen Temperaturschwankungen sind gering, die Niederschläge hoch. Der regenreichste Ort Spaniens ist Santiago de Compostela mit mehr als 1600 mm Jahresniederschlag. Selbst im Juli und August ist mit starken Regenfällen zu rechnen.

Monatliche Durchschnittstemperaturen

Januar	8,3	8,8	4,4	2,9
Februar	8,8	8,7	5,7	4,4
März	11,1	11,2	9,2	7,6
April	12,7	12,1	11,4	10,0
Mai	14,5	12,9	11,4	13,0
Juni	17,4	16,9	18,6	17,6
Juli	19,4	17,8	21,0	20,6
August	19,8	19,3	20,9	20,3
September	17,9	18,1	18,4	17,2
Oktober	14,6	15,0	13,4	10,6
November	11,1	12,1	8,5	6,9
Dezember	8,7	9,3	5,4	3,3

Die Kleidung ist dem relativ unbeständigen Klima anzupassen. Ein Regenschirm oder ein Regenmantel ist in Nordspanien zu jeder Jahreszeit richtig. Insbesondere ist auch an kühlere Nächte zu denken und entsprechend wärmere Kleidung mitzuführen. Am Strand empfiehlt sich ein leichter Windschutz. Nicht zu vergessen ist eine Kopfbedeckung. Die intensive Sonnenstrahlung wird häufig wegen der atlantischen Brise unterschätzt und führt nicht selten zu einem starken Sonnenbrand.

Kriminalität

Spanien hat bezüglich der Kleinkriminalität ein sehr schlechtes Image. Dieses konzentriert sich zwar hauptsächlich auf den touristisch stärker frequentierten Süden, aber auch in Nordspanien nimmt die Kriminalität zu. Besonders im Bereich der Ballungsräume sind Diebstähle, Raubüberfälle und das Aufbrechen und Plündern von Kraftfahrzeugen verbreitet. Es ist daher anzuraten, Wertgegenstände und Kameraausrüstung ständig bei sich zu führen. Während der

Nacht sollte man sein Auto in einer verschlossenen Garage unterstellen. Weiterhin empfiehlt es sich, rechtzeitig einen ausreichenden Versicherungsschutz abzuschließen.

Nach einem Überfall sollte man diesen der spanischen Polizei melden und ein Protokoll erstellen lassen, um den Verlust für die Versicherung zu dokumentieren. Die Polizei ist im allgemeinen hilfsbereit und freundlich, ansonsten aber gegenüber den Tätern machtlos. Beim Verlust von Schecks und Scheckkarten ist unverzüglich das jeweilige Geldinstitut zu benachrichtigen, damit die Konten gesperrt werden können.

Kurbäder

Navarra

Balnearios de Fitero: Gustavo Adolfo Bécquer y Virrey Palafox – Fitero, Navarra.

Aragonien

Balneario Baños de Benasque – Benasque, Huesca – Das Bad besteht seit 1801.

Balneario Camporrells – Camporrells, Huesca – Das Bad ist seit 1899 für die Öffentlichkeit zugänglich.

Balneario Panticosa – Panticosa, Huesca – Das Bad besteht seit 1826; es wird ein Mineralwasser unter dem Namen „Aqua de Panticosa" verkauft.

Balneario Vilas del Turbon – Vilas de Turbon, Huesca – Das Bad besteht seit 1934; es wird ein Mineralwasser unter dem Namen „Aqua de Vilas del Turbon" verkauft.

Balneario Cantarero – Alhama de Aragón, Zaragoza – Kelten und Römer kannten bereits die Heilwirkung dieses Wassers.

Balneario Guajardo – Alhama de Aragón, Zaragoza – Das Bad besteht seit 1881.

Balneario Martinez – Alhama de Aragón, Zaragoza – Die Römer kannten bereits die Heilwirkung dieses Wassers.

Balneario Termas Pallares – Alhama de Aragón, Zaragoza – Das Bad besteht seit 1863.

Balneario Baños de Seron – Jaraba, Zaragoza – Das Bad besteht seit 1858.

Balneario la Virgen – Jaraba, Zaragoza – Bereits Alfons I. kannte die Heilwirkung des Wassers. Das Bad besteht seit 1908.

Balneario Sicilia – Jaraba, Zaragoza – Das Bad ist seit 1860 der Öffentlichkeit zugänglich.

Balneario Paracuellos de Jiloca – Paracuellos de Jiloca, Zaragoza – Das Bad besteht seit 1880.

Baskenland

Balneario Cestona – Cestona, Guipúzcoa

Balneario Baños de Molinar, Carranza, Vizcaya – Das Bad besteht seit 1847.

La Rioja

Balneario Arnedillo – Arnedillo, La Rioja.

Balneario La Pazana – Cornago, La Rioja.

Kastilien-León

Balneario Corconte – Corconte, Burgos – Das Bad besteht seit 1883; es wird ein Mineralwasser unter dem Namen „Aqua de Corconte" verkauft.

Balneario Caldas de Luna – Caldas de Luna, León – Das Bad ist seit 1917 für die Öffentlichkeit zugänglich.

Balneario Nocedo – Nocedo – Curueño, León.

Kantabrien

Balneario Alceda – Alceda, Santander.

Balneario Caldas de Besaya – Caldas de Besaya, Santander

Balneario Liérganes – Liérganes, Cantabria – Das Bad ist seit 1862 für die Öffentlichkeit zugänglich.

Asturien

Balneario Caldas de Oviedo – Las Caldas, Asturias – Das Bad besteht seit 1772.

Galizien

Balneario Arteijo – Arteijo, La Coruña – Das Bad besteht seit 1899.

Balneario Baños Viejos de Carballo – Carballo, La Coruña – Schon die Römer kannten die Heilwirkung dieses Wassers.

Balneario Guitiriz – Guitiriz, Lugo

Fuente de Santo Domingo del Balneario de Pardinas – Guitiriz, Lugo – Das Bad besteht seit 1955.

Balneario Incio – Herreria de Incio, Lugo

Balneario Lugo – Lugo – Das Bad besteht seit 1868.

Balneario Baños de Molgas – Molgas, Orense

Balneario Berán – Berán – Leiro,

Orense

Aquas de Fontenova – Verin, Orense – Das Bad ist seit 1904 für die Öffentlichkeit zugänglich; es wird ein Mineralwasser unter dem Namen „Aguas de Fontenova" verkauft.

Balneario Cabreiroa – Verin, Orense – Das Bad besteht seit 1900; es wird ein Mineralwasser unter dem Namen „Cabreiroa, Aqua Joven" verkauft.

Balneario Sousas – Verin, Orense – Das Bad besteht seit 1859; es wird ein Mineralwasser unter dem Namen „Sousas" verkauft.

Balneario Caldas de Portovia – Carballino, Orense – Das Bad besteht seit 1842.

Balneario Acuña – Caldas de Reyes, Pontevedra

Balneario Davila – Caldas de Reyes, Pontevedra – Schon die Römer kannten die Heilwirkung dieses Wassers. Das Bad besteht seit 1780.

Balneario Caldelas de Tuy – Caldelas de Tuy, Pontevedra – Das Bad wurde bereits 1675 urkundlich erwähnt.

Balnearios Termas de Cuntis – Cuntis, Pontevedra

Balneario la Toja – Isla de la Toja, Pontevedra – Ein Esel entdeckte einst die Heilwirkung des Wassers; seit 1833 besteht das Bad.

Balneario Mondariz – Mondariz-Balneario, Pontevedra – Es wird ein Mineralwasser unter dem Namen „Aguas de Mondariz" verkauft.

Weitere Information erhält man bei:
Turismo, Dirección General de Política Turística, María de Molina 50, 28071 Madrid

Asociación Nacional de Estaciones Termales, Rosa Jardón 5, 28016 Madrid

Asociación Gallega de la Propriedad Balnearia Dr. Tejeiro 18, Santiago de Compostela, La Coruña

Literatur und Kartenmaterial

Es gibt viele Bücher über Nordspanien, so daß an dieser Stelle nur einige ganz spezifische Empfehlungen gegeben werden sollen.

Der Everest Verlag hat seit vielen Jahren einen Pilgerführer mit jeweils einer Kartenskizze auf der rechten Seiten, den beschreibenden Text auf der linken Seite. Nunmehr liegt er auch in deutsch vor:

Der Jakobsweg, Reiseführer für den Pilger, Everest Verlag

Ein neues Buch aus dem gleichen Verlag mit ähnlichem Aufbau macht mittlerweile dem obigen Buch Konkurrenz. Es ist auf englisch erschienen und trägt den Titel: A Practical Guide for Pilgrims, The Road to Santiago, Everest

Ein sehr detailliertes Buch hat auch El Pais Aguila herausgebracht. Der Aufbau ist ähnlich. Es enthält noch mehr Informationen. Dieses Buch gibt es jedoch nur auf spanisch: Rutas a Pie, El Camino de Santiago In diesen Büchern ist das Kartenmaterial ganz gut aufbereitet. Aber als Ergänzung wäre auf jeden Fall zu empfehlen: Michelin 1:400 000. Die Regionalkarten sind immer aktuell.

Wer sich intensiver mit dem Thema Pilgertum beschäftigen möchte, sollte zu folgenden Bücher greifen: Unterwegs nach Santiago, Auf den Spuren der Jakobspilger, Pierre Barret/Jean Noel Gurgand, Herder Verlag

Der Weg der Jakobspilger, Geschichte, Kunst und Kultur der Wallfahrt nach Santiago de Compostela, Yves Bottineau, Lübbe Verlag

Pilgerleben im Mittelalter, Zwischen Andacht und Abenteuer, Norbert Ohler, Herder Verlag

Wer sich nun nicht gerade mit Pilgertum, aber dennoch mit Nordspanien, seinen Menschen und ihre Kultur beschäftigen will, kann sich mit folgenden Büchern beschäftigen: Fiesta, Ernest Hemingway, Rororo-Verlag.

Darüber hinaus gibt es noch mehr Hemingway-Bücher: „Tod am Nachmittag" und „Gefährlicher Sommer" beschäftigen sich mit dem Stierkampf. „Wem die Stunde schlägt" hat den spanischen Bürgerkrieg zum Thema. Der Umweg nach Santiago, Cees Noteboom, Suhrkamp Verlag, An den Ufern der Sar, Rosalía de Castro, Inselverlag (ein Gedichtband der wichtigsten galicischen Heimatdichterin) „Pasqual Duartes Familie" und „Mazurka für zwei Tote", Camilo José Cela, Piper Verlag (Texte des galicischen Literaturnobelpreisträgers).

Maße und Gewichte

In Spanien ist das metrische System eingeführt. Man rechnet mit Kilometer und Meter und mit Kilogramm und Gramm.

Nationalparks

Parque Nacional de la Montaña de Covadonga o de Peña Santa in der Provinz Asturias. Der Nationalpark wurde 1918 gegründet. Er umfaßt eine Fläche von ca. 17 000 Hektar. Er wird vom Río Cares und Río Deve durchflossen. Weiterhin befinden sich in dem Gebiet zwei malerische Seen, der Lago Enol und der Lago de la Erciña.

Parque Nacional del Valle de Ordesa in der Provinz Huesca. Der Nationalpark wurde 1918 gegründet und hat eine Fläche von ca. 16 000 Hektar. Er umfaßt das Tal von Ordesa.

Notfalladressen

Die **Polizei** hat landesweit den Notruf: 091

Der Real Automóvil Club de España hat einen **Pannenhilfsdienst.** Unter folgender Telefonnummer kann man deutschsprachige Auskunft erhalten:
Tel. 91/4412222

Der **ADAC** hat einen **Notruf** in Barcelona: Tel.:93/2008800

ADAC-Zentrale München, Tag- und Nachtdienst. Beratung nach Unfällen: Tel. 0749/89/222222

Öffnungszeiten

Ladengeschäfte sind zumeist von 9.00 bis 13.00 Uhr und von 17.00 bis 20.00 geöffnet.
Apotheken haben von 9.30 bis 14.00 und von 16.30 bis 20.00 Uhr Dienst. Darüber hinaus besteht ein Notdienst, der an allen Apotheken angeschlagen ist.

Postämter sind von 9.00 bis 12.00 Uhr und von 16.00 bis 17.00 Uhr geöffnet.

Banken haben von 9.00 bis 14.00 Uhr, an Samstagen von 9.00 bis 12.30 Uhr Schalterstunden.

Behörden haben nachmittags keinen Publikumsverkehr.

Sehr unterschiedlich sind die Öffnungszeiten von Museen und historischen Bauten, so daß man keine allgemein gültigen Angaben machen kann. Kirchen sind meistens zwischen 14 und 17 Uhr geschlossen. Selbst offiziell angegebene Öffnungszeiten werden nicht immer eingehalten. Am Nachmittag „geht" für den Kulturreisenden so gut wie nichts mehr. Er ist am besten beraten, wenn er sich ab 14 Uhr zu einem ausgiebigen Mittagessen zurückzieht.

Viele *Kirchen* sind auch ganztags geschlossen. Für die Besichtigung muß erst der Schlüssel bei einem Verwalter organisiert werden. Auf Hinweise dieser Art wurde im Beschreibungsteil nicht eingegangen, weil die Fakten der ständigen und willkürlichen Änderung unterliegen.

Post

Will man einen Brief nach Spanien senden, so muß man beachten, daß es keine Postleitzahlen gibt. Hinter der Ortsbezeichnung muß die jeweilige Provinz angegeben werden. In allen Postämtern können postlagernde Briefe empfangen werden.

Im Bereich Nordspanien ist nur das Hauptpostamt in Bilbao ganztägig geöffnet. Alle anderen Postämter haben von 9 bis 12 Uhr und (manchmal) von 16 bis 17 Uhr für das Publikum geöffnet.

Reisedokumente

Für Reisende aus der Bundesrepublik Deutschland genügt ein gültiger Personalausweis, der noch sechs Monate Gültigkeit haben sollte. Nach dem Schengener Abkommen, das am 26.3.1995 in Kraft getreten ist, gibt es zwischen Deutschland und Spanien keine Paßkontrolle mehr. Es müssen an der Grenze also keine Papiere vorgezeigt werden.

Sport

Trotz aller Proteste von Tierschützern erfreut sich der **Stierkampf** noch großer Beliebtheit. Der Stierkampf wird während der Stierkampfsaison (Ostern bis Oktober) in den größeren Städten veranstaltet. In dieser Zeit findet er an fast allen Sonn- und Feiertagen, manchmal auch donnerstags am späten Nachmittag (gegen 17.00 Uhr) statt.

Unter der Jugend hat der **Fußball** viele Anhänger gefunden, so daß man sicherlich Fußball als Nationalsport Nummer eins bezeichnen kann.

Auch **Tennis und Reitsport** wurden in den letzten Jahrzehnten sehr beliebt. Diese beiden Sportarten kann man fast überall betreiben.

Im Baskenland ist das überlieferte Ballspiel **Pelota** sehr beliebt, doch wohl eher als Bestandteil von Folkloredarbietungen.

In den letzten Jahren wurden großen Anstrengungen unternommen, um Nordspanien auch für die **Golfspieler** attraktiver zu machen. Es gibt folgende Anlagen:

Aragonien
Real Aero Club de Zaragoza,
12 km von Zaragoza entfernt
Club de Golf La Penaza,
an der Straße Madrid-Barcelona
Baskenland
Club de Golf de Ulzama,
21 km von Pamplona entfernt
Real Club de San Sebastián,
in Fuenterrabía
Real Golf de Zarauz,
25 km von San Sebastián entfernt
Club de Campo La Bilbaína,
15 km von Bilbao entfernt
Real Sociedad de Golf de Neguri,
17 km von Bilbao entfernt
Kantabrien
Real Golf de Pedreña,
24 km von Santander entfernt
Club de Golf Serveriano Ballesteros,
bei Faro de Cabo
Asturien
Club de Golf de Castiello,
5 km von Gijón entfernt
Club Deportivo La Barganiza,
12 km von Oviedo entfernt
Galizien
Club de Golf de La Coruña,
7 km von La Coruña entfernt
Real Aero Club de Santiago,
11 km von Santiago entfernt
Golf La Toja,
30 km von Pontevedra entfernt
Aero Club de Vigo,
8 km von Vigo entfernt

Nicht allgemein bekannt ist, daß man in Nordspanien auch sehr gut Wintersport betreiben kann. Die wichtigsten **Wintersportzentren** sind:

Aragonien
El Formigal, Huesca
Candanchu, Huesca
Astun, Huesca
Panticosa, Huesca

La Rioja
Valdezcaray, La Rioja

Kantabrien
Lunada, Burgos
Alto Campo
Esla, León
Picos de Europa
San Isidro, León

Asturien
Valgrande Pajares

Galizien
Manzaneda, Orense

Sprachführer

Eigentlich gibt es keine einheitliche spanische Sprache, sondern vier verschiedene spanische Sprachen. In Nordspanien werden allein drei davon gesprochen. Die Hauptsprache ist die *lingua castelana,* die man im Ausland allgemein als spanisch bezeichnet.

Neben spanisch wird teilweise englisch und französisch von der jüngeren Bevölkerung gesprochen. Dennoch sollte man einige Grundkenntnisse der spanischen Sprache beherrschen, um sich im Lande verständlich zu machen.

Grammatik

Der bestimmte Artikel

männlich: el, los
weiblich: la, las

el libro	das Buch
los libros	die Bücher
la casa	das Haus
las casas	die Häuser

Der unbestimmte Artikel

männlich: un, unos
weiblich: una, unas

un libro	ein Buch
unos libros	einige Bücher
una casa	ein Haus
unas casas	einige Häuser

Mehrzahlbildung

durch Anhängen eines -s
el amigo, los amigos

Eigenschaftswörter

männlich: Endung auf o
weiblich: Endung auf a

Die Stellung ist meistens nach dem entsprechenden Hauptwort
una ciudad grande - eine große Stadt

Das betonte persönliche Fürwort im Nominativ

yo	ich
tú	du
él	er
ella	sie
ello	es
nosotros, -as	wir
vosotros, -as	ihr
ellos, -as	sie

Das betonte persönliche Fürwort im Nominativ wird nur gebraucht, wenn die Aussage besonders hervorgehoben werden soll.

Fürwort der Anrede

usted (an eine Person)
ustedes (an mehrere Personen)
gebrauchte Abkürzungen: V., Vd., bzw., Vs., Vds.
Es leitet sich ab von Vuestra Merces, Euer Gnaden

Das besitzanzeigende Fürwort

mi, mis	mein, meine
tu, tus	dein, deine
su, sus	sein, ihr, Ihr, seine, ihre, Ihre
nuestro, -a, nuestros, -as	unser, unsere
vuestro, -a, vuestros, -as	euer, eure
su, sus	ihr, Ihr, ihre, Ihre

Das Zeitwort

die regelmäßigen Verben enden auf -ar, -er oder -ir und werden folgendermaßen konjugiert:

comprar	vender	recibir
kaufen	*verkaufen*	*erhalten*
compro	vendo	recibo
compras	vendes	recibes
compra	vende	recibe
compramos	vendemos	recibimos
compráis	vendéis	recibís
compran	venden	reciben

die unregelmäßigen Verben werden verschieden konjugiert

Die Steigerung des Eigenschaftswortes

barato(a)	más barato(a)	el (la) más barato(a)
billig	billiger	am billigsten

Verneinung

¿Va usted a?	Fahren Sie nach?
¡No!	Nein!
No viene.	Er kommt nicht.

Satzstellung

Die übliche Satzstellung ist:

Subjekt	Prädikat	Objekt
La señora	vende	la casa
Die Dame	verkauft	das Haus

Allgemein

0	cero
1	uno, una
2	dos
3	tres
4	cuatro
5	cinco
6	seis
7	siete
8	ocho
9	nueve
10	diez
11	once
12	doce
13	trece
14	catorce
15	quince
16	dieciséis
17	diecisiete
18	dieciocho
19	diecinueve
20	veinte
21	veintiuno
22	veintidos
23	veintitres
29	veintinueve
30	treinta
31	treinta y uno
32	treinta y dos
40	cuarenta
50	cincuenta
60	sesenta
70	setenta
80	ochenta
90	noventa
100	ciento, cien
101	ciento uno
200	doscientos, -as
300	trescientos, -as
400	cuatrocientos, -as
500	quinientos, -as
600	seiscientos, -as
700	setecientos, -as
800	ochocientos, -as
900	novecientos, -as
1000	mil
2000	dos mil
100 000	cien mil
500 000	quinientos mil
1 000 000	un millón
2 000 000	dos milliones

Der Bischofspalast von Astorga

Zeitangaben

es ist ein Uhr	es la una
es ist zwei Uhr	son las dos
es ist zehn Minuten nach drei	son las tres y diez
es ist halb drei	son las dos y media
es ist Viertel vor drei	son las tres menos cuarto
es ist Punkt drei	son las tres en punto
Montag	lunes
Dienstag	martes
Mittwoch	miércoles
Donnerstag	jueves
Freitag	viernes
Samstag	sábado
Sonntag	domingo
Januar	enero
Februar	febrero
März	marzo
April	abril
Mai	mayo
Juni	junio
Juli	julio
August	agosto
September	septiembre
Oktober	octubre
November	noviembre
Dezember	diciembre
Frühling	primavera
Sommer	verano
Herbst	otoño
Winter	invierno
Tag	día
Woche	semana
Monat	mes
Jahr	ano
morgens	por la manana
mittags	a mediodía
nachmittags	por la tarde
abends	por la tarde
nachts	por la noche

Wichtige Redewendungen

Guten Morgen	Buenos días
Guten Tag	Buenos días
Guten Abend	Buenos tardes
Herr	Señor
Frau	Señora
Fräulein	Señorita
Wie geht es Ihnen?	¿Qué tal está usted?
Wie geht's?	¿Qué tal?
Auf Wiedersehen	Adiós
Gute Nacht	Buenas noches

Gute Reise	Buen viaje
Ja	sí
Nein	no
Nichts	nada
Bitte	por favor
Danke	gracias
Nichts zu danken	de nada
Wie bitte?	¿cómo?
Verzeihung	perdón
Entschuldigen Sie	perdone
Das tut mit leid	lo siento
Einverstanden	de acuerdo
Viel Vergnügen!	¡Que se divierta!
gestern	ayer
heute	hoy
morgen	mañaña
Wie heißen Sie?	¿Cómo se llama usted?
Ich heiße	Me llamo
Woher kommen Sie?	¿De dónde es usted?
Ich komme aus	Soy de ...
Deutschland, Österreich	Alemania, Austria
Schweiz	Suiza
Spricht hier jemand Deutsch?	¿Habla aquí alguien alemán?
Wie heißt das auf Spanisch?	¿Cómo se dice esto en español?
Ich verstehe nicht	No comprendo.
Bitte sprechen Sie etwas langsamer	Por favor, hable más despacio.
Könnten Sie das bitte niederschreiben?	¿Por favor, podría escribírmelo?
Wann?	¿Cuándo?
Wer?	¿Quién?
Wo?	¿Dónde?
Wohin?	¿A dónde?
Was ist das?	¿Qué es esto?
Wie spät ist es?	¿Qué hora es?
Wieviel kostet das?	¿Cuánto cuesta esto?
Wie lange?	¿Cuánto tiempo?
Wo gibt es?	¿Dónde hay?
Wo sind wir hier?	Dónde estamos?
Wo treffen wir uns?	¿Dónde nos encontramos?
Ich suche	Busco
Ich möchte ... sprechen	Quisiera hablar con ...
Könnten Sie mir helfen?	¿Podría ayudarme?
Gestatten Sie?	¿Permite?
Ich möchte	Quisiera

Paßkontrolle, Zoll

Zoll	aduana
Auskunft	informacióna
Zollkontrolle	control de aduana
Paßkontrolle	control de pasaportes
Zollpflichtige Waren	mercancías sujetas a aduana
Nichts zu verzollen	nada que declarar
Ihre Pässe bitte!	Sus pasaportes, por favor.
Haben Sie etwas zu verzollen?	Tiene usted algo que declarar?
Muß ich das Formular ausfüllen?	Tengo que llenar este formulario?

Beförderung

Wo ist der Schalter der Lufthansa?	Dónde está la ventanilla de la Lufthansa?
Kann ich das als Handgebäck mitnehmen?	Puedo llevar este como equipaje de mano?
Bitte einen Platz am Gang	Por favor, un asiento de pasillo
Fenster	ventanilla
Raucher	Fumadores
Nichtraucher	No fumadores
Flug	vuelo
Sind Sie (ein Taxi) frei?	¿Está libre?
Zur Straße ..., bitte	A la calle ..., por favor.
Wie lange glauben Sie, daß wir brauchen?	¿Cuánto tiempo cree usted que tardaremos?
Wo ist hier die Autovermietung?	¿Dónde hay un alquiler de coches?
Ich möchte ein Auto mieten!	¡Desearía alquilar un coche!
Wie teuer ist die Tagesmiete?	¿Cuánto es al alquiler por día?
Ist der Wagen vollgetankt?	¿El depósito está lleno?
Ich möchte nach ...	Quisiero ir a ...
Fahren Sie nach ...	Va usted a ...
Wie komme ich am besten nach ...?	¿Cuál es la forma mejor de ir a ...?
Fährt der Zug nach ...?	¿Va este tren a ...?
Muß ich umsteigen?	¿Hay que cambiar?
Fahrkarte	billete
einfach	ida
hin und zurück	ida y vuelta
bestätigen	confirmar
annullieren	anular
(Zug)fahrplan	horario de trenes
besetzt	ocupado
frei	libre
Wartesaal	sala de espera
Toiletten	Servicios, Baños

Unterkunft, Hotel

Haben Sie noch ein Zimmer frei?	¿Tiene usted todavía una habitación libre?
Für micht ist ein Zimmer reserviert.	Tengo habitación reservada.
Einzelzimmer	habitación individual
Doppelzimmer	habitación doble
für eine Nacht	para una noche
Was kostet das Zimmer?	Cuánto cuesta la habitación?
je Tag	por día
mit Frühstück	con desayuno
ohne	sin
Ist alles inbegriffen?	¿Está todo incluido?
Können Sie das Gebäck holen lassen?	¿Podría enviar alguien a buscar el equipaje?
Können Sie diese Wertsachen aufbewahren?	¿Podría depositar estos objetos de valor?
Wo ist der Frühstücksraum?	¿Dónde está la sala de des ayuno?
Wecken Sie mich bitte um ...	Por favor, despierteme a ...

Wir reisen morgen ab.	Partimos mañaña.
Machen Sie bitte die Rechnung fertig.	¡Por favor, prepare la cuenta!
Rufen Sie bitte ein Taxi!	¡Por favor, llame un taxi!
Bitte ein Ferngespräch nach ...	Por favor, una conferencia con ...
Die Nummer ist besetzt ...	El número está comunicando ... (ocupado)
Hier spricht ...	Yo soy ...
Wer ist am Apparat?	¿Quién es?
Kann ich bitte mit ... sprechen	Podría hablar con ...

Bank, Geldwechsel

Wo ist eine Bank?	¿Dónde hay un banco?
Wann öffnet die Bank?	¿Cuándo abre el banco?
Ich möchte ... umwechseln	Quisiera cambiar ...
Ich möchte diesen Scheck einlösen	Deseo cobrar este cheque
Geben Sie mir bitte etwas Kleingeld	Por favor, déme un poco dinero suelto
Kasse	caja
Geldwechsel	cambio de moneda
Schalter	ventanilla

Restaurant

Können Sie mir ein gutes Restaurant empfehlen?	¿Podría recomendarme un buen restaurante?
Ist dieser Tisch noch frei?	¿Está libre esta mesa?
Reservieren Sie bitte einen Tisch für drei Personen!	¡Por favor, resérveme una mesa para tres personas!
Die Speisekarte, bitte.	Por favor, la carta.
Was können Sie empfehlen?	¿Qué me recomienda usted?
Ich möchte ...	Querría ...
Messer	cuchillo
Gabel	tenedor
Löffel	cuchara
Teller	plato
Glas	vaso
Zahlen bitte!	¡La cuenta, por favor!
Ich zahle alles.	Pago todo junto.
Brot	pan
Butter	mantequilla
Honig	miel
Marmelade	mermelada
Kaffee	café
Tee	té
Milch	leche
Zucker	azúcar
Eis	helado
Eisbecher	copa de helado
Suppe	sopa
Vorspeisen	entremeses
Salata	ensaladas
Gemüse	verduras

Kartoffeln	patatas
Reis	arroz
Teigwaren	pastas
Eier	huevos
Fisch	pescado
Meeresfrüchte	mariscos
Geflügel	aves
Fleisch	carne
Steak	bistec
durchgebraten	bien asado
halb durch, medium	medio hecho
nicht durchgebraten	mal asado
gebraten	asado
gedünstet	quisado
gegrillt	al la parrilla
Käse	queso
Nachspeisen	postres
Bier	cerveza
Schnaps	aguardiente
Wein	viño
Weißwein	viño blanco
Rotwein	viño tinto
trocken	seco
lieblich	suave
Saft	zumo
Mineralwasser	aqua mineral

Besichtigung

Wir möchten besichtigen?	¿Querríamos visitar?
Gibt es eine Führung?	¿Hay visita guiada?
Darf man fotografieren?	¿Se pueden sacar fotos?
In welche Richtung muß ich gehen?	¿Qué dirección debo tomar?

Notfall

Wo ist die nächste Polizeidienststelle?	¿Dónde se halla el puesto de policía más cercano?
Man hat mir gestohlen ...	Me han robado ...
Ich habe verloren ...	He perdido ...
Ich möchte anzeigen ...	Quiero denunciar ...
Überfall	atraco
Ich bin unschuldig.	Soy inocente.
Ich habe damit nichts zu tun.	No tengo nada que ver con eso.
Ich möchte mit dem Konsulat sprechen.	Desearía habla con el consulado.
Wo ist die nächste Apotheke?	¿Dónde esta la farmacia más próxima?
Nachtdienst	(farmacia) de guardia
Geben Sie mir etwas gegen ...	Déme algo contra ...
Arznei	el medicamento
Ich muß einen Arzt aufsuchen.	Tengo que ir al médico.
Ich nehme diese Medikamente regelmäßig.	Tomo regularmente estos medicamentos.
Geben Sie mir etwas gegen die Schmerzen.	Déme algo contra los dolores.

Strände an der spanischen Atlantikküste

Die Aufstellung der **Küstenorte** und Einzelstrände beginnt an der spanisch-portugiesischen Grenze und folgt der Küste bis zur spanisch-französischen Grenze. Es werden nur die Hauptstrände aufgeführt.

Santa Tecla
Von Santa Tecla, an der Grenze zu Portugal gelegen, bis nach Baiona gibt es lange, weite Feinsandstrände. Die größten Strände sind *Playa de A Guardia, Playa Fedorento, Playa del Molino* und am *Cabo Silleiro* die *Playa de Concheira.*

Baiona
Der Hafenstrand ist ein feinsandiger Flachstrand.

Playa América
Ein 2,5 km langer Feinsandstrand, in weit geschwungener Bucht.

Playa de dos Muinos und Playa de Samil
Hübsche, aber schmale und steile Sandstrände. Wegen der Nähe zu Vigo, nicht unbedingt zu empfehlen.

Vigo
Vigo liegt relativ weit in der tiefeingeschnittenen Ría de Vigo, so daß das Baden in der näheren Umgebung von Vigo nicht unbedingt zu empfehlen ist.

Moaña
Es gibt eine Vielzahl von kleinen, engen, zum Teil steilen Badebuchten.

Cangas
Viele kleine Badebuchten. Der größte Strand ist die *Playa Limens* vor dem *Cabo de Home.*

Playa de Lapamán, Playa de Loira
4 km lange Feinsandstrände, durch Felsklippen getrennt.

Pontevedra
Pontevedra verfügt über kleine Strände in unmittelbarer Umgebung.

Sangenjo
In der Umgebung befindet sich eine Vielzahl von schönen Feinsandstränden *(Playa de Sangenjo).*

Playa de Montalvo und Playa de Pocinas
Mehrere Strandbuchten bis etwa einen Kilometer Länge; Feinsandstrand.

Playa de Lanzada
2 km langer, flacher Feinsandstrand mit Dünengelände; von Felsen begrenzt.

Playa de Menchiluera
1,5 km langer, flacher Feinsandstrand mit vorgelagerten Inselchen.

O Grove
In der Umgebung von O Grove befindet sich eine Vielzahl von kleinen Feinsandstränden, teilweise von Felsen begrenzt. Weitere Sandstrände findet man auf der *Isla de la Toja,* die man von O Grove aus erreicht.

Vilanova
In der Umgebung befinden sich Feinsandstrände, teilweise flache Felsen *(Playa de Riasón).* Eine Brücke führt zur Badeinsel *Illa de Arousa.*

Vilagarcía
In der Umgebung befinden sich Feinsandstrände mit flachen Felsen *(Playa de Concha).*

Playa Barrana
Vor dem Ort Puebla del Caramiñal befindet sich der 3 km lange, geschwungene Feinsandstrand.

Cabo Falcoeiro
Zwischen dem Cabo Falcoeiro und Porto do Son befindet sich auf über 25 km Länge eine Vielzahl von weiten Feinsandstränden. Nur ab und zu werden sie von Felsen unterbrochen.

Noia
Obwohl die Ortschaft relativ weit in der Ría gelegen ist, gibt es in der Umgebung von Noia relativ viele Feinsandstrände. Größter Strand ist die *Playa de Testal.*

Muros
In der Umgebung befinden sich eine ganze Reihe von Feinsandstränden, die jedoch mit Felsen durchsetzt sind.

Playa de San Francisco, Playa de Louro und Playa de Lariño
Auf einer Länge von 5Kilometern reihen sich mehrere Feinsandstrände aneinander, von Felsen und Küstenvorsprüngen unterbrochen. Der Sand ist körnig.

Playa de Carnota
Mehrere Kilometer langer, flacher Dünenstrand; feiner Sand.

Playa de Langosteira
Zwischen Corcubión und dem Cabo Fínisterre befindet sich der 2 km lange Sandstrand.

Playa de Mar de Fora
Hinter dem Cabo Fínisterre befindet sich ein fast 2 km langer, feinsandiger Strand mit großem Wellenaufkommen.

Playa del Rostro und Playa de Nemiña
Fast 5 km lange, feinsandige Strände im Mündungsgebiet des Río Castro, von Felsen unterbrochen.

Muxia
Von Muxia bis Malpica findet man viele Strandbuchten, die von Felsen eingegrenzt und kaum von Touristen besucht werden, da die Region sehr abgeschieden ist. Die meisten Strände sind unberührt, feinsandig, jedoch teilweise steil: *Playa Beira, Playa de Traba* (feinsandiger, 1,5 km langer Sandstrand, von Felsen begrenzt, sehr einsam), *Playa de Laxe* (1 km Sandstrand entlang der Halbinsel von Laxe), *Playa de Balarés* (eine ganze Anzahl von kleinen Sandbuchten, teilweise stark felsig, sehr einsam) und *Playa de Moro.*

Malpica
Westlich von Malpica kleine Sandbuchten, von Felsen begrenzt, teilweise körniger Sand, sehr einsam *(Playa de Seaia).* Östlich breiten sich längere Sandstrände, teilweise feinsandig, aus, die Felsen treten etwas zurück. Immer noch relativ einsam *(Playa de Rías).*

Playa de Baldaio
Insgesamt 5 Kilometer langer, relativ breiter Sandstrand, wird gerne von den Bewohnern von La Coruña besucht, daher in den Ferienzeiten etwas überlaufen.

La Coruña
Westlich von La Coruña findet man keine Strände. Außerdem erstreckt sich dort das Industriegebiet. Innerhalb der Stadtgrenzen befindet sich die ungefähr 200 m lange *Playa de Riazor.*
Sie ist überlaufen und auch nicht gerade sauber. Die Bewohner von La Coruña fahren lieber auf die andere Seite der Ría de la Coruña. Bei Santa Cruz, Mera, Carnoedo und Sada finden sie genügend Strandbuchten. Für den Touristen sind diese Strände jedoch kaum zu empfehlen, da sie eigentlich immer überfüllt sind.

Ferrol
Von La Coruña nach Ferrol führt zwar eine Fähre, so daß in der Saison auch hier die Bewohner von La Coruña in Scharen zu finden sind, aber je weiter man Richtung Cabo Ortegal fährt, desto ruhiger wird es.

Playa de Doniños
In unmittelbarer Nähe von Ferrol, ein 2 km langer, feinsandiger Strand, der in einer geschwungenen Bucht liegt.

Playa de San Xorxe
Ein sehr schöner, feinsandiger Strand in einer kleinen, geschwungenen Bucht.

Playa de Santa Comba, Playa de Ponzo, Playa de Casal
Lange, sich über 10 km hinziehende Sandstrände. In der Ferienzeit stark frequentiert.

Playa Frouxeria
Ein ungefähr ein Kilometer langer Strand, in der Ferienzeit stark frequentiert.

Playa de Arealonga
1 km langer Sandstrand an der Mündung der Ría de Cedeira.

Cedeira
Ab Cedeira gibt es kaum noch Sandstrände. Die felsige Steilküste dominiert. Sie ist landschaftlich sehr eindrucksvoll.

Ortigueira
Um Ortigueira gibt es wenig Sandstrände, dagegen um so mehr felsige und zerklüftete Küste.

Viveiro
In der näheren Umgebung von Viveiro gibt es einige geschützt liegende Sandstrände, Feinsandstrand, von Felsen umgeben. Der schönste liegt westlich von Viveiro: *Playa de Covas.*
Playa de Lago
2 km langer Sandstrand bei Lieiro, jedoch mit Industrieansiedlung.

Cangas
Von Cangas zieht sich mit wenig Unterbrechnungen bis Foz 6 km feinsandiger Strand hin; manchmal mit Felsen versetzt *(Playa Area Longa, Playa de Sarrido).*

Playa de Arcalonga, Playa de Moledo
Ribadeo liegt an der Ría de Ribadeo. In nächster Nähe befinden sich keine Strände. Jenseits der Ría gibt es jedoch bis Tapia de Casseriego einige kleiner Badebuchten, die sehr einsam und romantisch wirken. *(Playa de Peñarronda, Playa de Represas, Playa del Sarello, Playa de la Paloma.*

Navia
In Navia, an der Mündung des Río Navia gelegen, gibt es zwar keine Strände, der Mündung vorgelagert ist jedoch der kleine Sandstrand *Playa de Ortiguera.*

Luarca
Um Luarca, eine der schönsten Städte der asturischen Küste, gibt es eine große Auswahl an Stränden. Obwohl auch dieser Teil der cantabrischen Küste sehr felsig ist, findet man doch immer sandige Buchten und herrliche, teilweise unberührte Strände. Schönster Strand ist die östlich gelegene *Playa de los Molinos.*

Playa de Santa Ana, Playa de la Estaca
Östlich des Cabo Busto ziehen sich von Felsen unterbrochene Sandstrände dahin.

Playa de Doria, Playa de San Pedro
Um das Cabo Vidio befinden sich 10 km lang romantische Sandstrände mit Felsformationen.

Cudillero
Unmittelbar in der Ortschaft gibt es keine Strände, aber westlich und östlich davon findet man Sandbuchten zwischen den Felsklippen.

Playa de Salinas
Bei Salinas breitet sich ein etwa drei Kilometer langer Sandstrand aus. Jedoch befindet er sich in unmittelbarer Nähe von Avilés und ist daher sehr überlaufen.

Gijón
In der Umgebung von Gijón kann kein Strand empfohlen werden.

Playa de Lastres
An der Ría de Villaviciosa befindet sich ein kleiner, ungefähr 400 m langer Feinsandstrand. Er ist ein beliebter Ausflugsstrand; in den Sommermonaten leicht überlaufen.

Colunga
3 km entfernt von Lastres gibt es einen gleichnamigen kleinen Strand. Die Gegend ist insbesondere für ihre Muscheln berühmt. Schöne Sandbuchten östlich von Colunga: *Playa de La Isla, Playa de La Vega.*

Ribadesella
Kleiner, hufeisenförmiger Strand mit Promenade.

Playa de Cuevas del Mar
Kleiner, felsiger Strand beim Cabo Prieto.

Playa de San Antolín
Kleiner Sandstrand bei Barro; der Sand ist grobkörnig, beziehungsweise mit Kies vermischt.

Llanes
Um Llanes gibt es eine Vielzahl von kleineren Stränden, die in Felsnischen

liegen. Insgesamt 28 Strandbuchten gibt es angeblich. Der Zugang ist manchmal etwas beschwerlich. Im Ortsbereich liegt unterhalb der Burg der schöne Strand *Playa de Sablon.*

Playa de la Franca
200 m langer, goldgelber Sandstrand, viel Ausflugsverkehr.

San Vicente
Östlich von San Vicente, jenseits der Ría, befindet sich ein etwa 400 m langer, 20 m breiter Feinsandstrand *(Playa de Merón).*

Comillas
Es gibt zwei Strandzonen, Comillas und Oyambre, ansonsten Steilküste.

Santander
In der Umgebung der Stadt befinden sich einige Feinsandstrände in geschützten Buchten. Sie sind jedoch meistens überlaufen, so daß die Einwohner von Santander lieber nach den weiter östlich liegenden Stränden ausweichen.

Playa de Ris
Das ist einer der Ausweichstrände von Santander, Sandstrand an einer felsigen Bucht gelegen, weitere Sandbuchten folgen.

Noia
Zum Ort gehören die Strände *Tregandín* und *Ris,* die mit reizvollen Kombinationen zwischen Steilküste und Sandstränden aufwarten. In der Sommerzeit relativ voll.

Santoña
Seefahrer- und Fischerstädtchen, das selbst über keinen Strand verfügt. In der Nähe befinden sich die Strände *San Martín* und *Berria.*

Laredo
Die *Playa de Laredo La Salve)* ist 5 km lang, 100 m breit, feinsandig und von Dünen leicht durchzogen. Man versuchte die Umgebung zu kommerzialisieren; überall wurden Appartements und Ferienhäuser gebaut.

Playa de Oriñon
1 km Sandstrand bei Islares, geschützt in der Ría gelegen.

Castro-Urdiales
Nur einen 100 m langen Strand hat die nette und sympathische Ortschaft aufzuweisen; er ist feinsandig und wird viel besucht.

Algorta, Bilbao
Die Gegend von Bilbao sollte man meiden, wenn man einen Badeurlaub verbringen möchte: zu viel Industrie und zu viele Menschen.

Pentzia
Sommerurlaubszentrum und Jachthafen. In der Nähe kleiner Sandstrand: *Playa de Gorliz.*

Playa de Arminza, Playa de Bakio
Kleine Sandbuchten, die sich bis Bermeo hinziehen.

Bermeo
Eine wunderbare, bewaldete Felsenküste; seltene, kleine Sandbuchten; der Zugang ist beschwerlich.

Mundaka
Ein Sandstrand befindet sich jenseits der Ría. Um ihn zu erreichen, muß man jedoch die ganze Ría umfahren.

Lekeitio
Eine wunderbare bewaldete Felsenküste; seltene, kleine Sandbuchten; der Zugang ist beschwerlich.

Ondárroa
Eine Seltenheit in dieser Gegend: Ondárroa besitzt eine geschützte Bucht mit einem 200 m langen Strand.

Deva
Kleiner Strand, 200 m.

Strand von Corcubion

Zarautz
Zarautz gibt sich als Badeort. Über 2,5 km lang ist der Sandstrand, an dem eine Promenade entlangführt. Natürlich ist der Strand gut besucht, weil er im Einzugsgebiet von San Sebastián liegt.

San Sebastián
San Sebastián besitzt einen 1,5 km langen Strand, eine mehrspurige Autobahn führt daran entlang.

Fuentarrabía
Der 200 m lange Strand liegt geschützt in einer Bucht; relativ überlaufen.

Strom

In den meisten Touristenzonen gibt es Stromanschlüsse mit 220 V Wechselstrom. In der Provinz muß man ab und zu noch mit 110 V rechnen.

Telefon

Will man aus der Bundesrepublik Deutschland nach Spanien telefonieren, wählt man als Vorwahl 0034. Bei der spanischen Ortsvorwahl ist die 9 wegzulassen.

Die Vorwahlnummer in Spanien für Deutschland ist 0749. Man muß beachten, daß nach 07 ein Wählton abzuwarten ist, bis man weiter wählt.

In fast allen Teilen Spaniens gibt es öffentliche Telefonzellen, von denen man in alle Welt telefonieren kann. Die Benutzungsanweisungen sind im Inneren in mehreren Sprachen ausgehängt. Für die Bedienung werden Münzen von 5, 25 und 100 Ptas benötigt.

Die wichtigsten spanischen Ortsvorwahlnummern (vom Ausland ohne die „9", innerhalb Spaniens ist die „9" vorzuwählen):

Burgos	47
La Coruña	81
San Sebastián	43
Huesca	74
León	87
Lugo	82
Orense	88
Palencia	88
Pontevedra	86
Logroño	41
Valladolid	83
Bilbao	4
Zamora	88
Zaragoza	76

Umgangsregeln

Trotz des gesellschaftlichen Wandels im letzten Jahrzehnt ist Spanien immer noch ein relativ konservatives Land geblieben, was besonders für Nordspanien gilt. Davon sind natürlich auch die Umgangsregeln beeinflußt. So sollte man auch als Tourist in korrekter Kleidung auftreten. Es gilt als unschicklich, in kurzen Hosen oder Shorts durch die Stadt zu gehen oder Kirchen in ärmelloser Kleidung, zu kurzen Röcken oder sogar Shorts zu betreten. Im Sommer empfiehlt es sich für Damen, ein Halstuch bei sich zu führen, mit dem in Kirchen die nackten Arme bedeckt werden können.

Höflichkeit ist in der spanischen Gesellschaft nach wie vor von großer Bedeutung. Dies gilt auch für Touristen. In diesem Zusammenhang sollte es auch ein Akt der Höflichkeit sein, daß man sich jeder Kritik am spanischen Staat und an den Spaniern enthält. Der Nationalstolz der Spanier ist leicht verletzbar. Auch übergroße Ungeduld wirkt auf die Spanier verletzend und gilt als unhöflich.

Unterhaltung

Kinovorstellungen, aber auch Theater und Konzerte beginnen relativ spät, meistens gegen 22.00 Uhr. Eine große Bedeutung besitzt das festliche Abendessen. Man liebt es, bis spät in die Nacht zu dinieren.

Spielkasinos befinden sich in: Alfajarin (Zaragoza), La Toja (Pontevedra), Santander, San Sebastián.

Unterkunft

In Spanien sind die Unterkunftsarten genau klassifiziert. Sie sind in fünf Kategorien aufgeteilt und unterscheiden sich in der Anzahl ihrer Sterne (einer bis fünf).

Die einzelnen Unterkunftsnamen tragen folgende Bezeichnungen:

casa de huespede: sehr einfache Unterkünfte, sie entsprechen Pensionen.

Hotel-residencia: Übernachtungsberieb ohne Restaurant. Frühstück wird serviert.

Hostales: Gasthöfe oder anspruchslose Hotels. Sie tragen im allgemeinen einen bis drei Sterne.

Hotel: Hotels der verschiedensten Güteklassen, von einem bis fünf Sterne. Einige wenige tragen die Bezeichnung **„Grand Luxe".**

Es gibt einen *Hotelführer, guia de hosteles,* herausgegeben von Inprotur, Secretaría General de Turismo mit einer sehr übersichtlichen Aufstellung aller Hotels in Spanien.
Paradores: Eine Besonderheit sind die staatlichen *Paradores.* 1928 wurde der erste eingeweiht. Paradores sind bevorzugt in historischen Bauten, Klöstern, Burgen und Palästen untergebracht, die zu luxuriösen Hotels umgebaut wurden. Die landschaftliche Lage ist von ausgesuchter Schönheit. Die Übernachtung im Doppelzimmer kostet pro Person zwischen DM 60,- und DM 120,-.

Aragonien

Parador *Fernando de Aragón,*
Sos del Rey Católico, Zaragoza * * *

Navarra

Parador *Princípe de Viana,*
Olite, Navarra * * * in der mittelalterlichen Burg von Olite

Baskenland

Parador *el Emperador,*
Fuenterrabía, Guipúzcoa * * *
in einer mächtigen Burganlage

Parador *de Argómaniz,* Argómaniz, Alava * * * im eleganten Renaissancepalast der Familie Larrea

La Rioja

Parador *Marco Fabio Quintiliano, Calahorra,* La Rioja * * *
Parador *de Santo Domingo de la Calzada,* Santo Domingo de la Calzada, La Rioja * * *
im ehemaligen Pilgerhospital

Kastilien-León

Parador *Antonio Machado,*
Soria * * *

Parador *de Santa María de Huerta,*
Santa María de Huerta, Soria * * *

Parador *de Tordesillas,*
Tordesillas, Valladolid * * *

Parador *Condes de Alba y Aliste,*
Zamora * * * * in einem Renaissancepalast

Parador in Santiago de Compostela

Parador *de Puebla de Sanabria,*
Puebla de Sanabria, Zamora * * *
Hotel *de San Marcos,*
León * * * * * Grand Luxe, im Kloster San Marcos aus dem 16. Jh.

Parador *Fuentes Carrionas,*
Cervera de Pisuerga, Palencia * * *

Parador *Rey Fernando II. de León,*
Benavente, Zamora * * * * in einer Burganlage aus dem 12. Jh.

Parador *de Villafranca del Bierzo,*
Villafranca del Bierzo, León * * *

Kantabrien

Parador *Gil Blas,*
Santillana del Mar, Cantabria * * *
in einem Adelspalais

Parador *Río Deva,*
Fuente de Cantabria * * *

Asturien

Parador *Molino Viejo,*
Gijón, Asturias * * * *
in einer alten Mühle

Galizien

Parador *de Ribadeo,*
Ribadeo, Lugo * * *

Parador *Condes de Villalba*
Villalba, Lugo * * * im achteckigen Turm der Herren von Andrade

Parador de *El Ferrol,*
El Ferrol, La Coruña * * *
in einem alten Stadthaus

Hotel *Reyes Católicos,*
Santiago de Compostela, La Coruña * * * * * Grand Luxe, in einem von den katholischen Königen gegründeten Pilgerhospital, neben der Kathedrale

Parador *Casa del Barón,*
Pontevedra * * * in einem alten Adelshaus aus dem 18. Jahrhundert

Parador *el Albariño,*
Cambados, Pontevedra * * *
in einem alten Landhaus

Parador *Conde de Gondomar,*
Bayona, Pontevedra * * * * im historischen Festungsbezirk von Bayona

Parador *San Telmo,*
Tuy, Pontevedra * * *

Parador *Castillo de Monterrey,*
Verín, Orense * * *

Jugendherbergen

Es gibt viele Jugendherbergen, in denen auch Touristen übernachten können, wenn sie Mitglied in ihrer nationalen Jugendherbergsorganisation sind. Im allgemeinen sind die Jugendherbergen von Juni bis September geöffnet.
Auskünfte erteilt:
Hauptverband für Jugendherbergen in Detmold, Tel.: 05231/74010

Reservierungszentrale ist:
Central de Reservas de Albergues,
Jose Ortega y Gasset, 71,
E 28006 Madrid

Aragonien

Barbastro, Huesca
Borja, Zaragoza
Canfranc, Huesca
Jaca, Huesca
Pueyo de Jaca, Huesca
Villanua, Huesca
Zaragoza (2 Jugendherbergen)

Alsasua, Pamplona
Santesteban, Navarra
Vera de Bidaso, Navarra

Baskenland

Hondarribia, San Sebastián
San Sebastián

La Rioja

Logroño

Kantabrien

Branaieja-Alto Campo, Santander
Polanco, Santander
Reinosa, Santander
Rucandio, Santander
Santander
Solorzano, Santander

Asturien

Luarca (2 Jugendherbergen)
Llanes, Oviedo
Oviedo
Poo de Llanes, Oviedo
Ribadesella, Oviedo

Katilien-León

Arbejal, Palencia
León (2 Jugendherbergen)
Miranda de Ebro, Burgos
Palencia
San Martín de Castañeda, Zamora
Soncillo, Burgos
Soria (2 Jugendherbergen)
Valladolid (2 Jugendherbergen)
Zamora

Galizien

Area, Lugo
Forcarei, Pontevedra
Lugo (2 Jugendherbergen)
Orense
Pontevedra
Portomarín, Lugo

Sada, La Coruña (2 Jugendherbergen)
Vigo, Pontevedra
Villanueva de Arosa, Pontevedra

Campingplätze
In Spanien gibt es viele Campingplätze, die größtenteils an der Küste liegen. Im Inland findet man sie nur selten. Die Campingsaison beginnt am 1. Juni. Viele Campingplätze haben vorher geschlossen.

Dies gilt insbesondere auch für den Pilgerweg. Wildcampen ist im allgemeinen problemlos möglich.

Campingplätze

Distrikt/Ort	Name		Öffnung
ALAVA			
Vitoria	Albayal	(1)	1. 4.-30. 10.
Leza-Vitoria, 60 km	Leza	(3)	1. 1.-31. 12.
ASTURIA			
Arenas, Las	Naranjo de Bulnes	(2)	1. 3.-31. 10.
Barro	Sorraos	(2)	1. 4.-30. 9.
Cadavedo - Oviedo, 119 km	Regalina, La	(2)	1. 6.-30. 9.
Candas - Oviedo, 42 km	Perlora	(2)	1. 1.-31. 12.
Caravia - Oviedo, 68 km	Camping de Caravia	(3)	1. 6.-15. 9.
Castrillón	Lunas, Las	(3)	1. 1.-31. 12.
	Bahinas	(3)	1. 6.-15. 9.
	Gaviotas, Las	(3)	1. 6.-30. 9.
Castropol - Oviedo, 152 km	Playa Peñarronda	(3)	15. 6.-15. 9.
Celorio - Oviedo, 110 km	María Elena	(2)	1. 4.-30. 9.
Colunga - Oviedo, 59 km	Costa Verde	(2)	1. 6.-30. 9.
Cudillero - Oviedo, 55 km	Cudillero	(2)	1. 6.-30. 9.
	Concha de Artedo-Los Pradones	(3)	1. 1.-31. 12.
	Yolimar	(3)	1. 1.-31. 12.
Franca, La - Oviedo, 131 km	Hortensias, Las	(1)	15. 6.-10. 9.
	Playa de la Franca	(3)	1. 1.-31. 12.
Gijón - Oviedo, 27 km	Gijón	(2)	1. 6.-30. 9.
Llanes - Oviedo, 113 km	Palacio de Garaña	(1)	15. 6.-15. 9.
	Playa de Troenzo	(1)	1. 5.-30. 9.
	Bárcenas, Las	(2)	1. 6.-30. 9.
	Brao, El	(2)	1. 6.-30. 9.
	Río Purón	(2)	1. 6.-15. 9.
	Calores	(3)	1. 6.-30. 9.
	Entre Playas	(3)	1. 6.- 1. 10.
Luanco	Molino, El	(1)	15. 5.-15. 9.
	Peñoso, El	(3)	15. 5.-15. 9.
Luarca - Oviedo, 102 km	Cantiles, Los	(2)	1. 1.-31. 12.
	Playa de Tauran	(3)	1. 5.-30. 9.
Perlora - Oviedo, 40 km	Buenavista	(2)	1. 6.-15. 10.
Ribadesella - Oviedo, 84 km	Playa de Vega	(2)	1. 6.-31. 9.
	Sauces, Los	(2)	24. 3.-12. 10.
Soto de Cangas - Oviedo, 76 km	Covadonga	(2)	1. 6.-30. 9.
Soto de Luiña	San Pedro de Bocamar	(3)	1. 6.-15. 9.
Tapia de Casariego - Oviedo, 141 km	Carbayín, El	(3)	1. 1.-31. 12.
Vidiago	Paz, La	(1)	15. 6.-15. 9.
Villaviciosa - Oviedo, 42 km	Ensenada, La	(2)	1. 6.-30. 9.
	Fin de Siglo	(3)	15. 5.-15. 9.
	Nery	(3)	1. 5.-30. 9.
	Playa España	(3)	1. 3.-30. 9.

BURGOS

Burgos	Fuentes Blancas	(1)	1. 4.-30. 9.
Ameyugo - Burgos, 71 km	Monumento al Pastor	(2)	1. 1.-31. 12.
Aranda de Duero - Burgos, 81 km	Costaján	(1)	1. 4.-30. 9.
Cabia	Cabia	(2)	1. 1.-31. 12.
Castil de Peones - Burgos, 31 km	Molino, El	(3)	1. 7.-30. 9.
Monasterio de Rodilla	Picón del Conde	(2)	1. 1.-31. 12.
Pancorvo - Burgos, 63 km	Desfiladero, El	(2)	1. 1.-31. 12.
Villafria - Burgos, 4 km	Río Vena	(2)	1. 5.-31. 10.
Villalazara - Burgos, 87 km	Isla, La	(3)	1. 7.-31. 8.
Villarcayo - Burgos, 75 km	Francesas, Las	(2)	15. 6.-30. 9.

CANTABRIA

Santander	Bellavista	(1)	1. 1.-31. 12.
	Cabo Mayor	(2)	1. 6.-30. 9.
	Virgen del Mar	(2)	1. 6.- 1.10.
Ajo	Cabo de Ajo	(3)	24. 3.-20. 9.
	Playa, La	(3)	1. 1.-31. 12.
Camaleño - Santander, 125 km de Europa, El	Redondo Picos	(2)	1. 4.- 1. 10.
Castro-Urdiales - Santander, 76 km	Brazomar	(2)	1. 6.-15. 9.
	Oriñón	(2)	1. 5.-30. 9.
	Playa Arenillas	(2)	1. 4.-30. 9.
Cobreces - Santander, 39 km	Cobreces	(2)	15. 6.-15. 9.
Comillas - Santander, 48 km	Comillas	(2)	1. 6.-30. 9.
Isla	Playa de Isla	(2)	24. 3.-30. 9.
	Playa la Arena	(2)	24. 3.-30. 9.
Laredo - Santander, 49 km	Carlos V	(2)	1. 6.-31. 8.
	Costa Esmeralda	(2)	20. 6.-20. 9.
	Laredo	(2)	1. 6.-15. 9.
	Playa el Regatón	(2)	24. 3.-12. 10.
Liencres - Santander, 10 km	Arnia	(3)	15.6.-15. 9.
Loredo - Santander, 32 km	Derby de Loredo	(2)	1. 6.-30. 9.
	Rocamar	(2)	1. 4.-30. 9.
	Arbolado, El	(3)	1. 1.-31. 12.
Mogro - Santander, 15 km	Camping Caravning Mogro	(1)	15.6.-15. 9.
Noia - Santander, 46 km	Playa Joyel	(1)	24. 3.-30. 9.
	Argos	(2)	24. 3.-30. 9.
	Helgueras	(2)	24. 3.-30. 9.
	Molinos, Los	(2)	1. 6.-30. 9.
	Playa de Ris	(2)	1. 4.-30. 9.
	Playa Dorada del Ris	(2)	1. 4.-30. 9.
	Suaces	(2)	24. 4.-30. 9.
Pechon - Santander, 65 km	Arenas, Las	(3)	1. 6.-30. 9.
Potes - Santander, 117 km	Isla-Picos de Europa, La	(2)	1. 4.-31. 10.
	Molino, El	(2)	15. 6.-15. 9.
	San Pelayo	(2)	1. 4.- 1. 10.
San Vicente de la Barquera - Santander, 60 km	Playa de Oyambre	(1)	1. 5.-30. 9.
	Rosal, El	(2)	1. 6.-30. 9.
Santillana - Santander, 26 km	Santillana del Mar	(1)	1. 1.-31. 12.
Santoña - Santander, 48 km	Playa de Berria	(2)	1. 6.-15. 9.
Somo	Latas	(1)	1. 6.-30. 9.
	Playa de Somo	(2)	15. 4.-30. 9.
	Somo Parque	(2)	1. 1.-31. 12.

Soto de la Marina - Santander, 6 km	Fortín, El	(3)	15. 6.-15. 9.
	San Juan de la Canal	(3)	15. 6.-15. 9.
Suances - Santander, 31 km	Suances	(2)	1. 6.-15. 9.
Tejo, El - Santander, 54 km	Rodero	(3)	1. 7.-30. 9.

LA CORUÑA

Ares - La Coruña 54 km	Raso, El	(2)	15. 5.-15. 9.
Atios	Valdoviño	(1)	1. 6.-30. 9.
Bergondiño	O'Telleiro	(3)	1. 6.-30. 9.
Bergondo - La Coruña, 33 km	Santa Marta	(1)	1. 4.-30. 9.
	Castro	(3)	1. 6.-15. 9.
	Mar y Campo	(3)	15. 5.-15. 9.
	Mariñana	(3)	1. 6.-30. 9.
Boebre	Ber	(3)	1. 5.-15. 10.
Carballo - La Coruña, 33 km	Os Delfins	(2)	1. 1.-31. 12.
Cee - La Coruña, 96 km	Ruta de Finisterre	(2)	15. 6.-15. 9.
Louro	A Bouga	(2)	1. 1.-31. 12.
Morujo	Aguiar	(3)	15. 5.-15. 10.
	Green Village	(3)	1. 6.-15. 9.
	Martisol	(3)	1. 1.-31. 12.
Mugia - La Coruña, 91 km	Lago Mar	(3)	15.6.-15. 9.
Oleiros	Santa Cruz	(1)	1. 1.-31. 12.
	Bastiagueiro	(3)	1. 6.-30. 9.
Perbes - La Coruña, 41 km	Perbes	(2)	15. 5.-30. 9.
	Rocamar	(3)	1. 6.-30. 9.
Puebla del Caramiñal	Ria de Arosa	(2)	1. 4.-30. 9.
Puentedeume - La Coruña, 45 km	Ber-Door	(3)	1. 6.-30. 9.
Rebordelos	Baldayo	(2)	1. 1.-31. 12.
Sada	Os Cabildos	(2)	1. 7.-31. 8.
	San Pedro	(3)	15. 5.-15. 9.
	Velo Mar	(3)	1. 4.-30. 9.
Santa Cruz	Manzanos, Los	(1)	1. 4.-30. 9.
Santa Eugenia	Coroso	(2)	1. 7.-30. 9.
Santiago - La Coruña, 64 km	Santiago de Compostela	(1)	20. 6.-20. 9.
	As Cancelas	(2)	1. 1.-31. 12.
	Sirenas, Las	(2)	1. 6.-15. 9.
Taraza	Fontesin	(3)	15. 6.-15. 9.

GUIPÚZCOA

San Sebastián	Rigueldo	(1)	1. 6.-15. 9.
Fuenterrabía - San Sebastián, 20	Jaizkibel	(2)	1. 1.-31. 12.
Iciar - San Sebastián, 50 km	Iciar	(2)	1. 6.-30. 9.
Motrico - San Sebastián, 56 km	Aitzeta	(3)	1. 1.-31. 12.
	Galdona	(3)	1. 1.-31. 12.
	Mutriku	(3)	1. 6.-30. 9.
	Santa Elena	(3)	1. 1.-31. 12.
	Saturrarán	(3)	1. 6.-30. 9.
Orio - San Sebastián, 20 km	Playa de Orio	(1)	1. 1.-31. 12.
Oyarzun	Oliden	(2)	1. 1.-31. 12.
Zarauz - San Sebastián, 26 km	Gran Camping Zarauz	(2)	1. 1.-31. 12.
	Talai-Mendi	(2)	1. 7.-15. 9.

HUESCA

Huesca	San Jorge	(2)	1. 5.-30. 9.
Ainsa - Huesca, 119 km	San Jorge	(1)	24. 3.-30. 9.
Alquezar	Alquezar Río Vero	(2)	1. 1.-31. 12.

Anso - Huesca, 103 km	Zuriza	(2)	1. 6.-15. 9.
Benasque - Huesca, 148 km	Camping Aneto	(2)	1. 1.-31. 12.
	Ixeia	(2)	1. 4.-15. 10.
Biescas - Huesca, 72 km	Edelweiss	(1)	15. 6.-15. 9.
Boltaña - Huesca, 96 km	Boltaña	(2)	26. 3.-25. 9.
Escarrilla - Huesca, 134 km	Escarra	(1)	1. 1.-31. 12.
Fiscal - Huesca, 72 km	Ribera del Ara	(2)	1. 1.-31. 12.
Hecho - Huesca, 100 km	Selva de Oza	(1)	1. 6.-15. 9.
Jaca - Huesca, 72 km	Peña Oroel	(1)	15. 6.-15. 9.
	Victoria	(2)	1. 1.-31. 12.
Labuerda	Peña Montañesa	(2)	15.3.-15. 10.
Lecina	Lecina	(2)	1. 6.-30. 10.
Montanuy - Huesca, 175 km	Camping Baliera	(2)	15.6.-15. 9.
Oto	Oto	(2)	1. 4.-30. 9.
Puebla de Castro - Huesca, 78 km	Lago de Barasona	(1)	1. 4.-30. 9.
Rodellar	Mascún	(2)	1. 4.-31. 10.
Santa Cilia de Jaca - Huesca, 92 km	Pirineos	(1)	1. 4.-30. 9.
Saravillo	Vives los	(2)	1. 4.-30. 9.
Torla - Huesca, 95 km	Ordesa	(1)	24. 3.-30. 9.
	Valle de Bujaruelo	(2)	1. 6.-30. 9.
	Río Ara	(3)	24. 3.-31. 10.
Villanova	Yeti	(2)	1. 6.-30. 9.

LEÓN

Boca de Huérgano - León, 103 km	Alto Esla	(3)	1. 6.-15. 9.
Carracedelo - León, 122 km	Bierzo, El	(2)	1. 6.-30. 9.
Carrizo de la Ribera - León, 23 km	Orbigo	(2)	15. 6.-15. 9.
Hospital de Órbigo - León, 31 km	Don Suero de Quiñones	(2)	1. 6.-15. 9.
Mansilla de las Mulas - León, 19 km	Esla	(3)	20. 6.-31. 9.
Puebla de Lillo	Mediavilla	(3)	1. 1.-31. 12.
Sahagún	Pedro Ponce	(2)	1. 6.-30. 9.
Santa Marina de Valdeón - León, 134 km	Cares, El	(2)	12. 6.-30. 9.
Santiáñez de Ordás - León, 29 km	Astur-Leones	(2)	15. 6.-15. 9.
Soto de Valdeón	Valdeón	(2)	1. 6.-30. 9.
Valencia de Don Juan - León, 38 km	Pico Verde	(1)	15. 6.-13. 9.
Villamanín - León, 43 km	Ventosilla	(2)	1. 7.-31. 8.
Villamañan - León, 32 km	Covadonga	(2)	1. 4.-30. 9.
Villamejil - León, 59 km	Río Tuerto	(2)	1. 6.-31. 8.

LUGO

Lugo	La Parada	(3)	1. 7.-30. 9.
Benquerencia	Benquerencia	(2)	1. 6.-30. 9.
Reinante (Barreiro) - Lugo, 96 km	Reinante	(3)	1. 6.-15. 9.
Vivero Lugo, 96 km	Vivero	(2)	1. 6.-30. 9.
	Aguadoce	(3)	1. 7.-31. 8.

NAVARRA

Espinal-Auzperri - Pamplona, 39 km	Urrobi	(2)	1. 4.-31. 11.
Eusa - Pamplona, 7 km	Ezcaba	(2)	1. 6.-30. 9.
Isaba - Pamplona, 94 km	Asolaze	(3)	1. 1.-31. 12.
Lecumberri - Pamplona, 33 km	Aralar	(2)	1. 6.-30. 9.
Mendigorría - Pamplona, 29 km	Molini, El	(1)	1. 1.-31. 12.
Urdax - Pamplona, 80 km	Josenea	(1)	1. 6.-30. 9.

ORENSE			
Leiro Grande - Orense, 40 km	Leiro	(1)	1. 1.-31. 12.
Puebla de Trive - Orense,78 km	Nieve's	(3)	1. 1.-31. 12.
PALENCIA			
Aguilar de Campoo - Palencia, 97 km	Monte Royal	(2)	1. 6.-30. 9.
Carrión de los Condes - Palencia, 40 km	Eden, El	(2)	1. 3.-30. 10.
Herrera de Pisuerga - Palencia, 72 km	Fuente de los Caños	(2)	1. 6.-30. 9.
Saldaña - Palencia,65 km	Soto, El	(2)	1. 6.- 1. 10.
PONTEVEDRA			
Bayona - Pontevedra,55 km	Bayona Playa La	(1)	1. 6.-30. 9.
Grove,El - Pontevedra, 31 km	Miami-Playa	(2)	1. 1.-30. 9.
	Moreiras	(2)	1. 1.-31. 12.
	Muiñeira	(2)	1. 1.-31. 12.
	Sol y Mar	(2)	1. 6.-30. 9.
	Epiño	(3)	1. 1.-31. 12.
Guardia,La - Pontevedra, 75 km	Santa Tecla	(2)	24. 3.-30. 9.
Moaña	Tirán	(2)	24. 3.-30. 9.
Nigrán	Playa America	(1)	1. 4.-30. 10.
	Patos	(2)	1. 6.-30. 9.
Oya	Pedra Rubia	(2)	1. 6.-30. 9.
Puenteareas - Pontevedra, 46 km	A Freixa	(3)	1. 7.-30. 9.
Sangenjo - Pontevedra, 17 km	Cachadelos	(1)	1. 4.-30. 9.
	Montalvo Playa	(2)	1. 6.-30. 9.
	O'Revo	(2)	1. 6.-30. 9.
	Paxariña	(2)	1. 6.-30. 9.
	Playa Major	(2)	1. 6.-30. 9.
	Airiños Do Mar	(3)	1. 6.-30. 9.
Vigo - Pontevedra, 34 km	Samil	(1)	1. 1.-31. 12.
	Canido	(2)	1. 6.-30. 9.
	Playa	(2)	1. 6.-30. 9.
	Islas Cíes	(3)	15. 6.-15. 9.
Villanueva de Arosa - Pontevedra, 28 km	Terrón, El	(2)	15. 6.-15. 9.
RIJOA			
Logroño	Playa, La	(2)	1. 6.-30. 9.
Bañares	Bañares	(1)	1. 1.-31. 12.
Castañares de Rijoa - Logroño, 52 km	Camping de la Rioja	(1)	1. 1.-15. 12.
Haro - Logroño, 44 km	Camping de Haro	(2)	1. 1.-31. 12.
Nájera - Logroño, 27 km	Ruedo, El	(3)	1. 4.- 1. 10.
SORIA			
Soria	Fuente la Teja	(2)	1. 1.-31. 12.
Abejar - Soria, 28 km	Frontal, El	(2)	1. 6.-30. 9.
Burgos de Osma,El - Soria, 58 km	Pedriza, La	(3)	1. 6.-30. 9.
VALLADOLID			
Cubillas de Santa María Valladolid, 25 km	Cubillas	(2)	1. 1.-31. 12.
Simancas - Valladolid, 13 km	Plantío, El	(1)	15. 6.-15. 9.
Tordesillas - Valladolid, 30 km	Astral, El	(1)	1. 4.-30. 9.

VIZCAYA			
Ciervana - Bilbao, 22 km	El Peñón	(3)	1. 6.-30. 9.
Elexalde - Bilbao, 28 km	Arrien	(2)	1. 1.-31. 12.
Ibarranguelua o Elejalde - Bilbao, 43 km	Arketa	(3)	1. 1.-31. 12.
Lequeito	Enday	(3)	15. 6.-15. 9.
Mundaca - Bilbao, 46 km	Portuondo	(3)	15. 4.-15. 10.
Sopelana	Sopelana	(3)	1. 6.-30. 9.
ZAMORA			
Galende - Zamora, 121 km	Peña Gullón	(2)	15. 4.-15. 9.
Lago de Sanabria	Folgoso, El	(2)	1. 1.-31. 12.
Ribadelago de Franco	Robles, Los	(1)	1. 7.-31. 8.
Santa Cristina de la Polvorosa Zamora, 68 km	Estacada, La	(3)	1. 7.- 1. 9.
ZARAGOZA			
Zaragoza	Casablanca	(1)	1. 4.-15. 10.
Calatayud	Calatayud	(2)	1. 4.-31. 10.
Mequinenza	Octogesa	(1)	15. 6.-15. 9.
Nuévalos	Lago Park	(1)	1. 4.-30. 9.
Sigues - Zaragoza, 175 km	Mar del Pirineo	(1)	1. 5.-30. 9.
	Camping Municipal de Sigues	(2)	1. 5.-15. 10.

Verkehr

Das Straßennetz in Spanien ist in den letzten zwanzig Jahren zügig ausgebaut worden. Mittlerweile gibt es schon eine ganze Anzahl von Autobahnen, die jedoch alle mautpflichtig sind. Wegen des starken Lastwagenverkehrs kommt es auf den Landstraßen häufig zu Stauungen und Behinderungen.

Die Verkehrsregeln in Spanien entsprechen grundsätzlich denen in Deutschland. Vorfahrt hat das von rechts kommende Fahrzeug. Beim Linksabbiegen außerhalb der Ortschaften fährt man an den rechten Straßenrand und wartet dort, bis die Straße frei ist um nach links abzubiegen. Beim Überholen muß man den Blinker während des gesamten Vorganges betätigen. Beim Überholen vor Kurven ist Hupen obligatorisch. Abschleppen durch Privatwagen ist nicht erlaubt. Weiterhin besteht Anschnallpflicht. Kinder müssen auf den Rücksitzen der Autos bleiben.

Wird man von mehreren entgegenkommenden Fahrzeigen angeblinkt, so befindet sich vor einem höchstwahrscheinlich eine Verkehrskontrolle, die von einer doppelten Motorradstreife durchgeführt wird. Die (auch gegenüber Ausländern) nicht gerade freundlich auftretenden Beamten der Guardia Civil sind allgemein gefürchtet, da sie konsequent auf die Einhaltung der Verkehrsregeln achten, insbesondere auf die Einhaltung des Überholver--botes.

Höchstgeschwindigkeit ist für Kraftfahrzeuge auf Autobahnen 120 km/Std., Nationalstraßen 100 km/Std., auf allen anderen Straßen 90 km/Std., in Ortschaften 60 km/Std.

Tankstellen, die bleifreies Benzin (gasolina sin plomo) führen, sind in ganz Nordspanien äußerst rar. In den Großstädten findet man zumeist eine Tankstelle, die bleifreies Benzin führt.

Der *Luftverkehr* wird in Spanien im In- und nach dem Ausland vom Luftverkehrsunternehmen Iberia durchgeführt. Innerspanische Routen werden auch von der Aviaco (Aviación y Comercio) bedient. Dabei sind die Flugverbindungen jedoch häufig auf Madrid ausgerichtet.

Das *Eisenbahnnetz* in Spanien ist nicht so weit ausgebaut wie in anderen Ländern Mitteleuropas. Dennoch sind alle größeren Städte mit der Eisenbahn zu erreichen.

Ermäßigungen gibt es an den „blauen Tagen". Das sind Termine, die nicht mit Festen, Vortagen von Festen ode Fe-rienzeiten zusammenfallen.

Die Touristenkarte gibt es für Personen, die ihren Wohnsitz außerhalb von Spanien haben. Sie gilt für 8, 15 oder 22 Tage.

Spanienbesucher können auch den Euro-Rail-Pass beantragen. Er berechtigt zu beliebigen Fahrten in der ersten Klasse.

Ein touristisch interessanter Zug ist der Transcantábrico, der Nordspanien durchquert. Besichtigung, Verpflegung und aller erdenkliche Luxus ist in dem Angebot eingeschlossen. Der Zug verkehrt auf folgenden Strecken:

Von Santiago de Compostela nach Santander (4 Übernachtungen: Vivero, Luarca, Ribadesella und Llanes).

Von Oviedo nach León (5 Übernachtungen: Ribadesella, Llanes, Santander, Cervera de Pisuerga und Cistierna).

Von Santander nach León (3 Übernachtungen: Santander, Cervera de Pisuerga und Cistierna).

Von Santiago de Compostela nach León (7 Übernachtungen: Vivero, Luarca, Ribadesella, Llanes, Santander, Cervera de Pisuerga und Cistierna).

Auskünfte erteilt:
Spanische Eisenbahn, RENFE, *zuständig für Deutschland:* Representación General de RENFE en Europa 1-3 Avenue Marceau, 75115 Paris/Frankreich, Tel.: 7235200

Zeit

Im Winter gilt in Spanien die Mitteleuropäische Zeit (MEZ). Von Anfang April bis Ende September ist die Sommerzeit eingeführt. Sie entspricht MEZ + eine Stunde.

CAMINO DE SANTIAGO
CHEMIN DE ST. JACQUES

CAMINO
DE
SANTIAGO
RUTA PEATONAL

Stichwortverzeichnis

Fotografieren, damit Ihre schönsten Urlaubserinnerungen nicht verblassen!

Die Mehrheit der fotografierenden Weltenbummler bevorzugt für die Aufzeichnung ihrer Urlaubserinnerungen das farbige Papierbild, während für andere das Farbdia in der großflächigen Projektion das Nonplusultra bedeutet. Wofür Sie sich auch entscheiden, möglicherweise für beides und zwei Kameras: die Qualität Ihrer Bilder wird durch die Qualität des verwendeten Filmmaterials entscheidend bestimmt. Deshalb verwenden wir Filme, die auch von Profis gekauft werden.

Kodak beispielsweise, auf dem Filmsektor weltweit führend, bietet Filme für jede Kamera und jede Aufnahmesituation an. Die gebräuchlichsten Filme auf Reisen und auch sonst: Kodak Gold Filme für Papierbilder in satten, natürlich wirkenden Farben und Ektachrome Elite oder Kodachrome Filme für brillante Farbdias. Es gibt diese Filme in verschiedenen Lichtempfindlichkeiten: Mit dem Kodak Gold 200 Film werden Sie die meisten Tageslichtverhältnisse meistern, ebenso – falls Sie Dias bevorzugen – mit dem Ektachrome Elite 200 oder dem Kodachrome 200 Film. Ein überaus interessantes Material ist auch der Ektachrome Elite 100 Film. Für Aufnahmen bei wenig Licht und für Aufnahmen mit langbrennweitigen Teleobjektiven stehen auch Filme mit ISO 400 und 1000 zur Verfügung. So z.B. der Kodak Ektar 1000 Film, das in dieser Empfindlichkeitsklasse schärfste Material für Papierbilder mit exzellenter Farbwiedergabe.

Eine grundsätzliche Anmerkung noch zum Filmkauf: decken Sie den Filmbedarf für Ihre Reise bei Ihrem Fotohändler. Er wird Ihnen einwandfreies Material zu vernünftigen Preisen anbieten. Im Ausland müssen Sie fast überall mehr dafür bezahlen und oft auch für Material, dessen Qualität z.B. durch Hitzeeinwirkung gelitten hat. Wichtig ist auch, daß Ihre belichteten Filme möglichst bald in ein Fotolabor gegeben werden, damit Sie die Farben auf Ihren Bildern so wiederfinden, wie Sie sie gesehen haben.

Wie beim Filmmaterial sollten Sie auch bei der Kamera-Ausrüstung Wert auf Qualität legen. Weit verbreitet sind die vollautomatischen Kompaktkameras. Sie sind ideal zum Festhalten von Urlaubserinnerungen und bieten größtenteils eine automatische Belichtungsmessung, automatische Scharfeinstellung, bei Bedarf selbsttätige Zuschaltung des eingebauten Blitzes sowie automatischen Filmtransport und -rückspulung. Beispielsweise ist die Leica mini II eine Kamera, die einerseits nicht viel größer als eine Zigarettenschachtel ist, die aber andererseits mit dem Elmar 1:3,5/35 mm ein für diese Kameraklasse hervorragendes Objektiv hat. Wer mehr will, für den ist die Leica mini zoom mit Vario-Objektiv von 35 bis 70 mm die richtige Wahl.

Letztlich hängt die Qualität der Aufnahmen vor allem von der Güte der Objektive ab. Dies gilt gerade auch für „große" Ausrüstungen. Hier haben die Objektive zu den Leica Kameras Weltruf. Vielseitig verwendbar sind die Vario-Objektive von 28-70 mm bzw. 35-70 mm sowie 70-210 mm. Die Spiegelreflexkamera Leica R7 bietet sowohl eine Programmautomatik für den unbeschwerten Schnappschuß als auch Automatik-Funktionen sowie schließlich die manuelle Einstellung zum Gestalten der Aufnahmen ganz nach den eigenen Vorstellungen.

Und nun viel Erfolg für ein farbiges Reiseerlebnis!

Goldstadt *Wanderführer*

Spaziergänge und Wanderungen, alpine Bergtouren. Fahrpläne und kleiner Sprachführer. Übersichts- und Routenskizzen. Fotos in schwarzweiß und Farbe.

Algarve (460)
Azoren (461)
Elba (453)
La Gomera (452)
Ischia (454)
Karpathos (483)
Korsika (455)
Madeira (457)
Rhodos (459)
Samos (456)
Teneriffa (451)

Goldstadt *Sprachführer*

Die einfache Hörsprache – lesen und sofort richtig sprechen. Die Kapitel enthalten nur Redewendungen und Ausdrücke, die zum sich verständlichmachen in vielen Situationen notwendig sind.

Französisch (401)
Englisch (402)
Spanisch (403)
Griechisch (404)
Serbokroatisch (405)
Portugiesisch (406)
Italienisch (407)
Türkisch (408)
Russisch (409)

Goldstadt *Pflanzenführer*

Tropisches Lateinamerika (270)

Ein Führer durch die faszinierende Pfanzenwelt des tropischen Südamerika. Verständlich wird die Bedeutung des Regenwaldes im Öko-System und die Folgen seiner Zerstörung erklärt und Fachbegriffe erläutert. Auffällige und bemerkenswerte Pflanzen werden beschrieben, heimisches Obst und Gemüse vorgestellt und mit über 200 Farbfotos illustriert.
16 doppelseitige Farbtafeln, 16 Grafiken, 2 Stammbäume von Pflanzen und Organismen. 11 historische Fotos, 285 farbige Pflanzenfotos, 191 Seiten.

Goldstadt
Reisefiihrer

Goldrichtig für jedes Reiseziel

DEUTSCHLAND
Bayerischer Wald, Böhmerwald und Donauebene (309)
Brandenburg Berlin und Umgebung (323)
Fichtelgebirge (318)
Fränkische Schweiz (319)
Mecklenburg-Vorpommern (321)
Odenwald (313)
Sachsen (328)
Sachsen, Thüringen, Sachsen-Anhalt (320)
Schleswig-Holstein (306)
Thüringen (326)
Usedom (327)

EUROPA
DÄNEMARK
Bornholm (86)

ESTLAND (91)

FINNLAND
Lappland (29)

FRANKREICH
Languedoc-Roussillon (71)
Korsika (455) Wanderführer
Das Tal der Loire (78)
Normandie (79)

GRIECHENLAND
Karpathos (463) Wanderführer
Kreta (55)
Peloponnes mit Athen (94)
Rhodos (459) Wanderführer
Samos (456) Wanderführer
Santorin (95)

GROSSBRITANNIEN
Schottland (59)

ISLAND (43)

ITALIEN
Apulien - Kalabrien (31)
Elba (453) Wanderführer
Florenz (66)
Garda- und Iseosee (12)
Ischia (454) Wanderführer
Lago Maggiore Comer See (69)
Mailand (88)
Rom (26)
Umbrien (67)

LETTLAND (92)

NIEDERLANDE (216)

NORWEGEN (39)

ÖSTERREICH
Kärnten (60)
Burgenland mit Westungarn (62)

PORTUGAL
Algarve (460) Wanderführer
Azoren (461) Wanderführer
Madeira (457) Wanderführer

RUSSLAND
St. Petersburg (214)

SCHWEDEN (33)

SCHWEIZ
Zentralschweiz (49)

SPANIEN
Katalonien (98)
La Gomera (452) Wanderführer
Mallorca (3)
Nordwestspanien - Der Jakobsweg (18)
Teneriffa (451) Wanderführer

TSCHECHISCHE UND SLOWAKISCHE REPUBLIK (13)

UNGARN (37)

AFRIKA
Algerien (212)
Marokko (30)
Mauritius (234)
Nigeria (204)
Nigeria (englische Ausgabe) (704)
Seychellen (229)
Tunesien (21)
Zimbabwe (264)

AMERIKA
Argentinien (240)
Chile (241)
Ecuador und Galapagos-Inseln (243)
Karibik - Kleine Antillen Barbados/St. Lucia Grenada (249)
Tropisches Lateinamerika Pflanzenführer (270)
USA - Florida (256)
USA - Der Nordwesten (257)
USA - Der Osten (258)
USA - Der Südwesten (255)
USA - New York (38)
10 x USA - Die schönsten Reiserouten (260)
Westkanada (253)

ASIEN
Birma (235)
Hong Kong (222)
Malaysia - Borneo (226)
Malediven (228)
Singapur (238)

AUSTRALIEN/NEUSEELAND
AUSTRALIEN (231)
NEUSEELAND (230)

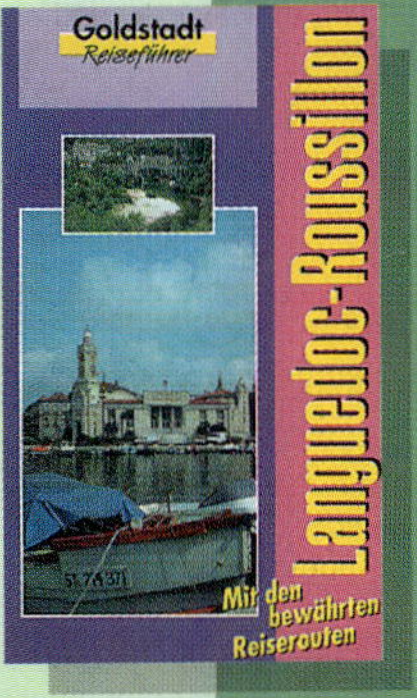